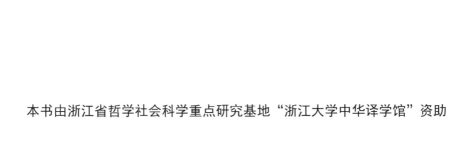

本书由浙江省哲学社会科学重点研究基地“浙江大学中华译学馆”资助

中华译学馆

莫言题

中华译学馆立馆宗旨与

以中华为根　译与学并重

弘扬优秀文化　促进中外交流

拓展精神疆域　驱动思想创新

丁酉笔冬月许钧撰　罗卫东书

中华译学馆·出版史系列

施普林格出版史

诞生、逆境与成熟（1842—1945）

[德] 海因茨·萨尔科夫斯基（Heinz Sarkowski） 著

何明星　何抒扬　译

ZHEJIANG UNIVERSITY PRESS
浙江大学出版社

·杭州·

尤利乌斯·施普林格（Julius Springer）油画肖像，
奥斯卡·贝佳斯（Oscar Begas）1867年绘

英译者序

这是一家专业出版社的历史。它成立于150年前，迄今仍掌握在这一家族的手中。本书描述了为数不多的几个人的历程和活动，包含他们领导下的相关成员，涵盖了直接或间接地影响了这家出版社的行动和成就的一些重大历史事件。该书不仅以文字和图片的形式讲述了施普林格出版社的发展历程，而且还穿插着讲述了德国一百年来科学出版的故事。

该书的文字，密密麻麻地挤满了经过仔细研究的事实和数字、许多闪亮的插图和补充的标题以及作者的注释，蕴含着大量重要和十分有趣的历史信息。读者阅读说明和注释，能够充分了解该书所描述的事件和人物。同时，为了便于德国之外的读者阅读理解，我还添加了一些脚注，来澄清或扩展一些内容。

由于本书内容涵盖的历史时间较长，许多当时的评论的文件和信件显示，当时的措辞和语言风格上与今天有别，因此在翻译中我尝试保留原有语言风格，而不是用当今语言取代。

我没有采用缩写和首字母缩略词，对于一些今人不知道的历史，在书中已经给出了充分的解释。德文书名、期刊名称、机构名称给出德文并用斜体，之后紧跟英文翻译。专有名称和一些城镇等地理名字均保留了德语"ß~"。

我相信读者会通过每一页阅读体会到我对于作者的学识和专业研究的欣赏态度。作者从大量的档案和其他材料中，抽丝剥茧地撰写出了一个引人入胜的出版实践故事，展示了施普林格家族三代人通过一个多世纪的努力，建立了一个独特的施普林格出版社的历程。

杰拉尔德·格雷厄姆（Gerald Graham）

著者序

出版界有个很好的惯例，就是用一家公司的发展历史来纪念自己最为重要的日子。施普林格出版社150年后才出版了自己的完整历史报告，这与其说是一种有意识的努力，不如说是一种偶然。创始人尤利乌斯·施普林格（Julius Springer, 1817—1877）早在25岁生日时就庆祝了（虽然只是和自己家人庆祝）一次，到1867年，更多的人加入了庆祝。[①]1877年60岁的尤利乌斯·施普林格去世，为了纪念他，他的儿子发表一个简短的缅怀致辞，同时设立了一个家族基金（House Fund），以便帮助出版社内部有紧急需求的职工和管理人员。[②]也是在这一年，施普林格公司第一次在图书目录里有了仅仅36行的评论。

一些更重要的周年纪念活动，通常都是记录公司历史发展的契机。但战争的阴影却让这些纪念日变得暗淡无光。1917年的75周年纪念活动，因为处于第一次世界大战爆发期间而无法正式举行，第二次世界大战期间的百年纪念活动也是如此。不仅官方庆祝活动被禁止，甚至连私人内部的纪念活动也产生了一些痛苦的后果。

施普林格出版社的第二代掌门人弗里茨·施普林格（Fritz Springer, 1850—1944）对历史问题有着浓厚的兴趣。从1924年到1930年，他一直是德国图书贸易协会历史委员会的成员。1925年，他在尚未完成的回忆录中写道："希望在出版社成立100周年时有本书能面世，以便记载本社的历史进程。"但直到1967年，首次尝试搜集相关材料的工作才开始，然而在战后的满目疮痍中，人们却发现能

---

① 妻子玛丽甚至很惊讶图书贸易业的人（和亲密好友）也来参加庆祝。——译者注
② 出版社的书目也首次用于征集评论（虽然当时才用36行的留言）。——译者注

形成书的内容太少。

　　1972 年，自 1945 年起担任施普林格出版社重要管理职位的保罗·霍维尔（Paul Hövel）退休，他开始继续深入搜集资料，终于发现了之前以为丢失的重要档案①，就这样，经过他初步整理的手稿才得以出版，但内容很简略，印数很少，还剩下大量的资料没有经过深入分析和整理。由于保罗年事已高，所以 1988 年，这份任务就托付给了我。

　　在这批资料中，从出版社成立后至 1858 年的这段时间里，所留存的资料很少，因此创始人施普林格的妻子玛丽（Marie Springer）的记载就很重要。同时，施普林格在创业初期与作家戈特赫尔夫（Jeremias Gotthelf）的往来通信，由于记载着施普林格的经营理念更弥足珍贵。而他两个儿子费迪南德（Ferdinand）和弗里茨（Fritz）的回忆，则构成了出版社自 1880 年到 1906 年的重要内容组成部分。1906 年，弗里茨的哥哥费迪南德去世。

　　本卷首次使用的与施普林格有关的档案可追溯到 1858 年，尤利乌斯·施普林格开始将他在图书贸易领域的活动，主要集中于出版业。截至 1936 年，他与作者的所有重要通信近 6000 包，超过 200 万份文件，以及一些会计账簿，因此可供我使用的资料要多得多。此外，我还在公司内部进行了系统的搜索，发现了一些其他文件。但我只能进行部分评估，希望未来的出版史家和科学史家对这些材料进行更详细的研究，并发现这些重要文件的价值。

　　事实证明，第六部分（1933—1945）的工作特别耗时，尤其是因为施普林格没有类似的出版物。从施普林格档案馆收藏的这一时期的书信中，我们可以发现通信者之间的一些小心翼翼的隐瞒：作者和出版商在很大程度上避免对当代事件发表评论。只有一些偶尔的隐晦暗示，甚至这些暗示也仅仅出现在 20 世纪 30 年代中期。政治高压等问题只在人与人之间的通信中被讨论。而内部备忘录仅限于陈述会议的结果记录中，省略了大量的细节，特别是与纳粹政府和党派的通信

---

① 寻找这份档案之艰难，甚至连第二代掌门人费迪南德都一度放弃了寻找。

是单独保存的，但在第二次世界大战期间，公司的办公场所几乎全部被毁，只有一些信件被保留了下来，而且在政府档案中发现了更多信件。在撰写这一时期的历史发展时，那个时代的亲历者保罗·霍维尔的报告具有特别重要的意义。

施普林格出版社历史的基本框架是在 1945 年以前施普林格出版物"总目录"中。它不仅提供了超过 1 万种已出版图书的数据，而且提供了按时期和主题分类，以及按字母顺序排列的期刊数据。该目录历经多年收集，是综合全面介绍施普林格历史的基础，尽管它与本书的手稿同时完成，但我们还是无法跟踪公司发展的所有趋势。有一些限制因素是海量的资料与本书规定的篇幅和希望广大读者便于阅读的矛盾。篇幅必须严格限制在特定领域和施普林格发展历史上最重要的里程碑事件上进行叙述和撰写。而总目录作为公司活动的客观记录，是对施普林格发展历史的重要补充。鉴于并不是每一位读者都能方便地拿到总目录，因此我们偶尔会插入一些书目列表，以避免书目数据过多。

本书引用了大量施普林格档案中的信件，几乎所有信件都是首次在此公开。专有名词的拼写以特定的信件为索引。如有疑问，可参考屈施纳（Ktirschner）的《德国学者年鉴》（*Calendar of German Scholars*）的形式，该书以个人陈述为基础编制而成。

本书没有提及任何特定文件在档案中的位置。因为信件中的引文都有固定的日期，因此可以在按字母顺序排列的档案中找到。为方便阅读，文中提及的出版物均置于括号内，引文中另加页码。编号注释条目还包括作者的简短评论和印刷版面世后的信息。在本书中，为了读者阅读方便，该公司被统称为施普林格出版社（Springer-Verlag）①。其实，这个名称是在 1941 年夏天之后才定下的，而之前的正式名称是尤利乌斯·施普林格出版社（Verlag Von Julius Springer）。

尤利乌斯·施普林格以出版政治书刊开始了自己的职业出版生涯，之后出版了儿童读物和教科书，然后又转向林学、科学和药学领

---

① 简称为施普林格。——译者注

域的出版。他还出版了德国文学界一些著名人物的作品。从一开始，他就鼓励出版法学和经济学方面的著作。他的儿子费迪南德和弗里茨建立了一个科学技术和医学的出版项目，并很快转向精密自然科学领域。他们特别重视与官方机构的联系。在德意志帝国时期，官方机构的出版活动非常发达。官方机构负责了许多研究项目。最后，创始人的孙子们，尤其是小费迪南德（Ferdinand Jr.），将公司发展成为德国领先的科学出版商。这样一家公司从成立之初到现在的发展历程，需要集中在最重要的发展方向上。因此有必要将一个个学科发展的历史描述作为范例而统领施普林格在其他领域的出版发展历史。

有些读者可能以为本书忽略了某个专业领域的一些著名人物，而强调不太知名的作者。这是不可避免的，因为在介绍作者与出版商的关系时，能够使作者与出版商达成合作的原因是多方面的，有时比作者的知名度更为重要的是具有多方面出版计划的出版商、擅长某一领域的销售商等等。从事出版业历史研究的历史学家会对本书特别感兴趣。由于施普林格出版社对科学出版业的发展做出了巨大贡献，而且不仅仅局限在德国，某种程度上甚至是对于整个人类科学知识的生产与传播方面都有贡献。因此，对于施普林格这样的科学出版机构的发展历史叙述似乎是可取的、有价值的。

尽管学者们普遍对其相关学科在过去一百年中的发展有着广泛的了解和观点，这一点在本书的基本框架内几乎没有做什么补充。但通过本书，你可以发现，出版机构和图书贸易的发展比科学本身的发展更重要。可以说，科学出版商与作者的关系史在很大程度上还未被探索，没有得到充分研究。因此，我们有充分理由对出版业的历史发展本身做出开拓性研究，而不是将其他地方已经描述过的内容简单地汇集在一起。

我要感谢施普林格的作者、历史学家和出版界的同事，他们免费给了我很多信息。我还要感谢莫妮卡·埃斯特曼（Monika Estermann）博士、巴特伊堡的霍斯特·迈尔博士（Dr. Horst Meyer）对我的书稿的批判性阅读。慕尼黑的福尔克尔·达姆（Volker Dahm）博士和海德堡的艾克·沃尔加斯特（Eike Wolgast）博士，不厌其烦地检查了特别困难的第六部分（1933—1945），给了我许多重要的提示。我感谢魏玛的米夏埃尔·克诺赫博士（Dr. Michael Knoche）的奉献精神，他参与了前两章的撰写。

施普林格早期工作人员的报告非常有帮助，他们的回忆可以追溯到 20 世纪 20 年代和 30 年代。当然还有保罗·霍维尔记录的公司历史，其中一部分是他根据自己的亲身经历撰写的。也要感谢位于法兰克福的德国图书贸易协会档案馆和图书馆。感谢施普林格的编辑们，他们给了我相关领域的关键线索指引。

我特别感谢秘书处成员将我的手稿从许多过程中的文字整合为一种新的固定文本形式，方便磁盘存储和导出，并确保了正确的拼写和标点符号，同时提供了非常有价值的关于写作文风的建议。毫无疑问，我的任务的实现得益于我的妻子和我们的孩子们的支持。为了完成这项任务，不得已的情况下我只能经常减少陪伴家人的时间，以至于满足不了他们基本的期待。

最后，我要感谢施普林格出版社的所有者和管理层，他们让我倍感荣幸，把我从其他的职务工作中解放出来，让我能够有充裕的时间写下这段历史，即便在一些有争议的问题上也接受了我的阐释。

海因茨·萨尔科夫斯基（Heinz Sarkowski）

施普林格出版社历任掌门人图示

尤利乌斯 · 施普林格[①]

（1817年5月10日—1877年4月17日）

任职时间：1842—1877

费迪南德 · 施普林格

（1846年7月21日—1906年12月27日）

任职时间：1872—1906

弗里茨 · 施普林格

（1850年12月3日—1944年1月20日）

任职时间：1880—1932

小费迪南德 · 施普林格

（1881年8月29日—1965年4月12日）

任职时间：1907—1942/1945—1965

小尤利乌斯 · 施普林格

（1880年4月29日—1968年11月20日）

任职时间：1907—1935/1947—1961

妥耶斯 · 朗格

（1889年11月14日—1961年5月8日）

任职时间：1935—1961

奥托 · 朗格

（1887年4月26日—1967年5月12日）

任职时间：1942—1945

---

① 原书图示中还有玛丽·特蕾泽·奥佩特（Marie Therese Oppert），即尤利乌斯·施普林格的妻子，中文版为了便于理解施普林格出版社历任掌门人的历史阶段，故在图中省略该人物，其生卒年份也不再出现在书中。——译者注

目　录

第一章　出版社的诞生和发展初期（1842—1858）

施普林格的家庭出身和年少时光

1817 年 5 月 10 日，尤利乌斯·施普林格出生在一个商人世家。他的家族位于法兰克福一带，爷爷是在参加七年战争①之后的一年（1764）获得商业贸易执照的。父亲伊西多尔（Isidor Springer，1771—1836）在柏林获得公民身份和经商执照后②，就娶了同城的富家女孩玛丽安（Marianne Friedlaender，1788—1817）。但玛丽安因产褥热③去世后，施普林格从小由奶奶亨丽埃特（Henriette Friedlaender）养大。他三岁大的时候，被送到了柏林的考厄寄宿学校（Cauer Boarding School）。

该学校在 1818 年创立，遵循着德国哲学家约翰·戈特利布·菲

---

① 七年战争是英国 – 普鲁士联盟对法国 – 奥地利联盟之间的一场战争。开始于 1756 年，结束于 1763 年，持续时间长达七年，故称七年战争。——译者注
② 尤利乌斯·施普林格的父亲于 1813 年 11 月 15 日获得了公民身份，两年后又获得了经商执照。
③ 即 "puerperal fever"。——译者注

图1：考厄寄宿学校之
创始人路德维布·考厄
（1792—1834）⑤

希特（Johann Gottlieb Fichte）①的理念。学生们去纳沙泰尔湖（Lake Neuchâtel）②，听教育家约翰·海因里希·裴斯泰洛齐（Johann Heinrich Pestalozzi）③亲自授课。学校授课的内容有：希腊语、数学、绘画、体育④等。有意思的是，当时音乐课还是教学的核心。其宗旨则为"发掘与培养学生的道德、心智和技能"，学生也能以教师和学长为自己的榜样。在这里，施普林格虽然以"不服管教"而出名，但当他后来回顾这段教育经历时还是感激不已。

1829 年 10 月，施普林格进入了柏林的"方济各会教堂中学"⑥平民班⑦学习，他在此以优异的成绩完成学业后，就早早地开始了图书贸易的学徒生涯。1832 年复活节，他到布赖特大街 23 号（Breite Strasse 23）的恩斯林书店（Enslin Bookshop）当学徒，他的师父是格奥尔格·威廉·费迪南德·穆勒（Georg Wilhelm Ferdinand Müller，1806—1875）。

学徒游历

师父穆勒很快发现了施普林格的经商潜力。多年后穆勒回忆说，他很少见到像施普林格那样能坚持不懈自学的人。1835 年，他就带着施普林格参加莱比锡书展。当出师之后的施普林格 1842 年在离穆勒的公司不远处成立自己的出版社时，师徒关系依旧如常，同行之间能

---

① 德国唯心主义哲学的主要奠基人。该学校最初有 10 名教育家共同参与。——译者注
② 瑞士西部法语区的一个湖泊。——译者注
③ 瑞士教育家和教育改革家，被誉为欧洲的"平民教育之父"。——译者注
④ 从 1820 年起，政府以"国家安全"为由，禁止公民在公共场所进行锻炼。
⑤ 1818 年，路德维希·考厄（Ludwig Cauer）和几位朋友一起成立了学校。最初地点在柏林莫泽台大街 21 号（Münzstrasse 21），后来搬到夏洛腾堡（Charlottenburg）的柏林大街（Berliner Strasse）。施普林格三岁时开始在此寄宿上学，1829 年离开。当时的学费则为 650 泰勒（Taler，德国旧银币名称及货币单位——译者注），算一笔不菲的金额。
⑥ Secondary School of Grey Monastery，又称 Franziskaner Klosterkirche，最早为成立于 1250 年的教堂，后在二战中被毁。——译者注
⑦ 原文为"lower third class"，与英国三等学位相似，故翻译为平民班。——译者注

保持一生紧密关系的事在当时是少见的。1890 年，穆勒的孙女还嫁给了施普林格的三儿子恩斯特（Ernst Springer，1860—1944）。因此，两个家族间的联系也更紧密了。

这几年的学徒经历之后，施普林格又在家乡的几家书店辗转度过了四年"彷徨岁月"。之后，在穆勒的朋友、莱比锡的经纪人弗里德里希·沃尔克玛（Friedrich Volckmar）的推荐下，施普林格成了出版人萨洛曼·霍尔（Salomon Höhr）的助手，并在苏黎世的书店工作。霍尔是一个难以打交道的人，但施普林格竟然能与其相处很好，以至于施普林格每次去瑞士拜访，霍尔都很高兴地接待他。

1836 年的 3 月 6 日，施普林格进行了人生中的第一次远游：从德国步行到瑞士的苏黎世。途经法兰克福、海德堡和斯特拉斯堡，他在每个地方都停留几天。尽管白天需要走八至九个小时，但以他的体力不在话下，5 月中旬他抵达了目的地。然而此时，他获知了父亲在 3 月 30 日去世的消息，那年他 19 岁。但他不用担心自己的生活，因为他的新监护人早已经安排好了。

在瑞士，施普林格很快适应了新生活：这里没有官僚主义风气和无所不能的军事机构。令他惊讶的是，瑞士的公务员才算真正的人民公仆。因此，这种社会风气深刻地影响了施普林格对民主生活方式的追求，也促使施普林格形成了对自由、公正等的观念认知。在这里，他还认识了格奥尔格·赫尔韦格（Georg Herwegh）[1]和作家兼革命家格奥尔格·比希纳（Georg Büchner）[2]。1837 年2 月 19 日，施普林格搬进了斯坦加斯大街

图2：施普林格在瑞士暂居的房子[3]

---

[1] 德国诗人，参与了"年轻德国人"（Junges Deutschland）的社会改革运动。其诗歌在"三月革命"时很流行，他的政治观点在一生中坚持着激进，包括反对俾斯麦的普法战争和抗议逼迫法国割让洛林地区。晚年他翻译了一些莎士比亚的戏剧。——译者注

[2] 德国作家与革命家，人们认为他若没有英年早逝，就会像歌德与席勒一样具有重要的文学地位。如今，有个德语的文学奖就以其命名（该奖项于 1923 年设立，奖金五万欧元，获得者中有五位还获得了诺贝尔文学奖），是与歌德奖同等重要的奖项。——译者注

[3]《但丁之死》（Danton's Death）和戏剧《沃采克》（Wozzek）的作者格奥尔格·比希纳曾在此居住。

（Steingasse）①的居所。

1838 年春季，施普林格去了保罗·内夫（Paul Neff）在斯图加特（Stuttgart）的书店②当助手，并参与了在德国南部的图书贸易。这段经历让他了解到：当地跟莱比锡和德国北部的图书贸易情况是不同的。由此，他生发了成立书店的念头。

关于成立书店的地点，多年的老友弗里德里希·沃尔克玛和萨洛曼·霍尔最初向施普林格推荐了瑞士的法语区。因此，1839 年夏季，施普林格离职后就去了洛桑和日内瓦，开始了为期六周的考察。但获得的信息却让他不甚乐观：因为洛桑当地的图书馆不仅要求其延长"信用期限"③，还要求在收款上有 10%—15% 的优惠。这对刚开始起步的施普林格来说是难以实现的。

1839 年 9 月 17 日，他又辗转来到巴黎。经过弗里德里希·沃尔克玛的再次推荐，施普林格开始在布罗克豪斯和阿芬那留斯书店（Brockasu & Avenarius）工作。④这次，他的目的是了解法国的图书贸易。

从施普林格所写的信中可以看出，虽然他为巴黎的富丽堂皇所吸引，但由于人际关系的进展缓慢，此时他仍旧不安心。尽管如此，1839 年 9 月，他还是给《南部德国图书贸易杂志》写了份报告，阐述法国图书贸易的情况，此外还对比利时出版商抄袭法国书的做法进行了谴责，并详细记录了时任法国文学协会（Société des Gens de Lettres）主席巴尔扎克（Honoré Balzac）起诉一家盗版法国作者作品的期刊文章。由此看来，施普林格在巴黎的四个月没虚度。

1839 年的冬天，施普林格经由比利时返回柏林发展自己的事业。为了熟悉当地市场，他暂时进入了母亲的远房亲戚所创建的约纳斯

---

① 此地是专为提供政治避难的居所，施普林格在瑞士所认识的格奥尔格·比希纳也居住在此，等他去世后施普林格也搬了进去。该居所属于物理学家乌尔里希·策恩德（Ulrich Zehnder），他后来成为城市执行委员会的成员，最后升任市长。如今该地改名镜巷 12 号（Spiegelgasse 12，英文为"Mirror Street"，如今是苏黎世有名的景点——译者注）。

② 内夫的图书品种不仅包罗万象，他还开创了斯图加特图书委任体系（Stuttgart Commission System）。

③ "Credit Period"，即顾客支付货款的期限。例如，若买卖双方规定的条款为"2/10 net 30"，即意味着："信用期限"为 30 天，但若顾客选择在 10 天内拿着现金付钱，最终的货物款项就会给予折扣 2%。——译者注

④ 他在 1839 年 10 月 6 日开始工作。

书店（E. H. Jonas）[1]工作。在他远游的这段时间，柏林已经发生了翻天覆地的变化：不仅常住人口增加到了 30 多万人（比四年前增加了 20%），而且有了 100 多个从事图书贸易的书店（他们同时兼为出版商）。其中大部分是在 10 年前成立的，只有少数书店能集中出版某一特定领域的图书。若拿今日的标准看，哪怕实力最强的书店也不会被当成"名副其实"的书店，因为这些书店在当时除了销售书籍之外，还卖其他生活用品。

就在施普林格准备在柏林大干一场时，时局又有了新变动：1840 年 6 月 7 日，弗里德里希·威廉四世（Friedrich Wilhelm Ⅳ von Preußen，1795—1861）[2]继位，之后就开始了一系列改革[3]，包括大赦政治犯和终止审查制度。以至于被流放的"哥廷根七君子"[4]中的格林兄弟，也加入了柏林科学院并在柏林大学教学。在这股热切盼望自由主义的社会氛围下，书店迎来了大发展的高潮时期。但施普林格却对这些冷眼旁观，他跟少数几个人都认为国王只不过是在作秀。果然三年后，审查制度又恢复了。施普林格旋即就返回了瑞士。在瑞士，他受到了老朋友的欢迎，也开始结交新朋友。

经营书店

1842 年，施普林格在给什切青（Stettin）[5]的书商莱昂·索尼耶（Léon Saunier）的信中[6]，阐明了他要成立出版社的想法："为尽快在出版业中打出名声并在柏林有立足之地，我计划先购买个公司（但小公司不在考虑范围内）。虽然预计会有很多困难，但不至于进展很慢。

---

① 地址在韦尔德大街 11 号（Werderstrasse 11）。
② 1848 年席卷欧洲的"三月革命"爆发后，他组成了自由主义政府并草拟普鲁士宪法，然而等地位巩固后就让军队解散了议会，后来在与奥地利争德意志邦国中的主导位置时败下阵来，签订了屈辱的《奥尔米茨条约》，向奥地利称臣。——译者注
③ 他终结了普鲁士的官僚组织国家地位（bureaucratic authorization state），指"军民融合的独裁体制"，区别于极权主义、民粹主义和寡头政治的威权主义。——译者注
④ 即七名崇尚自由主义精神的教授，因反对新皇帝恩斯特·奥古斯特一世（King Ernst August Ⅰ）废除前任威廉四世的 1833 年之宪法，而被驱逐的事件。——译者注
⑤ 也称 Szczecin，在历史上属于波兰、丹麦、瑞典和德国的领土，而从中世纪晚期到 1945 年以德语人口为主，如今该城属于波兰北部。——译者注
⑥ 1842 年 1 月 21 日，施普林格就获得了商业执照，而信写于 2 月 14 日。

总而言之，我已经签了租赁房屋契约①，计划在五月或六月开业。"

在花了 1.5 泰勒的印花税后，施普林格从"皇家警察总部"那里获得了经营许可证。但他被告知："必须严格遵守与业务有关的审查规则与警察条例，无论是已经出版或者未来出版的业务，都必须遵照此规定。"施普林格还需要经常向"皇家贸易税务局"汇报。然而事实证明，施普林格的政治观点很难符合审查规定，未来他和警察的冲突也时常发生。

按照当时的规定，施普林格必须提供 5000 泰勒的资金证明才能获得柏林公民身份。1842 年 4 月 13 日施普林格获得了公民身份。但他能否提供如此多的资金存疑，有可能是冯德尔（Faundel）② 提供了资助（施普林格曾经在他的书店当过学徒）。冯德尔年龄比施普林格大很多，在投资施普林格书店 3000 泰勒后成为书店的合伙人。当时规定开书店还必须体检合格，但冯德尔多次没有通过体检，只能担任书店的经理。因为合伙人冯德尔的人脉，书店也受到了当时柏林一些重要人士的关注，例如格奥尔格·费迪南

图3：颁发给"书商助理"
施普林格的营业执照③

德·奥佩特（Georg Ferdinand Oppert）曾经被冯德尔引荐到书店参观。施普林格态度礼貌、交谈流畅，对书籍世界的了解给人留下了深刻的印象。奥佩特在 1842 年的"节礼日"④邀请施普林格到家中做客，并把自己的女儿玛丽介绍给了施普林格。当时玛丽年仅 16 岁，上面还有两个姐姐没有结婚。1845 年 9 月 3 日，施普林格和奥佩特的女儿结

---

① 在布赖特大街（Breite Strasse）和什阿瑞大街（Scharrnstrasse）的角落，即埃贝林（Ebeling）的房子。
② 鉴于冯德尔在公民考核中的健康检查环节好几次没合格，可能他为获得公民身份，乐意跟施普林格合作。
③ 获取条件是他取得了柏林公民身份，知晓了审查条例，并交了执照费用。
④ "Boxing day"，即圣诞节的第二天，最早是给穷人施舍的节日，后来演变成购物节，名称的起源据说是来自搜集捐赠物资的盒子。——译者注

婚，此时施普林格已经有足够的经济实力养家了。

　　鉴于之前已有很多开书店的"菜鸟"，同时兼做很多业务以至于分身乏术，最后导致失败的案例，施普林格通过广告声称，成立书店并非只是为了取得公民身份："对于初创企业，我会全身心投入于图书销售生意。"[①]

　　施普林格还请了几个担保人给自己的书店做宣传，并就广告语的修辞咨询了师父萨洛曼·霍尔。就这样，再加了一些"宣传作料"[②]在广告语中，广告上刊登了施普林格的前老板保罗·内夫署名的宣传语："尤利乌斯·施普林格非常勤奋，在给我当助手时，在每个方面都表现出了高效和能力，也使我与他的关系超过了普通朋友关系。所以不要犹豫，他能充满热忱地满足合作伙伴的需求。除他之外，我再也想不出推荐其他人了。"值得一提的是，保罗·内夫写得貌似不温不火，可能他担心日后来自施普林格的竞争。至于另一位担保人弗里德里希·沃尔克玛的宣传则更有分量："施普林格先生的经济实力其实远超过目前业务所需要的。"

　　施普林格的书店正式开张前一个月，他马不停蹄地开展宣传攻势。接连不断地在行业期刊《博森布拉特德国图书贸易杂志》（《出版贸易公报》）[③]刊登了广告。1842年4月6日首次刊登了业务广告，之后在同月的15日、18日和21日继续做广告宣传。在广告上，施普林格没提供书店的地址，是因为他不需要刊出地址。各地书商通过莱比锡的中介代理，给施普林格发出不同出版社的订单需求。当施普林格发送货物后，他的地址自然会被其他书商所知晓。此外，他还采取了"激进"的做法：在书商还没要求的情况下，就给他们邮寄自己书店的新书。在书店开张前的4月26日，他成为德国图书贸易协会（Börsenverein des Deutschen Buchhandels）会员。在施普林格生日（1842年5月10日）这天，施普林格的书店正式开张了。

---

① 该广告在3月20日刊登。但实际上，施普林格也差点重蹈覆辙。
② "Inter alia"为拉丁文，即英文"among other things"，意为"除此之外"。——译者注
③ 该报纸在原著中有时简称为《博森布拉特》（*Börsenblatt*），有时简称为《出版贸易公报》（*Publishing Trade Gazette*）。——译者注

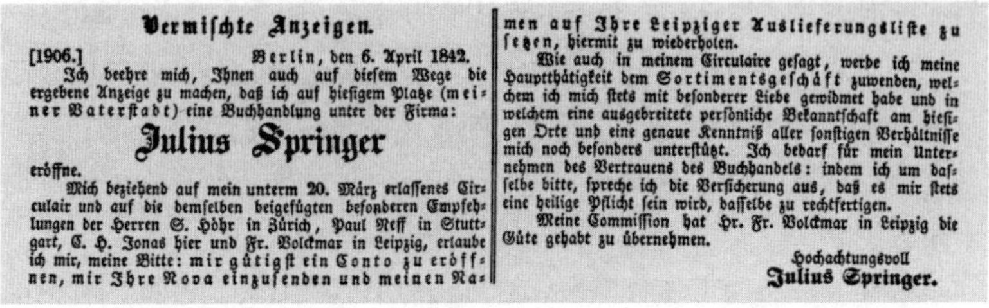

Vermischte Anzeigen.

[1906.] Berlin, den 6. April 1842.

Ich beehre mich, Ihnen auch auf diesem Wege die ergebene Anzeige zu machen, daß ich auf hiesigem Platze (meiner Vaterstadt) eine Buchhandlung unter der Firma:

Julius Springer

eröffne.

Mich beziehend auf mein unterm 20. März erlassenes Circulair und auf die demselben beigefügten besonderen Empfehlungen der Herren S. Höhr in Zürich, Paul Neff in Stuttgart, C. H. Jonas hier und Fr. Volckmar in Leipzig, erlaube ich mir, meine Bitte: mir gütigst ein Conto zu eröffnen, mir Ihre Nova einzusenden und meinen Namen auf Ihre Leipziger Auslieferungsliste zu setzen, hiermit zu wiederholen.

Wie auch in meinem Circulaire gesagt, werde ich meine Hauptthätigkeit dem Sortimentsgeschäft zuwenden, welchem ich mich stets mit besonderer Liebe gewidmet habe und in welchem eine ausgebreitete persönliche Bekanntschaft am hiesigen Orte und eine genaue Kenntniß aller sonstigen Verhältnisse mich noch besonders unterstützt. Ich bedarf für mein Unternehmen des Vertrauens des Buchhandels: indem ich um dasselbe bitte, spreche ich die Versicherung aus, daß es mir stets eine heilige Pflicht sein wird, dasselbe zu rechtfertigen.

Meine Commission hat Hr. Fr. Volckmar in Leipzig die Güte gehabt zu übernehmen.

Hochachtungsvoll
Julius Springer.

图4：施普林格在《博森布拉特德国图书贸易杂志》刊登的开业广告

后来他也在著名的《弗兹什报》[1]和《柏林知识报》[2]刊登了开业广告，他声称书店的图书种类来自海内外，涉及各个语种和主题，甚至包括地图等；装订书和非装订书都保持着足够的库存；保证广告上的定价与订阅费不变，并能快速地处理订单。

施普林格书店的正式地址位于繁华的什阿瑞大街的一角：布赖特大街 20 号。它的旁边就是市政厅，地理位置优越。商业区的概况是，最北边是皇家马厩和里贝克官邸[3]，大街 11 号还有栋 18 世纪初期建立的豪宅[4]，大街 3 号是茶叶店，22 号是酒馆[5]和咖啡馆[6]。每年的圣诞购物季，商业街上人声鼎沸，充满了喧嚣。最重要的是这里书店云集，包括柏林最早的两家书店——特劳特魏因（Trautwein）书店和施普林格曾当过学徒的恩斯林书店（大街 23 号）。此外，大街 8 号就是福斯·海尔（Voss Heirs）出版社，该社发行了《皇家特许柏林报》，即后来著名的《弗兹什报》。另外，有名的沃勒格穆特（Wohlegemuth）书店[7]也坐落在此。

---

① 该报纸在 1721 年至 1934 年是著名的德国自由主义报纸，编者有著名启蒙运动的作家戈特索尔德·以法莲·莱辛（Gotthold Ephraim Lessing）、德国历史小说家威廉·亚历克西斯（Willibald Alexis）、批判现实主义小说家特奥多尔·冯塔内（Theodor Fontane）等，其悠久地记录国家发展进程的“经典”地位，就跟《泰晤士报》在英国的地位一样。——译者注

② 其历史起源于著名法国报纸发行人和医生泰奥夫拉斯特·勒诺多（Théophraste Renaudot）在 1630 年的法国所创立的《办公室报》。后来经过几百年演变与易手后，在 1930 年改为该名字。——译者注

③ “Ribbeck Haus”，1624 年建成，是目前柏林遗留的唯一的文艺复兴时期建筑，如今属于柏林中央区域图书馆（Berlin Central and Regional Library）的柏林研究中心（Zentrum für Berlin Studien）。——译者注

④ 1824 年被一个叫爱默勒（Ermeler）的烟草商购买。

⑤ 酒馆名叫“Schloflklause”。

⑥ 咖啡馆名叫“Karchow's café”。

⑦ 此为出版人曼海姆·诺贝特·沃尔格穆特（Mannheim Norbert Wohlgemuth）所创建。——译者注

　　与布赖特大街平行的布鲁德大街（Brüderstrasse）[①]11 号和 13 号，则坐落着阿梅朗书店（C. F. Amelang）[②]和尼古拉（Nicolai）书店。皇家宫廷广场（Scholßplatz）[③]有施图尔（Stuhr）书店和米特勒（E. S. Mittler）书店[④]。

　　当然这里的文化氛围对书店更为重要。例如哲学家弗里德里希·谢林（Friedrich Wilhelm Joseph Schelling，1775—1854）[⑤]曾经在这里演讲，因此充斥着关于"新黑格尔主义"[⑥]的争论。当德国知名诗人格奥尔格·赫尔韦格（Georg Herwegh）拜访普鲁士国王时，施普林格就趁其在此逗留之机，出版发行了带有他肖像的印刷品。[⑦]

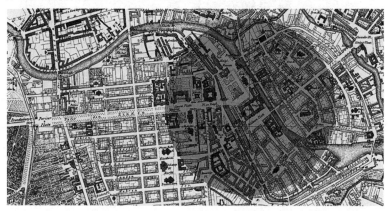

图5：1842年大约有33万居民的柏林地图[⑧]

① 该大街的历史可追溯到 13 世纪。——译者注
② 由卡尔·弗朗茨·戈尔弗里德·克勒（Karl Franz Gorrfried Koehler）在 1806 年的莱比锡成立，后改名为克勒和阿梅朗（Koehler & Amelang）出版社，2004 年被泽曼·亨舍尔（Seemann Henschel）出版社购买。——译者注
③ 此广场原为霍亨索伦王朝所居住的柏林宫（Berliner Stadtschloss）所在地，但宫殿在二战时被炸毁，民主德国时期其剩余的建筑被拆除，该广场也被改名为"马克思－恩格斯广场"，两德统一后广场恢复原名，宫殿也被重建。——译者注
④ 名字为比武庭院（Under the Tilt Yard），"Tilt Yard"指原来骑士们决斗的地方。——译者注
⑤ 弗里德里希·谢林，德国唯心主义哲学家。——译者注
⑥ New Hegelians，指 1870—1920 年在英国和美国流行的理想主义思想，中心思想为"常理即唯一的现实"（the rational along is real），即意味着万物都可以用不同的常理来解释。——译者注
⑦ 施普林格销售其肖像的日期为 11 月底。
⑧ 柏林 33 万城市人口大多集中在著名的勃兰登堡门（Brandenburger Tor）的西部和亚历山大广场（Alexander Platz）的东部。其中包括中央大街、菩提树大街等在内的建筑在二战后被修复。

图6：施普林格书店所在位置①

图7：施普林格书店所在的
布赖特大街风景

图8：尤利乌斯·施普林格
28岁油画肖像，作者不详

① 围绕着宫殿的区域是政治中心。尤利乌斯当年住在罗斯大街（Roßstrasse）后的科尔尼克市政厅（Köllnische Rathaus），二战后随着柏林的重建而消失。——译者注

从事图书交易代理

施普林格在斯图加特当学徒时，跟随保罗·内夫一起工作，学习掌握了当时图书贸易中蓬勃发展的中介业务。现在他在柏林用上了这些中介知识。图书贸易这一行有自己的特殊性。1842年的德国，营业额较大的书店大概有500家，每一家都在莱比锡有自己的代理人。所有订单都发送给这个代理人，代理人从相应的出版社代理人那里获得所需的书籍。然后，代理人会按照约定的时间将它们发送给书店。这些包裹因此被称为"莱比锡打包"。这是当时最佳的图书发行运转体系，因为它最大限度地节省了高昂的运费。

随着柏林日益成为出版中心城市，其重要性也随之提高。对于德国北部的书店来说，假如要经销柏林出版的书籍，仍要通过莱比锡的代理人获得，这样不仅不经济而且还浪费时间。因此，一些柏林的书店就开始为德国北方的书店同行提供中介服务。施普林格完全熟悉这一业务，而且具有地域优势，因此他在《博森布拉特德国图书贸易杂志》上刊登广告，宣传介绍自己能够提供的服务业务。他宣称："随着德国北方铁路网络的扩展，柏林对德国北部图书贸易的重要性将越来越大。对于许多书店来说，在这里拥有一个代理人将变得十分必要。"

通过广告的宣传，出版社也给施普林格书店发了很多新书。当然，货物得先通过莱比锡的中介，即老相识弗里德里希·沃尔克玛转手，后者收到货后就立马再转给施普林格。在这过程中，施普林格只需要先付货运费，等第二年的四月莱比锡书展开始后，再根据销售数额结清款项。

当然，大多数的交易都是很常见的书，若有订单想要古旧书或其他内容的图书，施普林格则需另想办法。例如在《出版贸易公报》有这样的记载：

5月24日：需以下书目中的折扣图书，每种20本，切记只要科学类书籍（不是小说）！此外拍卖书目中的图书，还需要每种6本。

7月22日：急需在1843年出版的全部文学口袋书，其中每种的一本会用于零售[1]，另外两本则用于可退换条件下的销售[2]。

8月5日：当政治学、哲学和神学小册子出版后，这些新书每种需要12本。

8月23日：需全部新出的波兰语图书，每种2本。

至少在经营书店业务的四年间，施普林格只能主要通过销售图书的款项来回笼资金。

以商业大街为活动中心的读者，主要对政治学、哲学和神学小册子有浓厚的兴趣。[3]但施普林格也有很多顾客来自柏林以外的地方，包括梅克伦堡（Mecklenburg）[4]和奥得河（Oder River）[5]东部等。为了满足这些读者的需求，他还增添了农学、林学与其他自然科学种类的图书库存（不久其他书店也跟风效仿之）。而农学与林学的书籍之所以畅销，则来源于他在乡下与小城镇认识的同事的协助[6]。同年，他还增加了教育类的图书库存，包括《普鲁士法理学》系列[7]。

1842年，全德国大约有500个书商（在莱比锡都有自己的中介），中介们会在协调好的"莱比锡打包"时间，统一邮寄包裹以便节省高昂的运费。在书店营业额多的时候，通过莱比锡转运的图书价值很大，书店也可借机处理莱比锡书展的年度结算事宜。但问题是，旅途通常会花费2周到4周，若某些书店的主要业务不是经营图书，这就是无法接受的。于是一些偏远的书店，会选择通过莱比锡的中介跟在柏林的书店合作。[8]而对于距离遥远的书店，若书店直接付现金，中介会给25%的优惠（而非一般的33.3%）；若是委托支付佣金的方式，则是20%的优惠（而非一般的25%）。但若是大批订单的话，优

[1] "Firm Sale"或"Retail Sale"，指书店卖给顾客的反复销售版本。——译者注
[2] "on a return basis"，指图书卖给顾客后也不算正式销售，需要等退换货的期限过后才算。——译者注
[3] 通过分析书店开张6天后，施普林格所刊登的广告（包括第三条）得知。
[4] 位于德国东北部，在波罗的海沿岸。——译者注
[5] 欧洲中部的河流，其名字在欧洲纷争中经常被提起（包括二战中苏联军队跨越奥得河进攻柏林）。——译者注
[6] 反之，这些同事自己顾客的书想销售的话，也会找施普林格。
[7] 1847年起，哪怕在找到顾客前，该系列每出一版施普林格就会先订购10本。
[8] 至于规模大的书店，也会根据某些区域读者的兴趣点，提前选择特定的小册子和新书，以便所合作的书店能更快地卖出去。

惠程度会单独考虑。同时，通过莱比锡发送的图书成交数量，莱比锡书展也会记录在案。施普林格给其他书店供货时也参照此标准。

但后来，城市间的竞争也开始加剧，19世纪40年代柏林就曾尝试与莱比锡争夺德国北部图书供货中心的地位，但以失败告终。原因在于，当时铁路的发展速度超过了柏林贸易的发展速度。因此，对在德国北部的书商来讲，若继续在莱比锡购书或在柏林出版书，成本与时间都不划算。因此，包括施普林格在内的柏林书店就抓住了商机，为北部的同行提供中介服务。随着铁路网络在德国北部的建设，施普林格认为柏林的重要性也会日益凸显。[1]

1845年11月，柏林就有了22个中介为市外的121家书店提供服务。虽然这些成交量不是很大，有一些是小书店，但是其中至少有13个书店每周都会有订单。此时的施普林格和他之前的师父恩斯林（后者代理20个书店的业务）在同业之间处于遥遥领先的地位。至于施普林格在什切青的朋友索尼耶则业务更大，其每周有三个订单。

总结来看，1843年至1857年，施普林格给分布在梅克伦堡、波美拉尼亚（Pommerania）[2]、普鲁士东部与西部、波森（Posen）[3]和西里西亚（Silesia）[4]的大约30个书店供货。从施普林格在1842年刊登的广告中得知，在还没收到订单的情况下，对于人口众多的波兰语区，他会邮寄波兰语新书（每种两本）。

19世纪60年代，随着铁路运输成本的大幅度下降，莱比锡作为图书供货中心的地位也摇摇欲坠。19世纪80年代，柏林的图书印刷量终于超过了莱比锡，但依旧排在斯图加特之后，一直在前三名。

随着社会环境的变化，1858年1月1日，施普林格把自己的书店卖了出去，专心出版业务。新掌门人在《书商地址手册》给书店做了如下描述："该书店主要给30多个小型书店供货，为了继续经营业

---

[1] 施普林格记载道："若很多书店在柏林为北部提供中介服务，那发展前途无量。"
[2] 位于波罗的海的南部，具有丰富的历史，世界上最古老的大学之一格赖夫斯瓦尔德大学（University of Greifswald，1436年成立）也在此。如今该城市的西部属于德国。——译者注
[3] 波森在1848年至1920年属于普鲁士，二战后所有历史上波兰曾间接控制的土地都被划归苏联，当地的德语人口被强制驱逐。——译者注
[4] 有很长一段时间属于波兰的领土，但文化独特，包括有当地的西里西亚语言（Silesian language）。——译者注

务，我邮寄了4200多份小册子给这些书店。"但几年后，该书店又转手给某批发商。

出版业务：涉及政治

施普林格经营书店的同时，也开始涉足出版业务。为了节省投入成本，他只出版少于50页的书。而若书的页数太多，他只接受委托佣金的方式，并要求作者付印刷费，之后施普林格再给作者图书定价的一半金额。总而言之，他的库存经常是在"不多不少"间徘徊。

图9：施普林格1845年出版的路德维希·布尔（Ludwig Buhl）[1]的《关于工人阶级需求及其利益协会职责的建议》（左）；奥托·特奥多尔·里施（Otto Theodor Risch）[2]的《行会、贸易自由和贸易协会》小册子（右）

施普林格历来认为，从事商贸也算为公共利益服务，是一种政治。他在经营书店期间，也关注宪法、宗教等社会话题，还时不时地发表演讲[3]，以扩大顾客群体。他对讽刺漫画情有独钟。施普林格旅居

---

① 路德维希·布尔、马克斯·斯廷格（Max Stinger）等人是一群"新黑格尔派"作家（Die Freien，自由作家），马克思和恩格斯在1845年的《神圣家族》一书中批判了他们。
② 奥托·特奥多尔·里施是尤利乌斯·施普林格的朋友，也是他儿子费迪南德的教父。
③ 从保存的演讲稿中可发现他的演讲技巧不错。

巴黎时就了解到了当时的漫画家查理·菲利普（Charles Phillpon）[1]的漫画及其影响，他的作品在普鲁士一度被禁。等弗里德里希·威廉四世终止了审查制度不久，施普林格就趁机在《博森布拉特德国图书贸易杂志》刊登了六页的《穿越国境线》广告[2]，讽刺通过贿赂看守就能随便穿越德国边界的事[3]。

1842 年，在纪念普鲁士国王的生日大会上，有名的希腊学者兼柏林大学的校长奥古斯特·博克（August Böckh）[4]致贺词，他提到，热爱自由的公民应该勇于揭露政府的不足，对抗不合理的法规……在需要的时候，还要用庄重与严谨的态度来反对之……若公民的自由更多，君王其实更会被爱戴。用人文学科[5]与科学来加强统治与固化思想时，结果是徒劳的。然而，他却没有反对国王的部长艾希霍恩（Eichhorn）所主张的限制科学之政策。

该演讲是用拉丁语说的，听众席里面很少有人懂。但当这段演讲被翻译成德语后[6]，有些言辞变得更激烈了。在这种氛围下，施普林格也刊登了庆祝国王生日的宣传语[7]。但同年，当他刊登讽刺漫画《德国审查制度的攻击》时，又引来了审查的注意。

1843 年，他还刊登了 R. 萨巴蒂（R. Sabatky）所著的五页《昏睡的米歇尔》[8]。接着又刊登了漫画《米歇尔的觉醒》[9]。甚至连重建的科隆大教堂[10]也成了他的讽刺对象。当局终于忍无可忍，以至于在 2 月，漫画又遭到了审查，施普林格也放弃了出版后续漫画的念头。虽然出

---

[1] 他以描述法王菲利普一世（Louis Philippe Ⅰ）的肥头大耳形象而成名，在作品"La Poire"中，国王的头逐渐脱胎成了梨的样子。——译者注
[2] 刊登的时间在 7 月 5 日，即书店开张的 8 周后。
[3] 漫画链接 https://storiaeregione.eu/en/news-events/read-event/crossing-the-border-passare-il-confine。——译者注
[4] 1811 年起，在柏林大学教授辞令与古典文学，后成为院长与荣誉市民。
[5] 德语单词"Wissenschaft"通常包含"人文"与"科学"两个意思，需要根据文章内容才能判断具体所指。但若要单独具体细分不同的意思，"人文"的单词为"Geisteswissenschaften"，"科学"的单词为"Naturwissenschaften"。
[6] 译者为路德维希·德里森（Ludwig Driesen）。
[7] 施普林格在 1842 年和 1843 年都将其出版了。
[8] 彩色版漫画链接：https://blogs.brown.edu/askb/2011/12/06/der-deutsche-michel/。——译者注
[9] 彩色版漫画链接：https://www.deutsche-digitale-bibliothek.de/item/QUGARFEOVUDBQ3YMX2DCSIQODRFMKB7I。——译者注
[10] 科隆大教堂 1248 年始建，但在 1560 年停工，后于 1842 年 9 月 4 日起又复建，1880 年才完成中世纪时期的建设计划。——译者注

版这类漫画没赢利多少，但吸引了具有自由主义精神的读者群体。①

图10：漫画《昏睡的米歇尔》②

1843 年 7 月 28 日，施普林格率先出版了聚焦公共事务的月刊《国家》，首印 2000 册，其格言为"无所畏惧的信念"③，编辑为 28 岁的奥古斯特·特奥多尔·沃倪格（August Theodor Woeniger）。第一期内容也延续"胆大包天"的风格，涉及公开法庭记录和审查的话题，也讨论了消费者联盟的商业关系，以及新教在梅克伦堡的联系。④

跟其他有名的德国出版社一样，施普林格也得时刻跟审查做斗争。虽然他和编辑的意图是让"昏沉的大众觉醒"，但此时公众的反响却很少，反而惹来了当局的猜忌。以至于预计在 10 月出版的第一期杂志，在删了两篇文章后，被耽误了一个多月才出版。第二期更是由于审查的原因不见踪影。后续的几期也频繁被审查，导致当年最后

---

① 跟其他国家自我追捧的漫画形象不同的是，"德国的米歇尔"（Der deutsche Michel）是德国人反其道行之而采用的，用于自我嘲讽的人物形象。虽然近代刚开始是以被当局打压的对象出现的，但其人物形象历史悠久，最早可追溯到 17 世纪 40 年代。参考资料链接：http://www.gfl-journal.de/1-2000/sagarra.html。——译者注
② 该作品是施普林格出版的最有名的漫画：米歇尔的嘴巴锁挂着，身上被沙皇戴了带数字的围裙，代表着德国 38 个邦国，而时任总理梅特涅则从米歇尔身上抽血，在这过程中血变成了钱。一个法国人则费劲地把米歇尔左臂卸走，代表着瓜分鲁尔区。而英国犬则口叼钱币。最上面左边的教皇则作威胁状，躲在后面的军队正忙着操练对这些熟视无睹。
③ 创刊通知也在《博森布拉特德国图书贸易杂志》登出。
④ 该话题之后被反复刊登。

的两期一直拖到第二年春季才面世。经历了半年与审查机构的博弈后，施普林格不得不宣布停刊。

然而不死心的施普林格又创办了《柏林页码》，编辑是曾经在柏林大学教书的"新黑格尔派"卡尔·诺沃克（Karl Nauwerck），他后来成了政治报道记者。该杂志于 1844 年 3 月至 9 月发行，第一期面世后迅速重印，总共出了六期（总页数为 156 页）。在 1848 年的"三月革命"前，这两种政治期刊的影响力并不算大。与之相反的是，施普林格在政治类图书的销售上取得了成功，尽管图书的内容政治敏感度并不比期刊小。

后来他跟日后成为柏林市议会（Berlin Town Council）议员的奥托·特奥多尔·里施一起出版了两种宣传册，其一是《普鲁士海洋商业管理局及其对国内贸易的影响》①，其二是一本关于行会、商业自由和商业援助的宣传册，来强烈批判普鲁士控制下的国有经济。可以说施普林格在审查所能容忍的边界线上小心保持平衡。

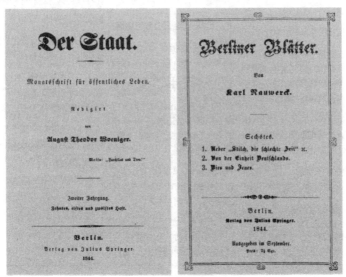

图11：施普林格出版的两种政治类期刊《国家》（左）和《柏林页码》（右）②

---

① 还有一本无标题可寻的、关于行会、商业自由和商业组织的册子。
② 这是施普林格出版的首批期刊，是政治类的，但这两种期刊除了给他带来审查的麻烦外没有什么销量，几期后就停刊了。

表1：施普林格出版的政治类通报、漫画和小册子目录（1842—1848）①

1.阿道夫·巴恩：《柏林的人民战斗之三月事件：18日至19日战斗中的详细报道》，1848，51页

2.丹尼尔·亚历山大·本达：《普鲁士有选举权的公民的教义问答，及1808年11月19日城市条例的主旨和意义》，1843，32页

3.《柏林页码》，卡尔·诺沃克主编，6册，1844

4.尤利乌斯·布卢姆：《欧美海军的现状简述及德国海军问题与舰队规划的意义》，1848，第2辑，32页

5.奥古斯特·博克：《1842年10月15日，威廉四世在柏林的弗里德里希·威廉皇帝大学的成立纪念日演讲，由路德维格·德里森从拉丁语翻译》，1842，17页

6.奥古斯特·博克：《1843年10月15日威廉四世在柏林的弗里德里希·威廉皇帝大学的成立纪念演讲》，1844，40页

7.路德维希·布尔：《对陷入困境工人阶级帮助倡议和互助协会的任务》，1845，36页

8.《德国的米歇尔》，政治漫画，石版曼画由R.萨巴蒂绘制，1842

9.埃伦赖希·艾希霍尔茨：《我们在革命中失去了什么？我们从革命中得到了什么？致普鲁士人民的一封信》，1848，Ⅳ，12页

10.埃伦赖希·艾希霍尔茨、利奥伯德·沃尔克马：《对普鲁士宪法条款的制定和监督》，1848，31页

11.《德国审查制度的出现》，政治漫画，石板漫画由R.萨巴蒂绘制，1842

12.《大陪审团调查的法律草案和动议》，普鲁士国家议会代表基希曼、坎普夫、舒尔策等在内的68人编写，1848，Ⅱ，36页

13.J.古特克：《法国的第三次革命：对二月事件历史缘由的介绍》，1848，68页

14.卡尔·古茨科：《德国民俗口语故事》，1848，16页

15.《穿越国境线》，政治漫画，石版画

16.弗朗茨·冯·霍岑多夫-维特曼斯多夫：《关于斯塔德②城市的政治立场及郡议会与州议会的关系，1843年7月8日滕普林区议会记录》，1844年的第一版被没收，1844，2版，24页

17.路德维希·克勒曼：《从法律和宪法角度审判：国王与议会的斗争》，1848，15页

18.《对漫画"德国的米歇尔"和"呆头弗里茨"的反击》，石版曼画由R.萨巴蒂绘制，1842

19.尼斯·冯·埃森贝克、克里斯蒂安·戈特弗里德·丹尼尔：《民主君主政体之法律提案：1848年7月1日的柏林国民议会》，1848，26页

20.热内·加斯帕德·欧内斯特·圣-热内-泰兰迪：《德国的政治文学》，由莫里茨·哈泽从法文版翻译，1844，70页

21.《国家公共生活月刊》，奥古斯特·特奥多尔·沃尼格编辑，共5期，1843/1844

22.乌利希·莱贝雷希特：《口号与行动：1848年11月9日以来的柏林》，1848，8页

23.利奥波德·福尔克马尔：《下级法院的独立性受到高等法院的威胁》，1843，32页

24.E.沃勒：《新反犹主义的潜在动机》，1842，19页

25.卡尔·路德维希·韦特：《将屠宰和磨削税改为所得税是革命的一种手段》，1847，22页

26.C.M.沃尔夫：《基于普鲁士现状，论人民主权与宪政国家宪法的基础》，1848，58页

27.《新闻界对第一届普鲁士联合议会的祝愿》，1847，32页

---

① 施普林格出版的某一专业领域图书、教科书等经常需要不定期修订、增补一些新的内容，这类连续出版物在中文环境下其实就是一个期刊。这是西方出版业的传统，意在保持连续性的市场和销售利润。本书为了便于中文读者阅读，统一译为"通报"，以示区别。在原著中此类书目表所列作品按第一作者姓氏、汇编或漫画作品首字母排列为3列，中文版参照排列。——译者注

② 位于德国西北的城市，在施温格河沿岸。——译者注

与知名作家戈特赫尔夫签订出版合同

不管自己的政治观点如何表达，书店终究还得盈利。施普林格第一个成功项目，就是获得了瑞士知名牧师阿尔贝特·比丘斯（Albert Bitzius，1797—1854）[1]的版权，后者用笔名耶雷米阿斯·戈特赫尔夫创作，[2]虽然施普林格只出版了戈特赫尔夫的三本书，但他们彼此的通信却多达100多封。戈特赫尔夫作为施普林格合作的知名作家，其重要性在后来成立"美文[3]出版社"[4]的过程中得到了体现，若没出版过戈特赫尔夫的作品，该出版社的社会影响就会低很多。

图12：戈特赫尔夫的
木刻版画肖像[5]

1843年8月，施普林格结识戈特赫尔夫不久，便给他写信，提议他写本适合当代年轻人的书："目前只有少数人能写出符合大众口味的作品，此事非您莫属。"[6]戈特赫尔夫此时已出版了5本著作，并一直对他当时的出版商有一些不满。施普林格趁机使出浑身解数笼络他[7]，并说自己早年拜读过他的作品《农民的镜子》[8]："书中的描写技巧让我吃惊，我一定会把您的书推广到北部地区。"他还表述自己的出版优势："瑞士出版商的作品在德国是不受保护的，若您才华横溢的

---

① 阿尔贝特·比丘斯跟随父亲的脚步，在伯尔尼（Berne）和哥廷根（Göttingen）学习神学后成为牧师。他也是天赋很高的小说家，在短篇中就能体现很强的故事性，如《上天助我》。而他的13本小说和超过30个短篇主要是关于比尔尼的普通人的。除了维护传统价值观外，他还积极参与了结束当地贵族统治的政治活动。另外他还拥护普及教育，以至于其影响力达到了瑞士之外。
② 后来他住在瑞士埃曼山谷（Emmen Valley）的吕策尔弗吕（Lützelflüh）。
③ 法文 Belles Lettres，"美文"意为"纯文学"，指以纯艺术为主要追求的文学作品。——译者注
④ 据说其成立的想法来源于法国语言学家约瑟夫·旺德里（Joseph Vendryes）的经历，因为当时他发现荷马史诗的批判集版本只有德文版，缺少其他语种，导致对研究等不利。如今，该出版社每年出版100种图书。而该出版社的目标是"加强古代典籍（包括希腊与拉丁作者的作品）与翻译版本在市面上能更多地流通"。——译者注
⑤ 雕刻师为卡尔·冯·冈森巴赫（Carl von Gonzenbach）。此作品根据之前1844年约翰·弗里德里希·迪特勒（Johann Friedrich Dietler）所绘的油画肖像临摹制成。
⑥ 但鉴于没有实际证据表明，施普林格正计划出版这类书籍，所以以此话估计只是为跟戈特赫尔夫建立更多联系的托词。
⑦ 这些内容来自8月28日和11月26日的信，而在第二年1月26日的信中，施普林格列出了自己的条件。
⑧ 1837年在苏黎世出版。

作品不希望被人盗版，您可考虑一下与施普林格合作。"

在 1845 年的圣诞节期间，戈特赫尔夫回信说，自己正在寻找长期的合作出版商，省得自己操心。施普林格就抓住机会赶紧在新年期间回信道："您所言极是，如今的读者已把出版商和作者的价值融为一体。"于是，他告诉戈特赫尔夫合作条件是：每印张①会有 12 泰勒②的版税（戈特赫尔夫之前的版税为 11.3 泰勒），每本书会印刷 2500册。若同意合作，请您暂停与其他出版社的全部合作③，施普林格只需要 4 周的时间就可全部接手过来。戈特赫尔夫先是回绝了全面合作的提议，但是施普林格依旧来信要求道："若其他出版商提出更高的版税数额，我也会给您照付同样的钱。"最后，戈特赫尔夫同意先跟施普林格合作一次看看。而且，施普林格还不罢休，再次提出未来独家出版戈特赫尔夫其他作品的建议，此后虽然持续有一些版税谈判，但最终施普林格成为戈特赫尔夫作品的唯一出版商。

当然，如施普林格所说，瑞士的图书在德国不受保护，德国的作品同样在瑞士也无法受到保护。为了防止在德国普鲁士出版的图书被瑞士报复性地重印，施普林格就请自己以前在瑞士当学徒时的师父霍尔的书店作为共同出版商。这仅仅是名义上的，实际上书并没有在瑞士印刷。他对于这样做的原因解释道："书的封面标题页印上霍尔书店的名称，背面则印上某苏黎世印刷厂的名字，这样我表面上在瑞士就有了版权保护。"④戈特赫尔夫的名字在施普林格的操作下出现在瑞士的霍尔书店出版目录中。就这样，1845 年秋季⑤，戈特赫尔夫为年轻人写的第一本，且是唯一的一本图书《特尔的男孩：青年人的故事》出版了。施普林格写给戈特赫尔夫的信中提到"这是最不成功的书"，

---

① "Per printed sheet"，一印张（开纸）上事先打印并分好 8 个区域，而折叠后就成了书的样子并有 8 页，即 8 页 12 泰勒。——译者注
② 很难拿旧货币跟如今货币的购买力做对比，但 1 泰勒（英文美元 "dollar" 的用词起源）跟 1 先令（英联邦国家货币）或 25 美分等值。或者，1 泰勒的价值：等于 10 芬尼（Pfennig，9 世纪到 2002 年德国的货币）跟 30 格罗申（Groschen，神圣罗马帝国的货币单位）的比值。若读者还想深入了解，还可拿马克（Mark，偶尔也叫金马克，Goldmark）当参考因素，后者从 1876 年 1 月 1 日起至 1914 年乃是德国的统一货币。而从 1924 年起，分别出现了地租马克（Rentenmark）、帝国马克（Reichmark）。货币购买力的兑换比为：20.43 马克 =1 英镑又 4.2 马克 =1 美元。
③ 即暂停原计划 1852 年要出版的书之进度。
④ 1846 年 1 月 26 日的信。
⑤ 为了赶上参加秋季的书展，书上的出版日期印为了下一年 1846 年，此乃出版商的惯例。

评论很少，销量远低于预期。1852 年该书出版第二版，以标价的半价出售，但直到 1911 年还有库存。

图13：戈特赫尔夫的《特尔的男孩：青年人的故事》

在出版《特尔的男孩：青年人的故事》之前，施普林格就制定了更长远的出版规划，表明他决心成为戈特赫尔夫所有图书的出版商。《尤里的农场》[①]是由施普林格出版的第二本戈特赫尔夫的书。这是在瑞士出版的标准德语版，讲述的是"乡下的尤里如何取得成功"的故事。该书在瑞士出版时施普林格把名字改为了《尤里的农场》。但戈特赫尔夫对改写的提议感到不满，因为转写是一件艰巨的任务，一些语言学家也对此持批判态度。直到施普林格提到，书中浓重的方言反而让潜在的读者敬而远之。而且，施普林格对瑞士方言也了解，并乐意帮助承担部分工作量，戈特赫尔夫的态度才有所松动。

后来，为了验证施普林格的观点，戈特赫尔夫在 1837 年也给朋友索尔兰德（Saurländer）邮寄了同样充满方言的《一个学校教员的喜怒哀乐》。后者在 1838 年 2 月 3 日的回信[②]中抱怨道："书中出现的伯尔尼方言，就连瑞士南部的人也看不懂，更何况德国人呢？"最终戈

① Uli 为名字"Ulrich（乌里尔奇）"或"Ulrike（乌尔丽克）"等的缩写，属于中性词。——译者注
② 1838 年 2 月 3 日的信。

特赫尔夫同意改写自己的作品。①

后来施普林格对图书的销量很满意："我的推广方式证明是行之有效的，这样连您之前的许多作品，都会被更多读者所知晓。"1846年9月14日，他又提议戈特赫尔夫撰写续集。

图14：戈特赫尔夫的《尤里的农场》②

与"大众作品推广协会"合作

1840 年前后，德国自由资产阶级作家就发起成立了"大众作品推广协会"③，致力于满足下层城市公民、工匠和农民阅读的需求。他们想发展"简单阅读"，以便在社会动荡时期稳定民心，为促进社会和平做出贡献。这些读物采取直销或者取得资助的方式降低图书的定价，让普通读者能够接受。"大众作品推广协会"的成立目标与施普林格一直想做的大众教育相差不是很远。施普林格希望协会不要把书商排除在外，他认为，毕竟图书销售需要专业的人来做。

---

① 在施普林格的劝说下，戈特赫尔夫之后的作品中所含有的方言，较之前少了很多。
② 序言写着"献给德国和我们的大儿子（1846 年 7 月 21 出生），多年来我们叫他小尤里"。这里面的缘由是，大儿子被洗礼时，被施普林格的妻子玛丽坚持为其取名为费迪南德（否则也打算叫尤里）。
③ 德文为"Verein zur Verbreitung guter und wohlfeiler Volksschriften"。

德国茨维考市（Zwickau）①的"大众作品推广协会"成立伊始，就出版了戈特赫尔夫的《学徒工匠雅克布瑞士历险》，这个行为引起了施普林格的不满，因为施普林格对于这些作品很看重，评价很高。他在 1846 年 3 月 1 日给戈特赫尔夫写信，明确提到了希望出版这类大众化作品的想法，"很可能，我会和一个朋友共同成立一家出版社，出版一系列优秀的大众化作品集，我们非常想希望您能够马上给我们一些"。此后的 3 月 13 日他再次写信，提到了贝特霍尔德·奥尔巴赫（Berthold Auerbach）②、卡尔·施平德勒（Karl Spindler）③等已同意合作。施普林格与他的好朋友西蒙（M. Simion）成立了"德国大众写作协会出版社"④。西蒙有出版这类图书的经验，曾经在 1843—1847 年成功推广了一本名为《友邻》的日历。施普林格与戈特赫尔夫联络的时候，戈特赫尔夫正在计划另外一个项目。可能是经济原因，戈特赫尔夫不能确定是否如期为施普林格写作，但是提出了在图书销售前景未知的情况下也要照付一笔相当可观的版税。施普林格与西蒙成立出版社也是为了共同分担风险。

图15：《德国大众图书馆》系列第一卷出版广告⑤

① 是德国撒克逊州第四大城市，汽车行业至少有 100 年的发展历史，诞生了奥迪品牌。如今大众汽车在该州的总部也在此。——译者注
② 德国"舆论写作"（tendency novel）的鼻祖，即把小说用来影响公众关于社会、政治、道德观等为目标。——译者注
③ 德国小说家，出生于 1796 年。
④ 德文为"Verlagshandlung des allgemeine deutschen Volksschriften Vereins"。
⑤ 出版公司为德国大众写作协会出版社，因为经济原因，该书没有成功出版。

施普林格与西蒙就跟"大众作品推广协会"签订了合同，但这次不同的是，他们不想单纯地做销售中介，他们还想成为其出版伙伴，来销售协会名下的全部图书，于是股份公司的模式就出炉了。1847年2月，新成立公司的宣传册显示，他们当时就有了1万泰勒的运营资本。同时，柯尼斯堡（Königsberg）的格拉费和昂泽（Grafe & Unzer）出版公司，汉堡的著名出版社霍夫曼和坎帕（Hoffmann & Campe）出版社，柏林的威廉·赫茨（Wilhelm Herz）出版社、卡尔·海曼（Carl Heymann）出版社、奥古斯特·郝什瓦尔德（August Hirschwald）出版社和穆勒出版社也有股份。除此之外，戈特赫尔夫本人和施普林格在瑞士的师父霍尔（也是唯一的外国公司）也参与了。公司的计划是：每年出版六卷系列并统一销售；每册书用六至八个印张装订；每册的成本为1泰勒又10格罗申（约等值4马克）；个人用户订阅的费用为每季度10格罗申，若想单独购买期刊，那只能在出版后的一定时期后才可以，而且价格比平时订阅费高。最终，有施普林格的老朋友弗里德里希·沃尔克玛，以及其他25个莱比锡书店与子公司签约成为经销商。

图16：戈特赫尔夫的《祖母凯西》[1]

---

[1] 该书为德国大众作品推广协会出版社出版的首本书，也是所有图书中最成功的。

1847年，公司的首推产品戈特赫尔夫的两卷本《祖母凯西》和古斯塔夫·尼耶里茨（Gustav Nieritz）[1]所著的《雅克布风暴》出版了。起初，它们的销量很高，第一年的印刷量达到了8000—10000册，但第二年的印刷量却降低到了6000—8000册。欧洲1847年爆发的经济危机[2]，导致施普林格与西蒙本希望只占50%的股份，后来一度提高到70%。最终，在这些书出版后的15个月，利润达到了1386泰勒。但是，仍旧有很多图书没有销售出去，库存太多，因此这笔钱只是正好抵消版税和生产成本。

革命前后的出版业

施普林格首次被捕发生在1846年，导火索是当时位于德国巴登州的卡尔斯鲁厄（Karlsruhe）市[3]的格罗斯什书店（Grossche Buchhandlung）[4]出版了伯恩哈德·奥本海默（Bernhard Oppenheimer）[5]撰写的《论禁止出版》。结果施普林格在《博森布拉特德国图书贸易杂志》（1846年版第20卷）愤怒地给予回击，称此举在立宪国家中是不可容忍的：“这等于在没有戒严令的情况下就开战（违宪），而专制法律存在的时间越长，就越不受约束！我的出版社会很荣幸地发行传播宪法的册子，呼吁社会不要走入歧途。”

结果不久，他就惹上了官司。皇家犯罪法庭的公诉人称施普林格“粗鲁地藐视普鲁士的国家法律”，而施普林格则在唇枪舌剑中反驳道：“《博森布拉特德国图书贸易杂志》的读者群属于图书贸易的小圈子，那就谈不上在大众中造成了混乱，更何况该期刊是获得了出版许可的。”他在法庭上依法进行“辩论”，最后法官不得不宣称他无罪。

颇为炫耀的施普林格，1847年4月27日受到起诉，在官方宣判

---

① 古斯塔夫·尼耶里茨（Gustav Nieritz, 1795—1876），德国民俗与青年小说的作家。——译者注
② 该危机1840年前源于英国，后逐步波及欧洲，其中主要以“铁路股票泡沫”破裂为主。——译者注
③ 该城在莱茵河的右岸，是德国人口第三大州的巴登-符腾堡州（Baden Württemberg）的第三大城市。——译者注
④ 海得堡大学书店（Universitäts Buchhandlung Heidelberg）的创始人卡尔格鲁斯（Carl Groos）之兄弟。——译者注
⑤ 南非英国钻石商人与慈善家。——译者注

的日子，即5月1日便在《博森布拉特德国图书贸易杂志》上自行宣布自己无罪的消息，5月18日擅自公布法庭宣判文件，完整刊登了五页宣判文书。这被公诉人再次抓住了把柄，四个月后他再次被起诉。法庭这次认定施普林格违背了出版法，判他坐牢三个月。不服的施普林格上诉到高等法院，这次却失败了。在等待判决令执行的日子里，处于焦虑中的施普林格在1848年2月29日给戈特赫尔夫写信道：“如今真觉得从事出版业是吃力不讨好的，但我会逐渐变得强大起来。”按照3月18日法令要求，施普林格在十天内要去位于柏林西南部的马格德堡监狱服刑，但两天后大赦令就来了。不久他震惊地听到了法国国王路易斯·菲利普一世[①]倒台和法兰西第二共和国成立的消息，席卷欧洲的“三月革命”爆发了。

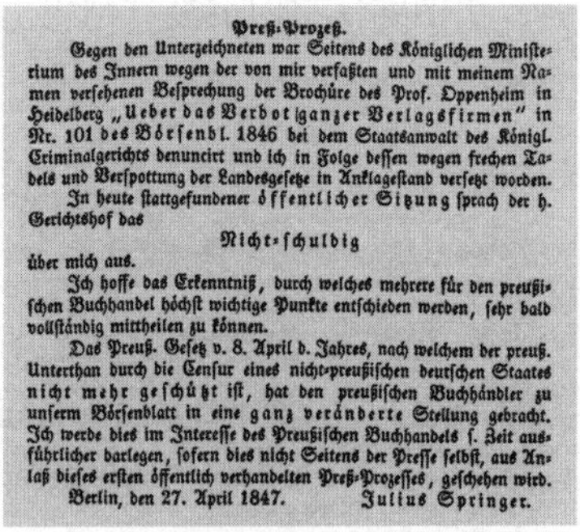
Preß-Prozeß.

Gegen den Unterzeichneten war Seitens des Königlichen Ministerium des Innern wegen der von mir verfaßten und mit meinem Namen versehenen Besprechung der Brochüre des Prof. Oppenheim in Heidelberg „Ueber das Verbot ganzer Verlagsfirmen" in Nr. 101 des Börsenbl. 1846 bei dem Staatsanwalt des Königl. Criminalgerichts denuncirt und ich in Folge dessen wegen frechen Tadels und Verspottung der Landesgesetze in Anklagestand versetzt worden.

In heute stattgefundener öffentlicher Sitzung sprach der h. Gerichtshof das

Nicht-schuldig

über mich aus.

Ich hoffe das Erkenntniß, durch welches mehrere für den preußischen Buchhandel höchst wichtige Punkte entschieden werden, sehr bald vollständig mittheilen zu können.

Das Preuß. Gesetz v. 8. April d. Jahres, nach welchem der preuß. Unterthan durch die Censur eines nicht-preußischen deutschen Staates nicht mehr geschützt ist, hat den preußischen Buchhändler zu unserm Börsenblatt in eine ganz veränderte Stellung gebracht. Ich werde dies im Interesse des Preußischen Buchhandels s. Zeit ausführlicher darlegen, sofern dies nicht Seitens der Presse selbst, aus Anlaß dieses ersten öffentlich verhandelten Preß-Prozesses, geschehen wird.

Berlin, den 27. April 1847. Julius Springer.

图17：施普林格被宣判无罪的广告

为了安抚暴乱情绪，德国当局颁布了大赦令。施普林格就这样逃过了牢狱之灾。以生产和铺设电缆起家的恩斯特·维尔纳·冯·西门子（Ernest Werner von Siemens，1816—1892）[②]对于1848年革命时期的德国现状，有过如下记载：“日积月累的不满和通过非暴力手段达到改革目标的愿望落空了。无头苍蝇般的骚动跟洪水一样，沿着马路四处涌动，大有撕裂堤坝之势。柏林街头充满了亢奋的人们，他们意犹未尽地听着吊儿郎当的演说家的即兴演讲，里面则经常充斥编造的各种谣言。”

此时在布赖特大街的市政厅区域和联合皇宫（palace joint）之间

① Louis Philippes Ⅰ，其父在之前的法国大革命期间被处决，后来他成为“七月王朝”（也是波旁王朝的分支）的国王，在位18年，直到1848年的“二月革命”后被推翻，之后法兰西第二共和国成立。——译者注

② 德国著名的工业家与发明家，除了成立电子与通信公司西门子外，电导的单位“SI”也以其名命名。因其卓越贡献，德国皇帝弗里德里希三世授予其贵族称号，故其名字中带有“冯”字称号。和其他兄弟区分。中文版为统一前后文，在首次出现其名时即写全称，后文简称维尔纳·西门子——译者注

已设了路障。枪战就发生
在施普林格居住的罗斯大街
（Roßstrasse）。他还在 4 月
27 日写给戈特赫尔夫的信
中，对于枪战这样描述道：
"18 日至 19 日发生的枪战太
恐怖了，毕竟巷战离我们家
很近，看在上帝的份上别把
房子毁掉。只有孩子们还能
安然进入梦乡，这种反差太
不可思议了！"

图18：革命时期的布赖特大街，市政厅右边的
就是施普林格书店①

　　在 1848—1849 年的革命
之前，"德国"由 35 个独立
的君主国和 4 个"共和"城镇所组成，其中的汉萨镇包括汉堡、利菲
贝克、不来梅和法兰克福。此时人们有一种强烈的政治团结的愿望，
但其中的动机却混合着政治、商业、冲动冒险和自由主义等多种因
素。1847 年的德国社会存在着许多社会和经济上的不满，许多政治反
对者都被监禁了。1847 年也被称为"饥饿之年"，因为发生了几次农
民起义，但这些都还不是德国革命运动的全部。德国革命最为显著的
标志是，基于全民（男性）具有选举权的理论，第一步在海德堡成立
了"前议会"，此后在法兰克福成立了德国国民议会，最后在斯图加
特成立了所谓的残余议会②，革命的核心目标是制定宪法和统一德国。
尽管 1849 年的反革命力量终结了德国共和党掌权的梦想，但革命所
产生的社会影响长期存在，全德国统一愿望强烈，并普遍地出现了一
些自由化倾向。这为 1871 年威廉一世成为德国皇帝并建立第二帝国
起到了重要的推动作用。由于施普林格热情地致力于自由主义事业，

① 根据施普林格的妻子玛丽的回忆，市政厅右边的就是施普林格的书店。在晚上警报声响起后，
　她做好了咖啡要给参与街头巷战的施普林格送去。虽然没有多少军事经验，但施普林格此时
　也成了"排长"。
② 残余议会（Rump Parliament），又称"尾闾议会"，特指 1648 年 12 月 6 日托马斯·普莱德
　率军将反对审判查理一世的议员驱逐以后的英国议会。斯图加特所谓的残余议会（Stuttgart
　Rump Parliament），指 1849 年 6 月 6 日至 18 日期间为继承"法兰克福国民议会"之功能的议会，
　最后也被符腾堡的军队镇压并解散。——译者注

因此那个时代的政治动荡，自然会在施普林格所出版的图书书目中得到反映。

此时施普林格正在忙着印刷戈特赫尔夫的《尤里的农场》。施普林格在 3 月 23 日给戈特赫尔夫的信中写道："为了赶上原定出版计划，我正扛着步枪印书呢！"在 3 月 27 日的信中再次写道："在某种程度上，我很高兴《尤里的农场》的第二部还没有开始。在您同类的较为流行的文学作品中，我相信一旦社会步入和平与安定的时期，这类文学作品可能会再次引起读者的浓厚兴趣，但是这可能需要一定时间。特别是资产阶级的一些通俗化作品，其价值未来会再现，并重获社会尊重和认可。"

在革命期间，施普林格快速地出版了一些政治小册子（每个印张有 16 页），在匆忙中，小册子也没装订封面，以至于更像是社论而非图书。同时由于印刷厂的工人要求涨薪[1]，工作也暂停了八天，施普林格开始抱怨革命直接影响了他的业务，并在公开场合发表言论："这帮家伙只管自己没事，而不在乎其他人的生计。"最后，虽然有罢工、物流的中断和资金缺少的困扰，他还是出版了三本流行文学书，总共大约 1000 页。

尽管革命时期人们的阅读兴趣有所变化，但是施普林格还是相信戈特赫尔夫的社会影响。他以"大众作品推广协会"的名义出版了戈特赫尔夫的五本书：一本是《汉斯·乔戈里》，另四本是《一个学校教员的喜怒哀乐》四卷本。

图19：施普林格1848年夏季出版的16页政治小册子[2]

<hr />

① 罢工发生在 5 月 5 日。
② 在这本小册子中的序言中，施普林格写道："我们收到来自各方的消息，包含较小城镇的市民。他们抱怨说，他们根本无法理解德国革命时代的变化，他们只担心国家动荡会影响我们的生活和土地。我现在试图回答这些人所提出的问题。"

施普林格之前的言论引起了人们的不满，但他依旧当上了柏林和法兰克福地区的选举人（Elector）。施普林格声称："为了履行公共事务责任，我无法抽时间照顾自己的生意。但我们生活在伟大而彻底革命的新时代，德国社会和人与人之间的关系都将随着国家新建而发生变化。我们离人类关系中最为伟大的革命时代不远了。让为了实现这种理想价值而贡献我们每个人应有的力量！"之后他又被选为记录员（Recorder）[1] 和副主席（Deputy Chairman），并主持区自治会（district council）的工作。

据说施普林格每天都从早忙到晚，乐在其中地履行着这些职责，时间长达31年。而他在与各党派人士的日常接触中也有收获，其中很多人日后都成了他的作者。例如鲁道夫·格奈斯特（Rudoil Gneist）[2]，他就是在革命动荡期间通过约翰·雅各比（Johann Jacoby）[3][4] 的引荐与其进行了图书出版合作。

图20：约翰·雅各比

然而，一向关注德国政治的戈特赫尔夫显然没有顾及革命在德国所产生的后果，尽管革命严重扰乱了社会经济。他不同意施普林格延迟支付他的《苦与乐》一书400泰勒版税，否则不会向学会提供后续的书稿。

1848 年 11 月，戈特赫尔夫的作品《尤里的农场》终于面世了。施普林格给戈特赫尔夫邮寄了免费的样书，并在 11 月 26 日的信中提醒他对于销量不要期望得太高："目前，我们遭受许多小折磨，这些折磨来自上层的无法无天的暴力影响，而自 3 月以来，它却是来自下

---

① Recorder，记录员负责协调会议记录，通过会议监督法律执行情况等工作。——译者注
② 鲁道夫·格奈斯特（Rudolf Gneist，1816—1895），德国法理学家和政治家，他的学生是马克思·韦伯，并对其产生了很大的影响。他还通过与伊藤博文（Itō Hirobumi）的联系，对日本第一部宪法的诞生起了重要作用。——译者注
③ 约翰·雅各比（Johann Jacoby，1805—1877），德国左翼政治家。1848 年 11 月 2 日，作为柏林议会代表在波茨坦会见国王，他呼唤国王，但是国王转过头去，此时他说道："这是国王的不幸，他们不希望听到真相！"这句话很快在柏林流传。
④ 雅各比由于坚决大胆地反对俾斯麦的政策而入狱，去世前被提名为帝国议会议员，但被他拒绝。——译者注

层的社会动荡。我希望我们能够从中吸取教训，而不是随着我们新的政治生活自由度升高而陷入了旧的错误。"

柏林革命以弗兰格尔将军（General Wrangel）的军队到来而告终。市议会召开了八天的常设会议，施普林格的生意陷入了停滞。当局尽管施行了新的法律，城市公民恢复了他们的私人生活秩序，有的回到企业工作，有的生气，有的气馁，不少人对于回归旧秩序感到遗憾。然而，成千上万的人移民到瑞士、英国、法国，甚至远至遥远的美国。

施普林格却没有放弃。他在 1848 年 11 月 26 日给戈特赫尔夫的信中写道："革命的花朵虽然被暴风雨暂时吹垮，但并不令人担心。只不过我眼看着自己的资产，反而由于革命期间依旧增长的债务而缩水。"

违反"出版法"而被捕

在德国"三月革命"之前，施普林格倾向于出版政治类图书。而现在他则变得更加谨慎了。1850 年 12 月，他仍然基于格奥尔格·冯·芬克（Georg von Vincke）[1]于 1850 年 12 月 3 日在第二会议厅发表的耸人听闻的演讲出版了一本小册子，他认为合适的书名是《一个简短的图文报告》。芬克是自由党的领导人，曾公开反对曼陀菲尔（Manteuffel）政府。在一场激烈的演讲中，

图21：格奥尔格·冯·芬克

芬克要求曼陀菲尔下台，"离开这个部门！"这在当时的普鲁士是空前的大胆。后来玛丽·施普林格回顾这本小册子的售卖场景时写道："书店太忙乱了，人们不得不排起长队，并打电话让警察在书店门前维持秩序。"这种场景让施普林格的心跳加快，人们不得不在他的书

---

① 格奥尔格·冯·芬克（1811—1875），普鲁士议会自由派的领军人物，他对德国革命期间普鲁士政府所持的"开历史倒车"态度给予了强烈的批判。1850 年 12 月 3 日，施普林格出版了他的演讲稿，获得了巨大成功。

店前排队购买该书。对他来说，这是一本相当大胆的出版物，因为几个月前图书审查员曾经给他带来了麻烦。

　　革命浪潮后的 1849 年 6 月 30 日，新的出版法令规定："作者、出版商、印刷厂和发行商，须为所参与的图书承担连带责任，但无须追究出版机构的新接手人相关责任。"1850 年 6 月 4 日，警察就涌进施普林格的书店，查封了《普鲁士和霍恩佐伦家族的政治》[1]这本书，施普林格本人因此被逮捕关进监狱 8 天。但这次施普林格又幸运地被列在了"机构继承人"名单中，加上他无法被认定为发行商，对他的起诉也撤销了。当然施普林格又"故伎重演"，在报纸上宣告了自己被捕和又被释放的消息[2]。而新成立的"德意志警察联盟"[3]也持续监视着对当局有反对意见的书店。

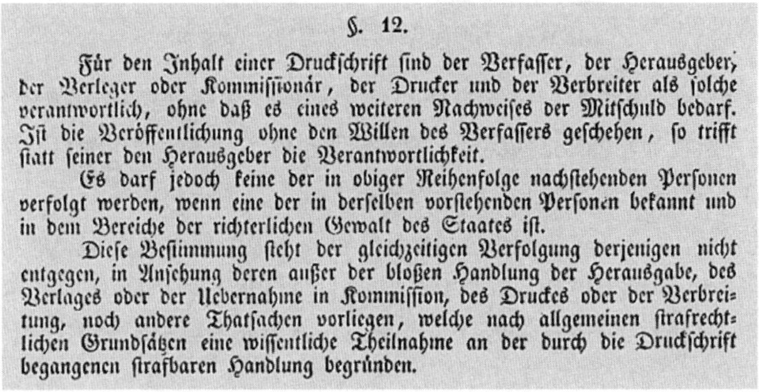

§. 12.

Für den Inhalt einer Druckschrift sind der Verfasser, der Herausgeber, der Verleger oder Kommissionär, der Drucker und der Verbreiter als solche verantwortlich, ohne daß es eines weiteren Nachweises der Mitschuld bedarf. Ist die Veröffentlichung ohne den Willen des Verfassers geschehen, so trifft statt seiner den Herausgeber die Verantwortlichkeit.

Es darf jedoch keine der in obiger Reihenfolge nachstehenden Personen verfolgt werden, wenn eine der in derselben vorstehenden Personen bekannt und in dem Bereiche der richterlichen Gewalt des Staates ist.

Diese Bestimmung steht der gleichzeitigen Verfolgung derjenigen nicht entgegen, in Ansehung deren außer der bloßen Handlung der Herausgabe, des Verlages oder der Uebernahme in Kommission, des Druckes oder der Verbreitung, noch andere Thatsachen vorliegen, welche nach allgemeinen strafrechtlichen Grundsätzen eine wissentliche Theilnahme an der durch die Druckschrift begangenen strafbaren Handlung begründen.

图22：《普鲁士法典》第12条[4]

　　至于在革命前就合作的畅销书作者戈特赫尔夫，此时施普林格取得了其全部作品的版权，但大众对他的关注程度在减弱。1852 年，当他的《与时间共舞的伯尔尼精神》出版后，施普林格直言："本书的保守主义的倾向容易惹起争端，而且更像是政党内部用的小册子。除了个别出彩的章节外，本书在德国可能不会受到读者喜欢。"为此，他和戈特赫尔夫还就读者对于该书的负面评价产生过争执。

---

① 该书由拉伯公司（Raabe & Co.）出版。
② 在被逮捕期间，他把自己的通信地址变为了监狱的地址。
③ 1851 年成立的，针对"三月革命"而成立的秘密警察组织。——译者注
④ 施普林格在 1849 年 6 月 3 日写给戈特赫尔夫的信中，逐字逐句引用了《普鲁士法典》第 12 条。

图23：《与时间共舞的伯尔尼精神》①扉页

　　果然，出版后的负面反馈出现了。施普林格又给作者解释道："比丘斯牧师（Pastor Bitzius）的评论我也看了，虽然他也为自己所在党派的意识形态做辩护，但该因素远非他给负面评价的唯一原因。我给你邮寄了《边界新闻报》，上面有你这本书的评论，鉴于该评论正在你的人际圈中传播，你该积极地为自己辩护。"但时过境迁，戈特赫尔夫把怨气也撒在了施普林格身上，因为在戈特赫尔夫的印象中，施普林格只给他邮寄负面的评论。

　　施普林格在1852年8月24日的信中反驳道："我对你和他人都是坦诚的，但若你认为，我只出版跟自己政治观点相同的书，这显然不符合事实。虽然之前这样做时髦，但如今我唯一在乎的，则是作者的道德观点是否和我一致。"在火药气息还未平复之下，他继续回信："你也不懂出版，为何指责我做的营销不够？我再次声明，我没有给文学机构与个人白送书。你如此猜忌是对出版商的大不敬（事实也证明，本书在60年后竟然还有库存，令人震惊）。"②一些负面评价也影响了戈特赫尔夫的其他作品的销量，导致施普林格不得不把预期印刷量减

① 施普林格试图说服作者避免在书中呈现党派冲突。
② 一年后的10月15日之信件。

少到 2000 册（原本为 3000—3500 册），同时也减少了戈特赫尔夫的版税，后者也无可奈何地接受了，因为施普林格的版税算最高的。

图24：戈特赫尔夫在瑞士吕策尔弗吕的住所的石版画[1]

　　经过一番争论后，事态发展到只有他与戈特赫尔夫亲自见面，才能解决彼此分歧的地步。尽管朋友们提醒施普林格，要小心克里米亚战争（1853—1855）[2]给德国造成的潜在经济危机，但 1854 年他还是到瑞士吕策尔弗吕停留四天，来跟戈特赫尔夫见面。在施普林格写给妻子的长信中，介绍了他与戈特赫尔夫彼此一见面便互相谅解的情形，谈判很成功。双方谈妥出版戈特赫尔夫作品系列的首印量为 3000 册（但只有 12 种书会成集出版）。该系列出版时，施普林格先支付 1500 泰勒，等 3000 册中的 1850 册销售完后，戈特赫尔夫就会收到第二笔的 1000 泰勒。

　　突如其来的是，戈特赫尔夫在 1854 年 10 月 22 日，即施普林格拜访后的 3 个月后去世了。因此，虽然没有书面协议，但戈特赫尔夫的遗孀亨丽埃特·戈特赫尔夫（Henriette Gotthelf）还是知道情况的。施普林格与其签署出版协议时，全集的总册数不是原定的（第一套）12 种，而变成了 24 种，条款也略微做了修订：在出版前，施普林格需预付 800 泰勒，等第一套 1850 册销售完后，再支付剩下的款项。

---

① 施普林格在 1850 年 4 月 23 日的信中感谢戈特赫尔夫给他寄这幅石版画，并说，"它一直挂在你的肖像画对面，我希望早一天在这里见到你"。戈特赫尔夫去世前 3 个月，即 1850 年 7 月 18—21 日，施普林格终于在瑞士拜见了戈特赫尔夫。

② 克里米亚战争，指的是由俄罗斯人与英国、法国和奥斯曼土耳其人在 1853 年 10 月至 1856 年 2 月之间发生的在克里米亚的战争。——译者注

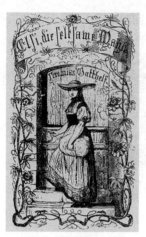

图25：戈特赫尔夫的
《奇怪的女仆爱尔斯》封面①

25

Fluchen, — einen Eid leisten (nur von ganz entsittlichten Menschen gebraucht). XII, 189.
Flüssig, — eiternden Hautausschlägen unterworfen.
Föh, — 1. oder 3. plur. praes. von fangen.
Föhn, Flühluft, — heißer Südwind, der im Frühling Blätter und Blüthen versengt, der äußerste Ausläufer des Scirocco, oder ihm wenigstens verwandt. XVIII, 268.
Förmen, — eine Form geben.
Forne, — Forelle.
per Forscht, — mit Gewalt, ohne Widerrede, par force.
Fortbräuken, — 1) die ungesunden Gerüche in einem Zimmer durch Räuchern vertreiben; 2) verjagen, vertreiben, meist durch beißende Reden. XIV, 318.
Fösel, — ein leiblich und geistig unbedeutender, schwacher Mann. III, 243.
Fötzel, — 1) zerfetztes Kleidungsstück; 2) in zerfetzten Kleidern herumlaufender Mensch; 3) Lump, Proletarier.
Fragen, Fragenbuch, — Heidelberger Katechismus.
Frein, — wohlmeinend, gutherzig, friedliebend, harmlos. VII, 316.
Freundlichkeit, — außergerichtlicher Aussöhnungsversuch. I, 328.
Fromm, — treu, gutgeartet (Kinder, Dienstboten, größere Hausthiere). I, 12. Biogr. S. 191.
Fry, — 1) wirklich, wahrlich; 2) recht; fry chuel, recht kühl, kalt.
Fuchs, — Verfasser einer populären Streitschrift gegen die römisch-katholische Kirche. XXI, 322.
Fuge, — 1) Possen, Schwänke; 2) geringerer Grad von Bosheit (von fougue).
Fuhren, — 1) trans. das Vieh füttern; 2) intrans. übermäßig sättigen.
Ful, — 1) faul; 2) träge; 3) untauglich, nichtsnutzig; 4) listig, verschlagen.

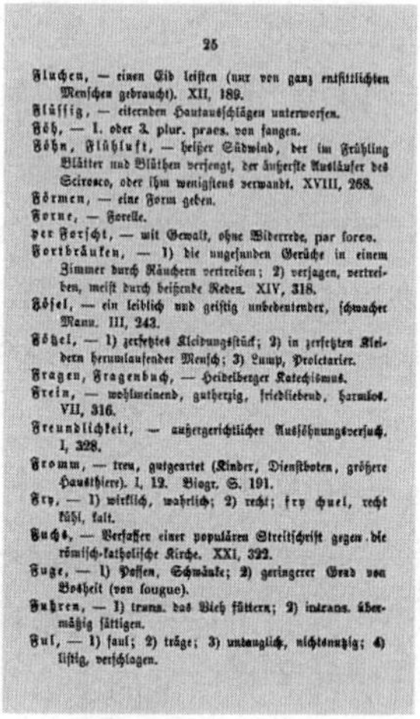

图26：施普林格出版《戈特赫尔夫全集》
（第23册）中的瑞士方言词汇表②

但毕竟时过境迁了，读者的品位也在改变，施普林格私下里也为此犯嘀咕，系列中第一种书面世时是不会成功的。但在戈特赫尔夫的儿子阿尔贝特·比丘斯的劝说下，他立即出版了24种全集版本。他希望完整的全集版本会取得成功。然而，施普林格的想法错了，销量依旧不佳。施普林格在1857年5月25日给戈特赫尔夫儿子的信中写道，销售非常不好，很多订购了全集的读者反而取消了第二套的订单。在销售丝毫没有起色的情况下，1858年3月系列作品依旧全部被出齐。

为了不让自己的投资完全“打水漂”，施普林格通过委托熟人达尔普（Dalp）在伯尔尼的书店，出版了“廉价版本”，图书价格也降到了36—70瑞士法郎之间。施普林格这一举动并没有立刻向戈特赫尔夫作品的继承人通报，因此引起了误解。戈特赫尔夫的儿子还以为施普林格出版了新的版本。经过施普林格的解释，戈特赫尔夫的儿子也同意了降低版税。

① 《奇怪的女仆爱尔斯》封面由日后著名的插画家路德维希·皮特斯（Ludwig Pietsch，也是之后跟施普林格合作的德国著名作家冯塔内的朋友）完成。多年后施普林格的妻子玛丽回忆道，这位当时还没出名的画家，曾经还咨询过他们关于瑞士的传统服饰问题。施普林格为这幅画支付的报酬为4—6泰勒。
② 戈特赫尔夫坚持认为，在不大影响阅读体验的前提下，特色的方言不应该被抛弃。

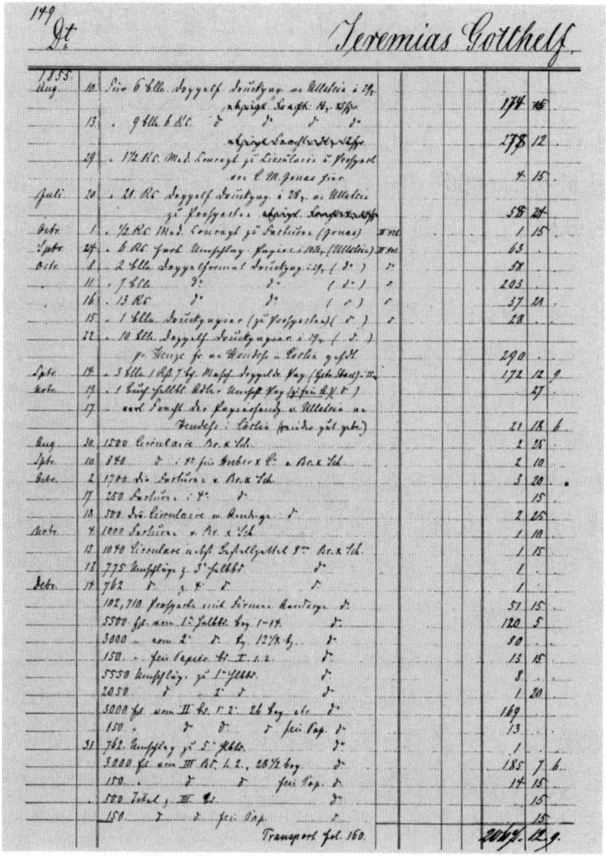
149
Dt.
Jeremias Gotthelf.

Transport fol. 160.

图27：施普林格出版《戈特赫尔夫全集》账目的一页

1860年，第一套合集的销量为978套，第二套合集为760套，生产成本为13163泰勒，净利润为9353泰勒（然而需要每套合集都卖出1500套才能收回成本）。而到50年后的1911年，销售戈特赫尔夫的书的书店从瑞士伯尔尼搬到了柏林的林克大街，该书的库存还没销售完！此时，由于出版社需要腾出地方，就把全套24册的价格降低到了“白菜价”的28.8马克。

出版戈特赫尔夫的合集后，施普林格也对文学种类的图书出版彻底挥手告别了。

结束与"大众作品推广协会"的合作

总而言之，尽管有革命的动荡和资金的普遍短缺，1847—1848 年的出版生意还算不错，但此后出版社利润逐渐下滑。1851 年开机印刷量已经从最初的 6000—10000 册，降低到 1500—2000 册。在无法提高定价的基础上，只能进一步降低销售预期。此时这项业务已经无法持续。

与此同时，这个年轻的出版社遭受了重创。施普林格的合伙人西蒙，由于出版了禁书《火镜民俗日历》而在 1852 年 1 月 15 日被吊销执照，西蒙在两年后的 1854 年 1 月 14 日去世后，出版业务由合伙经营变成了施普林格独自经营。

与大众作品推广协会最成功的合作，则是 1852 年德文版的《汤姆叔叔的小屋》①的出版。有意思的是，在英文版正式出版前一年，报纸提前连载了该作品，因此这部作品才有可能提前被翻译成为德文版。而当大众作品推广协会的版本面世后，此时的德语版早就有了 10 种，而英语版本超过了 20 种！施普林格对该书杰出的翻译、优秀的设计以及优惠的价格大加称赞，就这样，该书销售了 3000 多册。但是来得太晚了！因为还有一些版本比这个价格还便宜。而同一时期，戈特赫尔夫的作品定价则更高一些，实现了 4000—5000 册的销售量。但是为获得这个销售量所支付的成本太昂贵了：施普林格的版本价格仅有 4 泰勒，而且预订 13 套还送 1 套！书店销售三册书的定价为 20 格罗申，即意味着定价 54% 折扣出售，现金支付可享受 40% 折扣，退货时还给 25% 折扣。任何批发商都可以享受这一特殊价格，而不单是协会成员。这样出版社的股东就仅仅收回了投入的本金而没有获得任何利益。

---

① 该书作者为哈丽雅特·伊丽莎白·比彻·斯托（Harriet Elizabeth Beecher Stowe）。1852 年 3 月 20 日，她的书在波士顿正式出版，但从 1851 年 6 月起，小说就在华盛顿成立的著名废奴主义报纸《国家时代》连载。

图28：施普林格1852年出版的德文版《汤姆叔叔的小屋》三卷本①扉页

　　施普林格对于弗里德里希·哥萨尔克（Friedrich Gersäcker）的《疯子》一书寄予了很大希望，因此开机印刷了 5000 册，300 泰勒的版税也提前支付给了作者。但该书最终只卖出去了 876 本，收入仅有 161 泰勒。鉴于需卖出 3000 册才能保证收回生产成本，因而施普林格共亏损了 321 泰勒。

　　面对不断增加的亏损，股东们日益无法忍受。特别是 1854 年 1月 14 日西蒙去世后，他的股份没有人愿意接。结果，施普林格与西蒙等股东合作成立的出版发行公司在 1854 年 6 月 1 日宣告解散。施普林格则把总数达 52000 册的图书库存接手过来，两年后这些图书大部分卖了出去，弥补了施普林格 1506 泰勒的损失。当然，戈特赫尔夫名下的作品，被出售给维滕堡（Wittenberg）的莫尔（Mohr）出版社，由其改名为《新家庭藏书》系列才销售完毕。

给青年人的图书：寓教于乐

　　1845 年戈特赫尔夫的《特尔的男孩：青年人的故事》是施普林格给青年人出版的第一本图书。正如上文所提到的，这本图书的出版是失败的。但是在德国革命之后，施普林格又重新注意到这类出版物。

---

① 德文版书名翻译为"一个黑人的故事"，副标题为"生活在卑微之中"。

施普林格的朋友赫尔曼·克勒特克（Hermann Kletke）是自由主义者，他加入了一家位于柏林的报纸《东方报》的编辑部，他也许是施普林格的客户之一。该报的办公室位于布雷特大街 8 号。他的《旅游画册：寓教于乐——来自自然的人类生活》在 1852 年出版，有 340 页，并由当时备受尊敬的画家特奥多尔·霍泽曼（Teodor Hosemann）画了六张整版插图。施普林格开机印刷了 4000 册，并以低于 1 泰勒的价格出售。1 泰勒为 10 格罗申，大约为 4 马克。这本书成功了：自从出版面世后三年内就售罄了，包括生产成本、版税和推广支出约 1900 泰勒，施普林格获得了 1625 泰勒的净利润。销售结果与当时的预算基本相符，其中生产成本、印刷和折扣、出版商投入收益各为三分之一。如果一个印刷品不是完全售罄的话，还是有风险的。施普林格得到了可观的收益。

　　一年后施普林格出版了赫尔曼·克勒特克的《新旅游画册》，并有类似的插图，开本与原来大小相同，首印 4000 册。自此之后，他每年都出版一本或者两本克勒特克撰写的，面向日渐成长的青年人"寓教于乐"的图书。后来评论家们批评说，作者娱乐青年比教育青年做得成功。当时德国图书市场上的其他作家也可能如此。但总之，施普林格对这位作者非常满意：出版了他全部 12 种图书中的 11 种。

图29：赫尔曼·克勒特克为青年人撰写的两本书[1]封面

---

[1] 《旅游画册：寓教于乐——来自自然的人类生活》（左）；《新旅游画册》（右）。封面由特奥多尔·霍泽曼绘制插图；由家庭佣工手工完成上色。

多元的出版计划

在 1849 年至 1857 年的革命后期，纯文学（Belletristic）类图书占据了施普林格超过 60% 的流动资本，"大众作品推广协会"遗留下的图书，为施普林格做出的贡献可以忽略不计，其销量不算成功。而使书店财务平衡的种类，则是为年轻人所爱看的"轻小说"（light fiction），它们为施普林格带来了 6000—8000 泰勒的收入。

除文学外，施普林格出版的 81 种图书中，有 53 种是委托出版的，因为这个办法风险小，而且能保证有小额的稳定收益。此后 9 年间他出版了 134 种，涉及 14 个主题，出版数量很少。人们用今天的标准评价当时的出版是不公平的。相反，从出版商的立场出发，他们的选择是符合当时利益的最佳选择。公共事务让施普林格花费了很大精力，即使在那个政治动荡的时代。施普林格对公共事务的兴趣不仅覆盖政治、经济、商业和贸易等领域，还包括社会问题，甚至还涉及农学和林学、化学和化学技术等方面，这些出版物不仅让社会公民越来越信赖，也是国家的利益所在。1858 年至 1867 年，施普林格通过经济和政治领域的人脉资源开展业务，其中合作出版品种最多的种类为政治类的书，达到了 19 种。

施普林格为兴趣广泛的人们出版书籍，同时他每天都会亲自去书店了解读者需求。由于他在政治领域有广泛的私人交往，或许他自己对知识的渴望或信念的力量，使他说服了他遇到的一些人，敦促他们撰写成一本书或小册子。因此，今天的人们可能会惊讶施普林格的出版书单范围如此之广。然而实际上，这些作者都算是他的同事，例如布罗克豪斯（Brockhaus）、科塔（Cotta）或坎佩（Campe），在当时也是很少出现的。虽然今天把政治、法律、经济、哲学与神学单独分门别类的，但在当时这些是被归为同一类的，即社会时政主题。施普林格继续降低出版风险，有 68 种书的出版页数少于 100 页，还有 42 种书甚至少于 50 页。

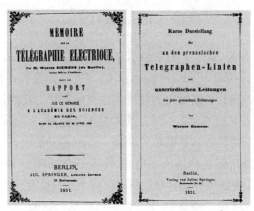

图30：西门子关于电报的第一本书的封面①

　　还应该考虑到这个国家的现实情况，即"受教育"——只有他们能买得起书或准备削减在其他事情上的支出后才能买得起书，而今天要比过去的情况改善多了。例如李比希②《化学笔记》在科塔的《教育晨报》拥有广泛的读者群，受欢迎程度如此火爆，以至于相关文章很快就被结集成图书出版，然后很快就被翻译成为多种语言版本。而同时在19世纪40—50年代里，弗里德里希·亚历山大·冯·洪堡③的《宇宙》④通常被认为是阅读量最广泛的书，仅次于《圣经》。

　　这样的例子也可以在施普林格的书目中找到。革命前夕，维尔纳·西门子发明了指压电报，这个发明曾经一度成为"柏林社会的上层圈子里"街谈巷议的话题。因此，施普林格就在1851年4月28日用英语和德语出版了西门子在巴黎科学院的演讲报告。有意思的是，洪堡是最早阅读了该书法语版的人，并邀请西门子来一起讨论。

① 该书的左图为西门子赴巴黎法国科学院（L'Academie des Sciences）的报告，出版于1850年4月29日，但是日期是1851年。右图是其德语版本。洪堡曾经评价它"非常有趣味"，并称西门子先生为"亲爱的中尉"。
② 尤斯图斯·弗赖赫尔·冯·李比希（Justus Freiherr von Liebig, 1803—1873），创立了有机化学，同时发现了氮对植物营养的重要性，也被称为"肥料工业之父"。最早的60名诺贝尔化学奖获得者中，有42人是他的学生。——译者注
③ 弗里德里希·亚历山大·冯·洪堡（Friedrich Alexander von Humboldt, 1769—1859），被誉为"现代地理学之父"，巴黎科学院所发行的纪念币则称其为"新亚里士多德"。——译者注
④ 《宇宙》的内容为洪堡在柏林大学的一系列演讲，在1845年至1862年刊载成册。该书极大地影响了19世纪欧洲科学的发展，达尔文在1830年跟随"猎兔犬号"远洋时（该旅程之后他写成了《物种起源》），就随船带着洪堡的早期作品，他称洪堡为"迄今为止最伟大的科学旅行家"。——译者注

维尔纳·西门子是四个杰出兄弟中的老大，他们四兄弟每个人都为通信技术发展做出了卓越贡献。除了施普林格所出版的图书中所介绍的发明之外，维尔纳在 1848 年法兰克福国民议会上还发布了铺设一条柏林市政府电报线的计划。他和他的兄弟卡尔·威廉（Karl Wilhelm，1823—1883）一起在欧洲建立了电报厂，并铺设了横跨地中海直达印度的电缆。卡尔·威廉在哥廷根大学学习科学后移居英国。弗里德里希（Friedrich）基于一项发明专利开发了一种燃气加热炉（gas-heated open-hearth furnace），后来他也建立了一家电缆厂，1875 年铺设了英国和美国之间的第一条电缆。而威廉·西门子（William Siemens）因众多项贡献获得了查尔斯爵士称号。

施普林格的作者也不固定在一个领域。例如 1847 年，施普林格出版了尤利乌斯·赫尔曼·冯·基希曼（Julius Hermann von Kirchmann）律师的《论法理作为科学的无效性》，该书出版后大受欢迎，此后重印了两次。19 世纪 60—70 年代，施普林格出版了他的《意大利的回忆》，甚至还有《新教教会在教学与规章制度方面的改革》和另外一个议会的辩论集。1864 年，施普林格出版了他的《哲学知识》，此为页数最多的哲学图书，将近 600 页。施普林格的书单中，还有赫尔曼·克勒特克撰写的历史书和地理书，只有儿童读物，由另外一个出版社出版。赫尔曼·克勒特克还为另外一个出版社编撰了《德国经典：人民图书馆》。与今天相比，他的知名度在当时的作者和读者中间影响要大很多。

图31：尤利乌斯·赫尔曼·基希曼[1]

在整个 19 世纪，德国出版社的专业特征不是很明显。而只有在"三月革命"后的 1849 年，施普林格才出版了有明显专业特点的书籍，即每两年出版一本的《化学技术报告》，1857 年之后变为每年出版一本，作者为路易斯·穆勒（Louis Müller）。在 1850 年，施

---

[1] 基希曼从 1846 年起是柏林犯罪法庭的公诉人，虽然他的书销量不错，但也给自己增添了麻烦（毕竟本来他就不受当局待见）。而当基希曼的新书涉及犯罪案例（也被施普林格出版）后，基希曼也遭到了解职。

普林格又出版了他的《化学教材》。1857 年，路易斯·穆勒的《关于纸张生产尤其是由机器生产纸张过程中所产生的化学反应过程研究》，很快卖光了，而第二版的页数比之前的多了一倍。作者则先收到了 60 泰勒的版税，等图书的生产成本收回后，作者又获得了 60 泰勒，施普林格则盈利了 382 泰勒。到了 1877 年，第四版的页数变为了 450 页。

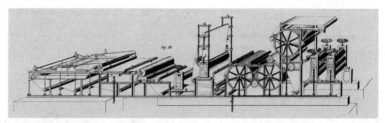

图32：《关于纸张生产尤其是由机器生产纸张所产生的化学反应过程研究》的插图

　　数十年来最为成功的项目是，1851 年施普林格出版的《普鲁士森林与狩猎年报》[1]，主编是普鲁士皇家森林教育研究所的教授弗里德里希·威廉·施耐德（Friedrich Wilhelm Schneider）。尽管此书只在普鲁士销售，但盈利仍然可观，而且每年的重印数越来越高。施普林格每年都要出版一些"政治、经济与社会事务"主题的图书，刚开始仅仅是委托销售的薄书。同时，施普林格对贸易法规、关税与银行等领域也很感兴趣，因此相关领域的图书出版逐渐多了起来。某一出版领域的专业发展，都是从这个时候开始起步的。这从施普林格琳琅满目的书目中可以发现。

　　自从图书审查员给施普林格带来麻烦之后，施普林格不得不对有关国内政治、经济问题的出版物持谨慎态度。随着克里米亚战争的爆发，德国公众对拿破仑三世治下的法国兴趣陡然增加，对英国宪法也很感兴趣。正是由于这样的社会心理需求，使一些宪法图书的翻译出版成为可能。1857 年，施普林格出版了当时有名的

图33：鲁道夫·格奈斯特

① 1873 年后改名为《普鲁士森林与狩猎年报》。

宪法律师鲁道夫·格奈斯特（Rufolf Gnesit）所著的《英国现行的宪法与行政法》，页数超过 700 页。鲁道夫·格奈斯特是在柏林市议会（Berlin Aassembly of Members）的议员，施普林格与他是一个党派的成员。施普林格出版了他的 28 本书，其中有许多书都是相当厚的。

此时的出版业，施普林格跟他的出版同仁科塔[1]、布罗克豪斯[2]、坎佩[3]一样，出版的图书种类五花八门。这也是此时德国中产阶级阅读兴趣点的表现。

卖掉书店

在"三月革命"之后，施普林格的图书出版业务发展得很好。受到影响的显然是图书销售。他在 1853 年 7 月 29 日写给戈特赫尔夫的信中说道，他的办公室面积已经扩大，现在有五个房间，"包括一个我自己的办公室，我在那里接待作者"。

多年来，图书出版品种、佣金业务和出版占用了施普林格越来越多的时间，业务的每个分支都有蓬勃发展的势头。随着业务的扩大，施普林格已经忙不过来了。从开业时的每年出版 15 种图书，到 1856 年的 25 种，再到 1857 年的 31 种。施普林格曾经在 1852 年 4 月 21 日写给亨丽埃特·戈特赫尔夫的信中提到自己的忙碌状况："每天从早上 8 点忙到晚上 11 点的日子，让我觉得自己的生活不再像是一个人应该有的样子。"

此时在美国爆发的经济危机已经外溢到欧洲，1857 年的经济势头很不好。资金只能以非常高的利率才能借到。在这种情况下，施普林格计划卖掉书店和图书代理业务。这在当时可能是一项正确的决定，

---

[1] 科塔出版社和书店（Cotta'sche Verlagsbuchhandlung），1659 年成立于图宾根，其后来接手的家族成员约翰·弗里德里希·科塔（Johann Friedrich Cotta）被称为"出版业中的拿破仑"。1977 年该出版社改名为"Ernst Klett Veralg"。——译者注

[2] 1853 年在埃尔伯兰（Elberfled）成立的布罗克豪斯出版社（SCM R. Brockhaus），创始人为小学老师卡尔·布罗克豪斯（Carl Brockhaus），2007 年，该出版社与汉斯勒出版社（Hänssler Verlag）、昂肯出版社（Oncken Verlag）、ERF 出版社（ERF Verlag）合并成立了 SCM 出版集团（SCM Verlagsgruppe）。——译者注

[3] 1781 年在汉堡成立的霍夫曼坎佩出版社（Hoffmann und Campe Verlag Gmbh），由本亚明·哥特洛布·霍夫曼（Benjamin Gottlob Hoffmann）创立，后来跟奥古斯特·坎佩（August Campe）的公司合并后改名，至今仍存在。——译者注

但对于施普林格而言不是一件容易的事情。这是他自己的生意，是他小心翼翼呵护下建立并发展起来的，一旦转手他人还是十分不舍。施普林格在 1858 年 6 月 7 日写给亨丽埃特·戈特赫尔夫的信中解释不得已转手书店，而专心做出版业务的原因："自 1842 年该书店成立至今 16 年来，期间所经历的无数麻烦占据了我的大部分时间，让我难以有精力顾及亲人和家庭。目前图书出版业务日益重要，出于十分客观现实的原因，我不可能有精力管理两大业务，使它们都能够发展繁荣。"

事实上下这种决心可能是现实的。过去书店一般是兼营图书销售和图书出版业务，而到了 1857 年，图书出版与图书销售的专业化发展已经很普遍，特别是图书销售业务已经与过去十分不同，也越来越不容易。不仅仅是施普林格如此，仅仅在柏林，就有三家书店将图书销售与出版业务分开了。其中就有亚历山大·东克尔（Alexander Duncker）[①]和尼古拉书店（Nicolai's che Buchhandlung）[②]，它们拆分了原有书店的职能，并另外成立了出版社。

图34：施普林格宣布出售书店和成立出版社的公告[③]

[①] 这是一个出版世家创办的书店，拥有"皇家御用书店"头衔，著名的出版作品为普鲁士的城堡图集。——译者注

[②] 该书店 1700 年由威腾堡的出版人戈特弗里德·齐默尔曼（Gottfried Zimmermann）成立，之后由柏林的出版人克里斯托弗·戈特利布·尼古拉（Christoph Gotlieb Nicolai）接手，目前在柏林的莱茵大街 65 号（Rheinstraße 65），仍旧在营业。——译者注

[③] 当时柏林出版人亚历山大·东克尔（Alexander Duncker，1813—1892）曾认为，施普林格经营书店是一流的，但若成为出版人则变成二流，后来又证明自己低估了施普林格。

　　施普林格的书店出售很容易，因为地理位置非常好，而且拥有固定的读者客户。书店的接手人为来自德国吕贝克（Lübeck）[1]的卡尔·古乔（Carl Gütschow）[2]，转手价格也很好。正如玛丽·施普林格在回忆录中写道的："施普林格发现卡尔·古乔是一个当之无愧的继任者，因此很欣慰自己付之半生心血的书店转出去。"但涉及对外公开时则十分谨慎：施普林格只是在 1857 年 12 月 31 日的《博森布拉特德国图书贸易杂志》刊登了出版与书店业务分离的声明，在第二年的1 月 1 日起的报刊消息中也没宣扬谁是新的掌门人。像过去做的一样，古乔作为施普林格的徒弟，被施普林格推荐给各家出版商，等新掌门人熟悉了业务并证明了自己的实力，一直到 1858 年 4 月复活节书展上，古乔才声明自己接手了施普林格的书店。施普林格做了一个正确的选择，几个月后，古乔就用实力证明了这一点。

图35：施普林格出版社在蒙比茹广场3号的办公大楼（直至1911年）[3]

① 位于德国波罗的海海岸，历史上曾是"汉萨同盟"的首都，为欧洲北部第一个列入联合国"世界文化遗产"名录的城市。——译者注
② 根据玛丽·施普林格的信件，施普林格认为古乔是个合适的接手者，业务的交接也很愉快。
③ 该图拍摄于 1867 年，该地址直到 1911 年一直是施普林格出版社所在地。施普林格去世后，一楼仍然是他妻子的住所。直到她搬走后，该大楼才被改造成施普林格出版社办公楼。

　　当古乔熟悉了书店的业务之后，施普林格把出版社的地址定在了蒙比茹广场 3 号（Monbijouplatz 3）[1]，此位置建筑原是施普林格岳父的居所，早在 1830 年该建筑开始建造三层楼，施普林格一家人在 1853 年搬了进去。施普林格去世后一层由他妻子居住，之后该建筑曾经扩建过。

---

[1] 该位置因为 1649 年起曾建成蒙比茹宫殿而得名，但此处在二战期间遭到严重损坏，之后被夷为平地，未被重建，如今为蒙比茹公园。——译者注

第二章　出版专业化的开端（1858—1877）

新时代

人们可能认为，施普林格通过出售书店，就会集中精力打造他的出版项目，特别是朝着已经出版的专业领域发展。但是实际上，普鲁士政治形势的变化，使得施普林格不得不出版更多的议会辩论的小册子等政治类的图书，打造专业出版的项目则无暇顾及。

弗里德里希·威廉四世（即革命期间拒绝"臭水沟里的王冠"那位）病重后，其兄威廉·弗里德里希·路德维希 1857 年 1 月成为摄政王，并在 1861 年 1 月 2 日继位。尽管他在"三月革命"期间曾因使用大炮来镇压在巴登（Baden）和帕拉蒂尼（Palatine）的起义而被称为"炮弹王子"（Grape-Shot Prince），但在见证了莱茵地区与威斯特法伦州（Westphalen）①的经济发展势头后，他终于意识到需加强皇室和公民之间的关系。他赢得了越来越多的德国自由主义者，尤其是

---

① 此地最早由拿破仑·波拿巴（Napoleon Bonaparte）建成了威斯特法伦王国，在 1807—1818 年间作为法兰西第一帝国的附庸，二战后跟其他州一样合并成了北莱茵河-威斯特法伦州（Northrhine-Westphalen）。——译者注

爱国主义者的信任。他们期待新国王增强普鲁士与"德意志联盟"[1]间的关系。威廉成为摄政王后不久，反动的曼陀菲尔内阁集体辞职了。这是新变革出现的一个标志。在众议院（第二院）选举之后，芬克领导的自由党赢得了绝对多数人的支持，这反映出富裕的中产阶级日益增长的社会影响力。值得一提的是，1849 年 5 月 30 日普鲁士三权分立的选举分别给予了三个群体的选举权："交税最多的群体"三分之一选票、"交税中等的群体"三分之一选票、"没有纳税的大量群众"三分之一选票。[2]

到 1856 年，政治紧张压力已经大大缓解，但是政治斗争依然存在，例如柏林的警察局长欣克尔代（Hinckeldey）在 1856 年 3 月 10 日的决斗中被刺杀。1861 年 1 月 13 日大赦令颁布，例如，允许之前在 1848 年至 1849 年"三月革命"中被放逐的政治人物重回柏林，包括参加"三月革命"的"病理学之父"鲁道夫·菲尔绍（Rudolf Virchow）[3]等，因此普鲁士政治局势日渐清明、充满活力。

计划出版政治图书项目

抓住机会的施普林格出版了一些匿名册子，来满足社会热点。1858 年夏季匿名的《从普鲁士的角度看未来的政治》一书出版后立马引起了轰动。作者是给奥斯曼帝国做军事顾问的尤利乌斯·布卢姆（Julius Bluhm），显然他能比柏林人观察到更多的政治情况，因此该书马上得以重印。匿名出版的《写给未来政治家的信》则积极地拥护俾斯麦的政策。此时的俾斯麦是普鲁士驻"德意志联盟"的大使，常驻法兰克福。那时的普鲁士政府接近支持奥地利对意大利发起

---

① "German Confederation"，为替代被拿破仑解散的"神圣罗马帝国"，39 个德意志邦国在1815 年成立了联盟，其主导力量为奥地利。1866 年奥地利被普鲁士打败后，该联盟被北部德意志联盟（North German Confederation）替代。——译者注
② 普鲁士的国会（parliament）分为两个议会，即上议会（Upper chamber）和下议会（Lower chamber）；前者代表地主和被国王任命的官员等的利益；后者代表构成按交税数分为三个阶级。——译者注
③ 鲁道夫·路德维希·卡尔·菲尔绍（Rudolf Ludwig Carl Virchow），1847—1848 年对于斑疹伤寒的调查奠定了德国的公共医疗基础，其座右铭是"医学是社会科学，政治不过是对更大问题的治疗手段"。他因参加了德国"三月革命"，被夏里特大学（欧洲最大的教学医院之一）驱逐，几年后才重新任职，之后赢得了帝国议会（Reischstag）的席位。——译者注

的战争，使普鲁士也卷入了与法国的战争。此时施普林格出版了匿名的《普鲁士与意大利问题》，小册子的立场是支持俾斯麦的，该书1859年一出版就引起轰动，并被重印了四次。有传言说俾斯麦本人是作者，但遭到了他的否认。人们后来才知道作者是康斯坦·罗斯勒（Constantin Rößler），他在长达二十多年的时间里一直支持俾斯麦，并从他那里收取报酬。

图36：《从普鲁士的角度看未来的政治》扉页（左）；
《普鲁士与意大利问题》扉页（右）

1858年至1867年，施普林格共出版了91种关于政治事务的书，使这种类型的出版物成为公司出版项目中最主要的部分。当然，他特别努力地支持进步党，但作为出版商，此时施普林格已放弃"只出版与自己政治态度相同的书"的做法。正如他在1852年8月24日写给戈特赫尔夫的信中所说的，"只出版与自己观点相同的图书是愚蠢的"。这一点在他与罗斯勒建立的关系中也得到了验证。罗斯勒成了施普林格"家人般的朋友"，尽管他们对俾斯麦的政治观点持相反的立场。施普林格支持约翰·雅各比和海因里希·西蒙（Heinrich Simon，1805—1860）[1]的观点。然而，没有一个保守派政治家会怀疑给所有人提供政治类图书出版的施普林格的政治立场。

————————

[1] 德国民主政治家。——译者注

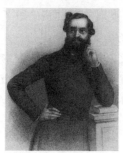

图37：海因里希·西蒙[①]的画像

施普林格随时准备为进步团体提供服务。例如在“三月革命”期间，当法兰克福国民议会（Nationalversammlung）还在时，为了表达对海因里希·西蒙的支持，施普林格就和他在法兰克福的圣保罗教堂（Paulskirche）见过面。等军队镇压并解散“法兰克福国民议会”后，部分逃出罗网的人又在斯图加特成立了残余议会，但这个组织也被军队镇压解散，西蒙随之被判处死刑，只得逃亡瑞士。1860年8月16日，西蒙在瓦伦湖（Walensee）意外溺亡后，他的朋友在《国家时报》刊登文章纪念他，施普林格也是文章的共同署名人。

此外，应西蒙家属的请求，施普林格在1863年出版了纪念西蒙的书，并由革命时期认识的约翰·雅各比执笔。雅各比1841年因写《由东普鲁士人们回答的四个问题》一书而闻名。他成为柏林城市委员会成员后，曾对国王喊：“陛下不想听事实是可悲的！”此事使他更加声名远扬。柯尼斯堡的法庭曾控告他犯了叛国罪，雅各比只好从瑞士返回老家接受审判，但当地的判决袒护了他。

1865年夏季，雅各比主编的《海因里希·西蒙：献给德国同胞的纪念文集》出版后，报纸专栏上讨论该书的很多，各种各样的评论使该书“洛阳纸贵”。但

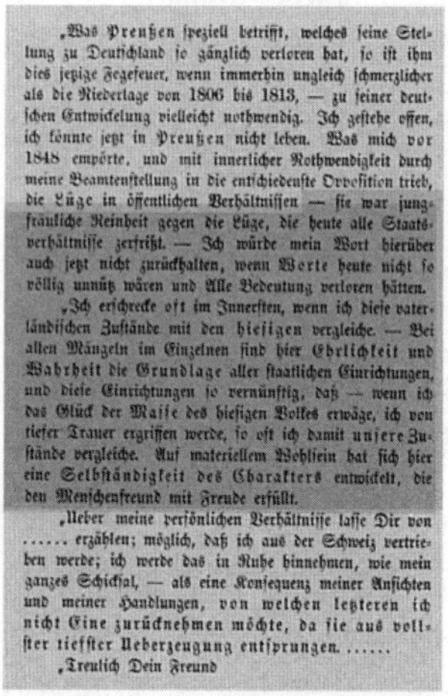

„Was Preußen speziell betrifft, welches seine Stellung zu Deutschland so gänzlich verloren hat, so ist ihm dies jetzige Fegefeuer, wenn immerhin ungleich schmerzlicher als die Niederlage von 1806 bis 1813, — zu seiner deutschen Entwickelung vielleicht nothwendig. Ich gestehe offen, ich könnte jetzt in Preußen nicht leben. Was mich vor 1848 empörte, und mit innerlicher Nothwendigkeit durch meine Beamtenstellung in die entschiedenste Opposition trieb, die Lüge in öffentlichen Verhältnissen — sie war jungfräuliche Reinheit gegen die Lüge, die heute alle Staatsverhältnisse zerfrißt. — Ich würde mein Wort hierüber auch jetzt nicht zurückhalten, wenn Worte heute nicht so völlig unnütz wären und Alle Bedeutung verloren hätten.

„Ich erschrecke oft im Innersten, wenn ich diese vaterländischen Zustände mit den hiesigen vergleiche. — Bei allen Mängeln im Einzelnen sind hier Ehrlichkeit und Wahrheit die Grundlage aller staatlichen Einrichtungen, und diese Einrichtungen so vernünftig, daß — wenn ich das Glück der Masse des hiesigen Volkes erwäge, ich von tiefer Trauer ergriffen werde, so oft ich damit unsere Zustände vergleiche. Auf materiellem Wohlsein hat sich hier eine Selbständigkeit des Charakters entwickelt, die den Menschenfreund mit Freude erfüllt.

„Ueber meine persönlichen Verhältnisse lasse Dir von ...... erzählen; möglich, daß ich aus der Schweiz vertrieben werde; ich werde das in Ruhe hinnehmen, wie mein ganzes Schicksal, — als eine Konsequenz meiner Ansichten und meiner Handlungen, von welchen letzteren ich nicht Eine zurücknehmen möchte, da sie aus vollster tiefster Ueberzeugung entsprungen. ......

„Treulich Dein Freund

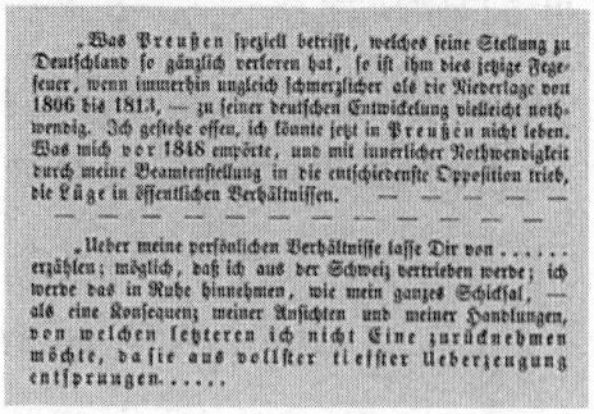

„Was Preußen speziell betrifft, welches seine Stellung zu Deutschland so gänzlich verloren hat, so ist ihm dies jetzige Fegefeuer, wenn immerhin ungleich schmerzlicher als die Niederlage von 1806 bis 1813, — zu seiner deutschen Entwickelung vielleicht nothwendig. Ich gestehe offen, ich könnte jetzt in Preußen nicht leben. Was mich vor 1848 empörte, und mit innerlicher Nothwendigkeit durch meine Beamtenstellung in die entschiedenste Opposition trieb, die Lüge in öffentlichen Verhältnissen. — — — — — — — — — — — — — — — — — —

„Ueber meine persönlichen Verhältnisse lasse Dir von ...... erzählen; möglich, daß ich aus der Schweiz vertrieben werde; ich werde das in Ruhe hinnehmen, wie mein ganzes Schicksal, — als eine Konsequenz meiner Ansichten und meiner Handlungen, von welchen letzteren ich nicht Eine zurücknehmen möchte, da sie aus vollster tiefster Ueberzeugung entsprungen. .....

图38：约翰·雅各比纪念西蒙的书第一版和删节版[②]

① 海因里希·西蒙，一个激进的左派团体成员，革命失败后不得不移民瑞士。
② 深色阴影的地方是删除的段落，后期印刷时版式改为较小的类型。

当施普林格一家人正以为可以在巴特埃尔斯特（Bad Elster）——这是位于德国巴伐利亚和捷克共和国交界处的著名温泉——安心度假时，施普林格收到了该书被禁的电报。但是此时大多数的书都已经卖了出去。接着出版社的员工七头八脑地找出了当局所反对的那六段敏感文字。施普林格决定立即再出版一个删节版。他告知检察官有关的内容已被删除，与审查员提出的意见一致。于是在1865年11月施普林格被告知，删节版的内容符合出版要求。11月21日，施普林格出版了该书的删节版，第一版中被认为"有罪"的段落用破折号取代。

今天施普林格出版社的整个书目已经将政治、法律、经济、哲学和神学这些书目分别单独列为一个主题。施普林格可能并不赞成今天的这种做法，因为在他所生活的时代里，这些内容的小册子和图书很难完全明确分开，而且在那个时代里，这应该是社会公共福祉的标志。

当时的宪法问题、刑事审判和下级法院或陪审团审判的独立性都是高度政治化的话题，包括创作自由、贸易和税收以及应有权利等等都是如此。施普林格还出版了犹太人塞缪尔·霍尔德海姆（Samuel Holdheim）的《犹太社区的改革》和神学改革家、犹太奖学金的创建人利奥波德·聪茨（Leopold Zunz）的作品。

出于同样的信念，他还出版了关于德国天主教、新教教会或教派学校牧师等人撰写的关于言论自由的小册子。所有这些出版物都是反对限制公民自由、对个别人群单方面的不公平以及将公民置于国家或教会的监视之下的。

另外，除了这些小册子，施普林格还出版了一些大项目：1859年出版了保罗·利曼（Paul Liman）的《普鲁士犯罪法》，总页数达600页；1866年至1867年出版了鲁道夫·格奈斯特所著的三卷本《英国现行的宪法：军队、法庭和教堂》，共有1375页；1867年出版了霍默舍姆·科克斯（Homersham Cox，1821—1897）的《英国的国家机关》，共677页；等等。在这里不可能详细地讨论许多关于神学、司法、宗教和经济问题的出版物，最为重要的是需要关注这些图书对于当代政治的影响作用。

宪法与出版的"矛盾"

施普林格属于进步党（Fortschrittspartei），进步党是从卡尔·冯·芬克（Karl von Vincke，1800—1869）的自由派里分离出来的左派自由主义。但跟前者一样，他们都坚决反对军队的改革，也反对俾斯麦的外交政策。对于自由党而言，丹麦战争（1864）成为该党关键考验，普奥战争（1866）的胜利成为支持俾斯麦政府的国家自由党分裂的开始。自由党派内部的纠纷无法达成一致，以至于形成了分裂，有的成了右派自由主义并赞成增加军费支出。

1862 年俾斯麦担任普鲁士首相后，一直想通过改革普鲁士军队的法案并增加预算，但遭到议会内的资产阶级自由主义派的反对[①]。施普林格作为"进步党"的一员，受同为党内成员的电讯商格奥尔格·西门子（Georg Siemens）的引荐，结识了其表弟维尔纳·西门子。施普林格应格奥尔格·西门子的要求，匿名出版了维尔纳·西门子的《对军事问题的看法》。该书声称"征兵数增加一倍以预防战事是无效的"。

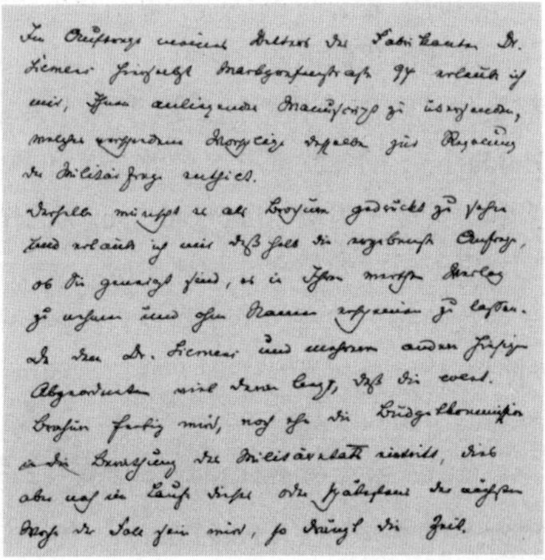

眼看普鲁士发动对丹麦[②]的战争胜利在望，进步党内部却出现了分歧。1866年 7 月 29 日，施普林格出版了该党成员，同时也是历史学家的朱利安·施密特（Julian Schmidt）的《新

图39：由格奥尔格·西门子写给施普林格的信件手稿，他要求匿名出版《对军事问题的看法》一书

① 直到普奥战争胜利后，自由主义派中的一些人才开始寻求跟俾斯麦合作。1866 年，俾斯麦趁机向议会提出《赔偿法案》（Indemnity Declaration），内容涉及 1862—1866 年的预算支出合法化等。——译者注

② 1864 年 2 月至 10 月的战争，表面起因是丹麦国王去世后没有选择"德意志联盟"所认同的继承人，实则为了争夺斯彻苏益格（Schleswig）、荷尔施泰因（Holstein）和劳恩堡（Lauenburg）等公爵的土地，土地争夺最后以丹麦胜为结果，签订《维也纳协议》。——译者注

党派的必要性》，右翼自由主义者赞成绕开议会批准额外的军事开支，但进步党坚决不妥协。该书因此名声大振，当年就重印了四次。

接着德国普鲁士在与奥地利①的战争中获得了胜利，尽管曾经参加"三月革命"的"病理学之父"鲁道夫·菲尔绍仍在进步党内，而且该党的宗旨为坚决不增加军费，但右翼自由主义者派脱颖而出，进步党终于成了少数派。施普林格也退出了党内的讨论，但却继续在当地市议会上保持积极态度，并在 1868 年和 1871 年重新被选为市议会的议员，担当不同党派间的协调人。连日后获得诺贝尔和平奖的古斯塔夫·施特雷泽曼（Gustav Straßsemann）②也感谢施普林格发挥的作用。

出版旅游图书和纯文学图书

正如人们所知晓的那样，施普林格在未来将成为一名地道的出版商，他手上不乏畅销书的手稿。这里涉及作者投稿方面。在遇见施普林格之前，特奥多尔·冯塔内③，这位日后被誉为"19 世纪德语世界最重要的作家"，还没有一个合适的出版商。他的七部作品由不少于五个出版商出版。起初，冯塔内想通过作家保罗·海泽（Paul Heyse）④的推荐来联系在柏林经营书店兼出版商的威廉·赫兹（Wilhelm Hertz, 1822—1910），毕竟后者是出版了著名文学作品的知名出版商。但赫兹曾拒绝过冯塔内两次，冯塔内在第三次投稿的时候也一直在犹豫。赫兹对冯塔内的作品销售心里没底，便与埃布纳和佐伊贝特

---

① 1866 年 6 月至 7 月的战争，起因是德奥两国对从丹麦夺取的土地分配产生了分歧，最后普鲁士获胜，导致"德意志联盟"的解体。——译者注
② 他在 1923 年担任魏玛共和国总理，1923 年至 1929 年是外交部长，引人注目的成就就是让德法两国和解，因此与法国外交部长阿里斯蒂德·白里安（Aristide Briand）在 1926 年获得诺贝尔和平奖。——译者注
③ 特奥多尔·冯塔内（Theodor Fontane, 1819—1898），19 世纪德国杰出的诗意现实主义作家，出生在勃兰登堡州（Brandenburg）一个药商家庭。他早年在柏林、莱比锡等地的药店工作，对文学有强烈兴趣，曾参加柏林剧作团体并发表诗作，从 1850 年起以写作为业，后来当过民谣诗人，1861—1862 年发表的《漫游勃兰登堡》，主要是描写勃兰登堡的贵族生活和风土人情。1878 年发表第一部长篇历史小说，在晚年的 20 年光阴里，他创作了总共 17 部高质量的中长篇，而且大多以统一后的帝国都城柏林为背景，成为德语文坛乃至世界文学的奇迹。——译者注
④ 德国作家和翻译家，获得 1910 年的诺贝尔文学奖，当时有个诺贝尔奖评委曾经说道："自从歌德以后，德国再也没有出现与其比肩的天才作家。"——译者注

（Ebner & Seubert）出版社合作推出其作品《论英格兰》。因为赫兹之前给保罗·海泽写信时提过，"冯塔内的作品非常好，但销量却上不去"。赫兹最后将冯塔内推荐给了与他关系很好的施普林格。赫兹是政治保守派，但他跟持自由主义观念的施普林格关系不错，赫兹后来成为施普林格遗嘱的执行人。1864 年，施普林格的大儿子费迪南德·施普林格在赫兹的书店开始当学徒，而二儿子弗里茨·施普林格则在1879 年娶了赫兹的女儿艾玛（Emma Hertz）。

图40：特奥多尔·冯塔内的照片（摄于1865年）

　　总而言之，冯塔内在 1860 年 1 月 30 日给施普林格写信，咨询关于新书《花呢衣服》的出版意愿："阁下是否乐意出版该游记？"鉴于其大部分内容已被发行量较大的报纸刊登过，他提出可把自己的稿费降低为 150 泰勒，但施普林格只乐意出 100 泰勒。当时陷入财务困境的冯塔内只得接受这种合作条件。经过 8 周的排版后，1860 年 8 月，该书面世了，尽管销量在刚开始时还不错，但不久就形成了库存积压（30 年后的 1890 年 1 月，施普林格把版权和剩下的图书库存干脆卖给了弗里德里希·冯塔内书店[①]）。

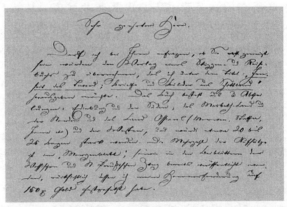

图41：特奥多尔·冯塔内关于《花呢衣服》一书写给施普林格的信件手稿

---

① 原名 F. Fontane & Co. 是在 1888 年成立于柏林的书店，创建人为弗里德里希·冯塔内，书店运营至 1933 年。——译者注

1860 年底，冯塔内问保罗·海泽："你觉得施普林格会出版《漫游勃兰登堡》[1]吗？这本书的内容绝对是保守传统的（不是负面、反动意义上的'保守'），但施普林格可能会对此持异议。"尽管冯塔内在信中提到了施普林格，但他实际上指的是赫兹，按照冯塔内对这个词的理解，赫兹是坚定的保守派，然而却与自由派的施普林格相处得非常好。当年，赫兹出版了冯塔内的《漫游勃兰登堡》，1862 出版了他的另外一本图书[2]。此后冯塔内与赫兹的合作非常顺利，彼此非常满意。

至于旅行文学作家，还有尤利乌斯·罗登贝格（Julius Rodenberg）。他在 1874 年至 1914 年担任《德国评论》的编辑。1860 年施普林格出版了他的《伦敦每日生活》，同年还出版了冯塔内的关于苏格兰的图书，两本书形成了彼此竞争的关系。冯塔内的《迷失小岛》和《生机勃勃的绍特小岛》也出版了，后者在 1979 年又出了第三版。

1860 年，施普林格出版了俄国作家萨尔蒂科夫·谢德林（Saltykov Shchedrin）[3]所著的《俄国乡村生活素描》，该书为在德国出版的第一位俄国作家的作品，译者为梅克伦堡（A. Mecklenburg）。至于施普林格所出版的其他纯文学作品，则没有什么优秀的作家。1877 年玛丽·施普林格也提到："我丈夫不适合出版这类主题的图书。"所以，当人们注意到施普林格出版的书目中有类似纯文学的书目时，一个更可能的解释是施普林格出于对作者和朋友的同情，而不是为了盈利。

青少年图书的出版

施普林格的青少年图书出版计划，源于 1852 年出版的戈特赫尔夫为年轻人写的《特尔的男孩：青年人的故事》一书。前文提到的戈特赫尔夫之好友赫尔曼·克勒特克也写了青少年读物，还声称出书的目的是"寓教于乐"，作品受到了读者的广泛好评。施普林格在 19 世纪 60 年代对这类图书进行了扩展，出版了《女孩成长故事》，以及其

---

① 英文 "Margraviate of Brandenburg"，该地区在 1157 年至 1806 年是神圣罗马帝国的一个公国，在德国和欧洲的历史发展中起了重要作用，该地也是德国民族的祖先来源地之一。——译者注
② 原著的德文为 Wanderungen，应该是一本旅行类的图书，书名的全称无法确认。——译者注
③ 米哈伊尔·叶夫格拉福维奇·萨尔蒂科夫·谢德林，俄国革命民主主义者，尼古拉·谢德林是他的笔名。——译者注

他作者撰写的戏剧与智力游戏方面的书。每年在秋季到圣诞节期间出版 5 至 6 种，从 1858 年至 1865 年已经累计出版了 42 种。这还是一个十分专业的出版领域。

　　施普林格所合作的童书作家产量最高的是索菲·鲍迪辛伯爵夫人（Sophie Countess Baudissin）[1]，她是柏林银行家卡斯克尔（Kaskel）[2]的女儿，用笔名"奥蕾莉"（或"奥蕾莉姑姑"）来写作。之前，她在斯图加特的爱德华·哈尔贝格尔（Eduard Hallberger）[3]和柏林的奥托·扬克（Otto Janke）[4]那里也出过书。施普林格也领教了跟这类女作家打交道的麻烦：每周他都会收到一封长信，里面密密麻麻写满了她要出版人回答的问题。与之相反，他跟克勒特克的通信常常言简意赅。

图42：施普林格准备的青少年读物列表（1862年发布）[5]

[1] 她是莎翁的译者沃尔夫·海因里希·鲍迪辛伯爵（Wolf Heinrich Graf von Baudissin）之第二任妻子。——译者注
[2] "Bankhaus Kaskel"，卡斯克尔银行 1771 年成立，目前依旧存在，总部在德累斯顿。——译者注
[3] 其 1831 年成立德国出版社（Deutsche Verlags Anstalt，简称 DVA），如今属于兰登书屋。——译者注
[4] 该出版社于 1843 年在柏林成立，直到 1945 年关闭。——译者注
[5] 该书目标明这是写给 2—7 岁、6—9 岁以及 16 岁以上女孩的图书，同时还标明了图书开本以及打折优惠措施。

1861 年，施普林格跟克勒克特由于微不足道的小事而分道扬镳后，他立马跟另外的作者合作而弥补了空缺，这个作者就是此时在女子高中授课的罗伯特·施普林格（Robert Springer）。1861 年至 1865 年，罗伯特·施普林格以笔名"亚当·施泰因（Adam Stein）"和"罗伯特·瓦格纳（Robert Wagner）"出版了 9 种译作，包括翻译的美国作家詹姆斯·费尼莫尔·库珀（James Fenimore Cooper）的《皮袜子故事集》①，沃尔特·斯科特（Walter Scott）②的《艾凡赫》《修道院》和《昆汀·德沃德》，以及古斯塔夫·艾玛尔（Gustave Aimard）③和托马斯·梅尼耶·里德（Thomas Mayne Reid）④的作品。其中，印刷了 3000 册的《皮袜子故事集》竟然立马销售一空。虽然施普林格也扩大了其他译作的印刷量，但除了第一本外，其他图书的销量都没有收回成本。

尽管如此，青少年图书出版还是获得了好评。施普林格对于外界对他参与的这些青少年出版的评论，可能没有充分重视。比如 1862 年 12 月 9 日，《普鲁士人民报》评论道："施普林格为年轻人出版的图书已经发行了多年，总是以朴实著称，表达了充满诚实、热情的态度。书中呈现的图片必须反映现实生活，但不应要求青年人的头脑失去幻想，让他们早熟。给年轻人的书应该有血有肉，不要失去自由和过度强调道德化的存在，同时还要保持他们潜在的真正的激情。这是一项需要谨慎而轻轻触摸心灵的事业。我们发现，在施普林格所出版的书中，这一切都得到了充分的体现。"

但是销售青少年图书越来越困难，这首先归因于：在满足装帧牢固的前提下，难以保持人人可接受的低定价（在采用机器印刷前都得人工做，因此成本很高）。施普林格还雇用了业内闻名的插画家，包括特奥多尔·霍泽曼、古斯塔夫·巴尔奇（Gustav Bartsch）、路德维希·布格尔（Ludwig Burger）、奥古斯特·豪恩（August Haun）和路

① 詹姆斯·费尼莫尔·库珀为 19 世纪中期的美国作家，他所描写的美国边疆拓荒时期的作品（涉及猎人与当地印第安人形象）使他享有了国际声誉。而《皮袜子故事集》是包含五部小说的系列名称，每部都以欧洲探险者的形象命名。——译者注
② 苏格兰浪漫主义历史小说家，对欧美文学影响很大。——译者注
③ 法国作家，作品涉及美国边疆和拉美主题。——译者注
④ 爱尔兰裔美国作家，其作品主要描述美国的殖民政策，还涉及奴隶和北美印第安人的情况。——译者注

德维希·皮奇（Ludwig Pietsch），加大了插图制作的成本。而此时市场竞争也日益加剧。从1860年起，施普林格被迫采取了“七分之六付款法”（即经销商从他这里买书，七本的价格只付六本的即可，折扣率达43%左右），来应对竞争对手的33.3%的折扣力度。这意味着施普林格得把所印刷的3000—4000册书全部卖出去才能达到收支平衡，成为专门的青少年图书出版社估计才可盈利，显然，施普林格不准备这样做。

施普林格通过尤利乌斯·克劳斯（Julius Krauß）这位在青少年杂志长期担任编辑（自1855年起，年薪600泰勒）的中间人，于1865年9月29日在《博森布拉特德国图书贸易杂志》发布广告，宣布要卖掉所有青少年图书，其中包括1866年出版的和1866年计划出版将参加同年复活节书展的图书，价格为14000—15000泰勒。

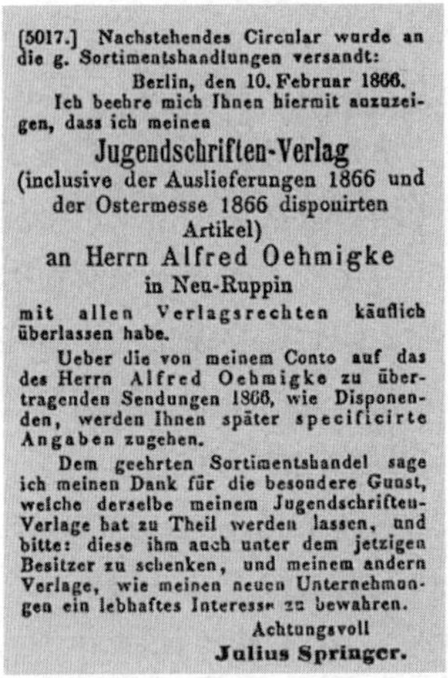

[5017.] Nachstehendes Circular wurde an die g. Sortimentshandlungen versandt:

Berlin, den 10. Februar 1866.

Ich beehre mich Ihnen hiermit anzuzeigen, dass ich meinen

Jugendschriften-Verlag

(inclusive der Auslieferungen 1866 und der Ostermesse 1866 disponirten Artikel)

an Herrn Alfred Oehmigke

in Neu-Ruppin

mit allen Verlagsrechten käuflich überlassen habe.

Ueber die von meinem Conto auf das des Herrn Alfred Oehmigke zu übertragenden Sendungen 1866, wie Disponenden, werden Ihnen später specificirte Angaben zugehen.

Dem geehrten Sortimentshandel sage ich meinen Dank für die besondere Gunst, welche derselbe meinem Jugendschriften-Verlage hat zu Theil werden lassen, und bitte: diese ihm auch unter dem jetzigen Besitzer zu schenken, und meinem andern Verlage, wie meinen neuen Unternehmungen ein lebhaftes Interesse zu bewahren.

Achtungsvoll

Julius Springer.

图43：《博森布拉特德国图书贸易杂志》中
施普林格出售青少年图书的广告（1866年发布）

一个月后，位于诺伊鲁平（Neu Ruppin）[1]的阿尔弗雷德·欧米克出版社（Alfred Oehmigke Verlag）上门咨询，欧米克与施普林格的正式协议在1866年2月10日达成。协议中规定销售55种图书，总价

[1] 勃兰登堡的一个城镇，1688年时只是个军事屯兵之地，如今被称为“最具有普鲁士气息的城镇”。——译者注

8825 泰勒，分三期付款支付，利息暂定为 4.5%（最终利息则以终版的合同为准）。虽然售卖价格比预期的少，但双方认为是互利共赢的，尤其对中间人来说更如此，只花了写四封信的工夫，就根据"中介费为销售价 1% 的条款"而赚到了 35 泰勒。

学校图书业务

1847 年，施普林格出版了第一本教材，它是约阿希姆斯塔尔高级预科学校（Joachimsthalsche Gymnasium）教师卡尔·弗兰克（Carl Franke）所著的《进阶希腊语语法课》。这是施普林格出版的第一本教材，而且相当成功地使施普林格进入了教科书出版市场。该书第二版由著名的古典语言学家阿道夫·基希霍夫（Adolf Kirchhoff）修订，第七版由语言学校的阿尔贝特·冯·班贝格（Albert von Bamberg）修订。这本书一直保持很高的销量。相比之下，当时希腊语文献学的专家菲利普·卡尔·布特曼（Philipp Karl Buttmann, 1764—1829）[1]所编辑的语法书，对初学者来说太复杂，且他编纂的教材版本的差别又很大，以至于有的一门希腊语课程，竟然需要使用他同一本教材的 8 个版本才可。因此，施普林格销售卡尔·弗兰克的希腊语法书获得成功，无需特别的推广手段。

图44：《进阶希腊语语法课》扉页（1872年第7版）

1848 年，施普林格出版了 48 页的法语教材（内容不多），1851 年又出版了《法语语法口袋书》和《高年级的统计与代数课程》。1857 年出版了《施托尔策速记系统的理论实践指南》[2]。

---

[1] 菲利普·卡尔·布特曼在约阿希姆斯塔尔高中任教 8 年，1811 年成为柏林国家图书馆（Staatsbibliothek zu Berlin）的第一任馆员。——译者注
[2] 施托尔策速记系统指 19 世纪德国人威廉·施托尔策（Wilhelm Stolze）发明的速记系统，后来跟费迪南德·施赖（Ferdinand Schrey）所发明的另一种速记系统合二为一，成为"施托尔策和施瑞速记系统"（Einigungssystem Stolze-Schrey）。目前德国的联合速记系统，简称 DEK，就是在此基础上发展而来的。——译者注

从施普林格的书目中，没有发现涉及学校图书的专业出版计划，仅在施普林格书店出手后发现有一些零星图书书目。如 1858 年，施普林格出版了他的朋友鲁道夫·伦格（Rudolph Lange）的四种书，包括《古罗马文学：高等教育版》和《小学音乐课教师指南》等，这些书在 19 世纪总共出版了 9 个版本。

1858 年，施普林格出版了鲁道夫·伦格的姐夫——阿道夫·基希霍夫编著的新版《希腊语形态学》。最后由莱比锡的著名出版公司托伊布纳出版社（B. G. Teubner Verlag）[1]排版。施普林格为了保证学校用书，1858 年 12 月 6 日曾询问图书可否在 8 周时间内印刷完成，同时希腊字体应清晰且标准。而对方回复说在学校新学期开学时就会完成任务。本书的印刷质量十分优质，出版后不断再版，迄今为止累计印刷了 11 版。

此时古典中学的学校用书是施普林格的出版重点。对于这个市场而言，与 19 世纪 60 年代之后才增加的数学、化学教材相比，他更喜欢出版语言教材、阅读用书、历史和音乐类教材。当时德国除了传统的预科学校外，其他学校都开始了规模化转型，施普林格趁机就出版了数学和化学的教材。

从 1858 年至 1877 年，施普林格总共出版了 77 种教材，而关于教学法的图书，则是他该板块的第三大业务。虽然教材是个赚钱的领域，但也会带来一些麻烦，这会在后文讲述。

出版系列教材

直到 19 世纪中叶，德国高中课程基本都是由高级预科学校（Gymansium）[2]提供，着重的是古代语言、德语和历史教育（法语之前也一直是德国学校里教的外语）。然而时过境迁，随着英德两国间的交流日益增加，英国有很多工程师、销售员和游客经常来到德国，

[1] 1811 年由贝内迪克特斯·戈特黑尔夫·托伊布纳（Benedictus Gotthelf Teubner）创立，2008 年与工程类的菲韦格出版社（Vieweg Verlag）合并，2012 年被并入施普林格集团，改名为施普林格·菲韦格出版社（Springer Vieweg Verlag）。——译者注
[2] 长久以来，德国的教育理念还是来源于 17 世纪的神圣罗马帝国时期，"Gymansium"属于德国教育系统中最高级的学校，其类似于美国的预科教育。

德国的商人与工程师也前往英国甚至美国做深入交流。对于希望外出并准备在外定居的德国人来说，没有合适的入门级教材满足其需求，而只有"高大上"的语言学与语源学①书籍。

同时，来自毕业生的抱怨也日益强烈，他们指出自己得不到关于现代语言和科学方面的知识，难以跟上社会的需求。因此，这给另一种类型的"Realschule"②学校提供了发展机会，这类学校专注贸易、商业，并为希望成为公务员的学生授课。1859年颁布的《普鲁士教学和考试法》中，则把这类学校的位置列为最高级的"Gymansium"和最低级的"Hauptschule"之间。最后，连高级预科学校也做了稍微的改动，虽然还教拉丁语，但也多侧重于科学和现代外国语的教学，包括英语。

另外，对英语文学的翻译也日益多了起来。很多德国读者通过伯恩哈德·陶赫尼茨（Bernhard Tauchnitz）的物美价廉的③译本，了解了狄更斯（Charles Dickens）、苏格兰作家沃尔特·斯考特（Walter Scott）④、爱德华·布尔沃·利顿（Edward Bulwer Lytton）⑤、威廉·梅克皮斯·撒克里（William Makepeace Thackeray）⑥、威尔基·科林斯（Wilkie Collins）⑦等人的作品。而施普林格虽然不会说英语，只是法语流利，但他妻子会说英语，因此他对英式生活持有包容的态度。

---

① 英文为etymological，指的是通过解读一些古代文本和其他语言比较，来研究某种语言的产生、变化和消亡的学科。——译者注
② 德国教育一直是由各州负责的。一般来讲孩子上完幼儿园后就会去"Grundschule"，最后根据在学校的成绩分配四种不同的中学："Sonderschulen""Hauptschule""Realschule"和"Gymnasium"。第一种是为有学习障碍或者语言不足的新移民孩子准备的；第二种是职业预科；第三种是为成绩中等的学生准备的，上课内容包括科学、历史、地理和两门外语等；第四种是学术预科学校，以便让成绩最好的学生抢先快速进入大学。但此教学系统长期以来一直存在批判和争议，因为孩子在很小的时候就会由此被区隔固化进入某种社会阶层，常常导致"学术世家"的孩子得到最好的教育，工人等阶层的孩子去别的学校。所以1960年底，综合学校"Gesamtschule"就开始作为体制的补充出现，如德国一些州还把合并而成的学校称之为"Mittelschule"。——译者注
③ 德国出版商伯恩哈德·陶赫尼茨自1842年起，开始在德国出版英语文学的译本，而到20世纪60年代经营结束时，总共出版了5300多种该类书。鉴于之前在德国出版的很多英语国家的译作都是没有经过作者授权的，因此他首创了支付稿费给英美作者的做法，由此吸引了包括狄更斯在内的作者与其合作，同时促进了国际版权的保护，并推进了1846年5月13日所签订的"Accession to Copyright Convention between Great Britian and Prussia"协定出现。——译者注
④ 他以写浪漫作品而闻名，但之后在现代首个金融危机，即"1825年大恐慌"中负债，后来为还债卖书而病倒去世。——译者注
⑤ 英国维多利亚时期的畅销小说家，后来从政。——译者注
⑥ 英国批判现实主义小说家，代表作是著名的《名利场》。——译者注
⑦ 英国侦探小说和神秘故事文学的开创者。——译者注

1865 年 4 月，施普林格听从在高级中学任教的鲁佛夫·松嫩堡（Rufolf Sonnenburg）的建议，出版了他撰写的新型英语语法书，准备在但泽（Danzig）和埃尔宾（Elbing）等地推广使用。施普林格与鲁佛夫·松嫩堡达成的协议是，该英语教材首印数为 3000 册，版税为 8 泰勒 16 格罗申。印量超过 20 个印张（每印张为 16 页）则无需再增加版税支付。1864 年底，大部分书稿已完成，到 1865 年 2 月书稿全部完成。在定价方面，施普林格本来想定价为 25 格罗申，但鲁佛夫·松嫩堡觉得该价格对教材来说太高。于是在 1864 年 11 月施普林格听从其建议，最终将图书定价为 24 格罗申。

图45：鲁佛夫·松嫩堡撰写的英语语法书，左图为奥地利文化部批准的
特别版本扉页，右图为施普林格出版社出版的版本扉页

这本书显然出版得太晚了，学校已经在 4 月开学。教材必须得到官方的推荐才能广为人知。事实上，第一个负面反馈来自官方学校等的工作人员。在最初的接触后，柏林和勃兰登堡地区的皇家学校的主任们觉得暂时对此书没需求，布雷斯劳（Breslau）、什切青（Szczecìn）、科布伦次（Koblenz）的州府反馈也类似，而波森（Posen）当局则认为："英语语法书没有用武之地。"因此施普林格只好直接跟学校的老师联系，但其反馈不是白白提供的，每次得花 0.3 泰勒左右咨询费（这在当时算是很贵的咨询费）。

最后一招，他只好使出浑身解数发动人际关系了：施普林格与担任学校督察官的爱德华·考厄（Eduard Cauer）属于"发小关系"，他父亲正好是考厄研究院（Cauer Insititue）主任。最终在 1865 年 6 月，从马格德堡（Magdeburg）传来了好消息，新书已经被推荐给了各个高级中学的主任们，作为"在特例情况下，若有需要可使用"的教材。虽然本书的销量没有立马得到增长，但要求赠书的人反而多了（以至于第一版的大部分库存都被免费寄送了）。但此后真金白银的销量就增多了，以至于该书每隔两年或三年就会再版。

虽然之后，某位维也纳的英语教师 1876 年在《高中教育系统学刊》撰文对施普林格的第五版英语语法教材提出了不同意见，但文章作者自己的英语语法水平也不行。于是施普林格采取的策略为：给所有奥地利的高中都邮寄了 4 页的册子，上面全都是奥地利教师和对本书的正面评价，然后附上了该教师自己用的另一种教材的负面评价。事实证明该营销的效果不错，施普林格的教材的奥地利版本就被帝国皇家文化教育部（Imperial and Royal Ministry for Culture and Education）批准了。

1869 年后，教材的出版迎来了发展高峰期，施普林格也再次当选为柏林市议会的议员，之后他成为学校委员会的主席。1871 年，他的儿子费迪南德·施普林格加入公司后，也对教材的出版产生了浓厚兴趣。

涉足农学、林学和狩猎方面的出版

虽然在出版社刚成立时，施普林格没有这方面的图书出版规划，但也出版了《家政和农业等经济指南》一书，这一点也不奇怪，农学一直是当时最受欢迎的领域。施普林格甚至出版了几种与养鸡有关的书，目前来看估计是受委托出版。

直到 1860 年，具有开创意义的系列书《农业发展年度报告：化学和植物学》出版面世，它是施普林格第一份定期出版某个领域科学进展的研究报告，成为施普林格出版社科学出版的第一个分支。该系列出版 22 期后，1880 年，施普林格的儿子费迪南德·施普林格把它的版权转给了柏林的特奥多尔·威廉·保罗·帕雷（Theodor Wilhelm Paul Parey）的出版社[①]。

关于林学和狩猎方面研究的书籍更为重要。1852 年，施普林格花费 300 泰勒从奥托·斯帕莫（Otto Spamer）手里购买了 2 年的《普鲁士森林与狩猎年报》项目。虽然其仅在德国普鲁士范围内发行，但实际上给了施普林格近乎完全的分销权，由于其销售额和利润非常好，等同于同年其他项目的经营利润总额，以至于施普林格支付了 1500 泰勒购买了该项目的全部版权。

图46：销售最好的《绵羊繁殖基本原理：德国美利奴品种研究》扉页

虽然农学领域的出版项目比林学和狩猎领域少，但它们都有不错的销量。

施普林格开始涉足农业科技领域出版业务，并逐步形成科学出版的一个分支规划。这是第一个专业学科领域的出版项目，随着农业化学、地质学、动物学、植物学和经济学等领域的发展，林学发展迎来了一个有利的历史时机。即使在当时，人们也注意到森林作为人们生活空间的一部分，不应该被轻率地利用，树木不能连续地被砍伐当成燃料，而是需要人们保护和照料，这可能是最早的生态运动。尽管

图47：保罗·帕雷

经济上的争论仍然存在，特别是不断扩大的铁路网、日益发展的采矿和造纸业，所有这些都需要更多的木材交易，而此时大部分的森林都计算在国家财政的来源之内。

而此时德国普鲁士只有少数专门的林学研究机构，还有几所大学也设立了林学专业。例如萨兰特（Tharandt）[②]就有著名的林学研究院，

① 1848 年出版社由特奥多尔·威廉·保罗·帕雷在柏林成立，该系列是出版历史悠久的杂志之一，1894 年创立的周刊《野外狩猎》至今还在出版。——译者注

② 1811 年，海因里希·科塔（Heinrich Cotta）成立"皇家萨克逊森林学院（Forstliche Hochschule Tharandt）"，附近则是世界上最古老的植物园"Forstbotanischer Garten Tharandt"，有 2000 多个植物品种。——译者注

在阿莎芬堡（Aschaffenbburg）[1]和爱森纳赫（Eisenach）[2]设有培训中心，以及位于柏林东北部的埃伯茨瓦尔德（Neutstadt Ebertswalde）的林学研究院。

图48：位于柏林东北部的埃伯茨瓦尔德的林学研究院[3]

值得一提的是，在埃伯茨瓦尔德除了有三个林学研究部门外，还设有法理学、政治学、数学、测绘学[4]、物理学、化学、矿物学、岩石学[5]、森林植物学和动物学等各领域的研究院。而与施普林格合作的相关专业的作者，都来自这所林学研究院。例如，在该院任教时间长达50年的弗里德里希·威廉·施耐德是《普鲁士森林与狩猎年报》的主编，20多年里，年报规模扩大了一倍。1866年施耐德升任这所研究院的主任，经他的引荐，动物学家贝尔纳德·阿尔托姆（Bernard Altum）和贝尔纳德·丹克尔曼（Bernhard Danckelmann）也相继与施普林格展开出版合作。1867年，在汉诺威附近的姆廷登（Hannoversch Münden）成立了第二家普鲁士林学研究院，其主任奥古斯特·伯恩哈特（August Bernhardt）撰写了很多重要的林学方面的著作，均由施普林格出版。

① 距法兰克福30公里的德国古老城市，历史可追溯至古罗马时期。——译者注
② 德国的百年化学企业（K+S）在该地的威拉河（Werra）附近有钾肥生产基地，也是欧洲最大的供应商。——译者注
③ 埃伯茨瓦尔德的林学研究院照片，名为"红楼"，建于1873—1876年。
④ 英文Geodesy，属于地球科学（earth science），主要是测量并了解星球的地理和磁场等。——译者注
⑤ 英文Petrology，属于地理学的分支，研究岩石的历程等。该学科又细分为三类学科：火成岩石学（igneous）、变成岩石学（metamorphic petrology）和变质岩石学（sedimentary petrology）。——译者注

随着农业化学、地理学、动物学、植物学和经济学都开始应用在了林学领域，施普林格的林学出版体系也逐渐充实起来。1861 年，施普林格自己承担风险创办了首个学术期刊《林业研究》，条件似乎很有利，主编则由埃伯茨瓦尔德林学研究院的主任尤利乌斯·特奥多尔·格鲁纳特（Julius Theodor Grunert，1809—1889）担任，可是由于销量不佳，1867 年施普林格停止了出版。两年后，他又用之前期刊的副标题，创办了新的《林学与狩猎学学报》，主编为贝尔纳德·丹克尔曼（Bernhard Danckelmann，1831—1901），这次终于获得成功，销量不错。于是，丹克尔曼主编的《普鲁士林业和狩猎法规与行政年鉴》也面世了，副主编则是之前的弗里德里希·威廉·施耐德。这也是一种期刊，后者每年出版两至四期，若跟《林学与狩猎学学报》一起买还可获得特价。这两种期刊数十年来十分成功，成为施普林格的林学图书出版计划的支柱。

图49：埃伯茨瓦尔德森林研究院的主任尤利乌斯·特奥多尔·格鲁纳特（左）和他的继任者贝尔纳德·丹克尔曼（右）

1874 年，施普林格获得《德国护林员会议年报》出版项目。通过这些不同的学术期刊和林学文献出版，施普林格确立了自己在这个领域的出版地位，并在市场站稳了脚跟。随着一些年报和期刊的出版，定期广告和好评也稳步增长，为施普林格接触到业内人士创造了平台，为其他科学领域的出版提供了良好的先例。

总体来看，1858 年至 1877 年，有关林学的图书（包括一些农学图书）成为施普林格整个出版业务中最重要的板块（教材、法学与经济学主题紧随其后）。然而随着时间的推移，其市场也变得越来越小：

1858 年至 1867 年，这些图书的种数为 437 种；十年后，种数就降到了 363 种。但每本书的页数从平均的 194 页则增加到了 228 页，图书的平均定价也上涨了（由于一些插图采用了费时的木质版画制作）。

1877 年老施普林格去世时，林学主题的图书是出版社最大的板块。但 1897 年至 1906 年，农学与林学主题的图书种类下降了一半，相关作者也无法继续写新书。而竞争对手保罗·帕雷出版社则吸引了新一代的林学研究领域作者。

首个药学杂志的出版：与哈格尔的合作

施普林格卖掉书店后第一次成功的出版事业是出版了一本药学杂志，这是德国第一部药学出版物。1859 年 6 月 1 日，为了出版《德国药学核心期刊》，施普林格跟药物学家兼作家赫尔曼·哈格尔（Hermann Hager，1816—1897）达成了口头协议，哈格尔同意自己承担出版社的生产成本，施普林格则负责销售和广告业务。但之后哈格尔又改口，要求从每个季度发行的订阅费中（定价 15 格罗申）再抽取 9.5 格罗申，继而又要求从所有邮局订阅的期刊中再抽取 0.5 格罗申。施普林格则面不改色地在合同中写道，“双方同意若出现分歧，柏林书商协会（Korporation Berliner Buchhändler）会协调解决”。虽然

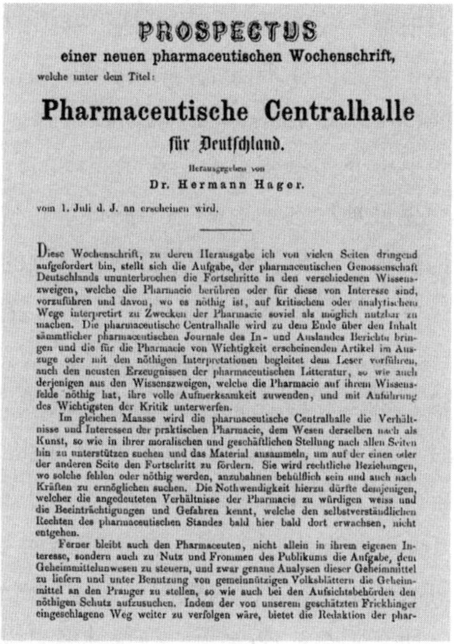

PROSPECTUS

einer neuen pharmaceutischen Wochenschrift,

welche unter dem Titel:

Pharmaceutische Centralhalle

für Deutschland.

Herausgegeben von

Dr. Hermann Hager.

vom 1. Juli d. J. an erscheinen wird.

Diese Wochenschrift, zu deren Herausgabe ich von vielen Seiten dringend aufgefordert bin, stellt sich die Aufgabe, der pharmaceutischen Genossenschaft Deutschlands ununterbrochen die Fortschritte in den verschiedenen Wissenszweigen, welche die Pharmacie berühren oder für diese von Interesse sind, vorzuführen und davon, wo es nöthig ist, auf kritischem oder analytischem Wege interpretirt zu Zwecken der Pharmacie soviel als möglich nutzbar zu machen. Die pharmaceutische Centralhalle wird zu dem Ende über den Inhalt sämmtlicher pharmaceutischen Journale des In- und Auslandes Berichte bringen und die für die Pharmacie von Wichtigkeit erscheinenden Artikel im Auszuge oder mit den nöthigen Interpretationen begleitet dem Leser vorführen, auch den neusten Erzeugnissen der pharmaceutischen Litteratur, so wie auch derjenigen aus den Wissenszweigen, welche die Pharmacie auf ihrem Wissensfelde nöthig hat, ihre volle Aufmerksamkeit zuwenden, und mit Anführung des Wichtigsten der Kritik unterwerfen.

Im gleichen Maasse wird die pharmaceutische Centralhalle die Verhältnisse und Interessen der praktischen Pharmacie, dem Wesen derselben nach als Kunst, so wie in ihrer moralischen und geschäftlichen Stellung nach allen Seiten hin zu unterstützen suchen und das Material ansammeln, um auf der einen oder der anderen Seite den Fortschritt zu fördern. Sie wird rechtliche Beziehungen, wo solche fehlen oder nöthig werden, anzubahnen behülflich sein und auch nach Kräften zu ermöglichen suchen. Die Nothwendigkeit hierzu dürfte demjenigen, welcher die angedeuteten Verhältnisse der Pharmacie zu würdigen weiss und die Beeinträchtigungen und Gefahren kennt, welche den selbstverständlichen Rechten des pharmaceutischen Standes bald hier bald dort erwachsen, nicht entgehen.

Ferner bleibt auch den Pharmaceuten, nicht allein in ihrem eigenen Interesse, sondern auch zu Nutz und Frommen des Publikums die Aufgabe, dem Geheimmittelunwesen zu steuern, und zwar genaue Analysen dieser Geheimmittel zu liefern und unter Benutzung von gemeinnützigen Volksblättern die Geheimmittel an den Pranger zu stellen, so wie auch bei den Aufsichtsbehörden den nöthigen Schutz aufzusuchen. Indem der von unserem geschätzten Frickhinger eingeschlagene Weg weiter zu verfolgen wäre, bietet die Redaktion der phar-

图50：宣传药学杂志的传单，上有“1859年7月1日出版，主编为赫尔曼·哈格尔”[1]

[1] 该刊德语单词“Centralhalle”是为了避免跟其他药学期刊混淆而新创建的具有不寻常等意义的词。

有这些插曲，但这不妨碍两人发展成为持续一生的合作伙伴。由此可以发现，出版商与作者、编辑之间是一种彼此互助的关系。

终于，1859 年 7 月中旬，施普林格发行了 2000 本杂志，列出的优惠条件是：若书商用现金支付 11.5 格罗申，则会免费送该杂志的第一期（这样每期订阅费他的定金会有 2 格罗申）。但是该项目真正的利润大部分来自广告。三个月后的 9 月 10 日，施普林格写信告诉哈格尔，如今该杂志被订阅了 300 多份，"因此我认为这个项目是稳妥的、安全的和可持续的"。

值得一提的是，今天要创办一本期刊，人们可以发挥自己的想象力和编辑的相关联系渠道来获得潜在订户的地址。但在当时，收集客户地址，找到潜在订阅人是很麻烦的，甚至很难集中找到一个目标群体（毕竟可能被政治对手利用！）。但施普林格依旧写信给卡尔·佛斯特（Carl Voerster），佛斯特是施普林格早年认识的朋友、莱比锡的图书中介弗里德里希·沃尔克玛的合作伙伴。施普林格请求后者提供萨克逊地区的所有药剂师的地址。佛斯特则回答："目前没有最新的地址名单，但我已经请在德累斯顿的一个朋友帮忙问询，该地有 180 位或 182 位药剂师，应该不难得到名单。"

虽然为找到地址费了九牛二虎之力，但却是值得的。因为跟哈格尔的合作也由此取得了显著成效。1861 年，施普林格又与哈格尔合作创办了《德国北部药理学年报》，1872 年后更名为《帝国药理学年报》，同时还出版《药理学药方年鉴》；一年后施普林格接手了《药理药方应用实践》在金特出版社（Günther Verlag）和布雷斯劳（Breslau）出版社的版权，而施普林格接手后，出版了第三版以及后续所有版本。1866 年，施普林格出版了哈格尔撰写的《显微镜和其应用：药剂师、医生、公共卫生的官员、商人、工程师、教师、肉类检查官等应用指南》一书。该书副标题所面向的职业群体，自从 1866 年出现之后就一直存在了 70 多年。1868 年，哈格尔又撰写了《药剂师初学者的 92 门课》一书，这部包含 176 幅木版画的 500 页的巨著，在之后被反复修订不断再版。

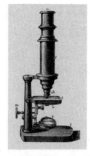
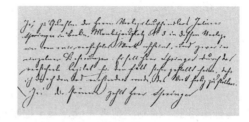

图51：哈格尔图书中显微镜的插图①　　图52：哈格尔曾经申请的保险手稿摘录

　　跟林学的图书出版比起来，药学领域出版的品种很少。由于哈格尔是个独行侠，不乐意与别人分享关于这个领域的发展情况。到目前为止，在药理学领域的出版物都是由哈格尔负责的，包括一份期刊、一份年报、一个年鉴、一个实践指南和教材。施普林格也没有像与埃伯斯瓦尔德林学研究院的合作一样能有机会接触更多的研究人员。直到 1869 年，才有外国作者药剂师弗里茨·埃尔斯纳（Fritz Elsner）加入，与施普林格合作出版了《药理化学基础》。

　　直到 1871 年，施普林格的儿子费迪南德·施普林格加入公司，这种情况才发生改变。长久以来，施普林格在哈格尔的心目中地位甚高，所以他的书出版非施普林格莫属，以至于哈格尔担心等施普林格去世后，他的书可能"后继无人"，所以决定从施普林格日常付给他的保险中抽出资金（价值 15 万马克），来支付未来图书的印刷成本。施普林格的儿子加入公司后，也不把哈格尔当外人，还将其他人的手稿送给哈格尔审阅。甚至在普法战争时期，由于施普林格和哈格尔的儿子们都在阿尔萨斯洛林地区参战，他俩也时常通信交流儿子们的情况。

　　1872 年至 1874 年，哈格尔秉着巨大精力，不懈地撰写了《德国药典评注》，总共 1700 页（分为 21 卷）。一年后，哈格尔的巨作《药

---

① 木版画出自《显微镜和其应用：药剂师、医生、公共卫生的官员、商人、工程师、肉类检察官等应用指南》1932 年第 14 版，由编辑鲁道夫·托布勒（Rudolf Tobler）提供。

理学实践通报》①开始分卷出版，直到施普林格去世一年后，即 1878 年，出版了第 22 卷，也是该书最后一部分。全卷共有 2600 页。该书的出版是施普林格一生中最为成功、销售量最大的图书。1876 年，该系列第一卷印刷了 3000 册，之后马上重印 1000 册，接着出版的第二卷则印刷了 4000 册，不久又销售一空。同时，该书生产成本高达 6 万马克。因为很多花费是用在木制雕刻插图的制作上，其制作需要具有高超水平的制图师来完成，甚至连哈格尔本人也参与了草稿绘图制作。

图53：赫尔曼·哈格尔的木刻肖像（左）和《药理学实践通报》（第二卷）扉页（右）②

在该系列图书定价高达 44 马克的情况下，销售额达到了 13 万马克，此乃当时非常了不起的成就！哈格尔的版税都达到了 2.5 万马克（当时是按定价的 14.2% 来计算版税的）。

为何该系列如此成功？这与德国考试制度的改变有关，相关制度之前规定药剂师须当三年学徒，再经历三年的实践后才可获得执照。哈格尔与当过药剂师的特奥多尔·冯塔内、沃尔夫冈·利伯（Wolfgang Liebe）都有如此经历。然而，此时德国的新规定为：即便有实践经历后也得再经过检查委员会的审核才能成为药剂师。检查委

---

① 该书原文为 *Handbuch der pharmazeutischen Praxis*，"Handbuch" 直译为 "手册"，但其实该书不断补充、修订、再版，而且分期分批出版，因此具有介绍评价医药最新发展概况等通信功能。为了便于读者理解，中文版统一翻译为 "通报"。——译者注
② 《药理学实践通报》第二卷交付时，已售出 3000 册。

员会则由一位化学家、一位植物学家、一位物理学家和两位药剂师（也可是一位药剂师与药剂学专业的教师）组成。因此，哈格尔的图书出版恰逢其时。

1877 年 3 月 20 日，施普林格病重后，哈格尔就拿出了人工合成的奎宁（一种抗疟药）来为其治疗，但无济于事。事实证明，哈格尔比施普林格多活了 20 年。

成为柏林市议会议员

施普林格首次当选为柏林市议会议员是在 1848 年，当时该议会已经有 102 位成员。在十位书商中，施普林格已经与莫里茨·法伊特（Moritz Veit）合作并成为好朋友。施普林格将议会作为一个联络作者的舞台，结识更多知名的议员。后在宪法会议上又被选为秘书（再后为副主席）。

图54：普法战争胜利后军队在勃兰登堡门口接受柏林市议会议员
（包括施普林格）的欢迎（1871年6月16日）[1]

革命后的 1851 年，等柏林市议会解散后，直到 1869 年，他再次当选为市议会议员，任期七年。在此期间，他曾在许多委员会任职，如"资金支付委托"委员会，相当于今天的预算委员会和学校委员

---

[1] 施普林格的家人在阳台上注视着普鲁士军队进城，队伍中就有施普林格的儿子弗里茨，弗里茨也作为志愿兵参加了普法战争。

会。在 1876 年 11 月，他当选为第 25 届市辖区市议会议员，他被一致推选为副主席。但他拒绝了自由党请他成为选举的候选人的邀请。他曾经对家人说道："我没有精力和热情完成新的任务。"

图55：沃尔夫冈·施特拉斯曼（Wolfgang Straßmann，1821—1883）[1]

市议会领导人沃尔夫冈·施特拉斯曼在 1877 年 4 月 19 日称赞施普林格所做出的贡献时说道：

> 他充满激情地承担了几乎所有与社区有关的事情。他是一个公正而高尚的人。在公共活动中，他用最高的道德标准和以最严格的责任心履行和承担他的职责。他是一个正义的人，真诚地尊重每一个人，努力实现每一个正直的信念。他也坚持自己的信念，他始终无所畏惧地真诚地捍卫和强调信念。对他来说，议会的权利高于一切。他认为维护法律地位是良心问题。他力所能及地保护议会的声誉和尊严，反对任何欺骗，反对辱骂和侮辱，反对有可能损害、削减议会尊严的事情。

撰写图书贸易报道

施普林格在书店当学徒时，就积极地撰写有关出版行业的文章，有据可查的大约有 50 篇，实际数字可能更多，因为他常常只用简单

---

[1] 沃尔夫冈·施特拉斯曼，柏林市议会领导人，柏林荣誉市民。施普林格曾在重病期间被选为他的副手。施普林格去世后，施特拉斯曼发表了纪念施普林格的悼词。

的"S"署名。他还对业内的第一本系统性介绍图书贸易的教材，即阿尔贝特·霍普施泰因（Albert Höpstein）所著的《德国图书贸易实用指南》，做了深入的评论与批判。然而施普林格只是简单地在文章上署名"S"而已，如此简单的姓名简写很容易跟其他人混淆。众所周知，最初施普林格并非具有远见卓识，其他人也会发表各种意见，也用同样的方式签名，这样不管是有意还是无意，相关观点、评论都被认为是施普林格发表的，但实际上并非他的意见。因此，他有必要做出"解释"。于是，在1844年5月24日，施普林格发表声明："我今后再也不用缩写签名了，以后会直截了当地来注明到底哪篇文章是我写的。"

在施普林格撰写的文章中，有些是关于图书交易实际问题的，如佣金交易、邮政费用、货币计算、图书交易。后来，他写文章就少了，以至于《博森布拉特德国图书贸易杂志》的主编尤利乌斯·克劳斯特意写信[①]说："为什么你不继续投稿了呢？我非常乐意看到你对当今热点问题的看法和对本刊改革的观点。本来在我写类似的文章前，还指望先看下你的文章呢。"如今看来，可能是他被柏林市议会的工作占用了太多精力，或者他担心未来写的文章可能会引来麻烦。

尽管这样，施普林格对盗版的问题（也包括外国作家的作品）以及影响媒体的法律和审查制度特别感兴趣。在这方面，他已经获得了翔实的知识，特别是有关版权法的问题，并知道如何应对这些版权问题。施普林格在1847年当局对他的审判辩论中就运用了他所掌握的法律知识和演讲技巧取得了胜利。通过施普林格的表现，人们很难相信他没有学习过法律知识。正如玛丽·施普林格对他的评价，这是一个知识分子所具有的禀赋，就是主动学习和自己解决所遇到的难题！施普林格的三个儿子和他的孙子小费迪南德也表现出同样的天赋。

---

① 1866年3月2日的信。

图56：施普林格出版的第一本有关图书行业的图书扉页（19世纪40年代）^①

　　1848 年 11 月，施普林格与他人共同成立了"柏林书商协会"
（Korporation Berliner Buchhändler），并在管理层任职达 26 年。此
时 他 也 加 入 了 莱 比 锡 图 书 贸 易 协 会（Börsenverein der Deutschen
Buchändler zu Leipzig）。由于他具有法律知识，1862 年，他还担任了
文学专家协会（Literarische Schverständigen Verein）的代表，这是一
个 1837 年就成立的专业组织。

　　施普林格一直是莱比锡图书贸易协会下面几个委员会的成员。
1856—1859 年和 1864—1867 年，他是调解小组和德国慈善协会的成
员。他从 1871 年开始指导图书贸易工作，一直到他去世。他熟悉所
有图书销售业务，他是一个熟练的即兴演讲者，并熟悉相关法律、法
规和文件。施普林格赢得了同仁的尊重。

当选德国图书贸易协会主席

　　1867 年 5 月 19 日，施普林格终于当选为"德国图书贸易协会"

---

① 书名为《论图书贸易权：普鲁士禁书与书商及个人的关系》，作者为马克斯·皮拉蒂（Max
　　Pilati）。

主席。前任主席则是施普林格的好友莫里茨·法伊特（1855—1861 年任职）。此时施普林格已经 50 岁了，已经进入出版业 25 年了！施普林格的妻子玛丽则记载道："他立马把当选的消息告诉了我，还充满自豪地念了寄来的恭贺信'谨以此祝贺您丈夫被选举成为主席'。"之后他们在家里和朋友圈举行了小规模的庆祝活动。在同年的生日庆祝上，威廉·赫兹在祝贺词中写道："您做生意的办法独树一帜，让出版业去除了长年累积的陋习，您对协会忠心耿耿。难得的是，该行业不仅是您的兴趣所在，也同时维持您家庭的生计。"

图57：庆祝施普林格当选为德国图书贸易协会主席的歌单

图58：施普林格担任德国图书贸易协会主席时的 "康塔塔星期天"（Cantata Sunday）[②]情景（木版画）

---

① 该歌单的日期为 1867 年 5 月 19 日，即施普林格当选为德国图书贸易协会主席的时间。歌词中有 "我们（德国书商）是维护德国统一的领跑者"。

② "康塔塔星期天" 书展，借用弥撒的第一个单词而得名。指的是德国图书贸易协会成员在一年一度的莱比锡书展期间进行图书交易，并在复活节第四个星期天结束整个书展。

　　在他当选主席的前几个月，出版业的重大变革就出现了：1869 年
6 月 21 日，"北部德意志联盟"[①]颁布了新贸易法，即废除了对书商
的执照和书商核审的条件（德国的一些州早在 1851 年起就有了新政
策），以便促进图书贸易自由发展。

　　但这也是双刃剑。大量经验不足的门外汉借机涌入出版业，给原
来的书商带来了挑战。图书贸易也呈爆发式增长，这从《博森布拉特
德国图书贸易杂志》不断增加的页数上即可看出，1862 年是 2800 页，
到了 1872 年就有了 5000 页。该刊不仅广告和招聘启事得到了大幅度
增长，编辑队伍也得到了扩充。

　　施普林格还在书展期间主持召开德国图书贸易协会执行委员会的
会议，安排相关成员在书展上露面，自然《博森布拉特德国图书贸易
杂志》也大幅刊登会议的相关评论等。鉴于施普林格跟该刊的良好关
系，加上他本人对德国图书贸易历史的浓厚兴趣，他使用协会的日常
预算印制了德国第一个供图书馆选用的德国图书书目，并在 1869 年
的书展上面世。

　　施普林格当选主席的五年内，所做的对
德国图书贸易发展至关重要的决策之一就是
降低图书的邮寄成本。海因里希·斯特凡
（Heinrich Stephan）也是一位杰出的人，他
是"世界邮政联盟"的发起人。在施普林
格的推动下，图书贸易的邮政收费大幅度降
低。1871 年起，人们可以通过明信片订购书
籍，仅支付 3 芬尼的邮资，这非常便宜，显
著改善了零售商和出版商之间的沟通。某些
订单邮资甚至低于通过莱比锡的中介获得订
单的邮资。同样，期刊的重量限制从 250 克
增加到 500 克，这也等同于大幅降低了邮资。

图 59：普鲁士邮政总局长海
因里希·斯特凡，除了发起
"世界邮政联盟"外，还推
动了电话在德国的引进

---

① 普鲁士战胜奥地利后拉拢邦国成立的军事联盟，该政治模式也是统一后的德意志帝国之基础。
　二战后的联邦德国模式也跟其类似。——译者注

当"特恩和塔西斯家族"（Fürstenhaus Thurn und Taxis）[1]的独家垄断权被普鲁士当局撤销后，由于施普林格与德国普鲁士邮政局长海因里希·斯特凡的良好关系，这个造福于德国书业的政策才得以实行。

出版商在直接发行期刊时，私人订户可以从这些被削减的邮资中获益。这样节省几块钱，对于今天的我们来说可能不重要，但好好地回想当年的情形后就会发现这太重要了。在 19 世纪 70 年代前后，超过 60% 的新出版物的价格低于 1 马克；大众作品的价格，比如《瑞克曼通用图书馆》系列的价格只有 10 芬尼，而有些书打折时还会降价到 5—6 芬尼。

版权和出版商权利

1867 年 11 月 18 日，德国废除了"经典作品永久版权"的相关法律后，迎来了出版业更进一步发展的时代。1868年 5 月 16 日，施普林格在"德国图书贸易协会"的会议上发言道："去年是德国图书贸易发展的里程碑，因为立法者规定了其作者的版权不仅在一生中会受到保护，还会在去世后被继续保护 30 年。"

就像他的前任，也是他的柏林朋友莫里茨·法伊特一样，施普林格认为他的主要任务是建立、巩固和提高作者和出版商的权利。

图60：莫里茨·法伊特
（两次担任德国图书协会的主席）

此时，在德国其他州，作者和出版社在法律上的关系在出版业中没有统一标准，甚至充满未知和不平等。因此，等"经典作品永久版权"被废除后，下一步就是规范千奇百怪的出版合同。1869 年 1 月

---

[1] 即由德国的诏书贵族（Briefadel）家族掌控的私人邮政机构，尤其是 16 世纪该机构在欧洲的邮政系统中起到了很重要的作用。以至其发家后能到处凭财力建城堡，直到 1806 年神圣罗马帝国解体后其垄断权才被终止。若从最早的时间算起，其家族垄断的时间长达 300 多年。——译者注

11 至 15 日，根据联邦大臣对新版权法的提案，施普林格就在莱比锡成立了委员会，以便为新版权法提供法律制定的意见稿[1]。除了出版业人士外，律师、学者、艺术家等也参加了会议。

　　1869 年的 5 月 20 日，新版权法就被"北部德意志联盟"通过了。1871 年 4 月 16 日，该新版权法在全德国实施。值得一提的是，虽然该法律执行后的效果没有达到预期目标，但毕竟其具有进步意义。直到 30 年后的 1901 年 6 月 19 日，该法律才被《帝国版权法》所替代。

图61：海德堡博物馆，施普林格召集的专家委员会审议《版权公约》草案[2]

　　1870 年，施普林格再次被选为"德国图书贸易协会"主席，任期三年。鉴于德国的作品版权在其他国家不受保护（反之亦然），他在第二个任期里，进一步呼吁"要整合德国境内各邦国的出版合同（包括与比利时、英国、法国和瑞士间签订的），以便用新的法律规范之"。然而，普鲁士和撒克逊已"各自为政"地跟四个国家单独签署了版权保护协议。施普林格就继续给联邦大臣写信[3]，呼吁未来要跟其他国家签订规范化的版权合同。[4]

　　1871 年 9 月 4 日至 6 日，施普林格在海德堡召集了专家会议，

① 出版业同仁威廉·佩奇（W. Petch）就通过施普林格提供了规范出版合同的建议，该建议稿在"德国图书贸易协会"的管理层得到了讨论。
② 海德堡博物馆版画。1904 年起此地乃德国学术研究中心，1931 年拆掉后重新建了一座新楼。
③ 1871 年 2 月 24 日的信。
④ 但此时普鲁士正与法国交战（才攻占法国的凡尔赛，战事还未完全结束），所以对方就继续犹豫。

业内有名的出版社都参加了，包括莱比锡的布赖特科普夫和哈特尔
（Breitkopf & Härtel）音乐出版社[1]、法兰克福的吕滕和勒宁（Rütten &
Loening）出版社[2]、慕尼黑的奥尔登堡出版社（R. Oldenbourg
Verlag）[3]、哥廷根的范登霍克和鲁普雷希特（Vandenhoeck & Ruprecht）
出版社[4]、海德堡的温特大学出版社（Universitätsverlag Winter）[5]。最后
会议总结出了一套"正常版权"的合同模板递交当局，然而却如石沉
大海。也许当局认为，在已有跟其他国家签订版权合同的前提下，该
合同模板无法弥补缺乏统一性的问题，更何况其他国家也许不会接受
单独由德国出版社所制定的标准。但总而言之，委员会的工作还是推
动了版权保护的发展。

　　从长远看，施普林格主持的这项"正常版权"合作工作，是非常
有意义的。直到15年后的1886年9月6日至9日，欧洲几个国家最
终在瑞士的伯尔尼签署了《保护文学和艺术作品伯尔尼公约》[6]。而今
天几乎所有的国家都签署了该公约而成为其成员。

集中力量聚焦专业出版

　　施普林格在担任德国图书贸易协会主席和柏林议员期间投入了太
多的精力和时间，因此影响了自己出版社的业务进展——聚焦青少年

---

① 现存最古老的音乐出版社，1719年由伯纳德·克里斯托夫·布赖特科普夫（Bernhard
　Christoph Breitkopf）成立于莱比锡，莫扎特的作品全集也在此第一次被出版。1807年，出版
　社也生产过钢琴，质量被包括克拉拉·舒曼（Clara Schumann）、著名德国作曲家罗伯特·舒
　曼（Robert Alexander Schumann之妻）和李斯特·费伦茨（Liszt Ferenc，著名匈牙利作曲家）
　等人所肯定。——译者注
② 1844年在法兰克福成立。
③ 1858年成立，2004年被卖给了科内尔森出版社（Cornelsen Verlag），2013年又跟"学术出版社"
　（Akademie-Verlag）一起被德古意特（De Gruyter）出版社购买。——译者注
④ 1735年在哥廷根成立，1935年，哥廷根科学院授予其出版官方刊物的权利，至今该出版社仍
　存在。——译者注
⑤ 该出版社为海德堡大学城内最古老的出版社，1801年由雅各布·本杰明·莫尔（Jacob
　Benjamin Mohr）创立，170年来，该出版社一直由家族成员经营，直到1993年才卖给他人。
　出版社经营多种世界著名期刊。——译者注
⑥ 该公约的想法最初由法国小说家雨果（Victor Hugo）所提出，当时他是"国际著作权法学会"
　（Association Littéraire et Artistique Internationale）的荣誉主席。等《保护工业产权巴黎公约》
　签署后，类似的出版业公约才开始推进并在1886年的巴黎制定完成。之后经历过几次修订，
　如1903年在柏林修订，1928年在罗马修订，1948年在布鲁塞尔修订，1967年在斯德哥尔摩修订，
　1971年在巴黎修订，1979年又修订。截至2020年9月，有179个国家加入了该公约。——译
　者注

图书的销售，减少出版具有争议的政治小册子，同时扩大和增加具有优势的农林学书籍和教材出版，新增经济学、法律学领域的出版，因为这些领域在德意志国家形成初期的历史时代里已经变得十分重要。

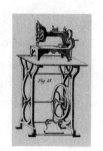

图62：施普林格1863年出版图书中的木刻版画插图

然而，施普林格出版社的出版品种却在明显减少，从1858年的437种下降到1867年的363种。另外，每本书增加的页数大致相同，从1858年的平均194页增加到1867年的228页。但是书的平均价格却大幅上涨，主要原因在于有些书加入了木版画插图，生产成本大幅增加。这种结果促使作为出版商的施普林格不得不刻意计算，他现在需要专注于那些更加有利可图的专业领域图书出版。

费迪南德·施普林格

施普林格的同时代人评价他具有非凡的能量，但在人生最后的十年里，他一直在家乡从事他的图书销售工作。因此，他在1871年春天让26岁的大儿子费迪南德·施普林格进入公司就不足为奇了，当年年底，费迪南德·施普林格成为公司的合伙人。图书交易就像施普林格送给他儿子的圣诞礼物，而费迪南德·施普林格在平安夜的圣诞树下找到它了。

施普林格的大儿子费迪南德·施普林格，小时候就以心智成熟而得名。1847年10月29日，当施普林格望着15个月的费迪南德，自我调侃道："我有时候希望这个淘气鬼能呆头呆脑些，因为他心智成熟的速度太快了。"第二年1月3日他又自豪地写道："客人们都认为儿子跟我的举止言行很像。"1864年，费迪南德说服了他父亲让他提前离校一年，以便开始其出版学徒生涯，而最早开始负责培训他的则是他父亲的出版同仁威廉·路德维希·赫兹。后来他又在卡尔·爱德华·穆勒（Carl Eduard Müller）在不来梅（Bremen）经营的书店进修。

1868 年，费迪南德去了瑞士的伯尔尼，在一家书店做助手，并与店主卡尔·施密德（Karl Schmid）成了挚友。然而，1870 年夏季由于普法战争，他返回了柏林（之前他在第 35 布兰登堡志愿兵团[①]接受过训练并成为预备役）。不巧的是他在法国得了伤寒，后来经施普林格通过人际关系运作后，才得以返回德国康复疗养。等 1871 年 4 月康复后，他就直接在自家的出版社工作了。

图63：威廉·路德维希·赫兹

1872 年 1 月，施普林格把大儿子费迪南德任命为合伙人。首要的原因是为儿子成家提供经济条件。而玛丽·施普林格则对自己儿子的表现赞不绝口："他乐于助人，年轻，有活力，给公司的人留下了深刻的印象，在他父亲被其他事情缠身时，费迪南德就负责经营，也从这时起，公司的营业额开始上升。"虽然费迪南德被委以重任，但财务事宜还是由施普林格管理。例如当作者赫尔曼·哈格尔就预付版税咨询时，费迪南德就回复道："我父亲负责财务事宜，他正在莱比锡。"[②]但费迪南德也被父亲准许决定合适的预付版税数额。

图64：费迪南德（左）跟威廉·赫兹的儿子汉斯·赫兹（Hans Herz，1848—1895）参军照片

施普林格总共有 10 个孩子，然而其中的 7 个在早年都由于"白喉"而夭折。大儿子费迪南德是从 1871 年起进入家族出版社的，二儿子弗里茨是随后加入的（施普林格几乎不谈这个儿子的事），在施普林格去世时，出版社仅有的 4 个雇员无法支撑费迪南德扩展业务的计划，弗里茨才在 1878 年 1 月正式加入出版社。

---

① 德文为"35th Brandenburg Fusilier Regiment"。
② 1873 年 3 月 25 日的信。

有意思的是，施普林格家族对瑞士情有独钟①，1906 年费迪南德去世后，二弟弗里茨给负责撰写讣告的亚历山大·弗兰克（Alexander Francke）介绍费迪南德的情况时说道："费迪南德对自己在瑞士的那段经历流连忘返，并经常说自己是半个伯尔尼人。"

施普林格的最后岁月

施普林格 50 岁生日那一天，恰逢他自己的书店开设 25 周年。他与家人和一些朋友举行了一个小型的具有双重意义的庆祝活动。他亲密的朋友威廉·赫兹在餐后致辞时说道："您用敏锐的眼光和头脑在经营着出版事业，并走出了一条独特的道路，而且如果没有成效，您是不会把一些不情愿合作的人纳入自己业务圈子的。"但是事实并非完全如此，通过施普林格的历程可以发现，他为戈特赫尔夫的著作做了大量无偿投入。威廉·赫兹继续说道："您不仅热爱自己的生意，因为它为您带来的收入能够养活妻子和孩子，而且您热爱出版业，并勤奋地参与了一些组织工作。"

让出版编年史的作者总结施普林格的生平轨迹，其实难以一下子把他看作出版商。因为他的个人爱好很广泛，导致出版社所出版的书籍有时看上去五花八门。直到 19 世纪 60 年代，施普林格对于实用书籍的偏好才逐渐清晰起来。1870 年，在同行爱德华·菲韦格（Eduard Vieweg）②的追悼会上，施普林格感慨地承认道："其实自然科学出版才是第一个开花的领域。"施普林格的洞察力在其职业生涯最后几年才逐渐显露，但相关专业领域的开发已经很分散。真正系统进行出版的产品则始于他的儿子们。

施普林格经营出版社时，虽然每年大约出版 37 种书和 3 种期刊，但员工仅有 4 个人：一个贸易助手，一个兼做收发工作的会计，一个

---

① 后来连费迪南德自己的儿子康拉德·费迪南德（Konrad Ferdinand）也继承了父亲对瑞士的喜爱。
② 汉斯·海因里希·爱德华·菲韦格（Hans Heinrich Eduard Vieweg, 1796—1869），自然科学领域的出版商，并在这一领域取得了巨大成功，历史上出版了 30 个诺贝尔奖得主的作品，包括爱因斯坦和热力学创始人普朗克（Max Karl Ernst Luduig Planck）的作品。菲韦格出版社 2008 年与托伊布纳出版社合并，2012 年被收购，改名为施普林格·菲韦格出版社。——译者注

实习生和一个包装工。施普林格自己则负责审阅书稿、对外联络、采购纸张、安排印刷和木版雕刻插图，以及装帧等工作。

在细节上，施普林格会提前给印刷厂送稿子，并提出版本（format）、印刷量（print runs）和版面设计（layout）等要求。印刷厂则会反馈排版、纸张、装帧的印刷成本。至于其他的成本：正文和脚注的字体、标题和封面的凸版印刷花费，则由施普林格自己计算[1]。

同时，他自己还负责宣传样书，与零售书店联络和账目结算事宜（直到儿子们接手），而他的助手则被安排做不很重要的工作。晚年的施普林格还负责莱比锡书展的账目和对外联络事宜，虽然家人劝他把这类工作交给别人，同事们还有时开玩笑说他是"事必躬亲"，但施普林格确实想自己掌握出版社的发展。

此时，他出版的图书类型依旧散乱，等他儿子接手后，自然科学类的出版才具有系统性。第三章中的表3说明了费迪南德在接手后的六年时间中所取得的进展：出版种类的总量增加了25%，包括林学和经济学主题的书，以及教材。然而政治学、法学、政治学主题的种类在下降。值得注意的是：神学、语言学、纯文学[2]、游记类图书（包括国际象棋和音乐等）都被归为"其他"类。

图65：施普林格最后几年的照片

从1877年起，施普林格胃病的症状越来越重（虽然早在五年前就症状初显了）。后来，家里人决定带他去泡温泉以便缓解症状。

---

[1] 印刷厂也会针对情况提出建议，出版社通常也会接受。
[2] 原文为"belles lettres"，指多注重欣赏的文学，而非要表达有用的信息，即前文提到的"美文"。该文学分类跟传统的诗歌、戏剧等分类区别开来。——译者注

4月15日，他准备参加莱比锡书展，但刚给熟人[1]写了封信后，病情忽然加重，两天后就去世了。施普林格被安葬在索菲亚社区（Sophia Community）的墓园中，因为他在此长期担任董事会的职务。1873年，"德国图书贸易协会"把施普林格的画像挂在了纪念大厅中。

图66：出版商菲韦格（左）；赫尔曼·凯泽（右）[2]

　　值得一提的是，众人也许对施普林格有犹太血统一无所知，而他所出版的作品中其民族特征也确实不明显。在纪念施普林格75周年诞辰时，他儿子费迪南德给其一生做了最合适的概括："我父亲天赋突出，拥有敏捷的大脑（连法律方面都轻车熟路即可证明如此）。除了对出版体现出无穷无尽的精力外，他还对民众的疾苦感同身受。他的座右铭则跟威尔士王子[3]的一样，是'吾立志于鞠躬尽瘁'！在我父亲的一生中，他牢记着对上帝的感恩，哪怕是目睹了几个孩子的夭折。所以，瑞士朋友给他的这个座右铭很合适：'他是少数几个念念不忘对上帝感恩的人。'"

---

① 弗里德里希·沃尔克马尔（Friedrich Volckmar）。
② 赫尔曼·凯泽（Hermann Kaiser, 1820—1881），施普林格书店的接手者，一直与施普林格保持着密切联系。赫尔曼·凯泽为施普林格撰写了讣告。
③ 这是"威尔士王子"的座右铭。最早流传于世是因为在英法百年战争中的"克雷西之战"（battle of Crécy, 1346）取得胜利，该战役让英军统治法国的加莱长达200多年。——译者注

第三章 服务公共事业的工程类图书出版
（1877—1906）

出版转向

费迪南德·施普林格加入公司后，不仅与父亲的关系非常好，而且在业务方面深得父亲的信任，因此在 1872 年 1 月 1 日他正式成为施普林格出版社的合伙人，并接管了许多业务。但其中决定性的因素是费迪南德结婚了，父亲通过授权公司合伙人身份使他能够养家糊口，母亲玛丽·施普林格曾经担忧，"一个出版公司怎么能养活两个家庭？"但是不久，这种担忧就消失了。

表 2 是父子两人 6 年间[①]共同合作出版的图书品种列表。图书品种比之前增加了 25%，其中林学图书品种的增加更为突出。在所有科学领域的图书品种中，自然科学领域的图书已经成为第二多的，学校教材和经济学图书品种有所增加。相反，政治、法律领域的图书品种大幅下降，而神学、语言学、纯文学、游记类图书（包括国际象

---

① 原文如此，实际表 2 记录的是 10 年的情况。——译者注

棋和音乐等）等其他品种也均大幅下降。这充分表明专业化出版的趋势已经出现。

表2：施普林格出版社在1867—1876年出版图书类别、品种

图书类别	1867—1871		1872—1876	
	品种数	占比/%	品种数	占比/%
药理学	15	9.3	16	8.0
化学	11	6.8	12	6.0
工程学	9	5.6	17	8.5
生物学	3	1.9	7	3.5
医学	—	—	1	0.5
自然科学（大类）	38	23.6	53	26.5
林学	34	21.1	55	27.5
法学和政治学	21	13.0	10	5.0
学校教材	19	11.8	25	12.5
政治学	17	10.6	16	8.0
经济学	12	7.5	24	12.0
其他	20	12.4	17	8.5
总数	161	100.0	200	100.0

施普林格的兄弟们

当尤利乌斯·施普林格去世时，出版公司只有4个员工。费迪南德很清楚，目前的力量无法实施他的业务扩张计划，因此他决定让他的弟弟弗里茨·施普林格加入公司。1878年1月，费迪南德向弗里茨提出了这个建议。

图67：弗里茨学习机械的卡尔斯鲁厄理工学校

施普林格的二儿子弗里茨在 1869 年从高中①毕业后，立志成为一名工程师，因此就进入了老牌钳子工厂奥姆（Ohm & Co.）②。1873—1876 年，他在卡尔斯鲁厄工程学院（Karlsruhe Polytechnic）③学习，该学院是当时德国最为领先的机械制造培训机构之一。两年毕业后弗里茨立马进入路易斯·施瓦茨科夫（Louis Schwarzkoff，1825—1892）④的工厂工作，这也是当时机械技术最为先进的工厂。在整个学徒期间，他甚至没有去瑞士旅游一次，因为他答应父亲早日学成。

作为一名学生，此时弗里茨已经完全熟悉和掌握了自己的专业，作为一名工程师，他还订阅了英文工程师期刊。那个时候在机械工程领域英国是世界领先的国家，但在德国却没有与之相等水平的期刊，每当发现一些技术问题时，路易斯·施瓦茨科夫的工厂经常提供不了解决问题的答案。他的父亲偶尔还会让他审查一下相关专业的书稿。弗里茨对于自然科学非常感兴趣，因此，他对于兄长提议增加自然科学领域的出版计划非常兴奋。

从 1878 年 2 月至 7 月，在兄长费迪南德的建议下，弗里茨在莱比锡的弗里德里希·沃尔克玛（Friedrich Volckmar）图书代理公司和阿梅朗书店的附属出版社⑤实习，之后赴离莱比锡 50 公里之外的阿尔滕堡（Altenburg）的皮勒印刷厂（Pierer's Book Printing Company）当助手。该印刷厂自 19 世纪 50 年代就开始与施普林格出版社合作了。在这里，弗里茨对图书印刷的技术方面很感兴趣，所以日后他负责出版社的生产部也就不奇怪了。

---

① 德文为"Abitur"，等同于高中水平的学校。
② 该公司成立于 1885 年的斯坦巴赫 – 哈伦伯格（Steinbach-Hallenberg），在四代人的时间内一直由家族掌握，后被另外的拉斯巴赫（Rassbach）家族接管，至今仍在经营。——译者注
③ 该机构后来升级为卡尔斯鲁厄大学（University of Karlsruhe），是德国历史最悠久的理工大学，也是位列巴黎综合理工学院（1794）、捷克技术大学（1806）和维也纳技术大学（1815）之后的欧洲第四所理工大学。2006 年跟其他研究机构合并后，变身为卡尔斯鲁厄理工学院（Karlsruher Institut für Technologie），成为国家级大型研究中心。——译者注
④ 该机械厂成立于 1852 年，由工程师路易斯·施瓦茨科普夫创立，1870 年成为柏林机械制造股份公司的工厂。在 19 世纪 70 年代，它拥有多达 5000 名员工。主要生产机车车辆，但从 1899 年开始，它还制造品牌为"莱诺 Linotype"铅铸排版机。
⑤ 该出版社在莱比锡成立，后改名为"Koehler & Amelang"。——译者注

图68：费迪南德宣布弗里茨为施普林格出版社合伙人的公告[1]

弗里茨完成了一年的实习后，费迪南德宣布从 1880 年 1 月 1 日起，弗里茨正式进入出版社成为"公共合伙人"。之后两人工作十分默契，一直到费迪南德 61 岁时忽然去世。弗里茨后来回忆："我刚加入出版社不久，实际上的管理权更多地在我哥手里。当我们两个在一个办公室，用一个双人写字台工作时，每个人都能立即发现另一个人生意上的事情。多年来，我们学会了配合如何工作。我们通过早上的报告，立即就明确了新定价可能会引起的一些问题或者会发生什么事情。连我自己都惊奇的是，对于作者、书稿和相关商业的事情，彼此意见经常非常一致，以至于我不记得我们之间有过什么争吵，尤其是涉及经营上的事。老爸有三个儿子[2]，办事风格简直就是一个模子刻出来的，这让一些外人感到很诧异，但对于经营一个出版社来说却是一件再好不过的事情。"

---

① 1883 年弗里茨被列入图书交易商地址名册中，并成为"施普林格出版社的权利人"，而费迪南德是在 1872 年被列入名册中的。

② 施普林格的第三个儿子，名为恩斯特·施普林格（Ernst Springer，1860—1944），曾在柏林、海德堡和哥廷根学习法律，并获得了法学博士学位。他最初是一名律师和公证人。但从 1900 年起，他开始担任德国银行的法律顾问，拥有全权委托书。从 1912 年起，他在帝国债务管理局担任国家财政顾问。作为一名经验丰富的专家，特别是在第一次世界大战后的困难时期，他的建议深受赞赏。应财政部的要求，他一直任职到 75 岁（1935）。然而，他对祖国的热爱和在一战后德国重建过程中的杰出贡献，都没能使他在 84 岁高龄时免遭德国纳粹的驱逐。他被作为"非雅利安人"驱逐到特莱西斯施塔特（Theresienstadt Camp）集中营。他在那里死因不明，死期不详，但他的死亡日期后来被定为 1944 年 4 月 30 日。

正式加入出版社后，弗里茨的工作自然会集中在机械工程领域。他是一个天生的组织者，建立了一个行政部门专门负责不断扩大的出版业务，这是一个出版社扩张期间所必需的工作。在他主持这个领域的工作期间，相关出版品种较之前增加了 20%。

两兄弟中，费迪南德是主导者，正如弗里茨所明确认知到的一样，费迪南德与父亲相处的六年里，接受了出版和图书销售的全面培训，在出版业务中具有主导权。在他主管的领域里，通过留下来的一些有关项目合同的信函、措辞可知，弗里茨甚至将报价权都交给费迪南德。费迪南德具有非常敏锐的管理直觉，在与作者的接触中，费迪南德知道如何用几句话总结要点，其方式是有说服力的。而弗里茨可能在演讲和研究方面更多才多艺。

创立期刊

19 世纪 80 年代是施普林格出版社创办或者收购期刊的扩展年代，这一时期的业务发展为施普林格奠定了基础。费迪南德坚信只有扩大期刊出版才能使公司逐步壮大。通过期刊，人们对科学领域的进步更容易做出反应。此外，让专家在期刊上写一篇文章比写一本书更容易。

今天人们可以发现，施普林格在最初开发林学和药理学图书项目时，作者与编辑之间的协同效果十分明显：作者在期刊上提交的文章太长，期刊编

图69：施普林格的期刊宣传页①

① 宣传页上有施普林格名下的季刊、月刊和德国铁路时刻表。施普林格 19 世纪 80 年代创立或者收购的期刊对公司的后续发展具有重要的意义。

辑可以说服其将文章作为专著出版。与此同时，刊登其他公司的广告正在成为一个重要的收入来源，出版社还专门设立了"低成本廉价广告栏"，就是为了"来者不拒"地接受只愿意投少量费用的客户。

除了创办期刊这招外，从1880年起，施普林格出版社就开始兼并一些期刊。在之后数十年里，这些期刊为出版社的发展提供了稳定的收入，有些直至今天仍在出版。

此外，当时的历史背景也特别有利于创办各种期刊。在新的德意志帝国形成时期，涌现出了许多专业和职业组织，其成员有着相似的科学和商业兴趣。尽管分裂主义者和军事上的反对力量矛头越来越指向帝国的首都——柏林，但在柏林，各种利益集团都建立了自己的核心机构。柏林像是一块强大的磁铁，成了德意志帝国的政治中心、商业中心和银行系统的核心，自然相关科学与工程的组织枢纽也设在柏林。这为施普林格在柏林开展与行政当局以及各种协会联络靠拢、经营期刊出版业务创造了得天独厚的条件。

与当局的关系

施普林格生前与自由主义的政客有着广泛的关系，而自由党人正好在新成立的政府部门中担任各种职务。施普林格在世时就把自己的儿子们介绍给了这些人，以便让出版社扩大业务。与当局的联系对于出版社而言十分重要。因为当局相关机构都负有科学研究责任，一些政府机构在20世纪初被并入一些大学专业研究机构里，与今天的纯粹管理机构有很大不同。

例如1879年成立的夏洛滕堡高级中学[①]章程明确写道："对于技术岗位提供的培训主要是服务于国家、社区或者地方工业的需要……"这些在今天依旧是理工类学院的主要职责。

1885年，施普林格出版社成为"帝国公共健康部"的授权出版单位，后者则负责统筹管理化学、保健和细菌检查的实验室（以研究疾病传播为目的）。值得一提的是，细菌学的海因里希·赫尔曼·罗伯

---

① 德文为"Technische Hochschule"，英文为"Technical High School or College"。

特·科赫（Heinrich Hermann Robert Koch，1843—1910）之后也在帝国公共健康部任职，并负责前往加尔各答①的考察，发现了结核病的成因，之后获得诺贝尔化学奖。

图70：帝国总理府大臣鲁道夫·德布瑞蒂克②（左）；
细菌学的创始人海因里希·赫尔曼·罗伯特·科赫（右）

官方当局需要他们自己的期刊和出版系列图书来发表他们的研究成果，这时候他们就可以通过出版社与相关各州的科学家和工程师建立联系。之后这些工程师都主动提交了许多书稿，交由施普林格出版社出版，并成为其作者。这种联系往往能够结出更多的合作成果。对于出版商而言，这比被委托出版期刊更有利可图。而一些政府管理官员因为行政限制，他们中的大多数人对出版的市场状况知之甚少。

施普林格的自由党身份，对于拓展其出版业务至关重要。他的很多党内同僚都出任帝国当局的重要职务。而施普林格在与费迪南德共同工作的六年里，将这些人脉关系都一一介绍给了费迪南德，如邮政局长海因里希·斯特凡和其副手保罗·菲舍尔（Paul Fischer）、帝国大臣办公室的报告委员会成员阿诺尔德·尼贝丁（Arnold Nieberding），以及帝国总理府大臣鲁道夫·德布瑞蒂克，他们都对业务帮助很大。鲁道夫·德布瑞蒂克甚至称施普林格为"民间部长"（Civil-Mittler）③。这是因为柏林E. S. 米特勒（E. S. Mittler）出版社出版了最为重要的军事科学领域的出版物，而施普林格同样很快成为官方部门文职领域的重要出版机构。

---

① 旧名"Calcutta"，后来改名为"Kolkata"，是印度西孟加拉邦的首府。——译者注
② 鲁道夫·德布瑞蒂克（Rudolf Delbrtick，1817—1903）在1867—1876年，是俾斯麦的左膀右臂，但之后二人由于政见不同而分道扬镳。
③ 该词汇还有"平民中间人"的含义，即基于该公司的双关语名称（Mittler= 中间人；中介）。

施普林格多年前所积累的政界人脉，为费迪南德和弗里茨创办或接管期刊提供了巨大帮助，特别是还获得了大量的图书出版项目。如鲁道夫·尼贝丁（Rudolf Nieberding）还安排他们与帝国公众卫生部门和正常标准委员会负责人建立了关系。然而，一些行政部门却没有盲目地听从部长的推荐。毕竟其他有资历的出版社也在申请跟政府合作。例如出版商鲁道夫·路德维希·冯·德克尔（Rudolf Ludwig von Decker）就被授权出版《皇家最高法庭的解密档案》[1]。从1872年起，德克尔还开始出版《药典》，等他去世后该出版社还在继续负责其他官方图书的出版。

尽管如此，各部委发布官方出版物时，由于有着严格的财务管理计划，他们倾向于喜欢最低的报价。费迪南德以聪明的创意设计和大胆的方式击败了其他竞争对手，获得德国议会颁布的《帝国铁路时刻表》的出版项目，这个项目展现了新一代出版人的才华。

《帝国铁路时刻表》出版故事

施普林格家的世交保罗·菲歇尔在"帝国印刷办公室"（Reihsdruckerei）[2]工作，而该部门旗下的《帝国铁路时刻表》是由菲歇尔的丈人、出版商格顿塔格（Guttentags）负责，他自己则负责帝国的印刷工作。参照同时期备受欢迎的《亨德谢尔电报》[3]来看，旅客更乐意选择便携的册子。而《帝国铁路时刻表》的尺寸却越来越大，虽然其价格依旧不变（2马克），但销量却不好。同时，出版商德克尔却反对提高价格，并认为打折力度不够。

---

[1] 英文为 *Royal Secret Superior Court Book Printing Works; nowadays the Federal Printing Works*，如今则改名为《联邦法庭档案》（*Federal Printing works*）。

[2] 原文为"Imprial Printing Works"，查证后实则为"Imperial Printing Office"，已改正并加上了德文名称。——译者注

[3] 1854—1930 年存在的图书。——译者注

图71：《帝国铁路时刻表》广告①

因此，菲舍尔决定听从施普林格出版社的建议，并请其接手本书。菲舍尔同意了施普林格出版社的意见：除了增加宣传力度外还需采取更传统的图书尺寸，定价需打四折。同时接手的条件是刊登更多的广告，出版社才能保持盈利。最后，"帝国印刷办公室"②仅保留了"按印刷页定价"（page price）的条款，其余全部按照施普林格的建议执行。

1880年8月，施普林格出版社正式接手《帝国铁路时刻表》后，立刻开始了宣传攻势：有超过1.2万个广告贴在了车站、邮局和书店（此外，车站的报刊亭还被给予了销售优惠）。另有686本书被免费送给了媒体。结果，很快就有德国、奥匈帝国和瑞士的40个书店同意增加进货数量。

此外，新增加的特刊《柏林进出列车时刻表》也被安排在销量大的柏林报纸刊登，如《国家时报》和《论坛报》（周日版和假日版）等。最后，鉴于原来的名字太冗长，1881年后刊物正式改名为《帝国铁路时刻表》③。

---

① 该铁路时刻表由德国邮政总局管理，包含了德国国内的铁路、轮船及与瑞士、奥地利等联系的重要交通信息。
② 1879年成立，负责钞票、邮票、身份证、护照等其他官方文件的印刷部门，1951年改名为联邦印刷部（Bundesdruckerei）。——译者注
③ 原文为《帝国时刻表》（The Imperial Timetable），根据书中前后文所记述的事项，指的就是《帝国铁路时刻表》出版项目。为了便于中文读者理解，中文版统一改为《帝国铁路时刻表》。——译者注

图72：施普林格接手前后《帝国铁路时刻表》封面（1880）

　　此时的施普林格出版社为了增加足够的广告，就和鲁道夫·莫塞贸易公司（Handelsgeselschaft Rudolf Mosse）①签订了协议，后者的中介费可分两种形式获得：一种是收取总盈利的 33.3%，第二种是当读者直接从出版社订阅时，收取每单费用中的 5% 作为佣金。

　　至于广告方面，在每期印刷 4000 册（每年 8 期）的情况下，全年一整版（页）的广告费为 200 马克，四分之一版（half and quarter page）的广告按实际需求情况单独计算（pro rata）②，八分之一版（eighth of a page）为 40 马克。若只想在其中的一期做广告，则一整版的广告费为 50 马克，八分之一版的广告费为 12 马克。

　　随着铁路的扩建，该刊的页数也逐渐增加，最初是 480 页，1888 年为 660 页，1906 年为 1000 页，1913 年根据季节为 1100 页至 1500 页。虽然广告的页数每版也达到了 160 页至 180 页，但这也意味着成本随之增加，而为收回成本，1908 年定价从 2 马克涨到了 2.5 马克。

　　到了第一次世界大战开始的 1914 年 8 月，该书已经无法出版了。因为铁路被陆军征用，自然没有固定的时刻表。虽然战争结束后，施普林格出版社与鲁道夫·莫塞贸易公司续签了合同，但又遇上世界经济大萧条，该书的出版就被干脆搁置一边了（尽管经营权还是被保留到了 1944 年）。

----

① 多年后该公司成为报业帝国。
② 拉丁语，英文为 "in proportion"。——译者注

表3：施普林格出版社受托出版的政府图书

1.《柏林的照明、供水和管道系统》，1883	11. 保罗·戈尔德施密特：《柏林的历史与现在》，1910	20. 奥古斯特·林德曼：《柏林的"第九集市"：结构和设备》[2]，1899
2.《柏林消防和电报管理报告：1880年》，1881	12.《1871—1902年柏林的有轨电车全面投入使用纪念册》，1903	21. G. 马姆洛克：《柏林的医生与学生指南：奖学金与资助机构建议》，1910
3.《柏林铁路：1846—1896》，普鲁士公共工程部编，2册，1896	13.《柏林医疗指南》法文版，格奥尔格·迈尔教授受第十届国际医学大会委员会委托编写，1890	22. 威廉·马特斯多夫：《柏林有轨电车与交通堵塞》[3]，1908
4.《柏林人口普查（1861年12月3日）》，1863	14. 威廉·贡德拉赫：《夏洛滕堡的历史》，2册，1905	23.《柏林医疗指南》英文版，格奥尔格·迈尔教授受第十届国际医学大会委员会委托编写，1890
5.《柏林人口普查（1864年12月3日）》，1866	15. 克里斯蒂安·哈维斯塔特和马克思·康塔格：《柏林万湖西南部的运河》，1883	24. 古斯塔夫·勒斯勒尔：《柏林电车对电缆的持续供电要求：电力安全管理目标》，1900
6. 赫尔曼·布兰肯施泰因，奥古斯特·林德曼：《柏林中央牲畜屠宰场[1]：工厂结构和设备》，1885	16.《柏林以及周边基础工程设施》，亚历山大·赫茨贝格，迪德里希·迈尔编，1906	25. 卡尔·路德维希·斯卡贝：《柏林的消防部门》，1853
7. 里夏德·博尔曼：《柏林建筑和艺术纪念碑》，1893	17.《柏林消防员指南》，1880	26. 卡尔·路德维格·斯卡贝：《柏林消防员训练指南》，1854
8. 爱德华·布赫曼：《柏林有轨电车线路发展及对交通行业的意义》，1910	18. 古斯塔夫·凯曼：《1896年以前的柏林电力工程》，1897	27.《柏林斯特拉劳和特雷普托之间的施普雷河隧道计划：1895—1899》[4]，1890
9. 弗里德里希·德恩堡：《柏林的故事》，1886	19. 古斯塔夫·凯曼：《柏林电气化高架与地下铁路运营》，1902	
10.《柏林城内中央屠宰场指南》，1886		

① 1881年建设完成，当时为欧洲最大的现代化屠宰场之一，为柏林提供肉制品长达几十年。民主德国时期继续使用，直至1991年。参考链接：https://www.exberliner.com/politics/wastelands-of-berlin/。——译者注

② 1891年，AEG等公司提出了建设水下轻轨的设想。1899年，454米长的地下轨道终于建成。但由于河水对其的损耗情况，1932年轻轨服务停止，之后只有行人可用此隧道。二战中该隧道成了防空洞。具体图片可参考链接：https://www.geschichtspfad-stralau.de/en/stationen/the-spree-tunnel。——译者注

③ "Market Hall Nine"，最早在1891年建成的食品交易集市，属于柏林14个集市之一，1950年起由于只能用粮票导致食品交易衰落，2011年重新改造后开放。参考链接：https://hellojetlag.com/markthalle-neun-street-food-thursday/。——译者注

④ "Verkehrsnot"指空间被短暂地挤压和中断等，这里指交通堵塞。参考链接：https://www.degruyter.com/document/doi/10.1515/9783110466591-007/html。——译者注

续表

28.《1808 年以来柏林的城市法规》，保罗·克劳斯维茨编，1908	31. H. 斯特鲁韦：《柏林旅游地图：从柏林到欧洲各国铁路路线图》，1888	33.《柏林周边的福利机构》，1899
29.《1847—1897 年柏林的煤气工厂》，1897	32.《柏林城市电话系统用户名录》，1892—1897	34.《柏林城区的警察规章制度之汇编：施工脚手架与通往建筑工地道路建设》，1888
30.《柏林街道桥梁建设》，柏林市议会编，2 册，1902		

工程类图书的出版

施普林格成立出版社初期，没有证据表明他准备聚焦工程类图书出版这一领域。1850 年全德语区只有 34 种工程图书，由 24 个出版社出版，连行业领头的菲韦格出版社和科塔出版社也才各自出版了 3—4 种。1858—1871 年，施普林格出版社每年至少出版一种工程书，但最多不会超过 3 种。直到费迪南德成为合伙人，且随着弗里茨的加入，该类图书的品种数量才有所增加。

德国经济的强劲发展进一步确立了其政治、军事地位，从而大大推进了德国统一的步伐。柏林成为统一的德意志帝国的首都和大型机械、电力企业的所在地，许多出版商都集中在工程类领域的图书出版，而各类工程学院（Polytechnic）起了重要作用。例如 1879 年在夏洛滕堡成立的高级科技学院（Technische Hochschule）的宗旨就是"为国家、产业和社区培训高级工程师"。同时，学术研究任务最初也是由政府部门负责的（后来该任务逐渐由高校等机构取代）。新加入施普林格出版社的弗里茨有工程师的背景，在这个领域见多识广，因此就承担与相关专业人士的联络沟通工作。

因此，施普林格工程技术图书品种在 1878—1887 年较之前稳步增长了 14%，而出版社在费迪南德去世之后由他儿子接手，出版数量再次增加到了 18.6%，几十年后的 1898—1906 年增幅达到近三分之一。

图73：夏洛滕堡的高级科技学院（1880）①

在施普林格出版社成立以来的 30 年里，林学一直是该社所出版品种最多的领域，但之后的 30 年里，工程类图书出版成为当之无愧的大宗品种。到 1892 年，工业生产已成为德国突出的经济部门。产生的马力值表明了发展的规模，1875 年为 9.47 亿匹，1895 年为 33.5 亿匹，1907 年上升到 79.98 亿匹。数值同样增长的还有金属业，1889 年的产值是 1878 年的两倍，1904 年是 1889 年的两倍，而 1913 年的产值又比 1904 年高了四倍。

图74：施普林格出版社1903年出版的英文版工程类期刊②

　　在其所出的工程类图书中，蒸汽机（steam engine）主题占据了主导地位。1878 年，在布拉格的皇家奥地利德国理工学院（Imperial and Royal Austro-German Plytechnic）[1]授课的埃米尔·布拉哈（Emil Blaha）所著的《论蒸汽机的控制》出版，1885 年重印，1890 年再版，不久被翻译成了英语和意大利语。然而在 1894 年又需要再版时，作者却无能为力了，因为他已经离开了这个领域。此时担任该书编辑的卡尔·莱斯特（Carl Leist）发现了该书内容的缺陷，之后便通过个人关系联系到了德国与海外的业内人士，终于把内容更新了。就这样，此书的页数也从 218 页到了 768 页，1905 年出版第 5 版时，页数则变成了 958 页。

图75：柏林AEG公司的冲压机（stamping press）车间（1907）

　　1893 年，鲁道夫·狄塞尔（Rudolf Diesel，1858—1913）发明了柴油发动机[2]，之后，体积更小并更高效的汽油发动机[3]和电力发动机也面世了。不仅如此，蒸汽机和汽油机还在不断地改进：不仅浪费的能源更少，也采用了类似水轮机（water turbines）的新技术。1900 年，巴黎世博会上也展示了涡轮机结构的设计。

　　而这些产业的发展都带动了图书的出版和销售。例如，1903 年，

① 此时布拉格仍是哈布斯堡王朝时期的中心城市，尽管历史悠久，但是此地的官方语言为德语，布拉格大学在许多方面与德国大学一样。
② 其名字 "Diesel" 就成了发动机的名词。——译者注
③ 美式英语为 "Gasoline Engine"，英式英语为 "Petrol Engine"。——译者注

奥雷尔·斯托多拉（Aurel Stodola）写的《汽轮机》由施普林格出版社出版后，不仅卖得不错，还成了此类图书的样板。

早在16世纪末期，第一台机床（machine tool）就被生产出来，但精度差强人意，直到19世纪经过和蒸汽机结合后，机床才逐渐通用。而美国在欧洲的基础上发展出的技术，如今则引领了行业发展。例如，1873年克里斯托弗·斯宾塞（Christopher Miner Spencer）[1]发明了车床（turning lathe）。1893年的芝加哥世博会后的几个月，施普林格出版社就出版了《1893年芝加哥机械工具展览会》。1900年左右，出版了赫尔曼·菲舍尔（Hermann Fischer）所著的1000多页的《机床》。而此时高功率输出（high power output）

图76：德国参加芝加哥世博会的工业产品目录（1893）

的蒸汽机的传输系统（extensive transmission systems）不再适应市场需要，导致汽油发动机和电力发动机的机床使用范围更广了，连中小企业也可用相关机床来参与一些生产加工项目的竞争。

1870—1890年，铁路的建设里程从1万9千公里增加到了4万3千公里，1913年则为6万3千公里。此时，随着商船与海军舰队的扩展，以及铁路的扩大，对煤的需求也逐渐增长。1871—1905年，沥青的生产增加了4倍。与之发展相同步的是，施普林格出版社也出版了关于钻井、炸药使用、运输机械、抽水系统和预防煤矿爆炸类的图书，如1902—1905年出版的12册《鲁尔低地区和威斯特伐利亚地区煤矿开发情况》、1904—1906年出版的6卷本《普鲁士矿产开采》等等。

---

① 美国发明家，拥有霰弹枪等的专利，他众多发明中最重要的发明则是可自动生产螺丝的机床。参考链接：https://windsorhistoricalsociety.org/christopher-miner-spencer/。——译者注

出版《德国工程学报》

施普林格出版社需要一种工程类期刊，来完善相关工程师类图书的出版项目。弗里茨在求学时所订阅的是英国《工程师》[1]杂志，毕竟当时的英国在工程方面全球领先，而德国还没有类似的高质量期刊。他工作后遇到一些工程问题时，当时依旧没有合适的德国期刊帮他解决难题[2]。

1861—1867 年施普林格出版社出版了《机械工程技术发展年报》，1873—1877 年出版了《德国理工学报》，但不久这两本期刊都停刊了。停刊的原因包括：编辑无法为期刊邀请来足够合格的作者；工程师对出版的期刊也不甚感兴趣；高校也难以吸引工程师来协助讲课。为此，弗里茨解释道，"德国的工程师不愿公开发表自己的研究观点，同时还担心受到学术界高校教师的批评"。

因此，创办一本新期刊是相当困难的，特别是此时的德国已经有了《德国工程学报》（德国工程师协会期刊），会员有 4000 多名。然而，人们对于这份期刊有很多不满，就像弗里茨·施普林格在学习机械工程时所遇到的问题一样，该期刊不能定期出版，内容不够实用，同时德国工程师协会还想要更大的利润。

图77：《德国工程学报》期刊[3]

《德国工程学报》因为出版日期不固定，存在内容与现实需求难以结合的问题，所以陷入了困境。然而这个协会还想多赚钱，于是施普林格出版社就送上了橄榄枝。但做理工类

---

[1] 该刊成立于 1856 年的英国，至今仍在出版。有意思的是，当年清朝从英国购买大炮和军舰等的一些型号介绍，也在此刊有迹可循。参考张黎源著《泰恩河上的黄龙旗》（生活·读书·新知三联书店）。——译者注

[2] 现存的信件说明，费迪南德经常参与本来由弗里茨负责的领域并做决定，这也是后者同意的。

[3] 施普林格出版社为获得该期刊的出版权，曾经历了激烈的竞争。经营 25 年间，该期刊从发行量 4500 份增长到 24500 份。

图书出版的阿尔贝特·塞德尔（Albert Seydel）书店也参与了该项目的竞争，而且该书店跟协会已有长期合作的历史。但施普林格出版社的优势是其承诺的广告分成收益比例更高。果然，协会代表弗朗茨·格拉斯霍夫（Franz Grashof，1826—1883）和弗里茨见面时，广告收益分成的比例又提高了。因为弗里茨在卡尔斯鲁厄（Karlsruhe）学习时，正好听过这位先生的课。最终双方定下的合同条款是：出版社保证协会的收益达 2 万 4 千马克（比其前一年的收益高 20%），同时协会还收取出版社 5 万马克的担保金。1882 年 1 月 1 日起（第 26 期），施普林格出版社就接手了该刊。

　　值得一提的是，广告的结算模式采取了新的以厘米计算广告空间的办法，而非之前以某种字体所占据的行数来计算费用。随着广告业务的增加，该模式也成为行业标准。此后，协会的经理（兼任期刊编辑）的特奥多尔·彼得斯（Theodor Peters，1841—1908）就与施普林格兄弟有了良好的关系。他住在哈登贝赫大街（Hardenberg Strasse）上。所以，早上 8 点弗里茨与彼得斯一起出门，等走到蒂尔加滕大街（Tiergarten Strasse）后，费迪南德加入进来。于是三人就这样在去工作的路上讨论问题。施普林格出版社在蒙比朱广场（Monbijouplatz），离住处大约是 5 公里，这意味着他们花了大约一个小时（偶尔他们也坐马车）一起散步，等走到柏林中央的菩提树大街（Unter den Linden）后，特奥多尔·彼得斯就会继续转弯去协会所在的夏洛滕大街（Charlottenstrasse）。

图78：德国工程师协会的创始人之一弗朗兹·格拉斯霍夫（左）；协会的经理特奥多尔·彼得斯（右）①

① 德国工程师协会创始人之一。1863 年，他继雷滕巴赫（Redtembacher）之后，被任命为卡尔斯鲁厄理工学院的主席。弗里茨在该学院学习时成为他的学生。施普林格出版社接手该协会期刊归功于格拉斯霍夫的斡旋。特奥多尔·彼得斯是德国工程师学会协会的经理，他是该期刊最优秀的编辑，并成功地使该期刊满足了业界的实践需要。

合同最初签署时三人曾经约定，一旦有新的条款变化，要同时签字同意。随着期刊办得越来越成功，以后每隔几年都会签署新的合同。1880 年的读者订阅份数为 4500 份，到了 1906 年则为 24500 份，页数也从每年 400 页（每期 30 多页）增长到 1912 年全年的 2400 页（即每期 200 页左右）。协会的全年盈利额也从 1882 年的 2.4 万马克，上涨到 1906 年的 57.6 万马克。

后来在工程师协会的要求下，施普林格出版社代理了其财务和经营业务，每年代理费 1000 马克。为了这笔收入，施普林格出版社负责期刊订阅服务、发放会员卡、联络批发商以及协会管理等，回应来自协会的信息、要求，还有各地分会的任务指示，负责扩展会员名单、回收相关信件等。这些是相当细致的工作，虽然 1000 马克的代理费与这些付出相比难以相抵，但施普林格出版社却得以跟每个会员建立了直接联系。在这些人中，有的不仅跟出版社产生了新的合作，甚至还订购了施普林格出版的图书。

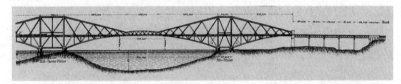

图79：施普林格将《德国工程学报》内容单独出版成书后，书内的插图[1]

由协会期刊刊登的一些重要文章，之后都会被施普林格出版社独家修订出版扩充版。例如 1889 年巴尔克豪森（Barkhausen）所撰写的介绍福斯湾大桥（Firth of Forth Bridge）[2]的文章就被重新出版成书，该插图也被重新刊登。

除了《德国工程学报》之外，施普林格出版社还在 1881 年至 1941 年出版了《工具研究期刊》，1883 年至 1943 年出版了《皇家技术研究所[3]报告》和《帝国标准委员会报告》。

---

[1] 许多重要的文章都是首次发表在《德国工程学报》上。该图为 1889 年巴尔克豪森撰写的关于英国爱丁堡的福斯湾大桥的文章插图，由九张拼接而成。

[2] 该大桥全名为苏格兰斯费里大桥（Queensferry Crossing），坐落于爱丁堡附近的福斯海湾，总长 2700 米，主跨 650 米，塔高 210 米，是世界最长的多跨中央索面斜拉桥。——译者注

[3] 即如今的柏林工业大学（Technical University of Berlin）的前身，于 1770 年成立，1879 年为皇家技术研究所，总共产生了 10 位诺贝尔奖得主。

电气工程类图书

19世纪60年代初期，施普林格出版社就出版了尤利乌斯·杜布（Julius Dub）的电磁学等方面书籍，同时面世的还有卡尔·格拉夫温克尔（Carl Gravwinkel）、卡尔·阿尔弗雷德·尼斯特罗姆（Carl Alfred Nystrom）、约瑟夫·扎克（Joseph Sack）和卡尔·爱德华·策切（Karl Eduard Zetzsche）等人关于电信（telegrahpy）的书。但是直到19世纪最后一个25年里，有关电气工程方面的图书才成为出版社的主要业务。

图80：法兰克福电气展入口（1891年4月16日至10月19日）[①]

1880年施普林格出版社出版了《电气工程学报》，并有一个详细的出版发展计划。在弗里茨·施普林格的主导下，电气工程成为出版社技术工程类出版计划中最重要的科目。

此时德国科技发展势头很好，国家加速出版新科技项目。1880年，由于施普林格出版社与帝国邮政部（Kaiserliche Reichspost）的良好关系，官方的《电信发展历史》由施普林格出版社出版。1881年，德国第一座电站建成。同年1月，柏林的"电话办公室"（Fernsprechvermittlungsamt）成立了，第二年柏林出现了第一本电话黄页，施普林格

① 该电气展主要是直流、交流、三相电的系统展示。最为引人瞩目的是从劳芬（Lauffen）到法兰克福超过175公里的15000伏输电网，它是今天欧洲发达的输电网络的开端。

出版社自己的办公电话被列在了第 559 号。在此趋势下，施普林格出版社又快马加鞭地出版了《帝国邮政与电话线安装》，署名作者就是电话总局的卡尔·格拉夫温克尔。

1891 年，首条长达 175 公里的电力线路，成功地完成了从内卡河畔的劳芬（Lauffen am Neckar）[①]到法兰克福的铺设传输，施普林格出版社也出版了相关图书。1892 年至 1897 年，施普林格出版社成为"电话办公室"的官方出版授权单位：电话黄页也分为上下两册，最后黄页再分为三册，第三册则为广告，收费标准为一整页广告 100 马克，四分之一页 40 马克。

1877 年 4 月 4 日，世界上第一条电话线在美国由发明人格雷厄姆·贝尔（Graham Bell）安装。同年，海因里希·斯特凡的试验成功后，也应要求在德国做了电话机的展示。

图81：有关电气研究的文献，其中提到的电话（telephone）命名沿用至今（左）；
施普林格出版社1892—1897年出版的柏林电话黄页（右）

总体来看，直到 19 世纪后半叶，在弗里茨的带领下，电气工程（electrical engineering）的主题才成为工程类图书的重点。而从 1880 年起，其所出版的《电气工程学报》[②]就成为行业的领头期刊。在 30 年

---

① 德国著名诗人弗里德里希·荷尔德林（Friedrich Hölderlin）的出生地。——译者注
② 为了跟前文的期刊区分开来，就又加上了 ETZ 的期刊缩写。——译者注

内，出版社共出了 192 种相关主题的书，其中一些是非常大的系列专著，而另一些则是教科书、实践通报、施工指南、指导手册等。介绍电气领域中基本知识的小册子（最少的页数为 25 页），除了安全法规之外，发电机、蓄电池、冷凝器、变压器等方面的图书越来越多。其中还有专门为西门子公司、德国爱迪生公司（1883 年成立，1887 年更名为 AEG[Allgemeine Elektrizitäts-Gesellschaft]）和布朗·博韦里公司（Brown Boveri & Co.）生产的产品安装手册。尽管这些公司都可以自己出版，但由知名出版商出版自己的产品安装手册则显得更为专业。

　　世纪之交的英国与美国，在机械和电气领域都是当时世界领先的国家。为了跟上行业的发展步伐，施普林格出版社订阅了英语刊物《工程学》和《电气学》，德国工程学会动态和电气发展情况也经常出现在这些英文刊物中。弗里茨在求学时也订阅了《电气工程学报》。经营出版社后，他特别关注其中的书评栏目，因为该栏目不仅介绍了英美等国家工程方面的进展情况，还介绍了填补德国技术空白的相关图书。一旦有这类图书内容时，他就会购买其翻译版权，而工程方面的版权费很贵。1891 年至 1897 年，施普林格出版社出版了居住在伦敦的德国电气工程师吉斯贝特·卡普（Gisbert Kapp，1858—1922）[1] 的 4 种书。他的第一种书首印量为 1500 本，而首本的成本在一年后就收回来了。为此弗里茨给作者写信说道："这对德国的科技图书来说是很罕见的成就。"

图82：吉斯贝特·卡普

　　反观英国出版社对德国作者的态度：伦敦的出版商惠特克（Whitaker）为出版卡普的《电力传输》只肯付 10 英镑版费，而木板印刷与锌板印刷（Zinc block）[2] 的版本也才 12 英镑。最后，卡普以 20 英镑的价格卖出了翻译

---

① 施普林格出版社在电气工程领域最成功的专家作者之一，曾任德国电气技术协会秘书长，1894—1905 年担任《电气工程学报》的编辑。

② "Zincography"指在平版印刷中使用锌版制版。1801 年，锌最早被提出用于石版印刷（Lithography），但直到 1834 年，锌版印刷才被发明出来用于印刷地图。1837—1842 年，该技术逐步完善。——译者注

版权，而负责翻译的两个作者将得到销量收益的一半。

　　施普林格出版社还直接出版了一些英语教材，而其销售量与德语教材一样是超出想象的。施普林格出版社出版了9种伦敦《电气学》杂志出版社出版的电气类图书。作为回报，这家伦敦出版社也经常翻译出版一些德语电气工程类技术图书，在其他语言区域进行发行出版，并与施普林格出版社的《电气工程学报》签有互换发行协议，在英语地区推广该期刊。由此可以发现，在第一次世界大战前，相关国家的语言互译是相当均衡的。

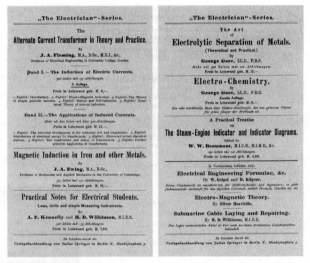

图83：施普林格出版的英文电气工程书单获得当时德国专家广泛关注

　　1879年12月20日，电气联盟大会①召开。提议源自维尔纳·西门子，他在1879年5月2日给邮政局局长海因里希·斯特凡的信中，首次创造了"elektrotechnik"这个词，并提议由政府赞助并组织成立电气工程技术协会（Elektrotechnischer Verein）。而该协会自然还需要个德语《电气工程学报》期刊。鉴于施普林格出版社跟这两人关系都不错，该期刊就由施普林格出版社出版，由卡尔·爱德华·策切担任编辑。在1880年1月13日，期刊的第一期就出版了。至此，德

---

① 德文为 *Elektrotechnischer Verein*，英文为 *Electrotechnical Society*。

国电气工程就快速发展起来。由于会员大多数都是低压电技术（low voltage）领域的专家，因此最初的内容聚焦于此领域。

图84：施普林格出版的第一期德文《电气工程学报》扉页[1]

　　尽管德国电气行业飞速发展，但是出版该刊对施普林格出版社是有些风险的，毕竟慕尼黑出版商鲁道夫·奥尔登堡（Rudolf Oldenbourg，1811—1903）早已出版了类似的期刊《应用电学研究》。施普林格出版社每季度还需给协会支付750马克的版税，并承担总共12期将近500页（每期5张四开纸）[2]的生产成本。为节省印制成本，木版画的成本也得限制在1800马克以内。出版社只能从每个会员的订阅费中抽取6马克用来办刊物，而且协会创始人之一的西门子最初反对期刊刊登任何广告。最终，经过反复商谈，双方才达成协议：在内容不够（无法达到标准页数）的情况下，才能在封面刊登"有商业和文学价值的广告"。但编辑也需要提前浏览广告内容，并有权拒绝"不是高大上"的广告。尽管如此，该刊到1888年，每月能出版两期。

　　然而很快，来自慕尼黑的类似期刊已经能够全面反映电气领域的发展情况，而施普林格的《电气工程学报》内容则主要集中在低压电

---

① 该刊的封面应有受人称赞的广告语："一个新的强大的学科能带给新生活一种强大的不可抗拒的吸引力，这本杂志像一股洪流涌进我们的精神生活，这是西门子一生中最喜欢阅读的刊物。"

② 原文为"12 issues of five quarto sheets"。

领域。这种情况在协会最初几年的发展过程中并没有被人注意到，因为协会的大部分工程师和管理人员都是来自低压电气领域。随着高压电技术（high voltage）的发展，一个新的协会"德国电气工程联盟"（Verband Deutscher Elektrotechniker）成立了，协会旗下的《电气工程核心期刊》[1]则由奥尔登堡出版社负责。在弗里茨的发小阿道夫·斯莱比（Adolf Slaby，1849—1913）的推动下，1889 年两刊合并，并由奥尔登堡出版社的编辑弗里德里希·乌彭伯恩（Friedrich Uppenborn）负责。合并后的刊名仍为施普林格出版社之前的《电气工程学报》，但编辑则是奥尔登堡出版社的。

图85：慕尼黑出版人鲁道夫·奥尔登堡（左）；推动了两个电气工程类期刊合并的阿道夫·斯莱比（右）[2]

1890 年前后，德国较大的城市都铺设了电线网络，电车在德国城市越来越重要。在此期间合并后的期刊也迎来了快速发展期。到了 1900 年，10 年来读者订阅数几乎增长了一倍，达到 7200 份。然而，弗里茨总觉得两家一起出版期刊有利益冲突，毕竟双方的业务在很多科技领域都是重合的。况且在 1901 年，奥尔登堡出版社也在柏林成立了分社，负责人是施普林格出版社的前雇员。所以，等合约中规定的 12 年合作到期后，施普林格出版社就以 30 万金马克的价格购买了期刊经营权，以防后来的麻烦。1903 年，《电气工程学报》的订阅数达到了 8300 份，该刊所属权依旧为"德国电子工程联盟"和"电子技术协会"，直到 1948 年它们合并为一家。德国电气工程行业日益发

---

① 该期刊原名为《应用电学研究》，后在 1883 年改名。
② 鲁道夫·奥尔登堡（1811—1903），1858 年在慕尼黑创办出版社，此后并入施普林格出版社。
　阿道夫·斯莱比（1849—1913），促进了两本电子工程类期刊的合并。

展，也反映在相关出版物数量的稳步增加上。这通过施普林格出版社每年发表的书评就可以得到验证。1888 年，施普林格出版社第一次发行了《电气工程发展报告》季刊，在第一年里，由十几位专家评述了26 家德国和外国相关电气工程期刊，以及另外 30 多种相关信息的期刊和来自美国、英国的专利期刊。专家关注的范围不仅包括原始出版物，还有内容提要以及相关节选、翻译等。结果，一些重要的研究成果，被多次出版引用，重要的文章被多达数十次引用。由此可见，推动行业领域内知识生产的重要发展也是出版商的责任。

恩斯特·维尔纳·冯·西门子与鲁道夫·狄塞尔

施普林格出版社在 19 世纪末到 20 世纪初，在多个专业出版领域有许多杰出的作者，其中有两个需要特别强调：维尔纳·西门子与鲁道夫·狄塞尔。

维尔纳·西门子在 1888 年被德国弗里德里希皇帝封为爵士。早在 1851 年施普林格出版社出版了他的第一部著作《论普鲁士地下电报系统》。因为他与施普林格同为一个党派的同事，又由施普林格出版了他应联合党派要求所撰写的政治论著《对军事问题的看法》。最后，西门子成立 ETZ 公司。正是在西门子的推荐下，《电气工程学报》从 1880 年开始就由施普林格出版社出版。差不多同时，西门子向施普林格建议，结集出版他的一些讲话、文章和相关谈话，即《西门子文选》。1867 年西门子在科学院的讲演《论将机械能转化为"永磁性"电能》[1]，解释了电动力学（electrodynamo）原理，并就如何发展高压电技术提供设想。

考虑到该书有将近 600 页，销售前景未知，所以西门子干脆放弃了版税，这样施普林格出版社才能以低成本小批量地印刷。至于合同方面的规定则有点不同寻常：西门子自己承担生产成本，出版社则从销售额中提取 40% 作为推广费用，这之后剩下的钱则归作者所有。但由于出版社还需根据书的定价打折 30%，意味着最后只剩 10% 给出版

---

[1] 永磁铁，英文为"permanent magnet"。——译者注

社。基于作者的名气，施普林格出版社即使不盈利也决定出版该书。

最终，该书在五年的时间内卖光了。于是，在 1880 年前后，西门子又写了第二卷扩充版（分为上下两册），达到了 1000 多页。本来计划中还有第三卷，是关于西门子的回忆录。但直到 1892 年 12 月 6 日西门子去世后第三卷才面世。

图86：《西门子文选》[1]扉页

鲁道夫·狄塞尔曾经是林德冰箱协会（Gesellschaft für Linde's Eismaschinen）[2]柏林办公室主任。1892 年 10 月 2 日，他把自己的第一本书《高效热电（动）机的理论与构造》投稿给了施普林格出版社，并声称："该机器并非对现存机器的改善，而是基于全新的设计，以致热效率能达到 70%—80%，远超其他机器 7%—8% 的比例。"5 天后，出版社就回信并签署了合同。该书首次印刷量为 1000 册，作者会得到销售额的一半作为版税。10 周后，书也印刷好了。不久，样书送给了 12 个专业杂志和 4 个日报以供做书评（但狄塞尔又要求新增 12 个期刊、3 个大众期刊和 3 个日报来提供评论，最后大学教授与企业家等

① 施普林格 1881 年出版了《西门子文选》第一卷。第二卷（扩大版）和第三卷分别出版于 1889 年、1891 年。

② 卡尔·冯·林德（Carl von Linde）发明了工业化空气分离（air separation）和气体液化（liquefaction of gases）技术，是发明冰箱的人，由此获得了 1913 年诺贝尔物理学奖。——译者注

均收到了样书）。就这样，通过如此宣传，狄塞尔这个名字变得众人皆知，为他跟曼恩集团（MAN）[1]、克虏伯（Krupp）公司、瑞士的祖尔策（Sulzer）公司[2]的专利谈判（共花 5 个月）打下了良好的基础。虽然狄塞尔声称的热效率比例遭到了质疑，但 1897 年第一台柴油机在奥格斯堡（Augsburg）[3]面世后，其热效率为 26%，依旧比之前的效能高出了三倍，况且燃油用的也是价格便宜的重油（heavy oil）。

同年，狄塞尔在卡塞尔（Kassel）召开的"德国工程师协会"（Verein Deutscher Ingenieure）的年会上所做的演讲，也由施普林格出版社作为特刊出版了。

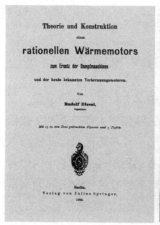

图87：《高效热电（动）机的理论与构造》一书扉页（左）及其作者狄塞尔照片（右）

这本书在五年后售罄，作者在该项目获得了净利润的 25% 份额标准版税。他获得了 1000 金马克，他对所获得的经济回报感到满意。在狄塞尔去世前[4]，他所完成的最后一本书《柴油发动机的起源》也面世了，但该书没有出新版（因为内容像是由无数个小册子组成的）。

---

① "MAN，Maschinenfabrik Augsburg Nürnberg"。该公司 1758 年成立，1888 年鲁道夫·狄塞尔跟其实验室合作，花了四年时间把第一台柴油发动机制造完成。目前该公司仍然存在，2011 年被大众集团收购。——译者注
② 该公司 1834 年成立，鲁道夫·狄塞尔与其合作，在 1898 年制成了第一台祖尔策牌柴油发动机。如今该公司仍然存在，1997 年被卖给了芬兰的瓦锡兰（Wärtsilä）动力公司。——译者注
③ 离慕尼黑有 50 公里，目前是大学城。——译者注
④ 狄塞尔在乘坐从法国加来到多佛尔时的船上跳海自杀。

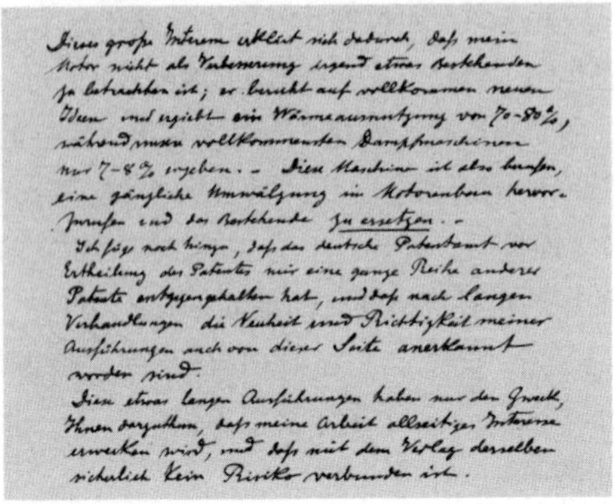

Dieses große Interesse erklärt sich dadurch, daß mein
Motor nicht als Verbesserung irgend etwas Bestehenden
zu betrachten ist; er beruht auf vollkommen neuen
Ideen und ergiebt eine Wärmeausnutzung von 70-80%,
während unsere vollkommensten Dampfmaschinen
nur 7-8% ergeben. – Diese Maschine ist also berufen,
eine gänzliche Umwälzung im Motorenbau hervor-
zurufen und das Bestehende zu ersetzen. –
Ich füge noch hinzu, daß das deutsche Patentamt vor
Ertheilung des Patentes mir eine ganze Reihe anderer
Patente entgegengehalten hat, und daß nach langen
Verhandlungen die Neuheit und Richtigkeit meiner
Ausführungen auch von dieser Seite anerkannt
worden sind.
Diese etwas langen Ausführungen haben nur den Zweck,
Ihnen darzuthun, daß meine Arbeit allseitiges Interesse
erwecken wird, und daß mit dem Verlag derselben
sicherlich kein Risiko verbunden ist.

图88：狄塞尔给施普林格出版社介绍自己图书的信件手稿（1892年10月2日）

把学术文章结集成图书

施普林格出版社出版的专业图书具有较高的发行数量，这表明此时德国缺少相关专业领域的图书。这些图书大部分是基于德国工程师协会的期刊（*VDI*）丰富而成的图书，有的还是来自其他出版商。比如施普林格出版社出版的超过 100 页的图书《采矿业中的电力危害防御》，是从连续 8 期刊载于采矿和冶金领域的专业杂志的文章中选编（offprint）而成的。今天来看，这本图书大小容量是合适的。事实上，一本连续出版的技术期刊展现的是其对于相关行业研究成果的观点、创意，而出版商则是促进了作者与读者之间的沟通，这就是知识生产的组织与传播。

有两个例子可以说明德国科技期刊在相关专业领域的重要性。1902 年，德国工程师协会年会在杜塞尔多夫召开，当时在苏黎世的联邦工程学院（Eidgenössisches Polytechnikum）任教的奥雷尔·斯托拉（Aurel Stodola，1859—1942）教授，在会上做了关于汽轮机（steam turbine）的演讲。而正好在此听会的弗里茨·施普林格向他提出可否在期刊中发表他的演讲稿，并同时出版一本图书的建议，还提出去除印刷成本之后，作者可以获得盈利的一半。奥雷尔·斯托拉当即同意了弗里茨·施普林格的建议，并立刻答复说：“我想知道的是，是否还可以从我的合同中拓展出来，出版一本关于如何建造蒸汽机的简短教材。"

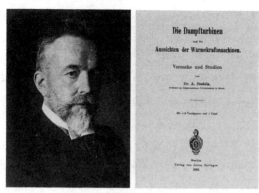

图89：奥雷尔·斯托拉，出生在匈牙利的发动机工程师。1892—1929年在苏黎世联邦工程学院任教（左）；1902年其演讲稿扩编成《蒸汽机——热能发动机的动力实验研究》一书（右）

1903年3月，该演讲的扩充版内容在施普林格的《德国工程学报》刊登后，把文章变成书的计划就开始实施了。但斯托拉反对采取传统的书页格式（即每页一栏），希望采取类似期刊的每页双栏格式（而弗里茨则提出把文字内容集中在书页中心）。

1903年9月23日，该书终于可准备出版面世了，此时的首印量改为600册，而非之前预期的1000册，页数也变成了220页。结果一周后斯托拉发来了电报：要求重印最后4页的内容（需要更大版式，还发现有个错误），这需要回收已经出版的书并等着新稿子再出版。但此时书都已经打包好准备发货了，且开具了发票。但弗里茨·施普林格依旧同意了（但觉得没必要回收发出去的图书）。一个月后的10日，修改好的稿子姗姗来迟。最终，这些书在一个月的时间内就销售一空。

为了不想凭空增加成本，出版社提出继续印刷之前未修正版的书稿，但遭到了斯托拉的拒绝。这次他还想进一步改版，因为初版的版式太小，导致工程图的大小受到了限制，作者的收入升至销售利润的五分之三。最后该书第二版的页数达到了368页，比初版的页数增加到 150% 以上。

1910 年，由于插图都得重新绘制，导致新版页数继续增加，书页已超过了 700 页。1922 年，在第 5 版面世时，页数又破天荒地成了 1111 页。至此，出现了"19.5 厘米 × 27.5 厘米"的图书版式，它被称为"斯托拉格式"。该版式能够提供插图和表格，并尽可能提供更加丰富的细节，因此被施普林格出版社广泛运用于其他图书，沿用至今。

另一个例子是海因里希·杜贝尔（Heinrich Dubbel）与施普林格出版社之间的故事。当时不到 30 岁的海因里希·杜贝尔，在 1902 年 6 月 25 日给施普林格出版社写了封信，信中说："贵社的图书有个大缺点就是太厚和太贵。工程技术领域的图书种类繁多，但贵社出版的内容太简单、太概括。假若有人希望了解鼓风机（blowing engine）的话，不如直接看阿尔布雷希特·耶林（Albrecht von Jhering）所著

的《鼓风机》一书，至于剩下涉及风泵（air pump）和循环水泵（circular pump）等的技术书，只需阅读作者的演讲稿就够了。"海因里希·杜贝尔在信中还提出了一些图书出版的建议、想法。接到这封信后，弗里茨第二天就给他回了信，邀请他参与图书的内容编辑。回信的内容今天已经无从查找，但杜贝尔自己撰写的《蒸汽发动机的设计规范：学生版》在 1905 年由施普林格出版社出版，后来他本人也成为《发动机制造通报》的编辑。这表明施普林格出版社对于读者反馈的重视，从中也可发现当时不拘一格用人才的理念。

图90：海因里希·杜贝尔《蒸汽发动机的设计规范：学生版》[1]扉页

---

[1] 1905 年由施普林格出版社出版，此后连续再版重印，共有 4 个版本。

化学与食品研究

德国的化学工业是自 19 世纪 60 年代崛起的。著名的迈斯特·卢修斯公司（Meister Lucius Co.）[①]、拜耳公司（Farbenfabriken Friedr Bayer）[②]创立于 1863 年，卡勒公司（Kalle & Co.）[③]和巴斯夫公司（Badische Anilin und Soda Fabrik, BASF）[④]创立于 1865 年，德国的化学工业差不多都是在这一时期创立起来的。彼此之间的竞争导致了白热化的价格战，例如合成染料（synthetic dyes）的价格就突降。为了维护产业利益，"德国化学产业协会"[⑤]诞生了，从 1878 年起，该协会的官方刊物《化学工业》由施普林格出版社出版。但合作后不久，负责该期刊的编辑埃米尔·雅各布森（Emil Jacobsen）不断抱怨，来自化学产业协会的压力和干扰越来越大，以至于成为施普林格出版社的一个负担。1887 年施普林格出版社干脆自己创办了《化学工业学报：调查研究方法》，1888 年该期刊改名为《化学应用学报》，由费迪南德·菲舍尔担任编辑。与此同时，费迪南德独立创办了"德国应用化学协会"[⑥]，收取会员费 20 马克，并可免费获得他所编辑的期刊。这样订阅期刊的人就可能成为该会的会员。

施普林格出版社只投入了出版经费，而订阅工作则由协会来承担。

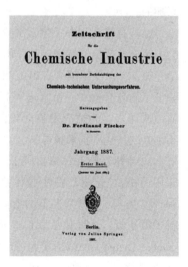

图91：施普林格1887年创办的《化学工业学报：调查研究方法》（1888年更名为《化学应用学报》）

---

① 该公司 1863 年在法兰克福成立，最早生产染料，后成为 20 世纪最大的药品公司之一。1999 年其跟法国制药商公司合并，成为 "Aventis"。——译者注
② 该公司生产的著名药品为阿司匹林。——译者注
③ 该公司 1863 年成立，最初生产染料，如今产品更加多元化，为德国百年企业。——译者注
④ 该公司目前为世界上最大的化学品生产商。——译者注
⑤ 德文为 "Verein zur Wahrung der Interessen der Chemischen Industrie Deutschlands"。
⑥ 德文为 "Deutsche Gesellschaft far angewandte Chemie"，英文为 "German Society for Applied Chemistry"。

施普林格出版社通过提高期刊定价、增加广告收入来维持投入与产出之间的平衡，这种办法今天在业界很普遍。1896 年协会的年会上，卡尔·杜伊斯贝格（Carl Duisberg）提出建议将协会名字改为"德国化学家协会"，同时对于施普林格出版社提出了进一步的财务要求，即施普林格出版社尽管作为创立者之一参与创立了这个协会，但从 1904 年开始，仅仅作为委托出版商的身份与协会合作。随着出版投入的费用越来越多，此后出版社和协会在该期刊上已经无利可图了。1907 年，该期刊由莱比锡的奥托·斯帕默出版社接手了。

在施普林格从事出版的 35 年里，一共出版了 60 多种化学类主题图书，差不多每年两本。这表明他对于这个专业领域还是存在着一定兴趣的。

施普林格在创办《化学工业》期刊时就指出，化学将会在未来社会生活中发挥出特别重要的作用。1880 年施普林格出版社创办了《化学年报》，这个年报一直出版到 1936 年，连续出版了 57 期，这一点验证了施普林格对于德国化学工业发展的判断。随着化学所涉及的领域越来越多，为适应发展形势，该期刊替代了此前施普林格自 1849 年创办的《化学技术报告》。

1884 年，施普林格出版了关于化学的应用图书，《化学产业中技术规模化应用调查方法》，首版为上下两册。1899 年出版了第 4 版，经过化学家格奥尔格·隆格（Georg Lunge）的编辑扩充后出版了 3 卷，页数则超过了 2700 页。1909 年出版了第 6 版，经过恩斯特·柏尔（Ernst Berl）的编辑扩充后又成了四卷本。该书的再版一直持续到 1930 年。除此之外，施普林格自 1888 年出版的《苯胺染料与相关工艺的生产》一书也保持了长久的生命力。该

图92：《苯胺染料与相关工艺的生产》[1]

① 该图书的编辑保罗·弗里德伦德尔自 1877 年开始与阿道夫·冯·拜尔（Adolf von Baeyer）合作研究化学合成物，该工作伴随了他的一生。他留下了 13 卷关于化学合成制造的文集。

书的专业编辑最初是保罗·弗里德伦德尔（Paul Friedlaender，1858—1923），1926年至1942年的编辑为化学家汉斯·爱德华·菲尔兹·大卫（Hans Eduard Fierz David）。

　　19世纪末期，化学分析成为德国学术界研究的重点。但施普林格出版社依旧关注着油脂、染料等合成化学的应用图书出版。例如，1881年创办的介绍如何使用油、脂肪生产制造肥皂的期刊《油脂化学》，1889年创办的专门刊载如何从植物中提取染料加工合作的期刊《染料化学》①。两本期刊反映了德国化学工业在这些领域的发展状况，这些相关技术也延伸至皮革、纺织等领域。

图93：《油脂化学》扉页（左）；《染料化学》扉页（右）②

　　施普林格出版社早期在化学专业领域取得成功，得益于它创办了《化学应用学报》，这个期刊网罗了一批优秀的化学家。如德国化学之父尤斯图斯·弗赖赫尔·李比希、光化学（photochemistry）的先驱罗伯特·威廉·埃哈伯德·邦森（Robert Wilhelm Eberhard Bunsen）和知名分析化学家卡尔·雷米吉乌斯·费雷泽纽斯（Carl Remigius Fresenius）都在此发表过文章。但是出版化学方面的专著则最初一直

① 1889年创办，主要刊载从植物中提取染料的加工生产方法，直到第一次世界大战爆发才停刊。在染料提取以及加工这个领域德国一直保持着领先的地位。——译者注
② 两本期刊都反映了德国化学工业的发展状况。初期的编辑为保罗·弗里德兰德尔，他曾经在德国知名的卡尔斯鲁厄学院担任教师。

与菲韦格出版社合作。

　　1903 年，施普林格出版社出版了阿尔弗雷德·迪特（Alfred Ditte）所著的《无机化学教材》和《理论化学教材》两本教材。其他出版社在该领域早在几十年前已出版相关教材，因此这两本图书效果不尽如人意。而施普林格出版社的成功更体现在专著出版上。1906 年，施普林格出版社出版了知名化学家埃米利·费歇尔（Emil Fischer）的专著，此后一批知名化学家开始在施普林格出版社出版专著，逐步形成了一个化学图书系列，最终奠定了施普林格出版社在化学专业领域的声望。以至于在 1906 年 6 月 1 日，德国化学协会（Deutsche Chemische Gesellschaft）主动找上门来，探讨弗里德里希·康拉德·拜尔施泰因（Friedrich Konrad Beilstein，1838—1906）[1]的《有机化学通报》第 4 版之合作。该图书最初是由莱比锡的威廉·恩格尔曼出版社出版，但是作者在 10 年后才修改撰写完第 4 版，此时最初合作的出版社已经无力出版，所以协会就转而跟施普林格出版社合作了。

　　施普林格最早出版该领域图书的第一本是在 1875 年，由沃尔奇纳（Walchner）所著的《人类的食物造假和食品污染》一书。1879 年 5 月 14 日，"食品化学之父"约瑟夫·科宁（Joseph König，1843—1930）促成了德国首部食品法的制定，1878 年施普林格出版社出版了他的两卷本《人类食物中的化学》，该书此后不断再版，一直到 20 世纪 20 年代。[2]

图94："食品化学之父"约瑟夫·科宁[2]

　　得益于约瑟夫·科宁与施普林格的良好关系，他主办的《化学在人类食品以及奢侈品中的应用发展季刊》原计划是由保罗·帕雷出版社出版，并以《农

---

① 弗里德里希·康拉德·拜尔施泰因，出生在圣彼得堡的德国人，1858 年获得博士学位。1860—1866 年任哥廷根大学讲师，1866 年起任圣彼得堡技术学院化学教授。拜尔施泰因在有机化学方面进行了许多研究，包括苯异构衍生物方面的工作。该书系统地记录了所有已知有机化合物，是发行数量最大的一部巨著。——译者注

② 约瑟夫·科宁年轻时曾是德国广受尊敬的农业化学家。1879 年，他促进了德国第一部食品法的诞生。此后一直担任《化学在人类食品以及奢侈品中的应用季刊》高级编辑。

业化学年报》的名义出版。但在 1886 年更名后，他跟合编者阿尔贝特·希尔格（Albert Hilger）商讨后改变了主意，在支付了 1000 马克违约金后，此刊的出版方就换成了施普林格出版社。虽然合同上规定页数（每年的总页数）为 320 页，但到出版时达到了 450 页，1894 年，页数更是增加为 680 页，因而生产成本与编辑费用的支出也增加了50%。虽然订阅费从 10 马克涨到了 13 马克，但也只能抵消其中一部分的成本。1898 年，此刊从季刊变成月刊，并改名为《食品调查》杂志，最终才有了盈利，页数也达到了 900 页，订阅费也涨到了 20 马克。1902 年，此刊还成为"自由德国食物化学家协会"[①]的官方刊物，又再次更名为《食品调查与研究》。跟其他通过兼并、购买而来的期刊相比，《食品调查与研究》算真正意义上施普林格出版社自己独立创办的历史最悠久的期刊之一。

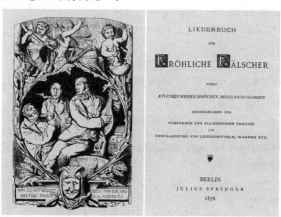

图95：《食品快乐造假者歌曲集》，署名为"食品商品造假协会"编辑出版[②]

此时德国工业发展所造成的水和空气污染日益严重，特别是食品造假以及有害防腐剂被加入食物中，这种现象日益引起社会和政府部门的关注。这些图书也都体现在施普林格的出版书目之中。具体详见表4。

---

① 德文为"Freie Vereinigung Deutscher Nahrungsmittelchemiker，英文为 Free Association of German Food Chemists"。
② 该封面为《食品造假者歌曲集》。随着化学的广泛应用，在食物中滥用化学添加剂的行为逐渐增多，此匿名出版的册子通过歌词来描述此时德国食品工业发展现状。

表4：施普林格出版社的系列环保主题图书

1. F. H. 沃尔西纳：《人类的食物造假和食品污染》，1875

2. 弗里茨·埃尔斯纳《食品造假：食物等消费品调查与再评估——"防止食品造假协会"实验报告》，1878

3. 埃米尔·雅various布森：《造假者之歌：相关流行短语以及相关意义注释》，由"防止食品造假协会"出版，1878

4. 威廉·措普夫：《多孢子铁细菌检测历年报告看柏林水污染的原因》，1879

5. 约瑟夫·柯尼斯：《餐饮中的化学：食品加工成分、掺假和识别判断》（第二卷），1880

6. 赫尔曼·舒尔克：《健康常识：关于光、热、空气、水、土地等对于健康的影响》，1880

7. 弗里德里希·威廉·图桑：《土地与水资源的经济开发利用——关于森林保护的益处和通过促进水资源促进粮食生产均衡的国家经济研究》，1880

8. 詹姆斯·贝尔：《食品掺假分析报告》，1882/1885

9. 约瑟夫·柯尼斯：《关于净化污水和污染水的原则与限度》，1885

10. 霍夫迈尔：《弗雷德里希罗达的自然破坏情况报告急报——来自一位温泉老顾客的呼吁》，1887

11. 罗伯特·科赫：《柏林大学卫生研究所对于柏林自来水调查报告：1885年6月至1886年4月》，1887

12. 约瑟夫·柯尼斯：《水污染——有毒物的严重影响以及污水净化的意义》，1887

13. 欧根·泽尔：《关于白兰地酒杂质的外观、质量检测和去除它们的方法》，1888

14. 费迪南德·菲舍尔：《废水分析：水的使用、净化和评估》，1891

15. 卡尔·梅茨：《水的显微分析：针对饮用水污染的指南》，1898

16. 欧根·罗斯特《硼酸作为防腐剂的危害以及为何在肉类中禁用硼酸的研究报告》，1903

17. 威廉·欧姆勒、海泽、弗里德里希·奥尔巴赫：《德຅城市中心和居民区的供水质量报告》，1906

18. 威廉·奥尔穆勒、卡尔·弗兰克尔、格奥尔格·加夫基：《帝国公共健康委员会报告——关于舒特河、奥克河与阿勒尔河的钾氯酸盐厂的废水排放的危害影响》，1907

19. 卡尔·海因里希·布赫卡、弗里德里希·格奥尔格·伦克：《帝国公共健康委员会报告——奥拉河与奥特绍河的废水排放问题》，1908

20. 威廉·奥尔穆勒：《对水和废水的分析评价：水实验室的实践与使用指南》，1910

21. 约瑟夫·柯尼斯：《污水处理新实践：1910年9月15日埃伯菲尔德组举办的"德国公共健康协会"会议论文集》，1911

22. 海因里希·贝克哈尔斯、阿尔贝特·奥尔特、奥斯卡·施皮塔：《帝国公共健康委员会报告——氯化钾厂导致的维珀河与温特特鲁特河的水质盐化问题》，1911

23. 克鲁特·哈特维希：《对奥特区和斯特尔区的水质调查报告》，1911

药理学图书

　　早在19世纪60年代，施普林格就意识到了药理学领域图书出版的重要性，并通过在药理学领域的相关杂志做广告宣传进入该领域。借助该杂志编辑赫尔曼·哈格尔的社会关系，施普林格出版社接手了创办于 1861 年的德国药剂师协会（Pharmaceutische Zeitung）官方刊物《药学核心期刊》和 1885 年的《药学报》杂志，从而奠定了施普林格出版社在药理学领域的专业出版地位。《药学报》是在德国西里西亚（Silesia）的布雷斯劳出版，可以说是德国药剂师的耳目，备受全行业的尊敬，特别是反映就业情况的"市场空缺专栏"十分受欢迎。

1856 年至 1878 年，德国的药剂师只能通过布兹劳的邮局获得订阅服务。1879 年，施普林格出版社通过支付佣金获得该杂志的发行权。1880 年前后，协会与该期刊编辑赫尔曼·伯特格尔（Hermann Böttger）①产生了冲突，双方准备终止合作。不久，施普林格兄弟闻讯后，就拜访了期刊的拥有者，劝说其把编辑、生产和发行等相关机构全部搬到柏林来，并让其分享 25% 的所有权。双方谈妥后，施普林格出版社接手，该杂志迅速发展起来，到 1906 年其发行量达到了7950 份。

施普林格出版社还邀请赫尔曼·伯特格尔继续担任编辑，虽然他的性格很难打交道，他的助理走马灯式地更换，但他是一个水准相当高的药剂师。直到 1900 年，恩斯特·乌尔班（Ernst Urban）接任编辑，马尔班则一直担任编辑至 1933 年。此后该刊物与协会重新建立起了合作关系。

施普林格出版社出版了赫尔曼·哈格尔最初为两卷本的《药理学实践通报》，最终出版了 22 卷本，首版于 1880 年，1882 年、1883 年重印。而该书的附录就有 1300 多页，并分 12 个部分陆续出版，最终于 1883 年全部出版完毕。一部大型科技著作，由于经济以及印刷技术的原因，在当时都是分期出版的。在 1904 年之前，德国的印刷都是手工排版。尤其是一些具有特殊字符的科学著作往往有很多章节，印刷公司通常只是以 12 个印张、192 页为基本单元，分期分批印刷已经被客户订阅的章节。对于出版商而言，他们可以根据订单进行融资，分期分批投入，而对于书店和读者而言，他们也喜欢分期付款购

---

① 他至少写了 13 本书。

买这类出版物，因为出版期间往往会降价促销。施普林格出版社的大部分科技出版物都是这样分期分批出版发行的。

　　由于海外市场对赫尔曼·哈格尔所写的两卷本《药理学实践通报》的兴趣强烈，所以费迪南德写信说服了圣彼得堡的出版商卡尔·里克（Carl Ricker），用自己的书店名义给每一位已知的俄国境内的药剂师都邮寄广告和样章。维也纳的威廉·弗里克·考特（Wilhelm Frick Court）书店与施普林格出版社签署了独家推广协议，相关宣传资料只由这一家对外发放。威廉·弗里克·考特书店向当地的药剂师和相关机构发送了 2000 多本样章，获得了很好的宣传效果。从首版开始至1893 年，共发行了 9 版。直到 1897 年哈格尔去世后，仍旧先后有 8 位编辑负责修订。

图96：卡尔·里克书店寄出了1800份哈格尔的《药理学实践通报》广告①

　　施普林格出版社出版的五卷本的《药学院杂志》，于 1893 出版了第一版，1894 年修订再版，1905 年出版了第三版，至今仍在修订再版的过程中。该书由五位药学领域的著名专家撰写，他们的名字至今仍在医药学领域广为人知。如作者赫尔曼·哈格尔还曾经出版过

---

① 哈格尔的《药理学实践通报》，由彼得堡的卡尔·里克书店向俄国所有药剂师以及相关机构推广，施普林格出版社承担一半的运费（48 金马克）。

13 本相关专业图书，编辑迪特里希·胡泽曼（Dieterich Husemann）是《药理学参考书》的作者，赫尔曼·舍伦茨（Hermann Schelenz）和恩斯特·乌尔班是药物历史学家。

图97：施普林格1893年出版的《药学院杂志》第一卷插图

1874 年的药物法颁布后，在法律层面上相关药物临床应用规定更严格了，药剂师不能自行销售处方药，只能销售经过注册的专利药。药剂师这个职业的社会变化很大。药物"Drogist"的德语单词，吸收了法语的意义，具有"配药师""药物学家"等多种含义。在法律限制下，药剂师不能制作加工处方药物，只能够经营少数专利药物，并专注于草药、去污剂、香水等日常生活产品。

1888 年，施普林格出版社出版了古斯塔夫·阿道夫·布赫斯特（Gustav Adolf Buchheister）所著的《药剂师应用参考书》[1]，被德国药剂师协会[2]推荐后，迅速成为药剂师行业标准。第二版在首版的 3 年内出版，第三版又花了两年的时间，并迅速扩充成了两卷。从此之后，每隔三年就会出一个修订版。最终的修订版，由格奥尔格·奥特斯巴赫（Georg Ottersbach）担任编辑，在二战后出版。

值得一提的是，因为此时有许多德国药剂师[3]生活在美国，自然地，协会和期刊也在当地发展起来。比如 1851 年成立的纽约药剂师俱乐部（New Yorker Pharmaceuticscher Leseverein），1864 年的纽约药剂师协会（New Yorker Apotheker-Verein）等行业组织一直存在到第二次世界大战之后。1883 年，本着"把科学与商业性融为一体，创办美国药理学的专业期刊"宗旨，由弗里德里希·霍夫曼（Friedrich Hoffmann）担任编辑的《药学评论》创刊。由于弗里德里希·霍夫曼

---

① 德文为 *Handbuch der Drogisten-Praxis*，英文为 *Practical Reference Book for Druggists*。英文"druggist"和"pharmacist"都是药剂师的意思，只不过前者为美式英语，后者为英式英语。——译者注
② 德文为"Deutsche Drogistenverband"。
③ 当时的德国大部分处方药是由药剂师制作完成的。如果需求量很大，处方药会在加工生产后被储存。

住在纽约，所以期刊就在当地印刷出版。该刊创办后，施普林格出版社就获得了其在欧洲的发行销售权。1895 年，弗里德里希·霍夫曼把期刊卖给了美国人埃达德·克雷默斯（Edard Kremers），期刊也被更名为 *Pharmaceutical Review*，成了英语期刊，施普林格出版社则继续担任其发行销售机构，一直持续到 1901 年。该期刊后被誉为 "19 世纪少数的高标准药理学期刊"。

图98：在纽约出版的英文版《药学评论》杂志，
由施普林格出版社负责其在欧洲的销售发行

医学出版

1857 年至 1859 年，施普林格出版社创立了药学期刊，但因为业务量很少，所以该刊存在时间很短，因此，19 世纪 80 年代之前，药学出版业务在施普林格出版社并不占重要地位。《帝国公共健康周刊》此前一直是由柏林的格罗塞尔出版社（Grosser Verlag）出版发行，1884 年因为其编辑海因里希·施特鲁克（Heinrich Struck）离任，施普林格出版社就成功竞标并接手该刊。该刊新任编辑卡尔·科勒（Carl Köhler，1847—1912）[1]跟施普林格兄弟很熟，正好帝国内政部（Reichsamt des Innern）[2]负责该项业务。该刊版面自 1885 年起由原来的 "25 厘米 × 40 厘米" 改为 "18.5 厘米 × 26 厘米"（标准 16 开

---

① 卡尔·科勒 1895 年至 1905 年担任德国 1890 年度的德国卫生部办公室主任，他主持了各种流行病、天花疫苗接种、抗击霍乱和肺结核等医学统计。在他的号召下，由施普林格出版社出版了《公共健康手册》。
② 在俾斯麦的建议下，于 1879 年 12 月 24 日成立。——译者注

尺寸，也是出版物的常用标准）。1886 年起，该
刊还附带出版两期《帝国公共健康办公室文集》。
知名医学专家罗伯特·科赫和格奥尔格·加夫基
（Georg Gaffky）在埃及第一次发现登革热后，该
刊紧随其后做了大幅报道。这两个药学系列虽然
不怎么盈利，但为施普林格出版社在药学出版领
域中打响名声。

图99：德国公共健康部
主任卡尔·科勒

　　1887 年，施普林格出版社创办了第一个医学
期刊《治疗月刊》，顾问则是由为老施普林格看
病多年的医生海因里希·柯尔施曼（Heinrich Curschmann）担任。他
多年来一直为老施普林格制定治疗保健计划。1879 年担任汉堡市立医
院的主治医生，在他的指导下，汉堡市的埃彭多夫区（Eppendorf）建
了埃彭多夫医院（General Hospital in Eppendorf）。1888 年，他被任
命为莱比锡医学诊所的主任，并成为特殊病理学（special pathology）
与治疗学（therapeutics）的教授。通过他的关系，费迪南德·施普
林格邀请奥斯卡·李博瑞希（Oscar Liebreich）担任《治疗月刊》编
审，亚历山大·兰高（Alexander Langgaard）和西格弗里德·拉博夫
（Siegfried Rabow）为责任编辑。

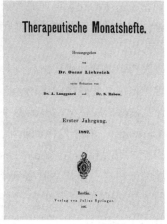

图100：施普林格出版的《帝国公共健康周刊》（左）；《治疗月刊》（右）

　　德国专业期刊编辑一般有两个层次，一个是在专业领域具有一定权威和地位的专业人士担任编审，负责该专业领域的知识把关以及内容审定，一个则是在编审的指导之下负责版面设计、校对和日常的运营工作，通常被称为责任编辑。

　　施普林格聘请的医学期刊编审奥斯卡·李博瑞希就是一位医学界权威人士，除担任编审之外，还兼任柏林大学药理学研究所的主任。很快《治疗月刊》就在业内迅速地建立起了声望。第一年的供稿人就有恩斯特·冯·贝格曼（Ernst von Bergmann）、奥托·宾斯万格（Otto Binswanger）、保罗·埃尔利希（Paul Ehrlich）、约翰·内波穆克·冯·努斯鲍姆（Johann Nepomuk von Nussbaum）和雨果·冯·齐姆森（Hugo von Ziemssen）等德国知名医学专家。

　　一年后，该刊就有了 4138 个订阅者，印刷量也维持在 1000 份至 2000 份左右。1892 年，订阅数量达到了 7000 份，之后稍有所下滑，维持在 5000 份左右，同时广告的数量也下跌了。1921 年，《治疗月刊》和《柏林临床周刊》合并，更名为《临床周刊》。

　　《临床周刊》的创办显然十分符合时代的需要。大量新的药品纷纷面世，而一些制药厂则到处宣扬"新药的神奇疗效"，很多医生难以从眼花缭乱的广告宣传中获得有价值的判断。施普林格出版社的医药学期刊《临床周刊》迅速成为公认的权威。可见即便在当时，医生也很难付出大量时间和精力从堆积如山的医学报刊中一一筛选对自己有用的药物信息。

　　该医药学期刊的成功出版，对于施普林格出版社进入该领域起到了关键性作用。此时德国市场上已经出现了相关药学的出版机构。例如赫什瓦尔德出版社早就出版了"柏林学派"系列。1837 年创办于埃胡根（Erlangen，位于巴伐利亚州，距纽伦堡有 15 分钟火车车程）的费迪南德·恩克出版社（Ferdinand Enke Verlag）有一半书是关于药学领域的，1874 年该出版社搬到了斯图尔特。乔治·赖默尔出版社[①]创办的《德国医学杂志》的宗旨是"紧扣时代，以专家的观点来提供

[①] 赖默尔出版社的历史发展，参见《德古意特出版社史：传统与创新》第 1—47 页，浙江大学出版社，2022 年 5 月版。——译者注

新的理解"，受到市场广泛关注。出版社的掌门人乔治·恩斯特·赖默尔于 1885 年去世后，该期刊就由新成立的格奥尔格·蒂梅（Georg Thieme）出版社接手。弗里德里希·克里斯蒂安·威廉·福格尔（Friedrich Christian Wilhelm Vogel）在莱比锡创办的出版社在 1862 年更换了掌门人后，药学的出版种类也开始大幅增加。

　　费迪南德坚信医药学领域的出版是一个成功率很高、非常有潜力的巨大市场。医学专业毕业的学生从 1875 年的 3195 人，在短短不到十年时间增加了一倍，达到了 7781 人，医生人数的增长速度甚至超过了人口的增长速度。例如 1887 年的医生有 15824 人，到了 1896 年则达到了 23910 人。

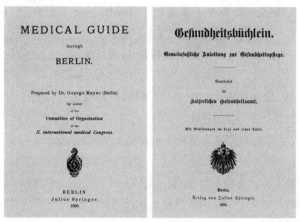

图101：施普林格出版社为第十届国际医学大会出版的《柏林医疗指南》（英文、法文、德文）（左）；1894年出版的畅销半个多世纪的《公共健康通报》（右）

　　在施普林格出版社医药学领域的早期出版书目中，德国公共卫生健康部的出版物占据了很大一部分。施普林格出版社出版的德国公共卫生部编辑的《公共健康通报》[①]最初为 260 页，至 1906 年共出版了 12 卷，一直出版到 20 世纪 30 年代，每卷印刷发行大约 1 万册。1904 年该社出版了《卫生学流行通报》，但仅有英文版，没有其他语种。

---

① 该书原文为 *Public Health Booklet*，其中"Booklet"具有"手册""口袋书"的意思。而该书实际上从 1894 年至 1906 年连续出版了 13 年，是一个定期出版物，故译为"通报"。——译者注

1889 年至 1892 年，费迪南德努力工作，成功地构建了医学专业出版项目，包括面向医学专业学生、医生的医学教材等的出版物。

其间，费迪南德听从了顾问海因里希·柯尔施曼的建议，给当时德国 20 名杰出的医生写信，邀请他们撰写相关专业图书。例如，他建议阿尔贝特·路德维希·西格斯蒙德·奈塞尔（Albert Ludwig Sigesmund Neisser）[2]写一本关于皮肤病的书，但奈塞尔回信说皮肤病一类的教材已经足够多了，再出版就是多余了。费迪南德希望莱比锡的鲁道夫·克雷尔（Ludolf Krehl）写一本关于心脏疾病的书，但他回

图102：海因里希·柯尔施曼[2]画像

信说他与莱比锡本地的出版商福格尔（F. C. W. Vogel）一直有着较为满意的出版合作。费迪南德希望马尔尚（Marchand）写一本病理解剖的教材，但是马尔尚明确拒绝了。费迪南德希望扎特勒（Sattler）来写一本眼科的书，但是扎特勒回信说，自己刚刚与一家出版社签订了出版协议。费迪南德建议奥托·霍布纳（Otto Heubner）写儿科的书，但是奥托·霍布纳一直没有回音，直到 1908 年费迪南德的儿子主持施普林格出版社工作后才合作，他担任了《内科和儿科医学研究成果》的编辑，1927 年由施普林格出版社出版了奥托·霍布纳的回忆录《生平记事》。

尽管费迪南德与 20 名德国杰出医生的联络没有获得预期的结果，但也有一些收获。1891 年，施普林格出版了马克斯·伦格（Max Runge）撰写的《产科学教材》，截止到 1909 年出版了 8 版。而伦格的其他书全部由施普林格出版社出版，如 1902 年的《妇科医学教材》，1904 年的《助产士教材》，等等。1892 年，施普林格出版社出

① 海因里希·柯尔施曼（1846—1910），汉堡埃彭多夫医院（后来更名为医科大学）的创始人，他与费迪南德妻子是表兄妹关系，并一直担任施普林格出版社医学出版项目的顾问。该图像为因画俾斯麦肖像而闻名的画家 C. W. 阿勒思（C. W. Allers）所绘制。
② 阿尔贝特·路德维希·西格斯蒙德·奈塞尔是世界上第一个发现了淋病（Gonorrhea）的德国医生，相关介绍参见网站链接：https://www.sciencedirect.com/science/article/abs/pii/S1045187005000762。——译者注

版了费利克斯·韦泽纳（Felix Wesener）的《临床医学诊断》，1894
年出版了莫里茨·施密特（Moritz Schmidt）的《呼吸道疾病》（1909
年出版了第 4 版）。

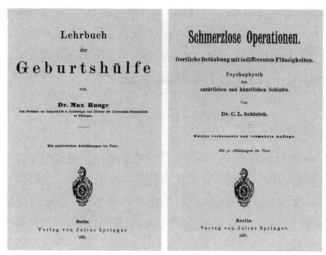

图103：马克斯·伦格的《产科学教材》（左）；
卡尔·路德维希·施莱希的《无痛手术》（右）[①]

　　1904 年，卡尔·路德维希·施莱希（Carl Ludwig Schleich）所著
的《无痛手术》也取得了部分成功，1909 年出版了第五版。施莱希曾
经担任《治疗月刊》的编辑，施普林格出版社出版他的专著的同时，
也出版了他的回忆录。他在《美好的过去》中写道："去施普林格出
版社拜访后的第二天，我的书就已经开始印刷了。"虽然这描述貌似
有些夸张，毕竟图书出版一般是需要几周来准备排版和印刷的，但施
普林格出版社确实有着高效出版印刷发行的特点。

　　为什么老施普林格没有成功地进入医学出版领域？这是因为柏林
当时毕竟还不具备相关的医学出版资源，而一些医学出版社均设在了
柏林之外。如 1866 年成立于维也纳的乌尔班和施瓦茨贝格（Urban
& Schwarzeberg）出版社；1878 年在威斯巴登成立的约瑟夫·弗里德

---

① 马克斯·伦格撰写的《产科学教材》，1891 年出版后，1909 年出版了第 8 版，一直到 1935 年
　还在出版。卡尔·路德维希·施莱希撰写的《无痛手术》，不断修订再版，一共出版了 5 个版本。

里希·贝格曼出版社（Joseph Friedrich Verlag）；耶拿的古斯塔夫·菲歇尔（Gustav Fischer）出版社。1890年，卡尔格出版社股份公司（S. Karger AG）也成立[1]了。而慕尼黑的出版商尤利乌斯·弗里德里希·莱曼（Julius Friedrich Lehmann）也靠出版《慕尼黑医学周报》抢占了一席之地。今天已经无法得知施普林格当时的选择，但是毕竟15年后，施普林格的儿子们已经带领出版社在医学专业出版领域打下了牢固的基础，并逐渐走向了德国医学出版的领头羊地位。

数学与物理学出版

从19世纪中期起，一个明显的标志就是越来越多的工程学院都为学生开设了数学课程。在莱比锡的托伊布纳出版社出版了一些数学图书，比较具有优势。而此时的施普林格出版社除了提供给工程学院的教材之外，只有18种数学专著，这些数学图书的作者包括尼尔斯·亨里克·阿贝尔（Niels Henrik Abel）、奥古斯汀·路易·柯西（Augustin Louis Cauchy）、莱昂哈德·奥伊勒（Leonhard Euler）、让·巴蒂斯特·约瑟夫·傅立叶（Jean Baptiste Joseph Fourier）、约瑟夫·路易斯·拉格兰格（Joseph Louis Lagrange）和亨利·普安卡雷（Henri Poincaré）等，大多数都是海外引进的德语翻译版本。

书单中有两位德国杰出数学家的名字，他们是"柏林学派"的数学家卡尔·魏尔斯特拉斯夫（Karl Weierstraß）和现代数学函数的创始人黎曼（Bernhard Riemann），他们的继任者赫尔曼·阿曼杜斯·施瓦茨（Hermann Amandus Schwarz，1843—1921）在大学任教期间[2]，把两卷本《数学著作选集》交给了施普林格出版社出版。他在1886年6月2日从哥廷根写来的信中表示，要求施普林格出版社对于数学公式的印刷要保证高精度，并明确指定印刷任务须交给本地的克斯特纳（W. Fr. Kästner）[3]大学印刷厂，因为这个印刷厂有专门印刷数学公式

---

[1] 该出版社在柏林由萨缪·卡尔格（Samue Karger）创建。出版了包括弗洛伊德所著的心理分析作品。二战前由于德国纳粹的压力而搬到了瑞士，之后专注于国际出版，至今尚存。——译者注

[2] 1875—1892年在哥廷根大学数学担任教授，继承了卡尔·魏尔斯特拉斯夫的数学研究。

[3] 全名为：Dieterichsche Universitäts Buchdruckerei W. Fr. Kaestner。——译者注

的设备。当施瓦茨对印刷效果不满意时，有时还会自己排版，以保证出版时达到满意的字距（kerning）。

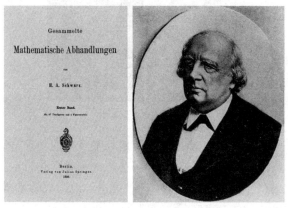

图104：数学家赫尔曼·阿曼杜斯·施瓦茨

物理学图书出版与数学一样，施普林格出版社作为一个后起之秀面临与其他出版机构之间的竞争。例如德国杰出的物理学家亥姆霍兹（Helmholtz）或赫兹（Hertz）都已经建立了自己的出版关系。施普林格出版社试图引进外国著名物理学著作的版权，通过出版译著确立自己的声望。例如 1889 年至 1891 年，出版社出版了"电磁学之父"米夏埃尔·法拉第（Michael Faraday）的三卷本《电力实验研究》，这也是此时弗里茨非常感兴趣的。1893 年，出版社出版了詹姆斯·克拉克·麦克斯韦（James Clerk Maxwell）[1]的《电力与磁学》，以及威廉·汤姆森·凯文（William Thomson Kevin）的《电力与磁学论文集》等。每本的翻译版权需要付 500—1000 马克，印刷量为每种600—800 本，定价的 10% 需要给译者，因此，翻译费跟版权费一样也很高。至于校对译本的事宜，出版社有时会询问在夏洛滕堡的"高级科技学院"任教的专家，甚至包括费迪南德的女婿里夏德·瓦施姆斯（Richard Wachsmuth），因为他正好也是物理学家。

---

① 英国物理学家，因发现了电磁学理论的公式而闻名。书名为 *Electricity and Magnetism*。

图105：汉斯·兰多尔特（左）；里夏德·博恩斯坦（右）[①]

　　1892 年至 1984 年，施普林格出版社最重要的物理学著作是六卷本《韦伯作品选集》。该书的作者为威廉·韦伯（Wilhelm Eduard Weber），是当年的"哥廷根七君子"之一。他跟数学家高斯（Carl friedrich Gauß，1777—1855）一起发明了如今还在继续使用的电磁量单位（Weber）体系。而在销量最多的则是 1883 年出版的《物理化学前沿》。该书作者为汉斯·兰多尔特和里夏德·博恩施泰因，到 1905 年，这本书的第三版面世时，共有 47 个专家投过稿。等最后一版面世（此时修订版变成了英文版）后，出版规模已经达到了 150 卷。

　　费迪南德扩大物理学领域的出版意向非常明显的体现是物理学期刊的创办。1881 年，费迪南德创办了《仪器仪表学报》，该期刊是借助 1879 年柏林世博会的机会成立的，一直到 1943 年才停刊。物理学专业期刊没有著名的专业作者和专业编辑是难以发展的。著名的物理学家约翰·安布罗修斯·巴尔特（Johann Ambrosius Barth）在 1887 年 1 月 27 日去世后，由于巴尔特没有子女，费迪南德第二天就买下他的国际物理期刊《物理学年报》来扩充期刊队伍。巴尔特的《物理学年报》与海内外物理学界建立了广泛的人脉，而该刊主编就是著名的亥姆霍兹。同时费迪南德还看中了《化学应用学报》，但没有如愿，该期刊被阿图尔·迈纳（Arthur Meiner）于 1890 年 7 月 1 日收购后，不久又在 1892 年被安布罗修斯·阿贝尔出版社（Ambrosius Abel）收购。

――――――――――

[①] 汉斯·兰多尔特（Hans Landolt，1831—1910）和里夏德博恩斯坦（Richard Börnstein，1852—1913），19 世纪 80 年代他们在柏林农业高等学校任教期间，共同主编了第一期的《物理化学前沿》。

图106：《仪器仪表学报》（左）；《物理化学教学》（右）

1887 年 10 月，费迪南德还创立了双月刊《物理化学教学》，编辑为弗里德里希·波斯克（Friedrich Poske）、恩斯特·马赫（Ernst Mach）和伯恩哈德·施瓦尔贝（Bernhard Schwalbe），这本服务于学科教学的刊物也一直出版至 1943 年。

新时代中的法律、经济出版

深度参与政治活动的老施普林格，在其一生中出版了 300 多种图书，其中政治时事、法理、宪法、经济类均在政治板块中，尽管盈利情况未知，但累计品种占了 30%，尤其是"三月革命"后至普法战争前期，政治类图书的品种数量在不断提升，这取决于时代的变化，当然也与老施普林格的自由主义的政治价值观密切相关。

图书出版是时代的一面镜子。例如德意志帝国成立前的 1869 年，施普林格出版了《货币系统的改革》；1870 年出版了尤利乌斯·布卢姆（Julius Bluhm）所著的《普鲁士领导下的联邦国家——南北德国统一》；1868 年至 1900 年，每年出版一本《当代政治史》系列。1871 年出版了《普法战争史》。德国成立后，在俾斯麦的领导下，德国政治出现了一系列变化。从书目中也可看出特定读者群的关注点：1871 年出版了《关于铸币的货币问题》；1872 年出版了《银行系统改革》；

1873 年出版了《论社会问题》；1874 年出版了《铁路政策的任务》；1874 年，施普林格出版社还出版了海因里希·斯特凡一份有远见的演讲文集《关于世界邮政与空中交通》；1876 年，施普林格出版社又推出了《国家与教堂：文化冲突抑或和平》，还有本匿名作家的《社会民主党的承诺与目的》。

施普林格去世后，他的儿子们对于政治的参与热情无法与之相比，时事政治方面的图书极为罕见。但是他们也偶尔会出版一些政治领域的图书，原因是德国已经步入工业化社会发展的时代，法律和经济的主题越来越重要。

图107：施普林格儿子们出版的三本政治图书《帝国法令威胁民主》（左）；《书店在教育中的社会助手地位》（中）；《雇主的社会责任》（右）

例如施普林格出版社 1883—1884 年出版了鲁道夫·格奈斯特的两卷本《英国现行的行政法》，1882—1906 年罗伯特·康特·格瑞斯（Robert Count Hue de Grais）的《普鲁士与德意志帝国的宪法和行政机关参考书》出版了 17 版。格瑞斯从 1878 年就跟施普林格出版社合作出版图书，从 1889 年起，他担任波茨坦区（Postdam District）的主席。1901—1906 年施普林格出版社还出版了 11 卷本的《德意志帝国中的普鲁士法律制定参考书》。

鉴于跟柏林各类行政机关的良好合作关系，施普林格出版社出版的经济类主题（包含商业、工会法、股份和工会等系列内容）图书内容涉及德国消防局、德国畜牧屠宰场、德国市场管理、德国交通桥梁等。特别是出版社曾经很长时间出版过《帝国铁路时刻表》，因此当时又接手"普鲁士公共系统部"①的《铁路系统档案》的出版任务，其内容包括普鲁士铁路系统、窄轨铁路（narrow guage railroad）、有轨电车（street car）、地下铁路等。出版社还出版了《论柏林的高架铁道与地下铁路》②等学术专著。

1884 年，为了"统一度量衡单位并制定规范"，帝国规范委员会（Imperial Normal Standards Commission）成立了。从 1886 年起，施普林格出版社接手德国（除巴伐利亚外）的帝国规范委员会公报的出版。此外，最初名为《节拍器》③的杂志被施普林格接手后，改名为《帝国规范委员会通讯》，该杂志还被翻译成英文出版。总体上看，在此后 30 年间，这类包含政治、经济、法律主题的图书总量增长到了施普林格出版社总品种数量的近 20%。

图108：《帝国规范委员会通讯》扉页

学校教材

施普林格出版社的教材出版自 19 世纪 60 年代后逐渐发展起来，发展势头很猛，但是竞争激烈，因此出版社必须谨慎计算图书价格。截至 19 世纪 80 年代中期，出版社总共出版了 39 种教材，其中一半是在老施普林格去世后出版的，尤其是在费迪南德掌管时期。但随着新教材出版难度加大，之后施普林格出版社就没有出版新教材，只是重印和修订老教材。

在早些时候，教材推广可以依靠官方推荐，后来不论联邦机构的各部委还是州的高级教师，都不可能出面来推荐教材，"把教材选用权交给教学机构和教师"几乎成为一致的选择。出版社逐一联系教学机

---

① 负责规划国内的铁路、公路、水路和基建工业等，第一次世界大战后变为"帝国运输部"（Reichsverkehrsministerium），存在于 1919—1945 年。——译者注
② "Elevated railway"，指所架设的铁路比街道高，类似如今的高架桥地铁等，德国在 20 世纪初就有了高架桥的轨道，位于世界发展前列。——译者注
③ "Metronome"指一种有规律发出声音而显示节拍的工具，主要是音乐家用来计算演奏中的速度等，如今该类工具都被电子化。

构和每个学校的老师，不仅需要大量的信件，连样书的消耗也增多了，而且出版社也无法知晓教师是否真正对教材感兴趣。以至于在 1910 年，教材出版商协会（Association of Publishers of School books）反对免费送样书，短时间内就获得了 200 多家出版社的积极响应。

施普林格出版社不断重印的教材中，有卡尔·弗兰克（Carl Franke）所著的《进阶希腊语语法课》，由阿尔贝特·冯·班贝格编辑修订的莫里茨·塞费特（Moritz Seyffert）撰写的《希腊语语法》[①] 和鲁道夫·松嫩堡编著的《英语语法问题摘要》，在奥地利等地一直很受欢迎。这些都是老施普林格在世时出版的。19 世纪 80 年代左右，施普林格出版社准备重新启动新教材出版项目：在 1886 年至 1889 年，三卷本的《高等学校教材：法语初阶》出版；1881 年至 1887 年出版了面向高年级的六学期历史教科书；紧接着在 1888 年至 1889 年又推出了面向中低年级的三学期历史教科书。

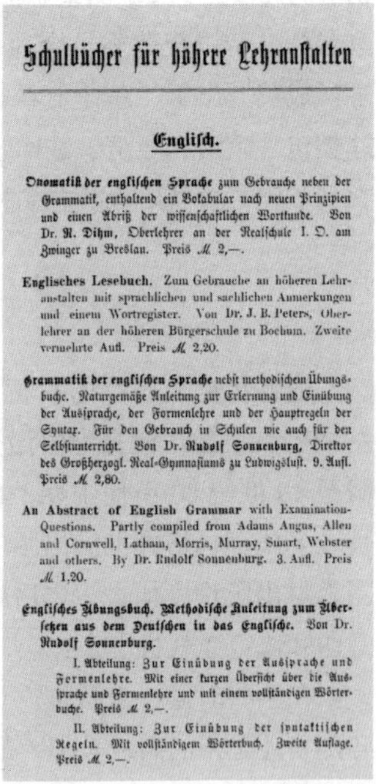

Schulbücher für höhere Lehranstalten

Englisch.

Onomatik der englischen Sprache zum Gebrauche neben der Grammatik, enthaltend ein Vokabular nach neuen Prinzipien und einen Abriß der wissenschaftlichen Wortkunde. Von Dr. R. **Dihm**, Oberlehrer an der Realschule I. O. am Zwinger zu Breslau. Preis ℳ 2,—.

Englisches Lesebuch. Zum Gebrauche an höheren Lehranstalten mit sprachlichen und sachlichen Anmerkungen und einem Wortregister. Von Dr. J. B. Peters, Oberlehrer an der höheren Bürgerschule zu Bochum. Zweite vermehrte Aufl. Preis ℳ 2,20.

Grammatik der englischen Sprache nebst methodischem Übungsbuche. Naturgemäße Anleitung zur Erlernung und Einübung der Aussprache, der Formenlehre und der Hauptregeln der Syntax. Für den Gebrauch in Schulen wie auch für den Selbstunterricht. Von Dr. **Rudolf Sonnenburg**, Direktor des Großherzogl. Real-Gymnasiums zu Ludwigslust. 9. Aufl. Preis ℳ 2,80.

An Abstract of English Grammar with Examination-Questions. Partly compiled from Adams Angus, Allen and Cornwell, Latham, Morris, Murray, Smart, Webster and others. By Dr. Rudolf Sonnenburg. 3. Aufl. Preis ℳ 1,20.

Englisches Übungsbuch. Methodische Anleitung zum Übersetzen aus dem Deutschen in das Englische. Von Dr. **Rudolf Sonnenburg.**

I. Abteilung: Zur Einübung der Aussprache und Formenlehre. Mit einer kurzen Übersicht über die Aussprache und Formenlehre und mit einem vollständigen Wörterbuche. Preis ℳ 2,—.

II. Abteilung: Zur Einübung der syntaktischen Regeln. Mit vollständigem Wörterbuch. Zweite Auflage. Preis ℳ 2,—.

图109：施普林格出版社1883年发布的39种教材书目公告

自然科学方面的 20 多种教材，则是出版社编辑从《物理化学教学》杂志选编而成的，其中以波斯克（Poske）、胡塞尔（Hölfer）和格瑞姆塞尔（Grimsehl）署名编辑的图书居多，虽然到 1937 年还在出版，但没有一种再版。可以说，在 19 世纪末 20 世纪初的世纪之交，施普林格出版社退出了教材出版领域，一方面是为了应对来自其他出版商的强大竞争，另一方面也是施普林格出版社朝着专业出版方向发展的必然选择。

---

① 后由阿尔贝特·冯·班贝格编辑。

林学图书

如前所述，通过出版《普鲁士森林与狩猎年报》，1858 年老施普林格进入林学领域图书出版。他成功地邀请了埃伯茨瓦尔德的林学研究院的教师们担任他的作者，1867 年之后作者队伍又扩大到了在汉诺威新成立的林学研究院的专家学者。《林学与狩猎学学报》和《普鲁士林业和狩猎法规与行政年鉴》的连续出版，为施普林格出版社定期联络全德国林业系统相关人士提供了方便。而进一步加强这种联络的是 1874 年施普林格出版社出版的《德国林学大会报告》。

1877 年，当老施普林格去世后，林学方面的图书出版已经成为施普林格出版社一个重要的领域。但是此后该领域的出版有些停滞不前，1897 年至 1906 年，按照出版品种数量计算，林学加上农学方面的图书品种占整个出版品种的第五名，但是带来的销售额却小很多，因为图书尺寸很小，只有很少部分重印，曾经十分活跃的作者此时已经不再写新的图书。竞争对手的出版社保罗·帕雷（Paul Parey，1842—1900）[1]成功地将林学领域新生代的作者吸收到自己的出版社。

与教材出版的变化一样，出版社负责人的改变会对出版品种产生很大影响。出版商对于某一领域和其中最为活跃的相关作者需要时刻保持密切的联络和关注，一旦因为更换负责人而产生与此前建立联络人的疏离感，竞争对手就可能乘虚而入。时刻保持对竞争对手的警惕，维护自己已经成功开拓的专业出版领域，是出版商一个长久的基本功。

施普林格出版社商标

施普林格出版社的商标出现在 1881 年的图书封面、期刊和一些对外宣传材料上。这个商标设计体现了新一代掌门人的自信：出版社

---

[1] 保罗·帕雷，1848 年成立出版公司，从 1867 年开始一直负责运营，1881 年将该公司以自己的名字命名。此后他一直专注于林业、园艺、渔业、狩猎等领域的出版业务，并成为这些领域的领头羊出版社。他和施普林格出版社的继任者费迪南德是好朋友。

的座右铭"永不松懈"（All Zeit wach）①环绕着创始人的名字缩写"JS"；基底位置是出版社的成立时间 1842 年；图标上方的马头，则代表着老施普林格和两个儿子对国际象棋的由衷热爱！

　　除了经常在柏林的咖啡店②下棋外，老施普林格在家里有两套国际象棋用于社交：一套是他与不莱梅的书商爱德华·穆勒玩过的。大儿子费迪南德在 1867 年春季曾经在爱德华·穆勒的书店里当过助手，而老施普林格跟爱德华·穆勒下国际象棋之时，施普林格出版社刚刚兼并了一个纽伦堡的期刊。另一套棋则是施普林格与书商乔治·温克尔曼（George Winckelmann）在柏林图书订阅中心（Berlin Book Ordering Centre）玩过的。

图110：施普林格出版社1881年的商标

　　施普林格出版社商标的设计者为家族的老相识，建筑设计师威廉·马腾斯（Wilhelm Martens）。他之前还负责过施普林格家族在蒙比茹广场的住宅翻修工作，设计图纸则是借鉴他岳父马丁·格罗皮乌斯（Martin Gropius，1824—1880）的设计改编的，他是柏林著名建筑设计师，曾担任柏林艺术学院的主任，早年师从于卡尔·弗里德里希（Karl Friedirch）学习设计。马丁·格罗皮乌斯的侄子是沃尔特·格罗皮乌斯（Walter

图111：施普林格出版的《国际象棋的历史和文学》扉页

———————————
① 这也是老施普林格的信条。
② 咖啡店是"Cafe Belvedere"。

Gropius），德国“包豪斯”艺术的创始人。

　　施普林格出版社的商标第一次出现是在奥托·施密特（Otto Schmidt）撰写的《砖木建筑新形式》的封面上。老施普林格一定是一个优秀的国际象棋手。他曾经与国际象棋大师古斯塔夫·里夏德·诺伊曼（Gustav Richard Neumann）对弈。他还与阿道夫·安德森（Adolf Anderson）共同编辑过《柏林新国际象棋杂志》，总共出版了16种关于国际象棋的书和两种国际象棋杂志，如《波罗的海国际象棋论文集（1889—1902）》，其中最为著名的是杜弗雷斯内（Dufresne）撰写的《国际象棋理论实践手册》。

图112：施普林格（右）与他的大儿子费迪南德（左）和小儿子弗里茨（中）
在国际象棋桌旁

市场的改变

　　即使在老施普林格担任德国图书贸易协会第一主席期间，图书协会的章程也并不令人满意。当时老施普林格就有改革的想法，他在1867年多次提出规范图书发展，通过引入图书自由贸易抵消影响图书增长的其他外在因素。图书协会对于图书交易没有任何规定，施普林格作为一个自由主义的出版商，是不可能提出规范图书交易的。

但是德国图书市场的情况发展到了一个转折点。1865 年至 1885 年，不仅零售书店的数量从 1963 家增加到了 3884 家（见表 5），连出版社的数量也增加了一倍。自然地，德语出版物的种类也从一万种增加到了一万五千种。虽然人口的增加也带来了更多市场，但这也意味着竞争更趋激烈。此前只限于本地销售，或书店需要现金回流时才有的折扣，在如今则见怪不怪了。新成立的出版社常常为争夺市场，史无前例地推出 20%—25% 的折扣。

表5：德国出版市场发展一览（1865—1905）[①]

年份	出版社数量	书店数量	图书种类	人口数量/百万
1865	668	1963	9661	37.6
1870	866	2254	10108	40.0
1875	803	2670	10561	42.7
1885	1340	3884	？	46.9
1890	1665	4526	15714	49.2
1895	1428	4984	19574	52.3
1900	2192	5405	19727	56.0
1905	2022	6480	23171	60.3
增量	230%	203%	140%	60%

从 1874 年起，新邮政包裹税施行后，5 公斤的包裹只花费 50 芬尼，图书的低价折扣现象大举出现。当时，出版社甚至可在免邮的情况下给昂贵的图书打折出售。这使莱比锡的书店很受益，他们与当地所有的出版社都建立了联系，且还得到了免邮的优惠。

施普林格作为一个专业的出版社，是不可能完全没有受到价格打折的影响的。出版社对于个人购买给予 25% 的折扣，对于批量购买给予 30%—33% 的折扣，在特殊情况下还推出了"数量条款"，即"买七送一本"的促销手段。这种激励措施几乎没有给书店任何优惠，主要是出版社很难获悉科学类书的潜在读者地址信息。只有在书商邮购书的时候，才可能出现更多的优惠折扣。例如在出版社的邮购广告中，哈格尔的《药理学实用通报》的折扣优惠为：平装本为 38 马克

---

① 表 5 中的数据显示，1865—1885 年间，图书种类和数量都涨了 25%，同时出版社与书店的数量也增加了一倍，供需矛盾凸显。

（书单上的原价为 44 马克），半皮面精装本则为 40 马克（原价为 50 马克）。这种单一案例难以证明施普林格出版社参与了德国图书市场的打折降价行为。施普林格兄弟两人虽然没有在德国图书贸易协会担任任何职务，但却是柏林书商理事会的成员，两人了解柏林图书市场的特殊情况，并积极参与相关事务。然而，认为图书定价太高的呼声依旧存在，反对图书降价的主张也势头不减。这说明了柏林图书市场存在问题。

图113：施普林格出版的《药理学实践通报》的邮购广告[①]

施普林格的"高光时刻"

德国图书贸易协会的改革运动始于阿道夫·恩斯林（Adolf Enslin，1826—1882）担任主席时。后来老施普林格接替阿道夫·恩斯林担任了主席。相关的改革讨论持续了十多年。改革的中心思想是，要求所有德国书商协会成员遵守图书定价，不允许其以较低价格向零售书商供应书籍，同样出版商也不得以低于定价的价格直接面向公众出售。直到 1887 年 6 月 30 日至 7 月 2 日德国书商协会会议召开，改革才真正开始。在新的协会主席阿道夫·克罗纳（Adolf Kröner，1836—1911）领导下，史称"克罗纳改革"的序幕拉开了。他召集了六人构成的委员再次讨论图书定价问题，成员包括阿尔贝特·布罗克豪斯（Albert Brockhaus）、亚历山大·弗兰克（Alexander

---

[①] 通过邮购广告的内容可知，邮寄订购图书可以免费获得哈格尔的两卷本《药理学实践通报》。

Francke）、威廉·克布纳（Wilhelm Koebner）、特奥多尔·兰帕特（Theodor Lampart）、奥托·穆尔布莱希特（Otto Mühlbrecht）、尤斯图斯·诺伊曼（Justus Neumann）、费迪南德·施普林格、埃米尔·施特劳斯（Emil Strauss）和弗朗茨·瓦格纳（Franz Wagner）等人。

　　会议开始时，有人批判费迪南德对于协会规章改革所持有的否定态度，"施普林格先生反对协会会员在没有征求会员允许的情况下，就擅自允许下降图书定价"。面临着今非昔比的市场，费迪南德也同意会上的改革方案，只不过要修改几点：第一，出版社有独家给零售书店供货的权利；第二，协会会员对于协会规章的投票权不得转让；第三，出版社只有在给政府和机构单位供货的情况下，才能给予折扣价。而对于最后一点，费迪南德以自己所出版的《帝国铁路时刻表》举例，"普鲁士每个铁路单位都是以相同的价格订阅的"。但其实有时候，这些书是以三分之一的定价销售的，这一点他并没有在会上提出来。后来，委员会还加了一条：允许出版社直接或间接地通过零售书店，给政府机构和社会团体等单位提供图书的批发价。这些辩论说明当时德国出版社主要的图书销售渠道仍旧是以零售书店为主。

图114：继任老施普林格的书商协会新主席阿道夫·恩斯林（左）；
"德国图书贸易中的俾斯麦"阿道夫·克罗纳（右）

价格之战中的费迪南德

　　抱怨书价过高不是什么新鲜事。早在18世纪，德国著名的思想家戈特弗里德·威廉·莱布尼茨（Gottfried Wilhelm Leibniz）就在

《备忘录》中认为，书商"只顾自己利益，对促进社会进步的期望不管不顾"。关于书价暴涨的争论源于 1903 年，莱比锡的经济学家卡尔·布赫尔（Karl Bücher，1847—1930）[1]代表"德国学术保护协会"（Akademische Schutzverein）发表了一份名为《德国图书贸易与人文科学发展》备忘录，因为多方关切，该备忘录出版后，立刻重印两次。卡尔·布赫尔认为，德国图书贸易协会的新改革实际如同"黑帮团伙"垄断价格，零售书店和图书销售中介推高图书价格。

关于书价的争论引起社会各个方面的参与，其白热化程度此前从未有过，连帝国内政部都不得不插手此事。内政部邀请各方坐下来彼此协商谈判，谈判会议在 1904 年 4 月 11 至 13 日举行。德国图书贸易协会与出版社、零售书店构成一方代表，另一方则由学者、图书馆员和政府官员构成。费迪南德则作为"自由贸易者"（不直接跟零售书商打交道，而直接把书卖给读者）[2]的代表参加会议。

图115：德国图书贸易协会1887年备受争议的章程（左）；卡尔·布赫尔1903年发表的《德国图书贸易与人文科学发展》备忘录（右）

---

[1] 德国知名学者，1847 年出生在黑森州，1930 年 11 月 12 日在莱比锡逝世，是德国乃至欧洲著名的国民经济学家，也是欧洲新闻学的创始人之一，号称"19 世纪的亚里士多德"。——译者注

[2] "direct selling"（直接销售），即指上门销售的形式，该做法在美国和英国常见，但在其他地方罕见。其背后的动机为：很多人没有去书店的习惯，所以销售人员就去工作场所或上门推销。——译者注

在多方辩论中，作为出版商的费迪南德坚持自己的底线：坚决不会降价！费迪南德的观点是一贯的、清晰的，也是让人赞赏的，但同时令与会者大吃一惊。这表明，此时的施普林格出版社已经成为一个深思熟虑的德国出版商利益的捍卫者。本书将在这里介绍一下他的基本观点，因为这些观点清晰地反映了施普林格出版社的创办思想。费迪南德说：

> 众所周知，我是专门的科学出版商，并有幸出版了专业领域内最为优秀的图书和期刊，在某些领域还处于市场的领导地位。尽管我选择在我出版的期刊、杂志上做广告宣传我的专业图书，肯定或多或少地会让收到这些期刊、杂志的订阅用户或者读者直接给我一些订单，但专业书籍的销量依旧是无法保证的。在全行业都在赠送样书的情况下，假如他们需要免费的样书，这些书又十分昂贵，我对于他们在我的期刊上刊登'招聘或者求职'广告则直接收费，而与之同时，如果我因为不想增加成本而拒绝免费提供样书，那么没有一位工程师或者药剂师能够理解我。

他也提到，虽然直接销售业务这种方式是他不情愿的，但后来他也逐步适应了，并尽可能通过直销方式实现更多的利润，"我的一个基本原则是永远不要用低价出售的方式与零售书商发生竞争，即施普林格的图书永远不打折！"施普林格没有提及他开展直销业务的秘诀：施普林格60%的图书、期刊是通过图书贸易发行出去的，而只有40%是通过邮政局或者读者直接订阅实现的。

当被问到施普林格出版社已有的优势，是否可能通过降价来提高销量时，费迪南德则回答："我可以明确告诉你，降价是不可能的。除非出版社能够不通过广告，自己就能找到足够的潜在读者（这样才有降价的可能性）。"图书直销业务的成功率，只有十分之一。除了额外的工作外，它还将大大增加成本、人员数量和一些额外的办公家具或办公设备，"对我来说这种广告的成本相对较低（因为拥有相关专业期刊、杂志），而对于其他出版商而言，需要支付全部广告成本，它是不会盈利的"。

德国图书贸易协会抱怨中小书店的数量增长得太快、太多，费迪南德承认这一点，同时他认为："规范和管理这些中小书商，就像用高额的生产成本出版低廉的图书一样困难。这是德国社会发展到当下的一个基本现实情况。"这种情况的出现是出版商与巨大的读者需求之间的不平等地位所造成的。科学类和专业技术类图书的出版商与大众畅销书的出版商三者之间是不相同的。施普林格出版社在向德国600—800家机构供应专业类图书，而大众畅销书出版社对于他们的文学图书具有完全不同的需求，他们的图书销量是越多越好。他们不仅需要通过真实的零售书店和小型贸易企业，还需要无数的"图书供应商"来销售图书。若离开这么多的零售商支持，许多出版社是无法存活的，因此支持一些零售商保存他们的生存活力是正确的，但也不能否认其他出版机构的存在。

自然，区分销售很多图书的零售商和为特定出版商销售大量图书的零售商或者偶尔销售图书的零售商之间的差别是很难的，但是这是必须进行区分的。一些积极为出版社推广图书的零售商，应该获得优惠的供应折扣，而对仅仅偶尔"获得图书"的零售商最多给予与顾客一样的折扣。这样零售商就被分成了"特供对象"和"其他对象"。例如定价为3马克的书，一般折扣价为2.25马克，不能给零售商以过多的折扣。费迪南德认为，"出版社这样做无可厚非，出版商会关注自己的支出。我们也喜欢赚钱，毕竟没必要的折扣会影响出版社的盈利"。

费迪南德公开承认，他自己不会给偶尔才进货的零售书店折扣，而是通过第三方直接给其现金的方式。费迪南德说："正如我所说的，我用这种方式，成功地减少了零售商的数量，并能适当调控那些经销我所出版的新书品种数量。因为专业出版社的特殊性质，当下在一些大城镇中，只有极少数几个零售商积极推销我的书，因此他们也是优秀的商人。"

施普林格出版社对于"委托销售商"也采取十分谨慎的态度，对于销售数量达不到供货数量四分之一的零售商，收回其委托销售权限，即他们不能再享受大量发送委托销售商成员才能享受的图书品种和价格。

对于有的科学图书作者大声抱怨书价太高的时候，施普林格出版社则提出建议作者与他们的出版商一起协商确定书价。

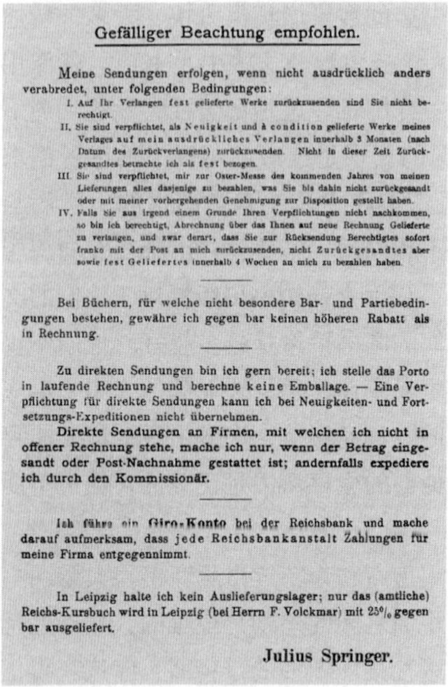

Gefälliger Beachtung empfohlen.

Meine Sendungen erfolgen, wenn nicht ausdrücklich anders verabredet, unter folgenden Bedingungen:

I. Auf Ihr Verlangen fest gelieferte Werke zurückzusenden sind Sie nicht berechtigt.

II. Sie sind verpflichtet, als Neuigkeit und à condition gelieferte Werke meines Verlages auf mein ausdrückliches Verlangen innerhalb 3 Monaten (nach Datum des Zurückverlangens) zurückzusenden. Nicht in dieser Zeit Zurückgesandtes betrachte ich als fest bezogen.

III. Sie sind verpflichtet, mir zur Oster-Messe des kommenden Jahres von meinen Lieferungen alles dasjenige zu bezahlen, was Sie bis dahin nicht zurückgesandt oder mit meiner vorhergehenden Genehmigung zur Disposition gestellt haben.

IV. Falls Sie aus irgend einem Grunde Ihren Verpflichtungen nicht nachkommen, so bin ich berechtigt, Abrechnung über das Ihnen auf neue Rechnung Gelieferte zu verlangen, und zwar derart, dass Sie zur Rücksendung Berechtigtes sofort franko mit der Post an mich zurückzusenden, nicht Zurückgesandtes aber sowie fest Geliefertes innerhalb 4 Wochen an mich zu bezahlen haben.

Bei Büchern, für welche nicht besondere Bar- und Partiebedingungen bestehen, gewähre ich gegen bar keinen höheren Rabatt als in Rechnung.

Zu direkten Sendungen bin ich gern bereit; ich stelle das Porto in laufende Rechnung und berechne keine Emballage. — Eine Verpflichtung für direkte Sendungen kann ich bei Neuigkeiten- und Fortsetzungs-Expeditionen nicht übernehmen.

Direkte Sendungen an Firmen, mit welchen ich nicht in offener Rechnung stehe, mache ich nur, wenn der Betrag eingesandt oder Post-Nachnahme gestattet ist; andernfalls expediere ich durch den Kommissionär.

Ich führe ein **Giro-Konto** bei der Reichsbank und mache darauf aufmerksam, dass jede Reichsbankanstalt Zahlungen für meine Firma entgegennimmt.

In Leipzig halte ich kein Auslieferungslager; nur das (amtliche) Reichs-Kursbuch wird in Leipzig (bei Herrn F. Volckmar) mit 25% gegen bar ausgeliefert.

Julius Springer.

图116：施普林格出版社1904年拒绝降价的广告①

> 作者明确规定自己撰写图书的出版价格。假如您的出版商做不到这一点，那您需要更换一家出版商。出版商之间的竞争是如此激烈，看看他们是否有什么方法可以满足您的要求。您为什么不试试呢？也许有的会同意协商，尽管我对此怀疑，但也许还有一丝希望。我担心的是，您会发现目前的书价不会有任何大的改变，出版商之间彼此竞争，而他们之间也没有形成一个反对作者的联盟。因为在需要付给作者高昂版税的前提条件下，书的价格自然难以降下来，更何况低销量的情况也屡见不鲜，降低书价是根本不可能实现的。

总结来看，此次会议的效果在一些人心中产生了深远影响。例如伯尔尼的书商亚历山大·弗兰克对于费迪南德产生了深刻印象。三年后费迪南德去世时，他在费迪南德的讣告中写道：“1904 年 4 月 13 日的那场会议，对德国出版的改革是个重要的日子。”而柏林的出版商阿道夫·贝伦德（Adolf Behrend）在 1905 年写道：“费迪南德应该被选为德国图书贸易协会委员会成员，等现任主席任期结束后，费迪南德·施普林格应该成为主席。”虽然这项提议看上去很诱人，但费迪南

① 施普林格出版社拒绝降价销售的广告在今天看来其中一些条件似乎相当僵硬，但是一场诉讼迫使施普林格出版社放弃了这些销售条件。费迪南德也因此退出了德国图书贸易协会。

德·施普林格还是拒绝了候选人提名。他事后承认自己在辩论会上的观点太尖锐了，与协会成员之间矛盾会难以化解。

最后要提的是，施普林格出版社坚决反对自己的专业图书打折降价，以至于在 1905 年，当莱比锡著名的二手书商古斯塔夫·福克（Gustav Fock），把施普林格出版社的新书打折销售时，出版社就起诉了古斯塔夫·福克，并在一审时胜诉。但对方申诉后，出版社却在最后败诉了，因为古斯塔夫·福克降价销售的理由是图书乃"次等货"。

而此时德国图书贸易协会的态度也来了 180 度的大转弯，支持法庭的最终判决结果，协会认为给二手书商提供"次等货"是出版社的"销售伎俩"。出于对德国图书贸易协会不维护自己利益的愤怒，施普林格出版社与协会的"友谊小船"翻了！1909 年，施普林格出版社退出了协会①，直到 1911 年 10 月才重新加入协会。

图117：德国图书贸易协会
位于莱比锡的大本营②

图118：施普林格出版社
1911年的新商标

专业出版部门的扩大

施普林格出版社自创立之日起到 1877 年老施普林格去世，一共

---

① 施普林格出版社宣布当协会的垄断规则改变时才重新加入。于是 1910 年 5 月 20 日协会妥协，并出了新规定（条款 2）："出版社无须遵从只能给零售书店供货的做法。"
② 该建筑的设计师为海因里希·凯泽（Heinrich Kayser）和卡尔·冯·格罗夫海姆（Karl von Großheim），1886 年 5 月 23 日建成，该建筑是德国莱比锡书展举办的地方，是莱比锡政府免费提供给德国图书贸易协会的，象征着德国图书贸易在社会发展中的重要位置。

出版了 37 种图书和 3 种期刊，所有这一切都是由 4 名员工完成的：一个"全能"的助理，一个在邮局工作过的会计师，一个学徒和一个包装工。在这段时间里，所有与出版相关的工作，都是由掌门人——老施普林格亲自负责的，包括审阅书稿、与纸张供应商写信沟通，与印刷商、排版公司和书籍装订商谈判等等。甚至撰写图书宣传文案、与图书零售商结算等工作他都是亲力亲为。只有一些不重要的工作，他才交给助理去完成。直到老施普林格的儿子们加入公司，才逐渐接替他自己的业务工作。

直到老施普林格生命的最后几天，他还在自己做账目，与莱比锡书展和零售商通信。他的家人多次劝说他将一些业务交给儿子们。他的同事们经常拿他对图书出版的每一个细节的关注而开玩笑。但是对于老施普林格而言，他希望把自己的手指紧紧地按在出版业务的脉搏上。

费迪南德 1887 年 4 月接替公司运营不久，他与弟弟弗里茨对工作进行了分工。这使公司业务迅速发展壮大，也雇用了更多的人员。特别是众多新期刊的创办，需要更多的专业化员工。1880 年至 1882 年，出版社每年出版的期刊数量已比之前增加了四倍，达到了每年出版 238 期，而且数量每年都会翻新。

老施普林格在图书产品的生产方面花费一直很少：他在把书稿交给印刷厂之前会要求印厂给出基本费用报价，包括排版、格式和印刷、纸张、装订和封面等详细情况的价格。印刷厂会根据之前图书出版的情况，给出印刷、纸张等价格。内容文字和校注文字的大小以及封面的版式等细节，他会交给费迪南德等几个儿子去完成，以便锻炼他们。出版商与印刷厂之间有一些既定的彼此默契的地方，双方都心照不宣地遵守着。

书稿数量在持续增加，特别是一些科学技术类图书，它们通常配有一些插图，而技术类期刊文章也需要插图。但由于作者绘画的水平所限，难以保证准时印刷，因多插图经常需要安排另外的木刻师制作，且画完后还需要得到作者的同意，因此浪费很多时间，花费也很大。出版社最后还得根据图书的内容来选择是否用中规中矩的锌版印刷这些插图，毕竟木刻的插图只有在绝对必要时才采用。例如，线条的制作会用锌版印刷，根据难易程度花费为 4—8 芬尼。30 平方米的锌版印刷费为 1.2—2.4 马克。这些花费非常大，因为当时工资最高的排字工人，时薪才为 40 芬尼。同时，大的图表会采用平板印刷（lithograoh），而半色调（halftone）[①]的木刻插图根据细节所需程度，每平方厘米则耗费 30—90 芬尼。从纯粹的数额比较来看，当时的胶印价格要比现在贵得多。

1886 年，施普林格两兄弟决定入股成立施普林格和凯勒石印平版印刷公司，以便插图能准时完成。他俩各自投入 1.5 万马克作为公司的基本运营资金，他们也是共同管理所有人，印刷公司的经理人路德维希·凯勒（Ludwig Keller），则是从每年所获利润中提取 2000 马克来注入他名下的股权。但不久蚀刻版画（Metal etching）技术快速发展，1882 年，格奥尔格·梅森巴赫（Georg Meisenbach）改进了半色调技术，导致平版石印的重要性逐渐失去。因此施普林格兄弟决定在 1895 年 7 月 1 日撤资，此后公司留给凯勒自己打理。

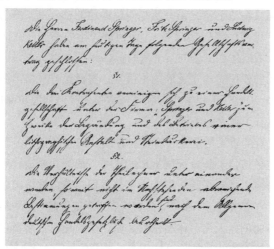

图119：施普林格出版社1886年成立石印平版印刷公司的协会稿

① 如今大部分报纸，杂志等所用的照片都是采用该技术，即若放大图片的话，会发现图片由同种颜色的一系列点状物（dots）构成。历史上，该法被创造出来用来体现明暗阴影的真实感。——译者注

施普林格出版社第一位生产部门的负责人是卡尔·格罗塞（Carl Grosse，1849—1913），他在 1882 年上任，此前他在一家印刷公司工作过，还曾与施普林格的合伙人凯勒共同工作过。他在实践中发明了"复式记账法"（double entry book keeping）[1]，并被推荐给施普林格出版社的会计采用。正如人们所看到的，出版专业化固然重要，但是有经验的员工也很珍贵。

施普林格出版社的其他部门也在扩张过程中。随着图书出版品种、专业领域的扩大，图书与期刊的订单日益增多，存储发运、账单整理以及源源不断的零售商询问，不断敦促着每一个部门扩张。正如上文提到的，随着密集型的直销队伍扩大，需要组建一个专门的期刊广告部，与期刊制作部和办公室平行存在，并代理出版社出版的《电气工程学报》和药学的《药学报》广告等经营业务。

1872 年费迪南德加入出版社时，办公室是在蒙比茹广场 3 号楼房的庭院里，建了可容纳两位助手的办公室。但没过多久办公空间就不够了。1878 年社址拆除了院子里的马厩，开始建设一座三层新楼。图书打包流程放在地下室，第一层是四位助理的办公室，藏书室则在第二层（按字母顺序排列存储书），而包装完毕的书储存在阁楼。但施普林格夫人依旧住在二楼的某个房间。1889 年，两兄弟说服了母亲把蒙比茹广场的住房卖给了家族的出版社，这样施普林格出版社就有了新的办公楼。《电气工程学报》和《药学报》等期刊编辑部搬了进来，相关期刊就有了独立的编辑办公室。

值得注意的重大的变化还有支付方式。1880 年前后，现金和支票支付占了主导地位。随着德国货币的统一，德国商业银行和相关分支机构的纷纷建立，银行转账则变得十分方便。施普林格出版社在初创时就在德意志帝国银行[2]和德意志银行[3]开了银行账户，可能是听从了德意志银行的创始人之一格奥尔格·西门子的建议。格奥尔格·西门子不仅是费迪南德的表弟，而且还在柏林蒂尔加滕大街上拥有房产。

---

① 该法虽然在历史中早有使用，但包含其详细记载的书在 1494 年被"会计学之父"的卢卡·帕乔利（Luca Bartolomeo de Pacioli）出版。——译者注
② 1876 年至 1945 年存在的德国央行，德国统一曾有 31 个央行，最后只保留 4 个。——译者注
③ 1869 年成立，最初是为支持在海外的贸易和德国货物出口用。——译者注

图120：施普林格出版社蒙比茹广场3号办公室（1911）[1]

　　1882 年春天，施普林格出版社安装了第一部电话，电话方便出版社与德国各个政府机构的联系。施普林格出版社每天和邮局之间有 6 次邮政投递，私人可以通过邮局的气动网管[2]发送信件。1896 年，出版社添置了第一台打字机，主要用于打印合同，但也打印更多的通信信件。1860 年前后购置了复印机，但是复印机必须要用复印纸。第一次世界大战后，出版社开始使用碳式复写纸（carbon paper）进行复印。

作者合同与版税

　　施普林格出版社只为大型出版项目签订合同，除此之外的出版项目多用书面协议。随着与官方机构及各个相关社会组织的合作越来越多，1879 年的施普林格出版社认为必须与所有合作的机构签署正式的出版合同。1899 年秋天，德国规定所有与机构签署的合同，需要贴上由皇家普鲁士发行的一种面额为 50 马克的印花税，并由皇家普鲁士

---

[1]　该建筑从 1880 年起被施普林格出版社所占用。费迪南德去世时这里有 64 名员工。

[2]　"pneumatic tubes"，通过压缩空气来使物体在管道中传输的网络，类似如今的通风系统，只不过可在管道中投递信件等。该系统在中国罕见，在欧洲等地过去使用很多，主要是用于在短时间内传递邮件和现金等。——译者注

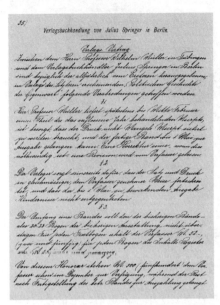

图121：施普林格出版社与威廉·穆勒签署的出版合同，首次列了双方的责任和义务[1]

机构进行核查。但这种做法不适于与私人签署的合同，于是出现了一种制式合同：有一个标准化的基础表格，其中包含许多事项，根据双方需要做出改动或者增加，先提交一份预印本，包含双方约定的重要事项，然后签署最终合同。所有合同都具有编号，会被按照顺序保存下来。截至 1923 年，总共有 3000 多份合同保存了下来。但二战期间，那些藏在奥地利某个矿场中的合同都遗失了。

1870 年前，作者的版税都是根据预计销售额，或者书的开本页（sheets）数量来决定的（并以 1000 册为基础计算）。至于更大的八开纸（octavo format）价格，1860 年前后施普林格出版社所给出的版税价格为每开纸 8—10 马克，20 年后是付 40—50 马克，第一次世界大战前为 70 马克。而这种根据开纸付版税的做法，只对纸张使用量少的和文字少的图书较为合适（即印刷量在 1000 册之内）。

从 19 世纪 80 年代起，施普林格出版社采纳了一种新的版税支付方法：在图书的收入额超过成本后才会给作者稿费，成本项目除印刷费、技术生产等直接费用之外，还包括运营、邮费、广告费等管理费用的 15%，所剩的利润出版社与作者各分得一半。这种方法对于出版一本畅销书而言是双赢的，出版社会得到三分之一的利润，而且一旦

---

① 该图为施普林格出版社与威廉·穆勒教授（1820—1892）的出版合同草稿，是业界第一份明确双方责任与权利的出版合同。施普林格出版社出版了穆勒的《当代政治历史》等四种书。威廉·穆勒教授在图宾根的一所学校教授古典学，该著作自 1867 年起开始撰写，一直到去世。

重印，作者的盈利是最为划算的。但若一旦项目失败，施普林格出版社没有像当时的其他出版社一样，向作者索取出版损失费；而是不再给作者付稿费，但承担大部分成本损失。这种版税支付方法是由施普林格出版社率先实施的，因为当时确实没有什么好方法能够预测到哪一本图书出版会获得成功。

若作者有一些特殊要求（例如改插图），那昂贵的修改成本会由作者与出版社一起分担。虽然该做法受到了一些作者的反对，但 10 年后采用该合同的作者比率，从最初的 14% 上升到了 36%。巧合的是，该合同的约定其实跟制药业的做法大体一致。例如保罗·埃尔利希[①]与法布韦克·赫希斯特（Farbwerke Hoechst）公司达成的白喉抗生素（diphtheria antitoxin）的协议就是如此操作的。保罗·埃尔利希写的说明书就是由施普林格出版社出版的。

当然，作者也可自己承担所有的生产成本并自己设定图书价格，就跟西门子当年在施普林格出版社出版自己的回忆录一样。

总的来看，施普林格出版社给科学类作者的稿费标准，跟其他种类的书一样，只是支付方式稍微有所不同。直到 20 世纪 20 年代通货膨胀危机时，稿酬才根据情况有所调整。

孙子们又投身出版业

1904 年 1 月，费迪南德和弗里茨分别将自己的儿子们带进了施普林格出版社。此时施普林格两兄弟只有 58 和 54 岁，不会考虑退休的问题。究竟是什么原因促使他们这样做呢？施普林格兄弟俩担忧的是，若其中一旦有个人英年早逝，在出版社继续扩大发展之时，将会产生重大问题。当然可能还有别的什么原因，因为他们的儿子都分别为 24 岁和 23 岁，早日熟悉公司的相关业务情况是最为重要的。正如日后弗里茨所解释的："当年我俩进入出版社时就犯了个错误，就是

---

① 保罗·埃尔利希（1854 年 3 月 14 日—1915 年 8 月 20 日），德国著名科学家，曾经获得 1908 年的诺贝尔生理学或医学奖。较为著名的研究发现包括血液学、免疫学与化学治疗。保罗·埃尔利希预测了自身免疫的存在，并称之为"恐怖的自体毒性"（horror autotoxicus）。资料来源：https://baike.baidu.com/item。——译者注

啥活儿都想自己亲力亲为，哪怕公司规模大了也是如此。其实我们必须引进能够独立工作的人，对于能够各尽其职的人给予足够的信任，相信他们能够实现我们的目标。"特别是在公司业务持续扩大的时期，需要更多的管理人员，因此他们的儿子早日加入公司管理层进行锻炼，也是情理之中的。

费迪南德的儿子小费迪南德1881年8月29日出生，从小就表现出了对自然科学的兴趣，他在7岁时就开始写关于蝴蝶的书。10岁的时候就被送去了位于瓦尔瑟肖森（Walthershausen）的学校（Schnepfenthal Educational Institute）。该学校由教育学家克里斯蒂安·戈特蒂尔夫·扎萨尔茨曼（Pastor Christian Gotthilf Salzmann）成立于1784年，而按照创始人的教学理念，自然、园艺和运动是学习重点。而且每个教师仅教育14个学生，教师可对每个学生的天赋和能力有所了解。在这里上到三年级后，小费迪南德转到了高级预科学校（Joachimsthalsche Gymnasium）。1899年毕业后，本来准备去外交部工作的他，却去牛津大学深造三个学期的艺术课。他在1952年回忆在牛津大学学习时的情景写道："这段经历大大开阔了我的视野。"值得一提的是，他当时考虑毕业后去外交领域工作。1900年8月1日之后，他却成为伯尔尼的施密特和弗兰克（Schmidt & Francke）出版社的实习生。费迪南德也曾经在1868年至1870年在该出版社实习，只不过当时出版社的名字为达尔普·布赫汉德隆（Dalp'sche Buchhandlung），经营重点是出版纯文学图书，但也出版医学、自然科学和森林主题的图书。在这里，小费迪南德结识了心理学家莱昂·阿舍（Leon Asher）。与这位心理学家每周一次的学习，激发了小费迪南德对医学的兴趣，也促使施普林格出版社对于医学领域出版进行探索。莱昂·阿舍也在此后担任了施普林格出版社的医学顾问。1902年秋季，实习结束后小费迪南德在柏林的赫尔曼印刷厂（H. S. Hermann）实习了几个月，然后去威斯巴登（Wiesbaden）服了一年兵役。

图122：柏林古典中学（Classical Secondary School）①

弗里茨的大儿子尤利乌斯出生于 1880 年 4 月 29 日，跟小费迪南德上了同样的学校，毕业后去了英国并待了 3 个月。1898 年 10 月 1 日起在波恩的罗尔希德和埃贝克（Röhrschied & Ebbecke）出版社接受 3 个月的培训，该出版社着重于技术科学图书，跟本地的技术学院和在斯图加特的产业有联系。培训结束后即入伍服兵役，之后他去斯特拉斯堡的特吕布纳出版社工作一年。特吕布纳出版社与施普林格家族关

图123：卡尔·特吕布纳（1846—1907）②

系很好，曾经把德国国宝"马内撒抄本"③从法国收回。之后小尤利乌斯去了阿尔滕堡，并参与出版《皮埃尔法庭的文件》工作。而阿尔滕堡也曾是弗里茨曾经工作过的地方。

1906 年 12 月 24 日④，施普林格两兄弟宣布他们的儿子们加入出版社管理层，成为出版社的共同拥有人。他们在签字声明中还写道：

---

① 位于柏林伯根大街上。费迪南德与弗里茨的儿子均毕业于该学校。许多教师都是施普林格出版社的作者，例如卡尔·弗兰克、赫尔曼·海勒（Hermann Heller）和弗里德里希·古斯塔夫·基夫林（Friedrich Gustav Kießling），该校也使用施普林格出版的教材。

② 卡尔·特吕布纳（Karl Trübner, 1846—1907），出版商。老施普林格在 1872 年与特吕布纳相识，那时特吕布纳刚刚成立了他的出版社。1902 年，弗里茨的小儿子朱利叶作为学徒，跟随他在一家人文学科的书店工作。"

③ "马内撒抄本"为古德语撰写的 7000 字诗歌抄本。详见：《德古意特出版史：传统与创新 1749—1999》，第 154—160 页，浙江大学出版社，2022 年 5 月版。——译者注

④ 签完字的三天后费迪南德·施普林格就去世了。

"巨大的独立性也意味着很大的责任，愿你们时刻享受工作的愉悦，并把你们祖父传下来的出版事业发展到一个新的高度，就跟我们所做的一样。"

费迪南德最后的几周

1906 年 11 月 13 日费迪南德参加了德意志博物馆（Deutsche Museum）①的奠基仪式，该博物馆由慕尼黑的维特尔斯巴赫宫殿（Wittelsbacher Palais）②改建而成，而主持人阿道夫·斯拉拜（Adolf Slaby）所做的演讲③则是关于纪念德国科学家奥托·冯·居里克（Otto von Guericke）的。奥托·冯·居里克以"马德堡半球实验"证明人气压强的存在而闻名全世界。几个月后，施普林格出版社出版了阿道夫·斯拉拜的演讲集。在活动结束返回柏林的路上，费迪南德觉得口渴，而且状况愈发严重，而家庭医生诊断他患了糖尿病。但费迪南德活泼的性格和气质掩盖了令人担忧的疾病。在 12 月 3 日弗里茨的生日那天，他依旧精神抖擞，就像他们的父亲施普林格一样，用轻松的玩笑口吻叙述了一番自己的身体状态。当月中旬，费迪南德由于身体状况持续恶化不能去办公了。于是两兄弟决定把自己的儿子们任命为合伙人。

12 月 27 日的下午三点，费迪南德就去世了，12 月 30 日他被安葬在马特海教堂（Matthäi Church），而寄给生意伙伴的讣告中，也涵盖了其儿子与侄子共同成为施普林格出版社合伙人的消息。

图124：晚年的费迪南德

---

① 该博物馆是世界上最大的科学技术博物馆之一，藏品有 2.8 万余件。——译者注
② 该家族曾经是巴伐利亚王国（位于德国南部）的统治者。——译者注
③ 几个月后演讲集由施普林格出版社出版。——原文注

图125：小费迪南德和尤利乌斯成为合伙人的公告（1906年12月24日）

作者、零售商、主编和同事们对费迪南德的突然离世感到万分震惊，毕竟他仅有 61 岁。于是数百份慰问信如雪片般纷至沓来。人们称赞他性格公正，是一个敏锐的观察者与和善的出版商；他思想开放，判断力强，能够准确地抓住问题的核心，并能给出切实可行的建议。其中一份期刊编辑的撰写的一份充满敬意的讣告中肯地评价了他的贡献：

> 费迪南德·施普林格是最善良的、最友好的、最公正的人。每个人都能够在他那里得到理解。当员工中有人遇到财务问题时，他还乐意帮其出谋划策、解决问题。费迪南德继承了出版社的优良传统，是个平易近人的负责人，因此他是靠开放、宽容和礼貌的态度赢得了员工的尊敬。

> 费迪南德对他的员工提出了很高的要求，要求准时履行职责，就像他自己一生不知疲倦地工作一样，并因此成为出版社的基本精神楷模。杂乱无序、不守时、粗心冷漠对待工作是他不能容忍的。今天能做的事情他总是立刻承担起来，从未推迟到明天。一些问题来到他手

上，他总能迅速地处理好一切，这是他的鲜明特点，就像他敏捷的思维一样。他讨厌任何推诿和应付，他期望所有工作人员都有精确度和井然有序。有一些人对他能够发现一切问题的火眼金睛并不总是觉得舒服，但挡不住人们对他充满敬意，没有人能够阻止自己为他无条件地工作。

图126：纪念费迪南德的奖章

1877—1906年的业绩

用数据最能够清楚表明费迪南德和弗里茨兄弟俩在1877年至1906年主持施普林格出版社发展期间的业绩了：1877年施普林格出版社仅有4名员工，到1906年时员工已有65人。老施普林格主持出版社发展的10年间，平均每年出版37种图书和3种期刊，而在费迪南德主持工作的最后10年间，平均每年出版的图书品种是120种，期刊30种。用这种简单的数字比较，对于出版社的创始人来讲，可能有些不公平，因为老施普林格生命最后的十年里，大部分精力都贡献给了柏林市议会。而费迪南德主持施普林格出版社的期间，弗里茨加强了对于出版社的管理，这些业绩也应该有他的一份功劳。

表6的数据显示了施普林格出版社的图书项目和结构，除了图书类别外，其实还有印刷发行量、图书尺寸、营业额与利润等，由于资料太少，都没有记载。但是从中基本可以看出德国社会的发展状况。

表6：施普林格出版社1877—1906年出版品种一览

图书类别	1867—1877		1878—1887		1887—1897		1898—1906	
	品种	排名	品种	排名	品种	排名	品种	排名
农学和林学	88	1	160	1	26	4	95	5
法学、政治学、经济学、贸易学	68	2	128	2	147	3	186	2
哲学、神学、艺术学和教材	66	3	115	3	104	5	66	7
自然科学	34	4	96	5	158	2	147	3
历史学、时政	33	5	30	7	27	8	15	9
药理学	31	6	43	6	77	7	76	6
其他	28	7	18	8	24	9	23	8
工程学	24	8	100	4	174	1	347	1
医学	1	9	11	9	98	6	115	4
合计	373		701		935		1070	
年均	37		70		94		119	

在施普林格整个出版品种中，工程和医学种类的图书品种在30年间逐渐增长，但人文类图书（神学、哲学、音乐、美术、教育）和林学种类的图书品种却在下降。同时药理学、法学、经济学、贸易学、交通学等的图书品种则保持稳定。1867年至1877年的老施普林格时期，理论与应用自然科学图书占据图书品种的24.1%，1898年至1906年则占据了64%。1875年在德国总共有1万种书和2000种期刊出版（尽管1877年的数据缺少），而1906年共有24500种书和5800种期刊出版，分别比之前增加了145%和190%，这个数据增长远远高于德国经济增长率。而此时德国正值从农业国到工业国的转变时期。施普林格出版社紧紧抓住了这一转变的巨大利好趋势，使出版社的发展远远走在了德国社会的前列，这是费迪南德与弗里茨的伟大贡献。

第四章　第一次世界大战期间的艰难发展
（1907—1918）

第三代接班人

小费迪南德在 1952 年承认："我在晚年取得的一些成绩，来源于 1914 年之前的积累。"从 1904 年小费迪南德和小尤利乌斯进入出版社时至 1914 年止，尽管只有 7 年多，但是两个第三代接班人从一开始就独立承担起相关管理角色。他们在那个时期的所作所为，已经成为 20 世纪 20 年代施普林格出版社的典范，因此必须对那些年的人和事给予全面的介绍和描述。

小费迪南德与小尤利乌斯进入施普林格出版社承担管理角色时，分别是 26 岁和 27 岁，与他们的爷爷尤利乌斯·施普林格创业时的岁数相仿。然而此时出版业经营发展变得更加困难，尤其是出版社已经发展到如此大的规模。

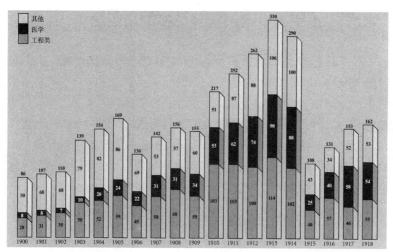

图127：施普林格出版社1900年至1918年的图书品种数量增长趋势

注：图中数据显示，工程和医药类在1910年至1914年全面增长。

从图127的数据可以看出，1906年前，施普林格出版社的工程和医学主题图书的比例一直在40%—50%，等小费迪南德和小尤利乌斯接手后，比例上升到了63%，并一直持续到第二次世界大战结束。小费迪南德主要负责医学和自然科学领域，小尤利乌斯则负责工程与药理学领域，其中增加了林学主题的出版图书品种，但增长趋势仅仅持续了几年，他最后的精力主要用于出版社的内部管理。

然而正如上文所指出的那样，仅仅依靠品种是无法反映一个出版社的生产能力的，还必须找到单个图书品种的印刷和发行数量。德国经济发展到1905年时就忽然停滞了，在利率上涨和此起彼伏的工厂罢工中，期刊的广告量与订阅量自然都开始下降了，直到1909年，图书出版的总量也没恢复到1905年的水平。很多的图书品种数量在此后下降了20%，1906年图书出版种数从此前的169种下降到了136种。

直到1910年，施普林格出版社的年度图书种类才第一次超过了200种，3年后达到了310种。至于期刊出版，1906年出版了30种，7年后又增加了30种，到1913年则增加到了60种，其中有9种是从其他出版社购买过来的。

小费迪南德·施普林格的出版理念

对于这段经历，小费迪南德1952年在"海得堡扶轮俱乐部"（Heidelberg Rotary Club，简称"扶轮社"）里发表了《一生的总结报告》，这是唯一准确记录了他人生信念、思想历程的文字。在报告中他写道："这些图书项目之所以能够顺利完成，是因为我加入施普林格出版社之前就已经打好了基础。"同时他还写道，1907年开始扩大自然科学图书的规模品种时，是按照此前出版规划的原则实施的，这些出版原则一直持续到1952年。

(1) 开展对科学研究成果的宣传（包括期刊和历史资料）。

(2) 发挥《学术评论核心期刊》传播海内外的科学研究成果优势。该刊具有汇总、分析各学科专业、行业研究成果的优势，方便读者通过学科、专业评论发现自己的关注点、兴趣点，然后帮助读者获得原刊。

(3) 发挥"研究成果系列"（*Ergebnisse*）期刊、栏目的聚焦作用，继续发现当下研究中的热点问题并进行评价、曝光。

(4) 在如今科学研究更专业化甚至碎片化时，记录当下科学的进展情况，加强专业领域图书文献资料合集的出版。

(5) 若某学者在某个专业领域的成果较多（且同行对此有认可等），其研究成果则须抓紧出版。

(6) 加强施普林格出版社的周刊和月刊出版，及时发现一些默默无闻但学术研究成果丰硕的学者，并与之保持紧密联系。

他最后补充道："自然科学图书的聚焦点在随时变化，而且科学专业的细分还在进程之中。人更应该随时扪心自问：科学知识的出版方式应该如何与时俱进？"虽然施普林格出版社出版的科学图书和期刊早已存在了十几年，包含词典、科学文献资料合集等的各种"通报""指南"已经存在了几个世纪，但是直到小费迪南德时期，施普林格出版社才充分意识到科学出版的复杂性，并第一次以坚韧不拔的毅力把包含医学图书在内的其他科学图书按照专业化、系统化的方式进行出版。

当1904年1月小费迪南德接手施普林格出版社管理工作时，医学类的图书出版种类不超过10种，但是到了年底时就有20种新的医学书出版了。在他的带领下，出版社一共出版了30多个医学领域的新品种。

小费迪南德在他45岁时也曾承认，医学出版是施普林格出版社的业务核心，施普林格出版社打开了一个具有良好出版潜力的领域，医学学生人数的持续增长和许多划时代的医学发现，加上施普林格本人与帝国公共卫生办公室的关系，出版社通过出版

图128：施普林格出版社第一份内容广泛的医学图书目录（1909年11月）

《治疗月刊》与医学界的医务人员保持广泛的联系。尽管当年他父亲在该领域不怎么成功，但为小费迪南德打下了良好的基础。

不到30岁的小费迪南德在第一次世界大战前主动和一批当时还是医学领域的讲师或教授（titular professor）的年轻学者合作。而一些年轻的医学人员只要经常给《学术评论核心期刊》的医学栏目撰写文章评论，几年的工夫就可成为助理编辑、编辑。赫伯特·施维克（Herbert Schwiegk）就是从作者成长起来的医学编辑，他在小费迪南德70岁生日时，对于自己的经历写道：

小费迪南德很早就有认识和发现每一个人价值的能力，他的绝大多数作者后来都取得了科学成就。这些人在自己职业生涯的早期幸运地遇到了小费迪南德。小费迪南德不在乎年轻学者的所谓头衔，经常把重要的任务分配给这些鲜为人知的年轻的科学家，很多与他有幸合作的年轻学者自然也跟他关系很好。

一旦与施普林格出版社合作，你就会体会到什么是精确合作了，

而想离开施普林格出版社也并不容易。一旦你没有及时回复他的一封信，一个提醒就会到来，再过几天，一封电报则会接踵而至，而此后突如其来的电话铃声则会把你惊醒。一些年轻的科学家们知道了与施普林格出版社合作的这个过程，最好的办法是对于施普林格出版社的要求立即答复。但话说回来，小费迪南德和他的员工对难以打交道的作者又非常有耐心，这点我非常钦佩。而遇到特殊情况时，稿子晚几年交稿都是可以的。

生物化学领域

　　1905 年 3 月 5 日，当时小费迪南德还在与父亲一起工作，他给当时才 28 岁的生物化学家卡尔·诺伊伯格（Carl Neuberg）写了封信，信中表达了想拜访他并创办一个生物化学期刊的计划。就这样，他们在当年 5 月签署了合作协议，该刊在 1906 年出版，施普林格出版社又出版了一份新的期刊。

　　小费迪南德夫妇是在前一年认识卡尔·诺伊伯格的，他们与其和阿尔布雷希特·阿尔布（Albrecht Albu）签订了关于矿物代谢的生理学和病理学的图书出版协议。卡尔·诺伊伯格在年轻的一代学者中的专业能力是很突出的，但当时他还只是柏林大学的讲师、病理学学院化学助理。通过 1905 年 4 月 12 日备忘录手稿可知，当小费迪南德询问卡尔·诺伊伯格谁是他心目中未来可能合作的编辑时，卡尔·诺伊伯格回答道：这是一个非常具有创新性的事件，这件事会在生物化学领域引起冲击，也可能会引起同类期刊的编辑霍夫迈斯特（Franz Hofmeister）和霍普塞伊尔（Hoppeseyle）的不满，但是柏林的生物化学资源是巨大的，期刊创办是可以成功的、安全的。

　　在协议达成的过程中，小费迪南德一度要放弃出版该刊，因为卡尔·诺伊伯格拒绝签订"竞业禁止协议"。协议内规定，若他从期刊的编辑岗位离职，在两年内不得在与老东家产生竞争关系的期刊任职。小费迪南德本来还想跟其面对面谈一下，但卡尔·诺伊伯格回复说："我深表遗憾，这种竞争限制条款我是不可能接受的。"

后来，小费迪南德写了封措辞强硬的信，在信中他重申了他的观点，即他不可能同意诺伊伯格的想法，特别是在竞争限制条款方面。“这个条款对于我来说是合理的，一个期刊出版项目，毕竟是由我承担整个风险，而且需要很长时期的投入。就我而言，应该永远彻底依赖您，但您终究会因为某种原因离开编辑岗位，而我能否继续这个期刊出版项目，完全取决于您的意愿。因为您代表期刊与所有作者建立联系，如果您要创办一个新期刊，您将会毫不费力地而且不受谴责地将作者都带到新期刊上。因此我必须坚持在一段时间内您不能够编辑出版与我出版的同类期刊产生竞争。我也理解这可能是不公平的，但我是出版商，我清楚您有很多理由不同意承担这种义务。如果协议不能达成，不管它让我多么痛苦，我也将放弃这个让您担任主编的期刊项目。”

这份手稿证明，这样如此重大的决定来自于当时还是28岁的小费迪南德，而不是他的父亲。尽管一些重大的决定都是由出版社内部成员讨论决定的，但大家都一致支持小费迪南德的意见。施普林格出版社对于小费迪南德表达的观点的重视程度，从同日小费迪南德写给保罗·埃尔利希的一封信中可以看出：“可以预料的是，新的《生物化学通报》时代到来了……”但是几天后卡尔·诺伊伯格就跑来办公室谈判了，最终双方达成一致，卡尔·诺伊伯格担任该刊主编直到1935年，最后成为威廉皇帝学院的生物化学所主任，但不久在德国纳粹的压力下被撤职，施普林格出版社给予了他1.75万马克的一次性报酬，并赠给其一份永久性的《生物化学通报》和《自然科学》期刊。

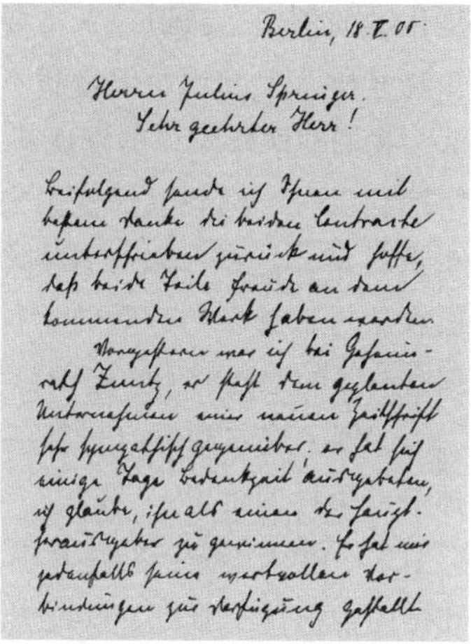
Berlin, 18.V.05.

Herrn Julius Springer.
Sehr geehrter Herr!

Beifolgend sende ich Ihnen mit bestem Danke die beiden Contracte unterschrieben zurück und hoffe, daß beide Teile Freude an dem kommenden Werk haben werden.
Vorgestern war ich bei Geheimrat Zuntz, er steht dem geplanten Unternehmen einer neuen Zeitschrift sehr sympathisch gegenüber. er hat sich einige Tage Bedenkzeit ausgebeten, ich glaube, ihn als einen der Hauptherausgeber zu gewinnen. Er hat mir jedenfalls seine wertvollen Verbindungen zur Verfügung gestellt

图129：卡尔·诺伊伯格担任期刊主编时在1905年5月18日写给施普林格出版社的手稿

合作协议确定的两周后，卡尔·诺伊伯格去寻找共同编辑和作者，特别是邀请柏林大学研究所的负责人作为共同编辑参与期刊创办，邀请了柏林大学另外几个学院的人来做编辑助理。柏林的两位教授恩斯特·萨尔克沃斯基（Ernst Salkwoski）和纳森·君茨（Nathan Zuntz）表达了口头上的支持。更重要的是，保罗·埃尔利希已经"承诺"了成为他的合作者，并将自己的研究成果与卡尔·诺伊伯格编辑的新期刊进行合作。其中还有 1907 年获得诺贝尔化学奖的爱德华·布赫纳（Eduard Buchner，1860—1917）[1]，1908 年获得诺贝尔生理学或医学奖的保罗·埃尔利希和卡尔·冯·诺登（Carl von Noorden）[2]。

图130：反对创办《生物化学通报》的内科医生弗里德里希·穆勒（Friedrich Müller，1858—1941），1902年起任慕尼黑大学医师

拒绝与新期刊合作的有临床医生弗里德里希·穆勒。他在回信中写道：他最近拒绝了类似的邀请，他反对创办新的医学期刊，因为这会导致科学研究知识的碎片化，"特别是化学的例子，认识一个主要器官需要人们知晓其所有的知识，但是我不得不遗憾地承认，我们在医疗学科的发现却是如此碎片化。新期刊没有旧期刊上那些失去了认识价值的知识材料，这些都使该学科领域的从业者，很难从越来越多的分散的学科文献中收集发现有价值的全面的科学知识"。

保罗·埃尔利希当初有一些犹豫，他在 1905 年 11 月 4 日给施普林格出版社回信道："我其实很难做出这个决定，参与编辑工作可能会引来一些人不满，但是我确信该项目是完全适时的，因此我想为您和诺伊伯格博士服务，这种想法消除了我的犹豫。这是一个非常令人喜欢的观点，那就是这份新期刊的出版将会使出版商彼此竞争，心跳加速。假如我最终参与，就一定会竭尽全力。"

---

① 爱德华·布赫纳，犹太人，出生于德国慕尼黑，毕业于慕尼黑大学，德国化学家。他曾先后在蒂宾根大学、布雷斯劳大学、维尔茨堡大学任教，由于发现无细胞发酵获得诺贝尔化学奖，被誉为"农民出身的天才化学家"。资料来源：https://zh.wikipedia.org/zh-cn。——译者注
② 卡尔·冯·诺登（Carl von Noorden），世界著名的代谢疾病专家，1968 年与爱德华·兰珀（Eduard Lampe）博士在德国创办了萨克森豪森医院，这是世界上第一家专门治疗糖尿病的诊所。资料来源：https://www.vaidam.com/zh-CN/hospitals/germany?page。——译者注

图131：卡尔·诺因伯格（左一）陪同威廉二世皇帝（左二）出席1913年10月28日威廉皇帝医学实验所开幕仪式

　　该期刊有一份豪华的50人学术委员会名单，其中23位是德国人，7位来自奥匈帝国，剩下的20位来自14个不同的国家，该期刊是施普林格出版社第一个国际化双语期刊。1911年施普林格出版社的出版书目中显示，该刊也是德国生物化学领域最为权威的期刊。1906年6月，《生物化学通报》的第一期合刊（double issue）出版了，两年后就出版到了第十期，出版的总页数达到了将近6000页。

　　美国物理学家克里斯蒂安·赫脱（Christian Herter）在给保罗·埃尔利希的信中写道：

　　这是一个令人钦佩的数字，尽管出现了许多生化期刊，但其中我最真诚地欢迎这本期刊的出版。我毫不怀疑它会非常成功，这一成功的基础是建立在一大批优秀的作者、做出奉献的编者和那些积极投资该刊的投资商的基础之上的。该领域出现了许多期刊，表明人类沿着生物化学的研究路径所开展的学术研究活动是杰出且伟大的。

　　可见，即便在当时，科学家们也担心科学期刊出版的过剩问题。此后不久，霍夫迈斯特，酶的早期发现者，就把自己主编的期刊《化学生理学和病理学集刊》以200马克的价格，由菲韦格出版社转手给了施普林格出版社，并带来了359个订阅读者。

"研究成果系列"

　　1907 年 7 月 5 日，《治疗月刊》的主编莱奥·朗施泰因（Leo Langstein）给小费迪南德写信，要求早一点与拥有一个优秀项目的阿尔弗雷德·席滕黑尔姆（Alfred Schittenhelm, 1874—1954）[1]讲师和他的第一助手特奥多尔·布鲁戈舍（Theodor Brugsche，1878—1963）[2]见面，商量创办名为《内科与儿科发展概况》系列事宜。内科和儿科的文章经常被各种杂志刊登，而对相关领域的客观性和批判性文章的需求，跟正文写作（precise writing）与简明写作（concise writing）的需求一样多，因此这些文章日渐成为治疗学科的前沿作品。三天后，小费迪南德在莱奥·朗施泰因的家里与三人见了面，并与其当即达成合作协议。合同约定，施普林格出版社给作者的酬劳按每开纸 50 马克计算，给编辑的则是按每卷 600 马克计算，每年出版两卷，印制用纸量为三开纸（three print sheets），每开纸数约为 30—40 印张（每印张有 16 页）。

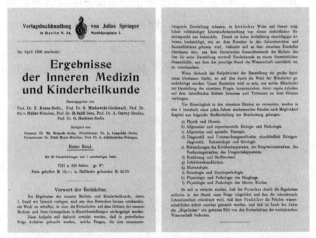

图132：《内科与儿科发展概况》的出版公告，列出了编审、资深编辑和编辑姓名，其中还有编辑前言、出版目标以及涵盖的主题范围

---

① 阿尔弗雷德·席滕黑尔姆，德国著名内科医生。——译者注
② 特奥多尔·布鲁戈舍，德国内科学家，他和阿尔弗雷德·席滕黑尔姆（Alfred Scittenhelm）一起提出施普林格出版社为其官方出版社的请求，小费迪南德立马答应了。

由于三位编辑尚未当选为正教授，小费迪南德认为让知名研究所或诊所的负责人担任资深编辑更为合适。他希望他们或他们的助手能积极参与这个新项目。小费迪南德为了提高影响力，就邀请了沙里泰医院（Charité Hospital）①第二医学部的主任弗里德里希·克劳斯（Friedrich Kraus，1874—1954）②、奥斯卡·明科夫斯基（Oskar Minkowski）③、伯尔尼的赫尔曼·萨赫利（Hermann Sahli）和柏林的"现代儿科医药之父"奥托·霍布纳（Otto Heubner，1843—

图133：弗里德里希·克劳斯，第一个同意成为《内科与儿科发展概况》资深编辑

1926）加入。由于执行编辑和出版社都是这个领域的"新手"，所以邀请慕尼黑的著名临床医生弗里德里希·穆勒担任资深编辑遇到了些麻烦。因为穆勒提出只有他的长期助手艾瑞克·迈尔（Erich Meyer）成为执行编辑的情况下，他也才同意加入。施普林格和朗施泰因都对这一新成员表示欢迎，尤其是迈尔和朗施泰因都刚刚加入了《治疗月刊》的编辑委员会，为该杂志拓宽了新的渠道。但席滕黑尔姆和布鲁戈舍表达了强烈抗议。但小费迪南德用优秀的社交技巧，成功地让人们接受了他以事实为基础的理念，并化解了彼此之间存在的敌意，虽然他无法彻底消除这些同行间的彼此戒备的心理。

其实出版"研究成果系列"的创意并不新鲜。约瑟夫·弗里德里希·贝格曼（Joseph Friedrich Bergmann）出版社早在 1892 年就发行了类似的《解剖学及其历史发展概况》丛书④。随后又出版了有关普通病理学和特殊病理学、妇产科学、皮肤病学和性病学的一系列著作，1902 年起又出版了由莱昂·阿舍（Leon Asher）和卡尔·施皮罗

---

① 该医院在 1710 年由于黑死病的传播而在东普鲁士建立，以弗里德里希·威廉一世命名，目前为欧洲最大的教学医院之一，2003 年，柏林洪堡大学与柏林自由大学的医院合并，如今为柏林沙里泰医院。——译者注

② 弗里德里希·克劳斯，德国内科学家。——译者注

③ 以研究糖尿病闻名，也是著名数学家赫尔曼·明科夫斯基（Hermann Minkowski）的兄弟。

④ 德文为 *Ergebnisse der Anatomie und Entwicklungsgeschichte*，英文为 *Results in Anatomy and Developmental History*。

（Karl Spiro）编辑的生理学著作。

正如施普林格出版社在邀请参与该项目的说明书中所说的那样，这些系列专著将以最新研究成果文献为基础，详尽介绍内科和儿科的发展现状概况，或就某一固定主题而展开介绍、评价。对文献的客观评价与精确简洁的写作同等重要。只有那些体现了某一特定主题发展的图书才会被考虑纳入该系列。

所以，施普林格出版社的该系列招致的评价褒贬不一。例如威廉·伊斯（Wilhelm His）教授当时还是哥廷根的一名医生，根据他在1907年8月21日写给席滕黑尔姆的一封信表明，他对这一计划并不赞同，也不相信有出版这套书的必要。威廉·伊斯[1]就提到："这类期刊太多了，我的助手其实都可阅读原文而非评论。"而施普林格出版社的副主编赫尔曼·谢利（Hermann Shli，1856—1933）则辩护道："太重视刊登原文，才是同类期刊泛滥的原因。读者经常硬着头皮全看完原文后，才发现其实自己不需要很多信息。因此精挑细选的评论文章很重要。"两年之后，小费迪南德创建了另一个"研究成果系列"，类似的讨论又重新出现。该系列在1908年复活节出版，首册页数为712页。一直到1945年，就在二战结束的几周前，该系列出版了第65册。

图134："研究成果系列"的主编赫尔曼·谢利（左）和"现代儿科医药之父"奥托·霍布纳（右）[2]

---

[1] 瑞士解剖学家，显微镜"切片"（microtome）的发明人。——译者注
[2] 两位主编与弗里德里希·克劳斯、奥斯卡·明科夫斯基、弗里德里希·冯·穆勒、阿达尔贝特·切尔尼（Adalbert Czerny）共同编辑了第一辑"研究成果系列"。

　　总之，等《内科与儿科发展概况》系列一出版，小费迪南德就马不停蹄地在维亚纳内科会议（Vienna Congress of Internal Medicine）介绍这套新书，并继续在现场结识一些新作者。其中，他结识了克莱门斯·冯·皮尔凯（Clemens von Pirquet）。皮尔凯就过敏症（"Allergie"，是他创造的术语）撰写了广泛的评论。小费迪南德借着给皮尔凯赠阅图书和印刷品的机会，一再提议施普林格出版社愿意成为他的出版商。一年后皮尔凯给小费迪南德写信，就计划出版《传染病通报》一事联络。到了1910年，皮尔凯的《过敏症》一书出版时，双方建立了更密切的联系。同年，皮尔凯与芬克尔斯坦（Finkelstein）、朗施泰因、冯·皮范德尔（von Pfaundler）和萨奥吉（Salge）共同担任施普林格出版社《儿童健康杂志》的编辑。费迪南德的习惯是，在每位作者寄给他文件副本时，他都会写信向其表示感谢，并向每一位新作者推荐自己希望在未来成为其他作品的出版商。小费迪南德还向其他人询问已经商定的项目的进展情况。小费迪南德甚至还给日本的内科医生和儿科专家写了15封信。在这些信中，他请他们关注"研究成果系列"，并附上了一份关于该丛书的宣传单。这些都表达了施普林格出版社对开拓东亚市场的兴趣[1]。

图135：儿科医生克莱门斯·冯·皮尔凯为"研究成果系列"撰写的《过敏症》扉页

　　随着第一部大型多作者参与撰写的医学著作的出版，施普林格也发现了样书产生的问题。每位作者可免费获得25本样书，但有些作者，尤其是那些尚未成名或者知名度不高的作者，要求获得100本或

① 当时，直到第二次世界大战爆发之前，德语一直是中国和日本部分地区的科学通用语言。

更多的样书，并愿意为此付费。其中一位作者写信说道，"鉴于目前的学术环境，由作者大量分发样书，似乎也具有决定性的重要意义"。但是，出版商和编辑都非常希望将新丛书介绍给科学界和业界的活跃人士，不希望因为广泛赠送样书而增加这套新丛书进入科学界和活跃的执业医生圈子的难度。如果某个人对于一些章节特别感兴趣，可以仅购买一两本样书，而不必购买全套。

1910 年，小费迪南德还出版了《手术和整形医学的研究成果通报》系列。费迪南德邀请了两位大学教授担任编辑，他们分别为埃尔温·派尔（Erwin Payr）和赫尔曼·屈特纳（Hermann Küttner）。前者之前在柯尼斯堡，1911 年后到莱比锡，后者则在布雷斯劳。他俩当时都 40 岁，之后担任编辑达 20 多年。该丛书不需要任何高级顾问委员会，编辑之间的学术意见分歧，通过轮流担任各卷编辑，避免了之间的争吵。第一卷收录了几位外科医生的文章，这些人后来都取得了杰出的成就，施普林格出版社与他们都建立了紧密的联系。例如马丁·基施纳（Martin Kirschner）、鲁道夫·施蒂希（Rudolf Stich）和《论手术压力差的状态》的作者费迪南德·沙伯奇（Ferdnand Sauerburch）。

图136：费迪南德·沙伯奇在1875年至1951年撰写了
关于手术压力差方法的部分内容

神经医学"通报"①系列

当时的德国，神经医学尚没有单独成为一个学科，该领域的研究成果仍散见于精神医学、解剖学和普通医学的出版物中。施普林格出版社认识到了这一领域的机遇，并迅速抓住了它。1909 年，小费迪南德购买了由汉斯·柯尔施曼（Hans Curschmann）创办、17 位作者撰稿的《神经疾病教材》。从 1910 年起，出版社还出版了《神经医学和精神医学杂志》，神经领域的内容编辑是马克斯·莱万多夫斯基（Max Lewandowsky），精神医学的编辑则是阿洛伊斯·阿尔茨海默（Alois Alzheimer，1864—1915）。两人还同时是《神经医学和精神医学全领域专论》系列（始于 1912 年）的编辑，其中第一卷的作者就有知名医生奥斯瓦尔德·布姆克（Oswald Bumke）。因此，施普林格出版社在推出《神经医学通报》第一卷时，已经拥有了久经考验、实践经验丰富的作者队伍。

图137：阿洛伊斯·阿尔茨海默曾经担任《神经医学通报》和
《神经医学和精神医学杂志》的编辑

《神经医学通报》是第一本以学科通报形式介绍整个神经学领域发展的出版物。编辑莱万多夫斯基在很短的时间内成功地汇集了 47 位知名作者，其中包括法国、荷兰、俄罗斯和瑞典的撰稿人。该书的

---

① 该书原文为"Handbooks"，直译为"手册"。但是关于德文"Zentralblätter"，作者给出的注释，指的是多卷本、多作者的系列论著，通常是某一学科或领域（如应用物理学、内科学、眼科学等）教科书和参考书、指南的混合体。这种形式在 20 世纪上半叶特别流行，当时许多科学学领域的进步都倾向于发表不定期的"最新进展"，由该领域公认的、经验丰富的权威人士撰写，同时也是重要的新旧出版物的信息来源和指南。结合德文原意，与中文的"通报"意义相近。故此改为"神经医学通报"。——译者注

一篇评论表示，期望"神经医学作为一门独立的特殊学科逐渐被科学界和官方所接受（当时在德国还没有神经医学教授职位），未来属于新一代神经医学家，是他们创造了未来。所以未来也应该属于《神经医学通报》。"

图138：由马克斯·莱万多夫斯基编辑的《神经医学通报》投稿须知，还包含该系列的宗旨和范围等

　　1914 年，总页数达 6778 页六卷本的"通报"系列出版了。其中有 1200 多幅插图，有些还是彩色的。在参与的作者中，教科书、期刊和通报的一些撰稿人，例如奥斯瓦尔德·布姆克和卡尔·维尔曼斯（Karl Wilmanns，1873—1945）等人，他们与出版社签约后成为该系列的作者或编辑。布姆克与奥特弗里德·福斯特（Otfried Foerster）一起编辑了"通报"的第二版和第三版，并在 1929 年至 1939 年共同编辑了新的《精神疾病通报》。

　　除此之外，施普林格出版社还创办了《内科医学通报》系列①。1908 年 7 月，利奥·莫尔（Leo Mohr）教授和鲁道夫·施特赫林（Rudolf Staehelin，1875—1943）就

图139：鲁道夫·施特赫林，推动施普林格出版社《内科医学通报》第一卷出版工作的主要编辑

---

① 1911 年 7 月 24 日，当项目在进行中时，小费迪南德还给前者写信："建议不要低估编辑的劳动量。"

给德国年轻的学者写了封通函，邀请他们加入该系列的撰稿队伍，并指出本系列"通报"是建立在病理生理学（pathological-physiological）基础上的，与现有的仅重视病理解剖学（anatomical-pathological）的"通报"系列存在着根本区别，是第一次以病理生理学为基础，尝试系统性地展现现代内科医学的研究发展现状，并在疾病解剖的基础上突出临床方面的内容。该通报计划有 5600 页，印数为 2500 册。

项目开始时一切顺利，到 1908 年 8 月底已收到了大多数的书稿，最终合同约定的出版时间是当年 12 月份，所有手稿的截止日期是 1910 年 4 月 1 日。 这样，《内科医学通报》第一卷最迟将于 1910 年 10 月出版。下一卷将"以较短的间隔出版，以便在一年内（即 1911 年 10 月）出版全书"。如果在 1911 年 10 月 2 日之前不能完成手稿，施普林格出版社保留取消合同的权利。出版社付给编辑的费用是按每开纸 40 马克计算的，作者的则按 120 马克计算，同时作者还会收到免费的 25 本样书。

但很快，失望就开始了。尽管合同的规定，书稿内容清样应在合同签订后六周内寄出，但到了 1909 年 6 月，一些内容清样仍未寄出。1909 年秋，鲁道夫·施特赫林教授因病不得不从项目中暂时退出。而利奥·莫尔教授则无论如何都要求施普林格出版社向作者们提出建议，提醒他们最后截稿期限。有一些作者退出了，出版社不得不四处寻找新作者。最终，施普林格出版社迫于无奈将手稿交付的最后期限（即六卷的所有手稿）推迟到 1910 年 8 月。其中一位作者想在 1910 年 5 月底前退出该项目，但是他被要求在 1911 年 1 月 1 日后再退出，期间则

图140：《内科医学通报》第一卷（1911）扉页，该"通报"系列于1908年开始策划，第四卷和第五卷出版于1912年出版，第二卷出版于1914年

仍需要为该项目撰写书稿。甚至一度有传言说施普林格出版社已经放弃了这个项目。与此同时，那些准时交稿的作者因为有了新的研究成果，需要更新书稿的参考文献。

在多方催促下，第一卷的大部分内容终于在 1910 年 6 月初完成，但很快就被发现并不完整。又过了几个月，第一卷存在一些插图不适合印刷，或印刷不清楚的问题。一位作者的书稿大大超出了规定的页数，但坚决拒绝缩短他的内容。幸好他的文章没有被编入第一卷。1910 年 5 月，黑森州和莱茵地区暴发了小儿麻痹症疫情。小儿麻痹症流行，一些医生作者要求推迟截稿日期，他们因为医院工作已经不堪重负。

小费迪南德竭尽全力确保尽快出版第一卷。最终，出版社终于收到了第一卷书稿。但是在没有通知编辑的情况下，第一卷的作者私下找来了一位合著者。为避免与后文内容重复，仅这一卷就必须由另外六位作者重新阅读审校。整个编辑工作都压在了出版商身上，施普林格出版社不得不多次写信给莫尔教授，"再次委婉地请求他不要对主编工作掉以轻心"（1911 年 7 月 4 日）。

1911 年 7 月，编辑终于有了第一卷的带页码校样，这样编制索引的工作也可以开始了。根据合同约定，这是编辑们的任务，但由于时间拖延了，施普林格出版社倾向于聘用一位当地医生承担这项工作。施特赫林推荐了维克托·扎勒（Victor Salle），作为恩斯特·冯·莱登（Ernst von Leyden）的继任者参加项目工作。扎勒发现了许多错误，并指出书稿存在"不同的手写体和不精确的书写"，辨认不同的笔迹和对作者姓名不准确的修改都非常麻烦。这些都是众所周知的问题。扎勒对内科这一主题的了解和他的辛勤工作获得了认可。因此，施普林格出版社邀请他加入，成为一名全职的科学领域编辑。扎勒的第一项任务是担任《内科医学通报》的编辑，并从 1920 年起正式成为编辑团队的一员。

总而言之，第一卷《内科医学通报》最终于 1911 年 10 月出版面世，销售预期比之前预估的要好，第二年春季就开始再版重印了。同时，系列里新的两卷也相继面世。此时第一卷的作者开始出现了抱怨，连施普林格家族的远房亲戚汉斯·柯尔施曼也写信道："你别忘了，医学领域的进展其实很快，1909年的内容在三年后就过时了。"其他作者也表达了同感。尽管如此，"通报"系列却继续面世，1914年和1918年出版了两卷，直到1919年出版最后一卷。最终，该系列总页数达5600多页，印刷量为2500册。

图141：带有"严格保密"字样的《儿科与内科百科全书》邀请函，
第一次世界大战爆发前出版了四卷

必须牢牢记住的是，这套"通报"系列的诞生不是愉快的。但是第一次世界大战后，小费迪南德在相对较短的时间内出版了大量文字和技术质量都很高的医学和自然科学通报，这主要归功于他从《内科医学通报》中所获得的编辑组织经验。

需要注意的是，一些不利的情况影响了这第一套多卷本通报的出版进程。1911年春施普林格出版社开始计划组织作者编写内科和儿科方面的百科全书。要实现这一计划，施普林格出版社当然要依靠那些已经为通报做出贡献的作者。而让他感到最为紧迫的竞争，则是施瓦茨贝格出版社所出版的第四版《完整医学百科全书》，该书有159位作者参与，从1904年开始出版，主编为奥伊伦堡（Eulenburg）教授。与施普林格同时，1912年施瓦茨贝格出版社所出版的关于特殊病理学和医学治疗的丛书，其主编为著名的医学专家弗里德里希·克劳斯和特奥多尔·布鲁格施（Theodor Brugsch），他们也正在为该书招募撰稿人。施普林格出版社的一些签约作者甚至被误导，同意为其中的几本大部头著作撰稿。因此，这些作者分散了精力，超越了自己的能力范围。尽管施普林格出版社要求编辑们提醒作者不要承接新的工作，但出版社无法阻止这种竞争情况的发生。

起初，可能是因为缺乏优秀的作者，施普林格出版社并没有以很大的精力来推进《临床医学百科全书》（1913 年秋由《儿科与内科百科全书》更名）。大部分内容直到一战后才有，因此施普林格出版社不得不耗费全部精力来完成它。总之，小费迪南德的经历与其他出版商别无二致。

医学"通报"系列

虽然 18 世纪中期就有专门介绍医学发展的期刊了，但专门发表医学发展报告和评论，特别是特定医学主题的刊物，直到 19 世纪后半叶才出现，但迄今为止，还没有一家出版商尝试出版一份系统地涵盖所有医学学科，包含所有重要报告摘要和评论的医学通报期刊。而且现有的文摘期刊只广泛收录德国的出版物，而未收录外国的出版物。例如，俄文出版物实际上仍未受到关注，俄罗斯医学的发展在很大程度上被低估了。

小费迪南德毕生引以为豪的是他创办的医学摘要和期刊评审系统。与"研究成果系列"和学科"通报"系列一起，他一直将其视为医学科学和实践的统一信息体系。为了使这一信息体系保持良好的运行状态，在他带领下的出版社在 20 世纪 20 年代和第二次世界大战后，做出了巨大的经济牺牲。

1910 年施普林格出版社与位于莱比锡的出版商约翰·安布罗修斯·巴尔特合作出版了《神经医学和精神医学杂志》摘要/评论版。作为试点项目，这本期刊的前身与后来的同类期刊不同之处在于它刊登了大量评论性甚至是具有论证性的学术评论文章。这给施普林格出版社带来了许多措辞强硬、尖刻刺耳的反馈信件。后来，编辑们要求通报的作者提供客观信息，停止价值判断。另一个类似的先驱是，1911年开始以"儿童健康书目"形式出现在《儿童健康杂志》上的儿童医学信息。

《内科学全领域核心期刊》是第一本重要的以摘要和评论为内容的通报，为其他学科期刊提供范式，其编辑委员会包括亚历山大·冯·多马鲁斯（Alexander von Domarus）、威廉·伊斯、弗里德里希·穆勒和卡尔·冯·诺登和尤利乌斯·施瓦尔贝（Julius Schwalbe）。施普林格出版社曾多次尝试与穆勒合作，但都无果而终。据穆勒的学生也是该刊执行主编的多马鲁斯介绍，穆勒"深知让从事科学工作的医生不费吹灰之力就能了解世界内科学文献的重要性"。

图142：《内科学全领域核心期刊》的首次广告

编辑之一威廉·伊斯在威斯巴登举行的医师大会上公开了这一出版计划，并成功地使《内科学全领域核心期刊》成为"德国内科医学大会的官方刊物"。这确保了刊物拥有足够订阅数量，因为会员可以享受25%折扣，价格非常具有吸引力。此外，刊物与大会的联系无疑也是一种有效的宣传。

值得一提的是，在第一卷的须知中，有这样一段话，大意是该刊物将包含相应的神经学、精神医学和儿童健康方面的简要学科摘要。编辑们希望通过这种方式避免重复工作。施普林格出版社在后来创办的其他学科"核心期刊"也采用了这一工作程序。

1913年第二份此类期刊《外科学全领域核心期刊》出版。值得注意的是，前两份期刊都是在相应的"研究成果系列"卷出版后出版的。在这种情况下，施普林格出版社也成功地将通报期刊变成了官方刊物，并打上了"德国外科学会指导监督"办刊的标签。他们的会员也有权以 25% 的折扣订阅。这份期刊与从 1874 年开始就每周出版一次的《外科手术核心期刊》展开了竞争，后者由莱比锡的约翰·安布罗修斯·巴尔特出版社出版，但是主要刊载原创文章。

图143：标有"德国外科学会指导监督"字样的《外科学全领域核心期刊》
第一卷扉页

第一次世界大战爆发前夕，施普林格出版社又创办了两份"通报"类期刊。分别是 1913 年出版的《妇产科核心期刊》和 1914 年出版的《眼科核心期刊》。这些期刊与所有其他出版商的期刊一样，在整个战争期间都无法出版。因为作者无法获得外国文献，而且大多数通报作者和订阅读者都被征召入伍。

战后施普林格出版社通过新创办期刊和接管现有期刊这两种形式出版，实现了覆盖所有医学分支学科领域发展信息的"核心期刊"系统。然而妇科、内科、外科的"核心期刊"不得不更改名称。原因是约翰·安布罗修斯·巴尔特出版社与施普林格出版社打了一场官司，因为巴尔特出版社多年以来一直以"核心期刊"等类似名称出版内科、妇科、外科领域的学术摘要期刊。

与保罗·埃尔利希的合作

　　1904 年 12 月 26 日，小费迪南德收到了德国医疗枢密委员会保罗·埃尔利希的邀请函，邀请他于 12 月 28 日前往位于法兰克福的实验治疗研究所。虽然时间仓促，但小费迪南德没有犹豫。这可能是争取埃尔利希成为施普林格出版社作者的难得机会。事实上，埃尔利希向施普林格出版社（根据后者的书面备忘录）提供了一份《实验治疗通报》的出版项目。埃尔利希希望招募一位"杰出的临床医生"作为合著者。小费迪南德向保罗·埃尔利希推荐了弗里德里希·穆勒，并商定该通报计划于 1906 年春季出版。这无疑是一个相当不现实的日期，但施普林格出版社完全可以为这一充满希望的协议感到自豪。因为到目前为止，埃尔利希一直没有确定的出版商。他的几十篇文章散见于许多期刊。

　　然而，施普林格出版社在详细讨论之后不得不放弃这一计划。弗里德里希·穆勒于 1905 年 1 月 3 日拜访了埃尔利希之后，坚定地告诉小费迪南德，他不会参与该项目。正如埃尔利希在写给施普林格出版社的信中所说的那样，目前的实验疗法与临床试验之间还存在着巨大的差距，埃尔利希也无法否认这一判断。尽管施普林格出版社对这一决定感到遗憾，但出版社立即建议埃尔利希，希望他能就"血清疗法的现状"[1]独立出版一卷，并且不止一次地向埃尔利希提出该建议。

　　小费迪南德在法兰克福与埃尔利希的第一次谈话中，埃尔利希还提到他正在考虑出版他的堂弟，细菌学家卡尔·魏格特（Carl Weigert，1845—1904）[2]的著作集。作为一名科学家，埃尔利希对魏格特有很深的感情。通过他发明的染色技术，魏格特成了将细菌可视化的第一人。他还是第一个在 1880 年就利用《菲尔绍档案：病理学解剖学》描述心肌梗死的作者。最初，埃尔利希

图144：卡尔·魏格特

---

① 英文为"the present state of serum therapy"。
② 卡尔·魏格特。他发明了染色体研究方法，此方法对于细菌学、人体组织以及炎症、血栓研究非常有价值。

将该项目提交给了位于威斯巴登的贝格曼出版社，但贝格曼出版社希望埃尔利希能承担制作费用。施普林格出版社并未提出这一要求，于是彼此很快就达成了协议。在波恩的曾担任魏格特助手的医疗枢密议员罗伯特·里德（Robert Rieder）希望为该书撰写序言，路德维希·多克则希望为该书撰写导言。路德维希·埃丁格（Ludwig Edinger）将帮助编辑该文集。

图145：保罗·埃尔利希①的照片（左）及其著作扉页（右）②

1905 年 3 月 5 日，费迪南德再次前往法兰克福，与埃尔利希商谈合同事宜。根据初步讨论，《卡尔·魏格特论文集》约 1400 页，共 4 卷，印数 800 册。但编辑们要求得到每人 1000 马克的酬金，而这是之前从未提到过的。施普林格出版社明确拒绝了酬金的要求。在费迪南德写给罗伯特·里德议员的信中提道："如您所知，整个事业对我来说是相当冒险的。对我来说，赚钱的难度相当大。我已经做好了为这份刊物亏损的准备，但我不能让亏损变得太大。因此不能支付特别款项。"罗伯特·里德议员斥责费迪南德的这种反应是"官僚作风"，但费迪南德拒绝屈服。信中非常坦率地谈到了促使施普林格出版社出版这本并不被看好的论文集的真正原因，"我希望把这一本重要的书

---

① 保罗·埃尔利希的照片右上角有"致亲爱的出版商费迪南德·施普林格"，左下有"只要写书就不难了！"字样。保罗·埃尔利希撰写的《梅毒的化学治疗实验》的出版进度被严重拖延，但最终在三个月内完成。
② 由梅毒造成的感染病症名为"spirillosis"。——译者注

纳入我公司的计划，为医疗科学提
供服务。同时，我也希望得到与会
先生们的认可，并与他们建立关系，
这种关系迟早会对我有用"。这封
信（以及当年的其他一些信）是由
费迪南德还是他的儿子小费迪南德
口述或撰写的，这一点目前并不十
分清楚，但估计很可能是由费迪南
德撰写的。因为他的态度异常直接
坦率。而他的儿子早年更加谨慎，
更有外交手腕。小费迪南德不会向
作者承认他的书是自己成功的工具。

图146：《卡尔·魏格特论文集》[①]扉页

　　1905 年 12 月，该书准备付印
时，但按照罗伯特·里德的说法，
这本书经过了"超级修订"。埃尔利希也因为序言的问题一再拖延。
最后，一个同事编辑的版本终于到了。后者在附信中写道："我试图
实现埃尔利希的意图，但我不知道我是否成功了……无论如何，我的
版本将为他提供一个有用的基础，以便对前言进行明确的解释。"

　　最后，1906 年 3 月 23 日，经埃尔利希审核的前言被送往印刷厂，
该书很快就出版了。但是销售情况比预期的还要差。五年只卖出了
162 册，6000 马克的制作费也没有着落。但这笔钱并没有白花。当魏
格特的书出版到最后阶段时，埃尔利希同意担任《生物化学通报》的
编辑。

　　然而，事实证明埃尔利希很难成为作者。尽管他已在期刊上发表
了近百篇文章，但写书却是另一回事。他承认自己"没有什么语言天
赋"，他的德文论文得了最低分，差点没能从学校毕业。因此有读者
反馈"他的文章实在没有什么意思"。

---

① 卡尔·魏格特曾经担任位于美茵河畔的法兰克福森肯贝格基金会病理解剖学研究所所长。他的
堂兄保罗·埃尔利希建议出版该论文集。埃尔利希与路德维希·埃丁格和罗伯特·里德共同编
辑了该书并撰写前言，由施普林格出版社出版。

　　在此之前，埃尔利希唯一以图书形式出版的作品是论文和演讲集，同时还有 1908 年他在芝加哥《哈珀》杂志上的作品，由莱比锡的学术出版协会（Akademische Verlagsgesellschaft）出版过。这个信息对施普林格出版社来说是一个"痛苦的惊喜"。令施普林格出版社感到遗憾的是，尽管多次与埃尔利希达成协议，但埃尔利希仍未寄给施普林格出版社任何手稿。1908 年 11 月 27 日施普林格在给埃尔利希的信中写道："我从未催促过您。因为我对自己说过，像您这样重要的人，不会因为文学写作活动而耽误工作。因此，我当然希望您有闲暇从事写作，您一定会把我的话放在心上。"

　　1908 年 11 月，埃尔利希获得诺贝尔奖。关于他的诺贝尔颁奖词发表在 1909 年 2 月的《德国医学周刊》上。而施普林格出版社原本也想发表的。几周后，即 1909 年 2 月 18 日，施普林格收到了埃尔利希的来信，这给施普林格出版社带来了新的期待。信中写道："我现在正在考虑尽快履行我的诺言，给您寄去一篇单独的著作……这篇著作涉及免疫理论中最重要的章节之一，请您出版。"

　　但一年之后，埃尔利希的提议才变得更加清晰具体起来。他在 1910 年 1 月 25 日写道："我终于要履行我的诺言了，……其中提及的药有望成为治疗螺旋体疾病的重要药物。"埃尔利希自己几乎不写任何东西，而是让其他人去撰写由他指导和启发的工作报告。这让小费迪南德没有期待。小费迪南德·施普林格对保罗·埃尔利希的原创著作也几乎没有什么好感。

　　施普林格出版社于 7 月 27 日收到了第一份手稿。然而接下来的过程却很混乱。获得诺贝尔奖后的埃尔利希由于有许多工作要做，无法完成他的手稿。他给施普林格出版社的几封电报中记录了这一点。

　　1910 年 8 月 22 日，发自法兰克福：由于在施派尔（Speyer）忽然有个重要的会议，导致无法按时完成书稿的总结部分，明日定会发书稿。

　　1910 年 8 月 25 日，发自法兰克福：忽然又来了几个会议，无法按时完成书稿，望少安毋躁。

1910 年 9 月 2 日，发自法兰克福：请把包含书稿结束语的长条校样（galley proofs）邮寄给我，之后我马上邮寄回去。

1910 年 9 月 17 日，发自法兰克福：我还需要再核对下书稿，请把原稿再重新邮寄给我，地址为柯尼斯堡中央酒店（Koenigsberg Central Hotel）。

1910 年 9 月 21 日，发自法兰克福：需要做个重大修改，所以无法按时交稿，但周末就可再把书稿寄走。

1910 年 10 月 5 日，发自法兰克福：请把所有的长条校样邮寄给我，地址为柏林波茨坦广场上的贝尔维酒店（Hotel Bellevue）。

1910 年 10 月 4 日，埃尔利希寄来了"最后一份特别困难的大量更正"。最后，在 1910 年 10 月 13 日，施普林格出版社终于把该书的前两卷寄给了他，并告诉他有 5 家外国出版社正在准备翻译。该书在国际上大获成功。

跟埃米尔·费歇尔的合作

当小费迪南德与埃米尔·费歇尔接触时，埃米尔·费歇尔已成为当时最著名的德国科学家之一。1902 年，他成为第一个获得诺贝尔化学奖的德国人，也是继威廉·康拉德·伦琴（Wilhelm Conrad Röntgen）和埃米尔·冯·贝林（Emil von Behring）之后，他与历史学家特奥多尔·莫姆森（Theodor Mommsen）一起，成为第三位获此殊荣的德国人。费歇尔的主要工作是合成有机化学。他是第一个合成葡萄糖的人，并研制出了安眠药维罗纳（巴比妥类）。

图147：埃米尔·赫尔曼·费歇尔（Emil Hermann Fischer，1852—1919）1902年获得诺贝尔化学奖，表彰他在糖基和嘌呤基合成研究中的卓越贡献

小费迪南德很快就争取到了与费歇尔的合作机会。因为费歇尔在黑森大街（Hessische Strasse）的住所和

其研究院的地址离施普林格出版社只有 20 分钟的路程。为了得到大名鼎鼎的埃米尔·费歇尔的接见，小费迪南德无疑更愿意"长途跋涉"，而且随时准备着。柏林科研机构办公地址的集中，使小费迪南德在一些科学学术会议场合，很快能获得会面的机会，并随时加强私人联系。由于德国出版商对费歇尔青睐有加，小费迪南德在第一次接触费歇尔时就极力强调："如果能出版您的作品集，将是我莫大的荣幸。"

但跟费歇尔的合作条款主要是通过小费迪南德的父亲老费迪南德谈妥的。费歇尔在 1905 年 11 月 3 日的回信中提到了之前的讨论，并立即提出可以将他的一些著

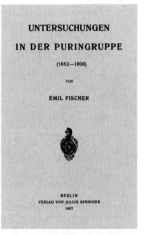

图148：埃米尔·费歇尔的
《嘌呤基团研究》扉页①

作合并为《关于氨基酸、多肽和蛋白质的研究》出版，同时他还承诺道："等我新的研究在四至五年内完成后，新书也会交给施普林格出版社出版。"而费迪南德在 1905 年 11 月 30 日给费歇尔的回信中写道，施普林格出版社接受了他的所有条件，并建议按照一位备受尊敬的科学家的作品格式来安排。合同签约时，施普林格出版社把魏格特的合作模板附在了合同上以便费歇尔做格式参考。而费歇尔对这位科学家并不陌生。

很快，双方就签署了一份协议。施普林格出版社按照当时的惯例将 50% 的利润分给作者。费歇尔接了一切，并很快于 1906 年 1 月 2 日寄出了几乎完整的手稿。仅仅八周后，费歇尔就看到了这本书的部分样稿，49 印张②，近 800 页。修订工作由费歇尔的前助手埃米尔·阿布德哈尔登（Emil Abderhalden）承担，同时他还编写了索引。两年后，施普林格出版社就有一本《生物化学词典》联系了阿布德哈

---

① 费歇尔 1906 年对于氨基酸、多肽和蛋白质进行研究，一年后开始关于嘌呤基团的研究（相关著作扉页如图），1909 年开始对碳水化合物和发酵剂进行研究。在此之后《嘌呤基团研究》又出版了五卷，页数均在 35—60 印张（550—950 页）。
② 德国开本格式介于 16 开与 32 开之间。——译者注

尔登，请其担任编辑。从 1910 年到 1933 年，该词典共出版了 33 卷。

1906 年 5 月 23 日，第一批样书被送到费歇尔手中。他表示非常满意，"我没有想到如此之快"。施普林格出版社快速、顺畅的程序给他留下了深刻印象。一本近 800 页的大型科学著作，仅在收到手稿四个月后就能快速完成。看来费歇尔非常喜欢看到自己分散的文章被结集出版。他现在已经找到了合适的出版商了，因为不到两年后，即 1907 年 1 月，他又寄出了第二卷《嘌呤基团研究》样稿。施普林格出版社没有回答作者关于第一卷销售情况的问题，因为第一年只卖出了 373 本，出版社显然不是很满意。不过，一年后还是给了费歇尔第一笔利润分成。该书最终销售一空，并于 1925 年再版。同时施普林格出版社"非常高兴地"期待出版第二卷。第二卷在五年后面世。

之后，费歇尔每隔很短的时间就会出版新的小书以及短篇著作，例如 1911 年 1 月 11 日，费歇尔在威廉皇帝学会成立大会上发表了关于化学新进展和新问题的演讲等。"在皇帝面前"，他颇为自豪地在写给施普林格出版社的信中写道。然而，费歇尔拒绝了施普林格出版社关于编写一本简短的有机化学教科书的建议。

施普林格出版社的社会声望因费歇尔和他在制定化学出版计划方面的帮助，大大提高了。正如小费迪南德在费歇尔去世后（1919 年 7 月 15 日）写给费歇尔儿子的信中所说的那样，费歇尔是一位"无可替代的顾问和助手"。借助费歇尔在德国化学协会中的影响，施普林格出版社与德国化学协会建立了密切联系，并在后来作为《有机化学通报》的出版商获得了学会的补贴。

海德堡的维尔曼斯和雅斯佩斯

施普林格出版社很早就在精神医学与神经学领域建立了坚实的基础。早在 1909 年，施普林格出版社就出版了《神经疾病教材》，1910 年，相关的"核心期刊"系列和摘要、评论的"通报"也出版了。施普林格出版社有意出版一本精神医学的入门读物或者教科书。1910 年，施普林格出版社给海德堡精神医学家卡尔·维尔曼斯写信提出这个建

议，但维尔曼斯拒绝了这个提议。但他有兴趣撰写一本法医精神医学
大纲。（维尔曼斯曾在 1906 年撰写过一篇关于法医精神医学的论文，
作为他在该学科的"适应训练"[1]的一部分。）

图149：海德堡大学精神医学教授卡尔·维尔曼斯（左）和汉斯·格鲁勒（右），
他们为施普林格出版社精神医学图书提出了许多建议，并一直是出版社作者和编辑

在 1911 年 6 月 13 日的信中，维尔曼斯提到了海德堡诊所正在进
行的一些研究，如由奥古斯特·洪布格尔（August Homburger）和汉
斯·格鲁勒（Hans Gruhle，1880—1958）正在进行的法医精神医学研
究。他正考虑出版一系列关于犯罪心理和犯罪统计的出版物。他的主
管弗朗茨·尼斯尔（Franz Nissl）和犯罪学专家卡尔·冯·利林塔尔
（Karl von Lilienthal）是刑法方面的专家，他们愿意担任编审，而他本
人则可以担任编辑。施普林格出版社在著名科学家的支持下，正在酝
酿几个很有前途的项目，小费迪南德安排在 7 月中旬访问海德堡。

这次访问取得了预期的成果。很快，施普林格出版社就给弗朗
茨·尼斯尔、利林塔尔、肖特（Sigmund Schott）、维尔曼斯寄去了
《犯罪心理学全领域论文集》（《海德堡论文集》）的合同。括号中的补
充是一种妥协，因为编辑们希望以此为主标题，并希望该丛书向其他
研究中心的作者开放。前两卷于 1912 年出版。但之后就停滞了。原
因之一是第一次世界大战的爆发，后续各卷的出版推迟到了 1920 年。
1926 年，汉斯·格鲁勒和古斯塔夫·拉德布鲁赫（Gustav Radbruch）
取代了冯·利林塔尔和肖特的角色。

从长远来看，最重要的是施普林格出版社和卡尔·雅斯佩斯

---

① 英文为"habilitation"。——译者注

（Karl Jaspers，1883—1969）之间建立的联系，雅斯佩斯愿意撰写长达 200 页的精神医学导论。最后，《普通精神病理学》一书于 1913 年出版，共 354 页。这是雅斯佩斯的第一本书，为他获得学位奠定了基础。该书至今仍是施普林格出版社的代表作之一。此后，雅斯佩斯所有的著作都由施普林格出版社出版。

图150：卡尔·雅斯佩斯，其《普通精神病理学》1913 年由施普林格出版社首次出版，至今仍有其价值，此后他在施普林格出版社出版了心理学和哲学著作

1916 年 5 月，施普林格的掌门人再次来到海德堡，与雅斯佩斯讨论了新书计划以及《普通精神病理学》的扩充版。施普林格在一份备忘录中写道："雅斯佩斯是一位非常伟大的思想家，我们必须出版他的著作。"施普林格出版社出版了雅斯佩斯几乎所有的著作，直到 1946 年他的《论大学》[①]为止。《论大学》也是二战后施普林格出版社出版的第一本书。

在施普林格出版社 1938 年 11 月出版的《神经学家》杂志第 11 卷第 6 期上，刊登了库尔特·施耐德（Kurt Schneider）回忆自己在 25 年前的一天读到《普通精神病理学》时的情形："当我看到这本图书时被惊到了……在我们这个时代的精神医学文献中，我不知道有什么可以与之相比。我敢断言，只有这本书代表着本学科的研究终于达到令人满意的程度。"1938 年，德国纳粹政府禁止雅斯佩斯再出版任何著作。1938 年 6 月 18 日，雅斯佩斯动情地写信给施普林格出版社："我不想显得自高自大，（请允许我）表达我的感激之情，我仍然记得您同意我出版这本书的那一刻，您与我商定出版这本书的那一刻，当时一行字都还没写出来。"雅斯佩斯说的是在维尔曼斯家中的那一幕。施普林格出版社委托他"通过提供一份慷慨的合同"来完成这项任

[①] 根据 1946 年 7 月 24 日雅斯佩斯写给施普林格出版社的信，雅斯佩斯曾希望在战争结束后施普林格出版社可以重印他在战争期间销售一空的著作。但他也明白，这只能在有限的范围内实现。因为战后分配给施普林格出版社的纸张数量远远不能满足其需求。然而，对他来说，"目前的一个精神生活问题是，我的所有重要作品很快就会被重新购买"。因此，他认为自己不能只局限于一家出版商。由于施普林格出版社保留了以前出版的图书的版权，因而他战后的著作都由慕尼黑的皮珀出版社（Piper-Verlag）出版。

务。"当时，这一事对我的激励非同寻常。经过这次经历，我认为对于一个作家，尤其是年轻的作家来说，出版商给予他的信任，鼓励他充分调动他所有的精神力量最为重要。"

图151：海德堡大学位于沃夫尔大街的精神病诊所是
施普林格出版社出版的精神医学著作的重要研究来源

阿诺德·贝利纳和《自然科学》

自然科学各分支学科的专业化程度不断提高，专业期刊数量随之不断增长，这是不可避免的。即使是与自己专业密切相关的领域，个人也很难清楚自己的发展目标。人们普遍承认这一问题存在，但却没有一份期刊能够提供解决方案。

1912 年 5 月 6 日，当阿诺德·贝利纳（Arnold Berliner，1862—1942）联络施普林格出版社，表达"提出一个我相信您会感兴趣的事情"的希望时，施普林格出版社建议尽早与贝利纳会面。小费迪南德知道贝利纳是十分优秀的杂志《物理学初级》的作者，他可能还知道贝利纳最近辞去了 AEG-灯丝灯厂[①]厂长一职。当听到贝利纳提议创办一份涵盖整个自然科学领域的期刊时，小费迪南德当即表示同意。

---

① 德文为"AEG-Gltihlampenfabrik"，英文为"AEG-Filament Lamp Factory"。

　　贝利纳在 1912 年 8 月 6 日的一封长信中概述了他的计划——从 1913 年 1 月起每周出版一期，其定位与 1869 年英国创刊的《自然》杂志一致。贝利纳还拿菲韦格出版社的《自然科学评论》举例分析，撰写了这份期刊的发展大纲，并声称，"我计划出版的这本期刊，目前我暂且称之为《自然科学》，要达到的目的是让每一位从事自然科学工作（研究或教学）的人，了解他在自己的研究领域之外感兴趣的东西。物理学家了解他感兴趣的物理学以外的东西，动物学家了解他感兴趣的动物学以外的东西。因此，原则上它不包括（属于专业期刊领域的）只有专家才能理解的报告或介绍。期刊的内容应该只有评论，但评论的方式应该是物理学家、化学家、生物学家、植物学家等每个人都能获得关于整个自然科学领域进展的专题性和有趣的综述。总而言之，该期刊的目标读者是各类专家，例如物理学家、化学家、生物学家、动物学家、植物学家等"。

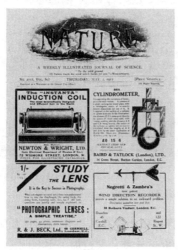

图152：创办于1869年的英国《自然》杂志，
是施普林格出版社《自然科学》的蓝本

　　贝利纳希望，每期开头都应该有一篇由知名科学家撰写的"高质量文章"，科学会议报告应与研究和教学机构的报告同等重要。贝利纳特别强调短篇通信和对自然科学具有普遍意义的书评。这一点对施普林格出版社尤为重要，小费迪南德立即致函国内外许多出版商，请求他们提供帮助。贝利纳指出，撰写书评将是“高报酬的……这样，读者不仅可以阅读到书评，还免费获得评论者所评论的书一册，这对作者和出版商都有价值”。而各学科的主要专家，贝利纳则寄希望于施普林格出版社的众多作者。

1912 年 9 月底，菲韦格出版社提议停止出版《自然科学评论》，并将其 1170 个付费订阅客户卖给施普林格出版社，价格为 1 万马克。10 月初，施普林格出版社和菲韦格出版社达成价值 7500 马克的协议，施普林格出版社还要另付其 2500 马克的广告费。12 月，菲韦格出版社在《自然科学评论》的最后一期中附上了一份通告，告知其订户转到新期刊上。通告全文由施普林格出版社撰写，新刊仍旧在菲韦格出版社之前的印刷厂印刷。

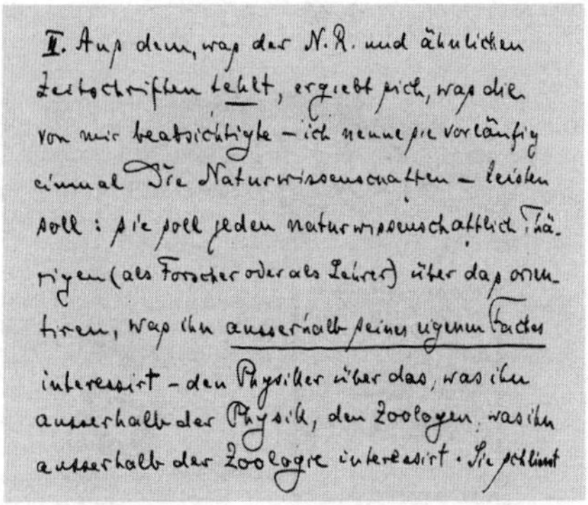
II. Aus dem, was der N. R. und ähnlichen
Zeitschriften fehlt, ergiebt sich, was die
von mir beabsichtigte – ich nenne sie vorläufig
einmal Die Naturwissenschaften – leisten
soll: sie soll jeden naturwissenschaftlich Thä-
tigen (als Forscher oder als Lehrer) über das orien-
tiren, was ihn ausserhalb seines eigenen Faches
interessirt – den Physiker über das, was ihn
ausserhalb der Physik, den Zoologen, was ihn
ausserhalb der Zoologie interessirt. Sie schliesst

图153：阿诺德·贝利纳1912年8月6日来信手稿，
信中谈到施普林格出版社新创办的《自然科学》发展大纲

与此同时，施普林格出版社的制作部门也开始为新期刊做准备。制作部门印制了 2000 份样章，又追加了 1000 份。由于对时效性的要求很高，经常为施普林格出版社印制其他期刊、周刊的赫尔曼印刷厂（H. S. Hermann），为了确保不出现因产力不足而导致的问题，订购了两台新的排版机，并提出在头四个月内不收取任何改版费用。

与此同时，贝利纳也约到了一些著名专家为创刊号撰写稿件，专家有埃米尔·阿博德尔哈登、埃米尔·费歇尔、奥雷尔·斯托多拉

（Aurel Stodola）和海因里希·赞格（Heinrich Zangger）。布雷斯劳的
皮肤病学家阿尔贝特·奈塞尔也积极参与，他给弗里德里希·穆勒写
信道："我找不出能比施普林格出版社更愉快的合作方了。"同时，维
也纳儿科医生克莱门斯·冯·皮尔凯也写信给施普林格出版社："如
果有可能为第一期杂志撰写文章，我将非常荣幸。如果有可能将新刊
与德国自然科学家和医生协会结合起来，将是一件一举多得的事情。"
皮尔凯是该协会的医学秘书，小费迪南德对皮尔凯这个建议非常满
意，因为"这个建议在各方面都与我自己的强烈渴望不谋而合"。但
是在德国自然科学家和医生协会的一次会议上，召开了一次刊物编辑
的分会，成员们对于这个提议进行了讨论。上述建议因为其中有两个
会员反对而搁浅。直到 1924 年，《自然科学》作为学会的"机关刊
物"才确定了出版社与协会的合作关系。

图154：《自然科学》周刊创刊号，
附有"医学与技术进展"字样

图155：阿诺德·贝利纳肖像，1932年
欧根·施皮罗（Eugen Spiro）绘

　　贝利纳每月则获得 400 马克的编辑费和 10% 的期刊销售净利润，
投稿者的酬劳则根据每开纸 16 页的价格来计算，在 160 马克与 250
马克之间浮动。每周的期刊 24 页，每一季度的订阅价格为 6 马克。

　　总而言之，1913 年 1 月 3 日《自然科学》第一期出版了。双方之
间的合作不错！贝利纳在施普林格出版社的办公楼设立了自己的编辑
室。他几乎成为小费迪南德不可或缺的灵感和建议来源。通过贝利纳

和他的众多联系人，施普林格出版社很快就能了解到自然科学以及研究和图书项目的新进展。许多作者通过他来到施普林格出版社，有许多还成了施普林格出版社的朋友。

1932 年，在贝利纳 70 岁生日上，施普林格出版社还出版了特刊。在这期特刊中，朋友和同事们用他们可能不愿直接对这位谦逊的人说的话来表达对他的敬意。他的朋友阿尔贝特·爱因斯坦总结他一生的工作时说道：

> 他总能赢得与成功科学家作者的合作，并说服他们以一种非专业人士也能理解的形式来介绍他们的主题。贝利纳对清晰感和独特性的追求，为许多人了解科学中的问题、方法和成果做出了不寻常的贡献。他的期刊没有脱离我们时代的生活。这不仅促使人们理解科学并保持科学的活力，同时也能解决具体的科学问题。

拓展工程类图书的出版

在弗里茨·施普林格的领导下，工程类图书出版已成为施普林格出版社的强项。出版社几乎与德语国家所有的工程技术学院教授进行过大量的单行本和丛书出版合作，与工程师们建立了密切联系。出版社书目中能够列出几百种工程类图书。此时，施普林格出版社已成为欧洲德语区工程领域的排名靠前的出版商。可以说，1907 年小尤利乌斯·施普林格从其父亲弗里茨·施普林格那里接手这些项目时，这些项目就已经具备成功的条件。

1907 年至 1914 年，施普林格出版社出版了 706 种技术类图书，在出版社目录中分为 52 类。但本书只对该计划中的创新部分或比较突出的部分作做一步阐述和评论。必须注意的是，发动机制造和电气工程方面的出版物在规模和重要性上都在不断扩大和提升，而这两个领域一直是施普林格出版社最强的。一些对某一环节感兴趣的技术读者在翻阅目录时很可能会有一些惊人的发现。

出版工程师文献资料

在弗里茨·施普林格领导工程项目的出版时期，建筑工程师的文献出版在整个出版计划中一直处于边缘地位，发挥的作用微乎其微。1878 年到 1906 年，平均每年仅出版一种此类书。到了 1906 年，桥梁和隧道建筑显然已经成为德国社会重点，而房屋和街道的建造在很大程度上仍由工匠负责，因此人们对这一领域的专门科学书籍的兴趣有限。技术学院的教学领域包括自然科学、数学、物理和测量，以及力学等一般技术科目，这些科目也由学院传授给学习工程专业的学生。在工程专业学生学习的这些课程中，特别重要的是建筑设计和建筑工程。施普林格出版社能够为上述课程提供大部分的图书、资料。

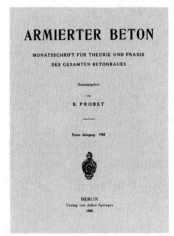

图156：埃米尔·普罗布斯特等编辑的《钢筋混凝土》期刊扉页，尽管混凝土在当时德国已经越来越广泛地应用于桥梁、建筑、隧道等领域，但该期刊并不成功

施普林格出版社出版建筑科学这一领域的图书文献并不多，主要原因是这个领域竞争激烈。1882 年，施普林格出版社接管了《建筑师周刊》，三年后更名为《建筑研究周刊》，但也只维持运营了一年时间。当时德国在该领域领先的出版社是柏林的恩斯特和佐恩（Ernst & Sohn）出版社。早在 1851 年，该社就出版了《建筑工业期刊》期刊，1881 年出版了《建筑管理核心期刊》，分别印刷发行了 13000 册与

5000 册，销量很高。这些主题的期刊占据了建筑工程领域的半壁江山。1857 年，恩斯特和佐恩出版社以柏林的一个学生学术研究组织命名出版了三卷本《施工现场》系列[1]。第三卷专门介绍建筑科学的基本流程、规范，此后该书成为建筑工程师的标准著作。

等尤利乌斯接手后，施普林格改变了在这一领域的克制态度。在 1907 年，与卡尔斯鲁厄理工学院的教师合作出版了《钢筋混凝土》，主编由马克斯·弗尔斯特（Max Foerster）教授和埃米尔·普罗布斯特（Emil Probst）担任，后者从 1914 年起在卡尔斯鲁厄理工学院做建筑工程方面的教授。该刊于 1908 年出版了第一期，但市场反响远远低于施普林格出版社和主编们预期。1904 年，由恩斯特和佐恩接手了创办于 1901 年的《混凝土和铁》。该期刊与《钢筋混凝土通报》《混凝土时讯》等一起主导了整个建筑工程领域。但施普林格出版社出版的这些期刊，单期销售量从没超过 1000 册。第一次世界大战期间，杂志的编辑们和施普林格出版社都考虑到了建筑工程市场的需求，因此又创办了《建筑工程师通报》期刊。该期刊内容广泛，至今在该学科领域仍旧占有一席之地。

施普林格出版社与弗尔斯特合作，为建筑工程师编写一个袖珍版《建筑工程师通报》的计划于 1909 年春成形。弗尔斯特倾向于让德累斯顿技术学院的同事共同担任编辑，"因为德累斯顿的建筑工程系是一流的，而且这样做可以保证期刊的延续性"。

弗尔斯特的第一个计划是按照弗里德里希·费赖塔格（Friedrich Freytag）

图157：马克斯·弗尔斯特主编的袖珍版《建筑工程师通报》让施普林格出版社进入了这一日益增长的工程市场

---

[1] 该期刊的详细历史可参考链接：https://handwiki.org/wiki/Engineering:H%C3%BCtte。——译者注

《发动机制造辅助通报》的版式编号，92 印张纸，大约 1500 页，尺寸是 12.5 厘米 × 20.0 厘米，与《施工现场》的版式一致。撰稿者的稿酬是平均 120 马克/印张，弗尔斯特作为主编，编辑费是 40 马克/印张。手稿应于 1910 年 7 月 1 日前完成。但是施普林格出版社起初相当谨慎，明确这本书不超过 70 印张，印数最初定为 3000 册。但出版社很快就发现，定价要想不超过 16 马克，并且至少要收回制作成本，就必须印制 5000 册。为防止书的页数超过计划，与撰稿人签订的协议约定，稿酬仅限于之前商定的页数，超出的部分不支付稿酬。

但是这大大低估了编辑工作可能需要的时间和绘制 2723 幅图的成本。许多作者只提供了草图，编辑必须重新绘制，费用由出版社承担。而其他作者提交的插图则来自以前出版的作品，由于版权原因，出版社只能有限地使用这些插图。再加上书的版面较小，许多插图必须重新绘制。插图绘制完成后，一些作者还希望增加插图，这往往需要重新绘制，再次增加了成本。

图158：纽约河上曼哈顿大桥上其中一根支柱的图纸，这是《建筑工程师通报》众多插图之一

最后形成的现实与最初预想的完全不一致。图书原定的 70 印张，最终扩充到 118 印张，因此 16 马克的定价不再现实，即使 20 马克也难以收回投入的总支出。该书制作成本以及支付给编辑和撰稿人的费用加起来超过了 5.5 万马克。施普林格出版社最终同意支付额外页数的费用，以及 3000 马克宣传费用。假如销售收入最多为 6.5 万马克，该项目盈利可能最多为 7000 马克。仅有 7000 马克的"利润"，不足以证明对于该图书出版所做的大量工作和所冒的风险是值得的。因此，只有期待该书再版才有望盈利。但是出版商和编辑们对于该项目抱有坚定的希望。

该书于 1909 年 6 月 28 日开始制作。如果不是其中一位作者将最后期限再次延了几个月，该书本可以在 1910 年 3 月发行。最终，该书于 1910 年 9 月底出版问世。该书的样书和书评被广泛分发，甚至《法兰克福汇报》也收到了一本。技术学院和建筑贸易学校的教授和讲师们也收到了大量赠阅本。幸运的是，所有反响几乎都是积极的。有一篇评论对该书大加赞赏道：

> 终于有了一本真正的建筑工程百科全书。内容集中在一册书的篇幅内，没有比这更好的构思了。仅仅从编辑的角度来看，实现这样一个计划是非常困难的。从制作技术的角度来看，这却是一部名副其实的杰作。我们可以高兴地看到，编辑他本人就享有一流的声誉，他找到了许多精挑细选、能力出众的合作者。出版商在充分了解出版对象和特定读者群的情况下，在各方面都完成了这项事业，愿意承担风险，并以施普林格出版社自己的工艺质量完成了这项事业，……很少有一种百科全书式的技术图书能像这本书一样，在组织结构上如此和谐完美。

即使是骄傲的出版商也不敢如此奢侈地赞美自己的作品。不管怎样，这样的评论还是有意义的，只要这本书能够发挥它的价值，所有赞美都是正确的。因为该书在出版几个月内，显然很快就需要重印了。该书的意大利文和俄文译本已经谈妥。由于需要增加一些内容，文本必须更加简洁。尽管做了种种努力，1914 年春天出版的第二版还是增加了 160 页和 300 多幅插图。到了 1928 年，《建筑工程师通报》已经出了六版，每版都有进一步改进。每次都试图从大版本缩短、缩小篇幅但总遭到失败，最终这本"工程师的口袋书"共出版了两卷。

总体来看，1878 年至 1906 年，施普林格出版社依旧每年出版一种工程类图书，且大多聚焦在桥梁与隧道建设上（而建筑与街道建设仍属于手工艺人的工作范围）。1907 年至 1914 年，706 种技术类图书被归在施普林格出版社的 52 个分类里，其中引擎、建筑与电子工程类的图书继续得到了扩充。

工厂管理学

19 世纪下半叶成立的大型工业公司都是发明家或企业家的杰作，但他们缺乏将技术知识与合理的生产管理经营结合起来的经验。在北美，批量生产和制造机床的方法比欧洲先进，因此在世纪之交人们就开始了系统地研究企业组织和车间管理工作，并将其发展为企业管理知识体系。1903 年，弗雷德里克·温斯洛·泰勒（Frederick Winslow Taylor，1856—1915）撰写了《工坊管理》一书。施普林格出版社出版了该书的德文译本。这位"科学管理之父"（又称"泰勒主义"者）的目标是，通过严密的运营组织来优化生产手段和工作方法，通过"时间"来分析研究生产技术及其流程，然后将其重新组织起来。从计时工资到计件工资的过渡的建议曾经一度失去了意义。但他的许多观点，如必需的标准化，已被证明是卓有成效的，现在看来已不言自明。泰勒的书由阿道夫·瓦利希斯（Adolf Wallichs，1869—1959）翻译，他 1906 年以后在德国技术大学担任企业管理和采矿机械教授。

图159：弗雷德里克·温斯洛·泰勒（左）；
1909年施普林格出版社出版的《工坊管理》德文版扉页（右）[1]

---

[1] 该书德文版由阿道夫·瓦利希斯在 1909 年翻译出版，影响力延续直到 20 世纪 20 年代，其后由施普林格出版社出版了多种研究"泰勒主义"的研究专著。

1904 年 7 月 20 日，德国设立了第一个
"机器与工厂管理"的教授席位，被授予职位
的人是柏林工业大学的工程师格奥尔格·施
莱辛格（Georg Schlesinger，1874—1949）。
他是一名"注册工程师"，时年 30 岁，刚刚
获得博士学位。值得注意的是，这个教授席
位的建议来自德皇威廉二世。皇帝在参观路
德维希·勒（Ludwig Loe）机床厂时，施莱辛
格给他留下了深刻印象。当时，施莱辛格作
为工程师在机床厂工作。

图160：格奥尔格·施莱辛
格成为施普林格出版社最
重要的作者、编辑和顾问

1904 年 3 月份，小费迪南德就联系上了
施莱辛格，想请其编辑一本关于生产机器部
件和生产过程的书，后者原则上同意，但得延迟交稿，因为他要先去
美国考察几周。此外他还被提拔为机器部件测试部的主任。1905 年，
施莱辛格先给施普林格出版社提交了一部关于比利时的列日世博会的
报告。

不过，这本书的计划因故推迟了，反而推动了施莱辛格和施普林
格最初接触。原因是 1905 年 12 月 3 日，科隆的工程师卡尔·格奥尔
格·弗兰克（Karl Georg Frank）向小费迪南德·施普林格询问，他是否
有兴趣"创办一本机械杂志"，面向广泛的对机械工作和制造方法领域
感兴趣的读者。相比弗兰克的模糊建议小费迪南德·施普林格更不怀
疑，这是一个非常有前景的计划。他向施莱辛格寻求建议，施莱辛格
很快做出了回应："我对这件事很感兴趣，愿意与您讨论。"在进一步
的协商过程中，施莱辛格成为联合主编，并很快成为该项目的推动者。
1906 年夏天，在讨论致潜在作者的通知函时，施莱辛格拒绝了弗兰克
起草的两封通知函。而弗兰克坦率地承认，他没有用准确的语言表达
出自己想要的东西，特别是"到目前为止还没有什么明确定位，最后
的期刊看起来会很不同……"他随后接受了施莱辛格起草的通知函。

1906 年 8 月，弗兰克给小费迪南德·施普林格写信说，我的公司
阻止我参与期刊合作，并要求我至少不要正式担任编辑。1906 年 9 月，

五个月前与弗兰克签订的合同不得不取消，施莱辛格同意担任唯一编辑。毫无疑问，施普林格出版社欢迎这一变动，因为施莱辛格是更有能力的合作伙伴。

施莱辛格非常清楚自己的价值。当施普林格出版社在 1906 年 7 月 7 日提出由他担任联合编辑的问题时，他毫不犹豫地做出了如下非常清晰、没有留下任何误解机会的反应："您提供的酬金只够支付抄写员在所需时间内的工资报酬。您承担商业风险，而我则以我的名义和我的个人经验，以及我对艰深课题的了解与您合作。如果弗兰克博士希望或必须在您所提供的条件下工作，那么一定有重要的原因迫使他这样做。假如计划筹办中的期刊不能在质量和设计上出类拔萃，它只是与许多技术期刊平起平坐的水平，那么我就不能为它署名。"施普林格出版社迫切希望得到这位新领域的领军人物执掌这份期刊，因而想方设法在财务条款上与之达成了一致。

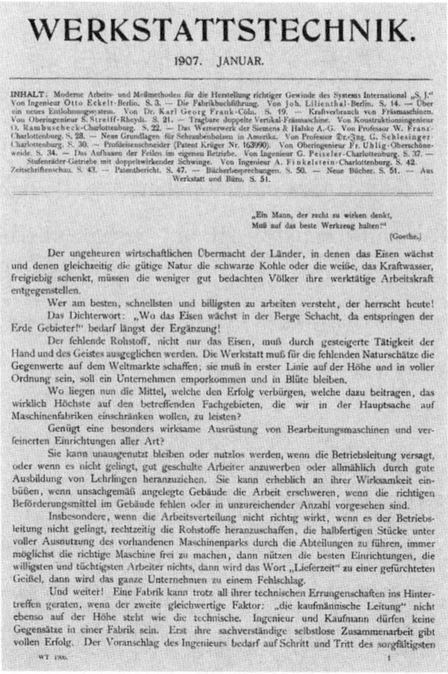

WERKSTATTSTECHNIK.

1907. JANUAR.

INHALT: Moderne Arbeits- und Meßmethoden für die Herstellung richtiger Gewinde des Systems International „S. I." Von Ingenieur Otto Eckelt-Berlin. S. 3. — Die Fabrikbuchführung. Von Joh. Lilienthal-Berlin. S. 14. — Über ein neues Entlohnungssystem. Von Dr. Karl Georg Frank-Cöln. S. 19. — Kraftverbrauch von Fräsmaschinen. Von Oberingenieur S. Streiff-Rheydt. S. 21. — Tragbare doppelte Vertikal-Fräsmaschine. Von Konstruktionsingenieur O. Rambuscheck-Charlottenburg. S. 22. — Das Wernerwerk der Siemens & Halske A.-G. Von Professor W. Franz-Charlottenburg. S. 28. — Neue Grundlagen für Schraubenbolzen in Amerika. Von Professor Dr.-Ing. G. Schlesinger-Charlottenburg. S. 30. — Profileisenschneider (Patent Krüger Nr. 163990). Von Oberingenieur Fr. Uhlig-Oberschöneweide. S. 34. — Das Aufhauen der Feilen im eigenen Betriebe. Von Ingenieur G. Peiseler-Charlottenburg. S. 37. — Stufenräder-Getriebe mit doppeltwirkender Schwinge. Von Ingenieur A. Finkelstein-Charlottenburg. S. 42. Zeitschriftenschau. S. 43. — Patentbericht. S. 47. — Bücherbesprechungen. S. 50. — Neue Bücher. S. 51. — Aus Werkstatt und Büro. S. 51.

„Ein Mann, der recht zu wirken denkt,
Muß auf das beste Werkzeug halten!"
(Goethe.)

Der ungeheuren wirtschaftlichen Übermacht der Länder, in denen das Eisen wächst und denen gleichzeitig die gütige Natur die schwarze Kohle oder die weiße, das Kraftwasser, freigiebig schenkt, müssen die weniger gut bedachten Völker ihre werktätige Arbeitskraft entgegenstellen.

Wer am besten, schnellsten und billigsten zu arbeiten versteht, der herrscht heute!

Das Dichterwort: „Wo das Eisen wächst in der Berge Schacht, da entspringen der Erde Gebieter!" bedarf längst der Ergänzung!

Der fehlende Rohstoff, nicht nur das Eisen, muß durch gesteigerte Tätigkeit der Hand und des Geistes ausgeglichen werden. Die Werkstatt muß für die fehlenden Naturschätze die Gegenwerte auf dem Weltmarkte schaffen; sie muß in erster Linie auf der Höhe und in voller Ordnung sein, soll ein Unternehmen emporkommen und in Blüte bleiben.

Wo liegen nun die Mittel, welche den Erfolg verbürgen, welche dazu beitragen, das wirklich Höchste auf den betreffenden Fachgebieten, die wir in der Hauptsache auf Maschinenfabriken einschränken wollen, zu leisten?

Genügt eine besonders wirksame Ausrüstung von Bearbeitungsmaschinen und verfeinerten Einrichtungen aller Art?

Sie kann unausgenutzt bleiben oder nutzlos werden, wenn die Betriebsleitung versagt, oder wenn es nicht gelingt, gut geschulte Arbeiter anzuwerben oder allmählich durch gute Ausbildung von Lehrlingen heranzuziehen. Sie kann erheblich an ihrer Wirksamkeit einbüßen, wenn unsachgemäß angelegte Gebäude die Arbeit erschweren, wenn die richtigen Beförderungsmittel im Gebäude fehlen oder in unzureichender Anzahl vorgesehen sind.

Insbesondere, wenn die Arbeitsverteilung nicht richtig wirkt, wenn es der Betriebsleitung nicht gelingt, rechtzeitig die Rohstoffe heranzuschaffen, die halbfertigen Stücke unter voller Ausnutzung des vorhandenen Maschinenparks durch die Abteilungen zu führen, immer möglichst die richtige Maschine frei zu machen, dann nützen die besten Einrichtungen, die willigsten und tüchtigsten Arbeiter nichts, dann wird das Wort „Lieferzeit" zu einer gefürchteten Geißel, dann wird das ganze Unternehmen zu einem Fehlschlag.

Und weiter! Eine Fabrik kann trotz all ihrer technischen Errungenschaften ins Hintertreffen geraten, wenn der zweite gleichwertige Faktor: „die kaufmännische Leitung" nicht ebenso auf der Höhe steht wie die technische. Ingenieur und Kaufmann dürfen keine Gegensätze in einer Fabrik sein. Erst ihre sachverständige selbstlose Zusammenarbeit gibt vollen Erfolg. Der Voranschlag des Ingenieurs bedarf auf Schritt und Tritt des sorgfältigsten

WT 1906. 1

图161：《工坊管理》的宗旨是支持工厂运营的合理化，包括安装适当的机床、技术人员和优秀学徒的培训、原材料的准时交付、内部运输及提高销售和营业额

1906 年圣诞节前不久，施普林格出版社寄给他的新编辑两本刚刚出版的《工厂技术》的样刊，并给施莱辛格写信说："这期杂志给人留下了相当深刻的印象，我希望您也能欣赏这种设计。希望我们合办的新项目会发展得很好。"

该刊向企业和个人发送了许多免费样书，将多达 1300 份的样书赠送给了潜在的广告商。该刊在发行后不久就受到了德国国内外的广泛关注。正如之后在纪念其成立 50 周年的报告中所指出的：刊物是为科学服务的，它也是一种声音。该刊物呼吁制造业的所有人，从厂长到技术员到手工艺师傅，都要接受发展的挑战，尽快弥补机械制造业的落后。与建筑业相比，工厂生产制造和科研是落后的。为此，施莱辛格从一开始就面向广大读者发出呼声。在泰勒的启发下，他扩大了科学制造管理的范围，将成本计算以及从工具到机床，再到厂房和运输辅助设施等所有方面都纳入了管理范围。

德美合作的出版项目

1911 年 8 月 14 日，纽约的工业出版社（The Industrial Press）的社长亚历山大·卢卡斯（Alexander Luchars）来找小费迪南德谈合作。卢卡斯在 1911 年 7 月 14 日的来信中说，一位德国出版商（信中没有提及这个出版商的名字）建议他创办一份德文版《机械》杂志。然而，卢卡斯更倾向于与施普林格出版社建立联系，因为"我们可能会找到一种方法，使我们的利益结合在一起，而不是成为竞争对手，这将使我们共同受益"。

当卢卡斯和小费迪南德出版社会面商讨时，一致认为将英文版《机械手册》翻译成为德文版不可能成功，因为其中许多文章与德国读者无关。最后他们商定《机械手册》中的相关文章将被添加到《工厂技术》（不久后更名为《机械》）中。由于《工厂技术》计划每月出版两期，因此每期的页数将从 56 页减少到 32 页，一旦条件成熟，改为每周出版一期。

为此双方成立了一个合资公司，总注册资金为 19.5 万马克，其中三分之一来自纽约的工业出版社，剩下的来自施普林格出版社。合同约定，若五年后合同内其中一方取消合作，另一方则有权获得其股份。根据 1911 年的总收入，《工厂技术》整个期刊估值为 6.5 万马克，其中有计划订阅的读者为 2200 个（每人 5 马克的订阅费），广告费的预期则为 2.8 万马克。

1912 年 1 月，《机械》创刊，每月两期。其中卢卡斯的《机械手册》期刊供稿比例约为 40%，选择权在施莱辛格手中。他有权"在意义允许的范围内修改和缩短《机械手册》杂志的文章"。合同于 1911 年 10 月签订，但问题很快就出现了。起初，工业出版社还为所有他们认为合适的产品寄去了插图的电镀（electroplates）版。但施莱辛格的意见经常与之不一致，因为大多数文章对他来说都太初级了。此外，他只想发表篇幅不超过三页的文章。因此，他原则上排除了长篇文章，而这类文章在《机械手册》中很常见。

在最后期限方面也出现了问题。施普林格出版社发现，德国大型机床厂经常阅读英文版《机械手册》。因此，必须请纽约方面尽早寄出所选文章的样稿，以便能够立即开始翻译，这样德文版可以与英文版同时出版。尽管《机械手册》为月刊，但由于转运时间约为四周，因此这一目标很难实现。

然而最大的分歧在于德国读者的阅读期望值。正如小费迪南德在 1911 年 11 月 18 日写给卢卡斯的信中所解释的那样："请不要忽视美国和德国的阅读需求差异。在德国，我们必须考虑到读者普遍受过较好的教育，懂得工程学的基本原理。然而，两本期刊在这方面却大相径庭。《机械手册》对没有受过任何理论培训的有一定实操经验的技术工人具有广泛的吸引力，而《工厂技术》几乎只面向工程师。"

卢卡斯也看到了两本期刊目标群体之间的这种差异。但他在 1911 年 11 月 15 日的回信中认为，内容难度较低的文章将有助于在德国建立一个全新的机械领域的读者群，就像我们在美国所做的那样。这些人将在年轻时开始阅读你们的出版物，就将会与你们的出版物相伴终生。"我们的机械师成功地设计了机器，推动了世界的进步。他们的工作得到了我国机械学期刊……的帮助。按照我们在这里所遵循的同样思路去思考和工作，你就会取得无与伦比的成功。"同时卢卡斯建议他采用美国《机械》杂志的方法，尝试用"优惠订阅"（money premium）[1]的方式吸引更多读者，而不是采用"德国老式的推广方法"。

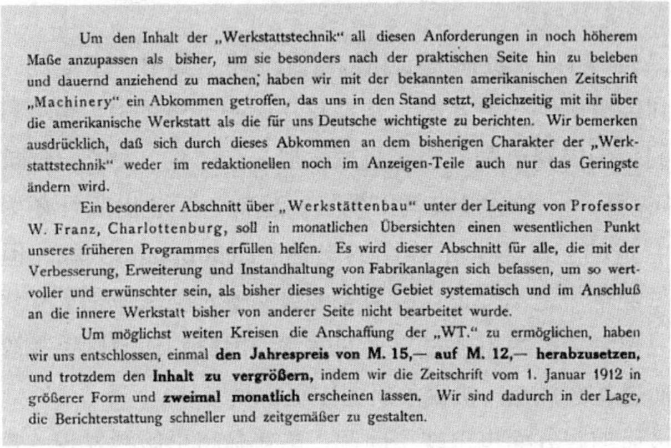

Um den Inhalt der „Werkstattstechnik" all diesen Anforderungen in noch höherem Maße anzupassen als bisher, um sie besonders nach der praktischen Seite hin zu beleben und dauernd anziehend zu machen; haben wir mit der bekannten amerikanischen Zeitschrift „Machinery" ein Abkommen getroffen, das uns in den Stand setzt, gleichzeitig mit ihr über die amerikanische Werkstatt als die für uns Deutsche wichtigste zu berichten. Wir bemerken ausdrücklich, daß sich durch dieses Abkommen an dem bisherigen Charakter der „Werkstattstechnik" weder im redaktionellen noch im Anzeigen-Teile auch nur das Geringste ändern wird.

Ein besonderer Abschnitt über „Werkstättenbau" unter der Leitung von Professor W. Franz, Charlottenburg, soll in monatlichen Übersichten einen wesentlichen Punkt unseres früheren Programmes erfüllen helfen. Es wird dieser Abschnitt für alle, die mit der Verbesserung, Erweiterung und Instandhaltung von Fabrikanlagen sich befassen, um so wertvoller und erwünschter sein, als bisher dieses wichtige Gebiet systematisch und im Anschluß an die innere Werkstatt bisher von anderer Seite nicht bearbeitet wurde.

Um möglichst weiten Kreisen die Anschaffung der „WT." zu ermöglichen, haben wir uns entschlossen, einmal den **Jahrespreis von M. 15,— auf M. 12,— herabzusetzen**, und trotzdem den **Inhalt zu vergrößern**, indem wir die Zeitschrift vom 1. Januar 1912 in größerer Form und **zweimal monatlich** erscheinen lassen. Wir sind dadurch in der Lage, die Berichterstattung schneller und zeitgemäßer zu gestalten.

图162：从1912年起，《机械》杂志每月出版两期，
美国《机械手册》杂志上有关美国工厂实践的文章被迅速翻译和编辑

施普林格出版社在回信答复中，起初只是评论了卢卡斯的关于争取更多订户的建议。在德国，用优惠订阅来推广期刊的做法并不常见。因为德国工人师傅"对工会有着强烈的感情"，很难通过这种方式吸引他们。施普林格出版社也不希望通过这种方式获得订户，从而与德国图书贸易方式作对。

施普林格出版社没有回答卢卡斯关于必须扩大读者范围的建议，但是信中写道："您不要忘记，美国和德国的情况是完全不同的。在德国，所有较好的工人都隶属于大型工会，其中大多数工会都会出版专门针对其专业需求的技术期刊，例如《匠人期刊》就有40万的发行量。虽然美国有能力的机械工人和手工艺师傅有可能迅速晋升，并在日后担任独立职务，但在这种情况下，您建议的期刊在德国几乎是不可能出现的。由于德国工业的发展，工人和手工艺师傅很少能担任领导职务。因为德国工业发展是建立在对工程师的科学培训

---

[1] 指订阅者得到最多服务的订阅方式。

基础之上的。"

从往来信件中看，后期关于期刊内容的讨论已经变得不那么重要了。然而，1913 年，施普林格出版社决定在第二年，除了继续出版面向工程师的《机械》之外，再出版一本面向工匠的《机械》（工匠版）。到 1914 年夏天，该并行版已有 3800 个订户，与原版相同。第一次世界大战爆发后，施普林格出版社获得美国人的稿件变得越来越困难，但该杂志还是坚持了下来，订阅量和广告量明显下降。但幸运的是，施普林格出版社至少没有遭受损失，而其他出版商则不得不停止出版同类期刊。第一次世界大战后，由于双方彼此需要的合作基础太小，合资企业解散了。但两家出版社仍保持着友好关系，因为他们从合资企业中学到了很多，且没有失去什么。

第一种航空图书

想当年，詹姆斯·瓦特（James Watt）需要 2000 公斤重的引擎才能产生 1 马力的能量。1874 年的海因里希·斯特凡时期，30 公斤重的引擎也可产生同样的能量了，虽然对飞机来讲仍然很重（甚至还得带煤上天），他依旧预测未来的引擎会更轻。内燃机大大改善了重量与输出功率之间的关系，因此它可以用于飞行器的推进和操纵。1908年，费迪南德·齐柏林伯爵（Graf Ferdinand von Zeppelin）就宣称他的戴姆勒引擎（Daimler Engine）可产生 110 马力的能量了（虽然引擎重 500 公斤），马力和重量的比达到了 1：4.5。

出版两种航空图书确实有些超出了施普林格出版社的出版计划。第一种是基于 1909 年 10 月 10 日—10 月 17 日，法兰克福举办了"第一届国际飞艇博览会"（Erste internatinale Luftschiffahrts Ausstellung）的官方报告，1911 年春季由施普林格出版社推出。伯恩哈德·莱普修斯（Bernhard Lepsius）和里夏德·瓦克斯穆特（Richard Wachsmuth）编辑了这两卷内容丰富的航空报告。瓦克斯穆特在 1914 年出任新成立的法兰克福大学的校长。从今天的角度来看，其中一篇有关飞行问题的重要的演讲报告是由路德维希·普朗特（Ludwig Prandtl）所作的，该报告不久后由施普林格出版社出版。该展会举办期间，虽然三天的展览中有两天下雨，出现了前所未有的恶劣天气，但仍有 150 多万观众参加，而汽艇和气球则是展览的中心。

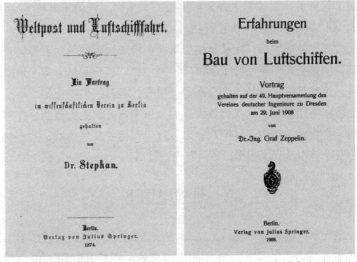

图163：海因里希·斯特凡在柏林发表的演讲《世界邮政和飞艇指南》扉页（左）；
格拉夫·齐柏林发表的演讲《制造飞艇的经验》扉页（右）①

施普林格出版社借助一个意外的出版项目，进入航空领域。1911年，出版社接手了《机动飞艇研究学会年鉴》的出版，1913 年出版了《飞行工程学会年鉴》。德国的奥尔登堡出版社计划阻止施普林格出版社《飞艇工程学会年鉴》的出版项目。因为奥尔登堡出版社抢在施普林格出版社之前创办了《飞行技术与飞艇》杂志。该杂志由路德维希·普朗特和（自 1912 年起）弗里德里希·本德曼（Friedrich Bendemann）主编。

但在随后的几年里，施普林格出版社出版了许多关于空气动力学和飞机稳定性的书。克劳德·道尼尔（Claude Dornier）②后来成为著名

① 两本书均由施普林格出版社出版。海因里希·斯特凡在柏林发表的预言性演讲后，《世界邮政和飞艇指南》起初被认为过于乌托邦。齐柏林伯爵在 1908 年 6 月 20 日发表演讲后的五个星期后，即 1908 年 8 月 5 日，他的最新型飞艇在斯图加特附近的埃希特丁根爆炸起火。
② 克劳德·道尼尔成立了著名的德国飞机公司，该公司二战后依旧存在，并开发了符合世界潮流的垂直起降轰炸机 Dor 31。——译者注

的飞机制造商，他撰写了《螺旋桨的计算研究》一书，该书1912年由施普林格出版社出版。

20世纪二三十年代，当施普林格出版社的飞行工程出版项目不断发展壮大时，路德维希·普朗特也成为施普林格出版社的作者。出版社在这一领域最成功的著作是里夏德·冯·米泽斯（Richard von Mises）的《飞行研究》，1918年首次出版。1918年后该书历经五次增订，1938年的最后一版由库尔·霍恩埃姆泽（Kurl Hohenemser）主编，米塞斯因为政治问题被当时德国政府强迫移居国外。

总体上看施普林格出版社的汽车引擎类图书出版并不活跃。而实际上小费迪南德对汽车很感兴趣，1911年他就拥有一辆汽车，并亲自开车从柏林到威斯巴登参加内科医学大会，这在当时很罕见。值得一提的是，施普林格出版社首版出版的阿诺尔德·黑勒（Arnold Heller）所著的《用于自学和技术教学机构教学的教科书：汽车与液态燃料汽车发动机》，是德国在这一领域的第一本专业书。截至1925年，该书曾被多次重印和修订。而在市场上这方面的书仍然寥寥无几，施普林格出版社继续推出相关图书，以满足这一领域的市场需求。

图164：《第一届法兰克福国际飞艇展会的报告》扉页

图165：阿诺尔德·黑勒所著的《用于自学和技术教学机构教学的教科书：汽车与液态燃料汽车发动机》扉页

b. Besondere Pflichten des Führers.

§ 18. Die Fahrgeschwindigkeit ist jederzeit so einzurichten, daß Unfälle und Verkehrsstörungen vermieden werden und daß der Führer in der Lage bleibt, unter allen Umständen seinen Verpflichtungen Genüge zu leisten.

Innerhalb geschlossener Ortsteile darf die Fahrgeschwindigkeit von 15 Kilometer in der Stunde nicht überschritten werden. Bei Kraftfahrzeugen von mehr als 5,5 Tonnen Gesamtgewicht beträgt die überhaupt zulässige Höchstgeschwindigkeit 12 Kilometer in der Stunde; sie kann — vorbehaltlich der Vorschrift in Satz 1 — bis auf 16 Kilometer gesteigert werden, wenn wenigstens die Triebräder mit Gummi bereift sind. Die höhere Verwaltungsbehörde kann höhere Fahrgeschwindigkeiten zulassen. [1]

Auf unübersichtlichen Wegen, insbesondere nach Eintritt der Dunkelheit oder bei starkem Nebel, beim Einbiegen aus einer Straße in die andere, bei Straßenkreuzungen, bei Straßeneinmündungen, bei scharfen Straßenkrümmungen, bei der Ausfahrt aus Grundstücken, die an öffentlichen Wegen liegen, und bei der Einfahrt in solche Grundstücke, bei der Annäherung an Eisenbahnübergänge in Schienenhöhe, ferner beim Passieren enger Brücken und Tore sowie schmaler oder abschüssiger Wege sowie da, wo die Wirksamkeit der Bremsen durch die Schlüpfrigkeit des Weges in Frage gestellt ist, endlich überall da, wo ein lebhafter Verkehr herrscht, muß langsam und so vorsichtig gefahren werden, daß das Fahrzeug sofort zum Halten gebracht werden kann.

§ 19. Der Führer hat entgegenkommende, zu überholende, in der Fahrtrichtung stehende oder die Fahrtrichtung kreuzende Menschen sowie die Führer von Fuhrwerken, Reiter, Radfahrer, Viehtreiber usw. durch deutlich hörbares Warnungszeichen rechtzeitig auf das Nahen des Kraftfahrzeugs aufmerksam zu machen; auf die Notwendigkeit, das Warnungszeichen abzugeben, ist in besonderem Maße an unübersichtlichen Stellen (§ 18 Abs. 3) zu achten.

Das Abgeben von Warnungszeichen ist sofort einzustellen, wenn Pferde oder andere Tiere dadurch unruhig oder scheu werden.

Innerhalb geschlossener Ortsteile sind Warnungszeichen mit der im § 4 Abs. 1 Nr. 4 vorgeschriebenen Huppe abzugeben. Außerhalb geschlossener Ortsteile kann das Warnungszeichen auch mit einer Fanfarentrompete abgegeben werden; dies Signalinstrument darf auch lose im Kraftfahrzeuge mitgeführt, und unter Verantwortung des Führers auch durch eine andere im Fahrzeug beförderte Person angewendet werden.

Das Abgeben langgezogener Warnungssignale, die Ähnlichkeit mit Feuersignalen haben, sowie die Verwendung anderer Signalinstrumente ist nicht statthaft.

图166：阿诺尔德·黑勒的著作中关于汽车交通规则的书摘[1]

杜贝尔的《发动机制造通报》

在施普林格出版社的历史上，最畅销的图书为海因里希·杜贝尔（Heinrich Dubbel，1873—1941）所著的《发动机制造通报》[2]。该书自从 1914 年出版后，在 80 年的时间里销售量为 90 万册，这还不包括外译语言的版本数量，甚至在 1991 年还出版了中文版。

施普林格出版社第一次接触杜贝尔是出版社在准备出版他的一份文章印刷品。1903 年 4 月 3 日，当时年仅 30 岁的杜贝尔给施普林格出版社写信，提出施普林格出版社出版的图书篇幅过多、过于昂贵，并建议由知名工程师撰写专著。他提议自己可以撰写一本关于蒸汽机设计和规格的书，即《蒸汽机的设计与规范》。他写道："令人惊讶的是，至今还没有出现过这样的著作。"弗里茨·施普林格立即同意了这一计划，并于 1903 年 5 月 15 日签署了一份协议。他预计这本

---

① 阿诺尔德·黑勒在 1910 年就提出了汽车交通规则："在建筑密集区不得超过 15 公里/小时，鼓励鸣笛警告。"

② 该书原书英文为 *Manual for Engine Construction*，直译为《发动机制造手册》，其实是一个有关发动机生产、制造的定期出版物，因此中文版翻译为《发动机制造通报》。——译者注

书将有 30 开张，480 页，印数为 2000 册，所获净利润出版社与作者平分。

图167：蒙纳铸排由美国人托尔伯特·兰斯顿（Tolbert Lanston，1844—1913）发明[1]

《蒸汽机的设计与规范》于 1905 年夏天出版面世，两年后重印，印数为 2500 册。在此期间，其他国家也对该书产生了兴趣，英文版和俄文版相继出版，1910 年第三版面世。由于技术原因，该书使用了最新发明的新型蒙纳铸排机[2]（Monotype）印刷。然而中间还有几个插曲。第一，机器一次只能排版 12 印张，而且必须一次性印刷完毕，这样才能有足够的字体来设置更多的印张。如果一个印张已经印好了，作者就没有机会对相关章节进行修改或添加参考资料等。对于单版印刷来说，保持构图是没有问题的，该机器的优势也很大，毕竟排版员通过连接印刷机的键盘手工敲字后，可重复使用每个排版的内容。

第二，第一个在德国投入使用新型蒙纳铸排机的印刷厂属于莱比锡的斯帕默（Spamer of Leipzig）出版社。该出版社也是工程科学图书的出版商，想趁机把杜贝尔挖走，使其成为自己的作者。吸取本次

---

① 排版员通过蒙纳排版机的键盘（左）在纸条上打孔，精确定位 225 个字母和符号的矩阵（右）。这台机器代表了在科学书籍和期刊的排版方面取得了重大进展，因为它可以提供大量的标志和雕刻般锐利的字体。而且每种出版物都可以单独排版。

② 从 19 世纪起大规模生产图书的技术，使用机械打字系统（hot metal typesetting）与印刷机结合，打字员坐在印刷机后面直接敲字，跟如今坐在电脑前打字的形态类似，直到 1950 年起照相排版（phototypesetting）发明后该做法被替代。需要注意的是该名词（monotype）要避免跟一种手工油画生产技术混淆。——译者注

印刷教训的施普林格出版社，干脆就把印刷工作转给了“皇家大学印刷厂”，因为施普林格出版社一年前入股该印刷厂，该印刷厂也才购买了新型蒙纳铸排机。最终，该书在 1905 年夏季出版。

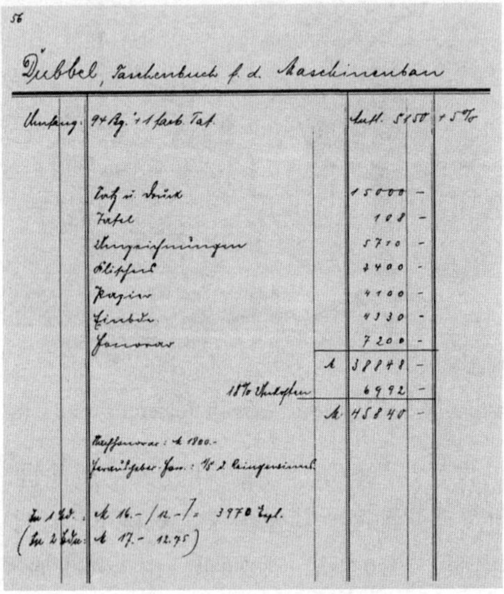
56

Dübbel, Taschenbuch f. d. Maschinenbau

5150 + 5%

15000 –
108 –
5710 –
2400 –
4100 –
4330 –
7200 –
38848 –
18% 6992 –
45840 –

1800.–

16.– / 12.– / = 3970
17.– 12.75

图168：杜贝尔的《发动机制造通报》的成本计算异常简短，计算到尚未支出的成本，大约需要售出4800册才能持平

1911 年 4 月，杜贝尔被任命为柏林博伊特工程学院[①]教授[②]，小尤利乌斯·施普林格的贺信在晋升通知之前就已经送到了他的手中。因为杜贝尔和施普林格出版社之间的联系越来越密切。尽管作者和出版商只是偶尔见面，但是他们彼此通信密切。（这对编年史作者来说是幸运的！）小尤利乌斯经常让杜贝尔审阅书稿。1911—1912 年，他们开始共同筹划一份新的期刊《动力引擎》，但最终不了了之。该杂志被另一个项目所取代了，该项目占用了杜贝尔的大部分工作时间，一直到他去世。

① 该学院德文为“Ingenieurakademie Beuth”。1909 年创立，以纪念克里斯蒂安·彼得·威廉·博伊特（Christian Peter Wilhelm Beuth，1781—1853）对柏林的工程学教育起的重大作用。该校之后成为博伊特应用科学大学（Beuth University of Applied Sciences），在 2021 年改名（Berliner Hochschule für Technik，简称 BHT）。——译者注

② 施普林格出版社的尤利乌斯的祝贺信其实比官方来得更早。之后他们的联系更紧密，主要是关于给杜贝尔阅稿的事。

图169：《发动机制造辅助通报》扉页（左）；俄文译本扉页（右）[1]

　　1912 年 5 月 24 日，杜贝尔要求施普林格出版社开会讨论创办《动力引擎》期刊一事，但会议过后就变成上文所说的"另一个项目"，即《发动机制造辅助通报》。五天后，他们在施普林格出版社的办公室会面，考虑是否有机会与《施工现场》（三卷本标准工程师著作）进行竞争。《施工现场》这本书于 1857 年首次出版，截至 1912 年已出了多个版本，仍旧是工程师的标准教学、学习和参考用书。虽然专家们都知道这本书的一些缺点，但当时并没有强有力的竞争者。即使是施普林格出版社 1904 年出版的《发动机制造辅助通报》也没有对之产生影响。后者由费赖塔格撰写，1908 年出版了第二版。

　　1912 年 6 月 2 日，杜贝尔给施普林格出版社寄了第一份图书章节建议清单。在与他的合作者讨论之后，杜贝尔估计该书的篇幅为 1400 页，采用与马克斯·弗尔斯特主编的《建筑工程师通报》相同的版式和布局。令人惊讶的是，这一估算是非常正确的。该书最终仅增加了 100 多页，因为详细的目录和索引没有被包括在内。而编辑和出版商严格执行了原定的目录计划，使本书保持了预定的篇幅。施普林格出

---

[1] 该书俄文译本耗费了大量时间。与苏联一家出版商的合资企业失败了，因为当时苏联当局更愿意自己安排翻译。施普林格出版社的俄文版本最终于 1927 年面世。

版社从他们出版的《建筑工程师通报》中吸取了组织经验，只支付之前合同约定页数的稿酬费用。这本书主要为学生设计，严谨性尤为重要。这本书 14 马克的定价是由市场决定的。

但是一些撰稿者没有能力将自己的思想表达得更为清楚。机床部分的一个作者来信写道："这是我第一次撰写书稿，终稿被证明比初稿好得太多……我只能向你保证，不是懒惰消耗了我的精力，而是一次又一次的绝望。"顺便提一句，杜贝尔认为最好请一位语言学家来帮助校对书稿文字。

经过 14 个月的撰写、编辑和生产加工，第一版杜贝尔主编的《发动机制造通报》终于在 1914 年 6 月 29 日发行。出版社将 100 本赠送给技术学校的教师，同时向德国有关方面发送了 2255 份宣传页，也向国外发送了 2152 份。但实际的销售量远远低于最初的估计。到年底，只售出了 819 本。因为这本书出版的时机非常不巧，出版 4 周后，第一次世界大战爆发了。学生们被征召入伍，老师们则几乎对着空无一人的讲台讲课。然而，即使在战争期间，该书销售额还在一点点攀升，第二版于 1918 年夏天开始准备，1919 年秋季出版面世。

入股印刷厂

施普林格出版社出版的工程技术等自然科学和医学方面的图书品种数量，在过去的几十年中稳步增长。因此，出版社对排版和印刷的需求不断增长。然而，能够胜任数学和化学公式排版工作的印刷商并不多。此外半色调雕版印刷（单色或多色印刷的原型）[1]的生产工艺不能随便交给其他印刷公司。另外，当时德国只有少数几家公司能够在当时的美术纸上印刷三色或四色插图。

而印刷工艺最为专业化的城市是莱比锡和维也纳，而莱比锡有很多科学技术版社，这似乎是为了适应行业发展布局。例如在莱比锡，有专注数学和工程学的托伊布纳出版社、专注自然科学出版的恩格尔

---

[1] 英文为 "half tone engravings"，也称 "autotypes for one or multi colour prints"。该工艺的参考链接：https://www.retrosupply.co/blogs/tutorials/setting-the-right-tone。

曼出版社（Wilhelm Engelmann Verlag）、专注医学出版的福格尔出版社、专注艺术出版的泽曼（E. A. Seemann）出版社[1]、1906 年成立的专注自然科学的"学术出版协会"。由于施普林格出版社对图书和期刊生产的需求迅速增长，大大超过了印刷公司的能力范围，因此出现了需求与供给之间的瓶颈，相应的高价格也出现了。

图170：皇家大学印刷商斯蒂尔茨的信笺抬头（1908年前后）的字体带有新艺术风格

在这种情况下，施普林格出版社自然寻找替代方案。施普林格出版社曾经与斯蒂尔茨皇家大学印刷公司[2]合作过，该印刷公司工作质量、准时性和价格都令人满意。但是施普林格出版社与之增加这种联系是有限度的。而跟这个印刷厂关系更密切的，则是在医学领域领先的柏林的奥古斯特·赫什瓦尔德（August Hirschwald）和威斯巴登的贝格曼出版社，因为他们一直对图书印刷有特殊质量的要求。

不久，施普林格出版社掌握印刷流程的机会来了。1908 年 2 月 12 日，时任商业顾问的海因里希·斯蒂尔茨（Heinrich Stürz）致函施普林格出版社，询问其是否有兴趣入股他的公司。施普林格出版社立即给予了积极回应。前一年该印刷公司的营业额为 78 万马克，利润为 13 万马克。施普林格出版社在之前与之合作的订单合作中发现，他们的工作极具效益，而且公司组织得非常好。斯蒂尔茨没有男性继承人，他建议成立一家有限公司，以后他的继承人可以成为公司的合伙人。合资公司于 1909 年 4 月 24 日成立。施普林格和贝格曼出版社分别从斯蒂尔茨手中获得了价值 15 万马克的股份。双方在合作中建立了友谊，这种友谊后来成为施普林格与贝格曼出版社进一步合作的基础，最后该出版社被施普林格出版社收购。

---

[1] 该出版社 1858 年成立，如今依旧在运营。——译者注
[2] Royal University Printing firm of H. Stürtz。如今该印刷厂依旧存在，并改名为"凤凰印刷厂"（PHOENIX PRINT GmbH）。

海因里希·斯蒂尔茨试图让其他科学出版社分一杯羹的努力失败了。其他出版社拒绝入股，包括莱比锡的恩格尔曼出版社和贝德克尔（Karl Baedeker）出版社，柏林保罗·帕雷出版社和亚瑟·格奥尔基（Arthur Georgi）都拒绝了这一机会，因为他们不想破坏与现在的印刷商之间的良好关系。

斯蒂尔茨将新成立的有限公司所获得的资金，用于投入建设印刷厂的技术设备。到 1911 年，单版印刷部门已拥有超过 11 台拼版机（composing machine）和浇注机（casting machine），印刷机部门拥有 21 台滚筒印刷机（cylinder press）。员工人数也相应增加。从 1908 年的 250 人增加到第一次世界大战爆发时的 660 人。现代化机器带来的生产能力远远超过了贝格曼出版社和施普林格出版社的印刷需要。尤其是这两家出版社的股东都不希望断绝与现有其他印刷商的关系。新公司扩大的生产能力还吸引了新客户，因为施普林格出版社是当时德国领先的科学出版商之一，其入股印刷公司的举动受到了行业的广泛关注。

图171：斯蒂尔茨通过组建新的印刷有限公司，不久就添置了鲍尔公司（BC VII, Rollrenner）制造的新型快速单版印刷机

值得一提的是，施普林格出版社继续与斯帕默、布兰德施泰特和莱比锡的其他印刷公司进行多层面合作。因为周刊印刷需要极短的生产周期，即使柏林印刷商要求的价格较高，施普林格出版社也得接受。

施普林格出版社入股印刷厂，除了希望独立于莱比锡大型印刷公司的势力之外，还有其他动机：德国书刊印刷业协会（Deutscher

Buchdrucker Verein）最新规定了最新的雇员工资标准，若出版社没有自己的印刷厂，将面临财务压力。拥有自己印刷厂的出版商，如奥尔登堡出版社、斯帕默出版社、托伊布纳出版社和菲韦格出版社等，将处于更有利的竞争地位。因为（正如他们的竞争对手所担心的那样），他们可以制定更低的价格。

1907 年 1 月 1 日，德国书刊印刷协会的企业负责人和德国书刊印刷协会的助理人员之间达成了新的工资标准。经过一些过渡性安排后，该工资标准于 1909 年 10 月 1 日开始全面实施。出版商对新收费表中的两个项目尤为不满。第一，定价还包括业务费用，尽管不同印刷商的业务费用有所不同。第二，机械印刷和手工印刷的收费相同。因为近年来，人们通过使用排版印刷机，可以大大减少排版时间。科学类书刊的

图172：《德国图书印刷商收费标准》（1907年1月1日发布）遭到了出版商的强烈反对，因为它包含最低收费价格，排除了印刷商之间的任何竞争

排版费大幅降低。出版商认为新的收费标准是建立价格垄断的卡特尔的一种手段。出版商原本期望新收费标准仅作为指导，以优惠价格的形式向下偏离。然而，印刷商只同意向上的偏离。他们将任何降价行为解释为低价竞争，这些行为应该受到惩罚。

在过去的 12 年中，印刷厂排字工人的工资标准已多次上调。1896 年上调 2.5%，1901 年上调 7.5%，1906 年上调 10%。1907 年在 1906 年基础上又上调了 10%。1907 年 10 月又进一步上涨。在此期间，生产成本同比增加了 33%，印刷和其他支出的增长比例与总的成本的增长比例基本相同。

新的工资标准导致物价大幅上涨。例如，在为埃米尔·费歇尔的新书定价时，施普林格出版社解释说，价格比前一年出版的费歇尔的书高出约 25%，原因是"排字和印刷费大幅上涨"。同时还必须向其

他作者做出类似的解释，因为他们想知道，为什么他们的新书价格大大高于最初商定的价格？

自然地，那些没有自己印刷厂的出版社就表达了不满。因为图书定价是提前规定好的，而印刷机的生产费用和人工排字的成本其实都一样。这样，会造成自然科学类出版社的成本大幅上涨，并使其处于竞争上的不利地位（虽然新型蒙纳铸排机能大幅降低排字成本）。同时，印刷厂还联合起来形成了垄断，并把新增加后的收费价格当成是"指导价"，其只允许出版社付更高的价格并不降价，进一步加剧价格战。

但即使在印刷商中，新工资标准也并非无人反对。每小时的费率被设定在 57—70 芬尼。其中，莱比锡、柏林和汉堡的工资增幅最大，为 25%。但如阿尔滕堡和科森（Köthen）等小城市的增幅仅为 5%。所以，反而是大的印刷厂担心来自中小印刷厂的竞争，例如自 20 世纪 20 年起，撒克逊图林根（Saxony Thüringia）地区的竞争者就增多了。如施普林格出版社就利用了外省公司价格较低的优势，当然，这些公司也被要求提供"莱比锡（印刷）质量"。

新办公室的建设

当老施普林格去世时，他创办的公司只有四名员工。30 年后，公司员工已达 65 人。此时，施普林格出版社位于蒙比朱广场的办公室地方已经不够用了。自 1910 年起，出版社的工作量大幅度增加，但是由于办公室场地的限制，出版社无法雇佣新员工，导致已有工作人员工作任务量增大。当时还没有给加班付费的惯例，但 1910 年 11 月，施普林格出版社还是给每个雇员多发了半个月的工资做奖金。

自 1909 年起，施普林格出版社开始物色办公新址，一年后就找到了两个相邻的建筑，即林克大街 23 号和 24 号。总占地面积 1518 平方米，价格为每平方米 564 金马克（85.6 万马克），这在当时是一笔巨款。事实上，这块地的价格远远超过了新大楼的计划支出费用（65 万马克）。威廉·穆勒被聘为办公大楼的建筑设计师。

19世纪中期，林克大街十分安静，远离喧嚣，因此，此地被另称"枢密院区"。这里也曾住过很多名人。格林兄弟从 1847 年至 1859 年住在第 7 号，德国国歌《德意志之歌》的创作者霍夫曼·法勒斯莱本（Hoffmann von Fallersleben）是格林兄弟的邻居。自 1866 年起，海因里希·特赖奇克（Heinrich von Treitschke）则住在第 10 号。总而言之，施普林格出版社在此办公很合适。走路 10 分钟就可到威廉大街（Wilhelmstrasse）的各类政府部门所在地，包括帝国铁路局、帝国邮政部、农业部等。而且新地址旁边就是波茨坦广场（Potsdamer Platz）和万湖（Wannsee）车站，前来出版社的作者也可方便地在附近的贝尔维尤（Bellevue）、福森（Fürstenhof）和宫殿酒店（Palast）找到住所。

图173：位于林克大街 23/24 号的施普林格出版社新大楼

图174：施普林格出版社办公室新址告示，1911年8月25日（星期五）中午开始搬迁，8月26日（周六）停止营业，8月28日（星期一）在新址营业

旧楼拆除工作于 1910 年 7 月至 8 月完成，新楼的建设工程随即开始，共用了 15 万块砖和 320 吨钢材。由于天气恶劣，到 1910 年 12 月工程才全部完工，施工进度比原计划晚了七个星期。建筑警察允许在夜间施工，但条件是仅允许 30 名砌砖工施工，白天则可以有 40 名工人施工。新楼在 1911 年 8 月 12 日投入使用。新楼 19 米高，40 米长，总共五层，包括阁楼在内的每层面积为 850 平方米。其对面的楼前街道宽度有 37 米。其中还有三

个小庭院。等出版社搬来的时候，这里已经变得车水马龙了。①

图175：1911年的柏林波茨坦广场和火车站，林克大街在图片右侧，与火车站平行

然而，但由于新楼的空间实在太大了，所以第二层和第三层以每年每平方米30马克和20马克的价格出租。1913年秋季，一个叫劳哈默尔的科技公司（Luchhammer AG）租了三楼。同时，菲歇尔出版社、蒙纳铸排机公司和菲尔德穆勒（Feldmühle）造纸公司对第二层感兴趣，但没落实租赁。最后施普林格出版社自己用了第二层。

新办公楼里的家具和设备都达到了最新的技术标准。有四条电话线（两个施普林格出版社家族的负责人分别用两台，一部给图书管理部门，一部给期刊部门）。同时办公楼还配备了一部有服务员的电梯，办公房间内的照明用最新的专利金属灯（Patentmetallfadenlampen）。大门的基石上有一个施普林格出版社公司的标志：一个骑手正牵着他的马。该标志是著名的建筑师弗朗茨·梅茨纳（Franz Metzner）教授设计的。他还创作了莱比锡民族之战纪念碑的墙面浮雕。他因设计和制作该作品获得了1万马克的奖金。1924年，这块浮雕也成为施普林格出版社维也纳分社标志的模板。如今，它矗立在柏林施普林格出版社大楼（海德堡广场）的入口楼梯上。

① 尤其是几百码之外的波茨坦广场更是以交通拥堵而闻名。以至于有人提醒"必须得等警察拦住过往车辆后行人才可过马路"。

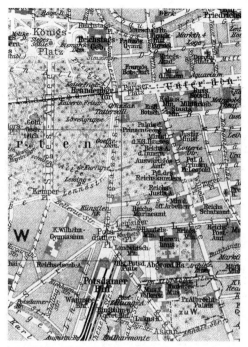

图176：柏林市中心地图显示的波茨坦广场和各部门办公楼，议会大厦大楼和勃兰登堡门位于中心上方，林克大街位于中央底部左侧，与铁轨平行

此时施普林格出版社的业务继续扩张，从施普林格出版社在1911年向邮政部门提供的数字中，我们可以大致了解当时的业务规模。每月从柏林的邮局所邮寄的信和明信片等就有2.9万封，还有1.06万份单期的杂志和3075件包裹。每年的邮票费就有8.6万马克（每封信花费10便士，明信片为5便士），货到付款的包裹总价值为4万马克。

社会政策与图书馆书目

施普林格出版社在其最初的70年发展过程中，偶尔会从其他出版商那里收购图书和期刊。反过来，也会出售一些出版物的版权和剥离部分图书库存。这种商业交易在出版界很常见，可以起到强化某些出版领域的作用。卖方通常是为了筹集资金，但有时也会在相关出版物没有继承人的情况下做一些类似交易。

1912 年 3 月 21 日，施普林格出版社在一份通知中宣布接管了贝伦德出版社（Behrend & Co.）。该出版社的出版物种类繁多，其中以政府部门和科学协会委托出版的出版物为主。有些领域对施普林格出版社来说是全新的：皇家图书馆（后来的普鲁士国立图书馆）的出版物、手稿书目、大学出版物年度书目清单、柏林图书馆书目等。最著名的书目是《普鲁士图书馆书目》。该书于 1899 年 5 月 1 日出版，被普鲁士及国外的许多图书馆使用，并一直沿用至 1972 年。贝伦德出版社在 1908 年受托出版了该书的第二版。其他新加入施普林格出版社出版项目的有《民族学》和《民俗学协会期刊》。

图177：施普林格出版社1912年收购贝伦德出版社之后仍以原书名出版的《普鲁士国立图书馆书目》扉页（左）；施普林格出版社出版的《社会政策与法律年鉴》扉页（右）

此次收购的一些项目非常符合施普林格出版社的社会科学方面的出版规划。例如《帝国保险局官方新闻》和《劳工保险月报》。因为一年前施普林格出版社就已经成为《帝国保险月报》和《社会政策与法律年鉴》的出版商。通过收购贝伦德出版社，施普林格出版社又增加了三个新的期刊：《劳工保险》《劳工调解月报》和《工人与雇员保险月刊》。出版社对《社会科学书目》的收购乍看之下与现有计划并不十分相称，但在战略上却是有根据的。施普林格出版社扩大了围绕社会政策和社会科学领域的出版计划，并在这一领域继续保持活跃，一直到 1933 年。与此同时，施普林格出版社作为政府部门的委托出版商，也赢得了很高的社会声誉。

图178：施普林格出版社宣布收购贝伦德出版社的告示①

　　其中，有个期刊的情况值得多着笔墨，以体现出版社与编辑谈判时面对的困境。从 1911 年起，海因里希·布劳恩（Heinrich Braun）和他的妻子莉莉·布劳恩（Lily Braun）担任施普林格出版社《社会政策与法律年鉴》的编辑。海因里希·布劳恩是一位著名的女权主义者和社会主义者，他曾担任过一些社会民主主题的期刊编辑，但时间不长。他对期刊事务的传统观念相当令人恼火。他想成为施普林格出版社的"期刊之主"。不仅要求出版社承担生产与营销费用，编辑费也是惊人的 4000 马克，且要求免费提供 1000—2000 本首期样刊。更匪夷所思的是，他希望自己才 14 岁的儿子以后继承编辑位置。虽然不知施普林格出版社是怎样与此人谈判的，当与布劳恩的合同谈判最终结束时，小费迪南德·施普林格向他的朋友，政治经济学家路德维

① 施普林格出版社的三位所有者在公司名称上签名的传真件。弗里茨·施普林格仍是股东，而资深合伙人小尤利乌斯作为兄弟中的长辈，在第二位签名。

希·伯恩哈德（Ludwig Bernhard）坦言："这次谈判是我主持过的最特殊、最困难的谈判，我只能希望结果与付出的努力相符。"当时路德维希·伯恩哈德正在写一本关于国家社会主义的书。

如果施普林格还抱有任何希望的话，那是徒劳的。仅该杂志第一卷有关的往来信件就装满了一个大文件。施普林格的自制力常常受到严峻考验。有一天，布劳恩指责施普林格"优雅的讽刺"。但阅读他们之间的大量通信，这种指责似乎没有什么道理。或许布劳恩只能从施普林格的论点中找到它。布劳恩希望施普林格出版社与编辑签订一份不能取消的合同。事实上施普林格出版社部分同意了他的要求，但明智地规定了第六卷出版后的解约权，布劳恩在合约期限内才能行使这一权利。

1913年的部分统计数据

1914年2月17日弗里茨·施普林格用自己多年积累的资料，在《博森布拉特德国图书贸易杂志》上发表了1913年德国图书出版概况。自从1907年老施普林格的孙子接手出版社以来，图书出版量增加了3倍。同时施普林格出版社经常搜集类似信息，想通过数据看自己在德国出版业的位置。而此次数据整理，是通过整理每期所刊登的各个出版社的书目和价格，统计得来的资料。指标为印刷量和列表价格两个因素。截至此时，德语地区共出版了28395种图书和期刊，如把每种图书的单本定价相加，整个列表的价格总额为115565马克。从城市排名看，柏林出版的图书种类为6787种，超过莱比锡的5725种，接下来，慕尼黑则以1692种的略微优势排到了斯图尔特（1627种）前面。论单独的出版社，托伊布纳出版社以628种的出版总量位于年度第一，施普林格出版社多年来一直领先，但是在1913年则为第二名（年度出版种类379种）。托伊布纳出版社的出版品种中有一些是相当廉价的教科书。但若以出版图书种类的列表价格算，耶拿的古斯塔夫·菲舍尔则名列前茅，所有列名书目单价之和是4657.40马克，施普林格出版社则有3614.00马克，托伊布纳出版社则是2577.05马克。

Firma und Ort:	Werke	Ladenpreis eines Expl. dieser Werke
1. Teubner, B. G., Leipzig	628	ℳ 2577.05
2. Springer, Julius, Berlin	379	ℳ 3614.—
3. Fischer, Gustav, Jena	324	ℳ 4657.40
4. Herdersche Vlgh., Freiburg	283	ℳ 1082.57
5. Mittler & Sohn, E. S., Berlin	266	ℳ 1308.85
6. Verlagsh. f. Volksliter. u. Kunst, Berlin	262	ℳ 30.55
7. Weidmannsche Bh., Berlin	204	ℳ 1177.90
8. Schöningh, Ferd., Paderborn	199	ℳ 539.45
9. Müller, Georg, Vlg., München	196	ℳ 1257.40
10. Heymanns Vlg., Carl, Berlin	190	ℳ 1120.60
11. Parey, Paul, Berlin	188	ℳ 1019.35
12. Winter's Univbh., Carl, Heidelberg	186	ℳ 925.30
13. Reclam jun., Philipp, Leipzig	169	ℳ 107.40
14. Reimer, Georg, Berlin	160	ℳ 1704.45
15. Franckh'sche Verlagshandlg., Stuttgart	158	ℳ 409.—
16. Mohr, J. C. B., Tübingen	156	ℳ 1025.76
17. Ebering, Emil, Berlin	155	ℳ 271.40
18. Barth, J. A., Leipzig	153	ℳ 1548.05
19. Insel-Verlag, Leipzig	153	ℳ 1514.—
20. Hirt, Ferdinand, Breslau	153	ℳ 249.09
21. Hinrichs'sche Buchh., J. C., Leipzig	152	ℳ 1469.60
22. Velhagen & Klasing, Bielefeld	144	ℳ 356.10
23. Engelmann, Wilh., Leipzig	141	ℳ 2199.35
24. Quelle & Meyer, Leipzig	132	ℳ 342.10
25. Höfling, Val., München	130	ℳ 114.90
26. Enßlin & Laiblin's V., Reutlingen	124	ℳ 101.30
27. Xenien-Verlag, Leipzig	122	ℳ 238.—
28. Enke, Ferdinand, Stuttgart	118	ℳ 1566.20
29. Cotta'sche Bh. Nf., Stuttgart	118	ℳ 628.60

图179：弗里茨·施普林格在《博森布拉特德国图书贸易杂志》上发表的书目数量列表（降序排列），含有德国主要出版商及其所在地，书目中没有营业额和利润，但提供了有关出版公司规模的信息

慕尼黑的出版社中，格奥尔格·穆勒（Georg Müller）出版社以196种图书（总排名第9位），遥遥领先其他慕尼黑出版商，紧随其后的是因泽尔出版社（Insel Verlag，153种图书，排名第19位）、科塔出版社（Cotta Verlag，118种图书，排名第29位）、德国出版社（Deutsche Verlags Anstalt，113种图书，排名第32位）和菲舍尔出版社（S. Fischer，91种图书，排名第51位）。所有这些出版社，尽管其所有权可能已经发生了变化，但仍运营至今。

第一次世界大战爆发

战争爆发后，施普林格出版社的第三代掌门人小费迪南德和小尤利乌斯作为后备役军官向各自的部队报到。他们的父辈弗里茨·施普林格在其兄费迪南德去世（1906）后就退出了日常业务，目前只得重新接手管理公司。由于他的名字不知为何没从"贸易注册"（Trade Register）栏删掉，因此他同时也是出版社法人，在法律上仍完全有权代表公司行事。

在战争爆发最初的几个星期里，邮政服务和民用货物运输完全处于停滞状态，因为一切都从属于军事需求。例如数学家赫尔曼·阿曼杜斯·施瓦茨的《数学论文集》于1914年8月1日准备就绪，但寄给34位作者的赠阅本和脱印本直到9月中旬，即民用运输恢复正常后才寄出。施普林格出版社在给编辑的信中提及，推迟向图书贸易商寄发《数学论文集》的原因为"在战争爆发后的头几周，人们对科学文献的兴趣为零"。虽然读者的兴趣没有明显增加，而且预计目前也不会有什么变化，出版社还是决定不再推迟发行。由于销量急剧下降，其他出版商也对形势做出了悲观的评估。欧根·迪德里希斯（Eugen Diederichs）回忆所说："在战争开始的头几周，我们出版商束手无策。销售突然几乎完全停止。"

最麻烦的是施普林格出版社出版的《帝国铁路时刻表》。施普林格出版社于8月15日向皇家印刷局支付了16万马克的制作费。尽管这笔款项可以通过销售和广告收入来回收，但由于没有民用运输工具，时刻表无法明确交付时间。当时刻表最终明确交付时，已因战争事件导致的交通停滞而无法出售。因此，施普林格出版社在其近75年的历史上第一次不得不抵押弗里茨·施普林格私人持有的证券向银行贷款来维持运营。根据他的记录，当时最大的困难与邮政服务有关："部队的调动使正常的邮政服务无法进行。订户和广告商变得焦躁不安，不理解我们。公司正在寻找新的帮手来代替那些被征召入伍的人，广告来得太晚，刊登得也太晚。麻烦不断。"

第一次世界大战中的图书生产

在1914年8月1日战争爆发时，施普林格出版社计划于1914年出版的大部分图书项目已经交付印厂。1914年的出版总产量与1913年大致相当，预付的生产已提前完成。纸张与和平时期一样仍可供应，但人们无法知道这样的日子还能维持多久。

新项目，特别是长期出版项目都暂时被搁置。其中包括《植物和动物生理学完整领域的专著》系列，该系列旨在为出版社开辟一个新的出版分支。第一卷刚刚于 1914 年出版。当编辑之一雅各布·帕尔纳斯（Jakob Parnas）询问进展情况时，弗里茨·施普林格在 1914 年底给他的一封信中说，现在不可能讨论新的科学著作，"现在什么都卖不出去，根据科学图书贸易的信息，预计暂时不会有销量。由于已有项目销量急剧下降，也就没有了资助新项目的资金。"

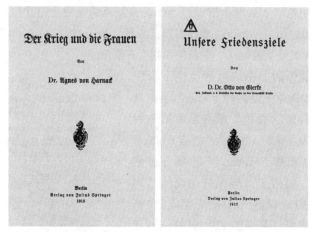

图180：施普林格出版社在一战中以小册子形式出版两本书扉页，
《战争与妇女》（左）和《我们的和平目标》（右）①

1914 年 10 月 20 日，弗里茨·施普林格写信给《建筑工程师图书馆通报》系列的撰稿人弗里德里希·恩格尔哈特（Friesrich Engelhardt），后者同时也是德国城建委员会的顾问，弗里茨在信中说，鉴于目前的形势，出版社"正在准备停止目前科学出版物的工作，销售量几乎已经没有了。我从每天收到的投诉中证实了这一点。目前很难指望这种情况会有所改变。即使在和平结束之后，人们对科学著作的兴趣也可能需要一段时间才能恢复"。

然而，仅仅是销售不佳并不是施普林格出版社对图书生产持谨慎态度的原因。此外，出版社还严重缺乏人员。一年后的 1915 年 10 月

---

① 右图上有个明显的三角形标志，这是自 1916 年以来柏林出版商决定他们的书是否可以出口的标志。起初被称为"检查印张"，后来只称为"出口标志"。莱比锡的副总指挥部使用了纪念碑的图片作为印章，而慕尼黑的出版商则必须在其书的扉页上印上"by"（=巴伐利亚）字样，以表示允许出口。

7 日，弗里茨·施普林格在给《建筑工程师图书馆通报》编辑罗伯特·奥岑（Robert Otzen）的信中说："印刷厂、装订厂和蚀刻厂的生产能力受到了异常严重的影响。正在招聘大量人员。这些印制公司的缺员使图书生产如此困难，我自己的企业也是如此。1914 年夏天负责监督图书生产的一大批员工，现在只剩下一个男性了。这让我不得不考虑聘用他。如果他也被征召走了，我就真的要完全停止生产了。"然而，信中所说的情况并非没有解决办法。他通过调动人员和聘用新成员，尤其是女性雇员，重新建立起生产部门。

战争中的图书出版种类也下降很多，其中医学主题的则下降最厉害，例如《内科医学通报》准备出版第三版时，其涉及肝脏（liver）、胆道（biliary tract）和胰腺（pancreas）的部分虽然写好了，但由于其他部分的交稿日期未知，所以出版社只好把先完成的 186 页单独出版，剩余的 1700 页只能延后到 1918 年出版。1915 年，施普林格出版社只有 108 种书出版，而前一年则是 290 种。而整个德国出版业的图书生产量只有前一年的 25%。

如果说战争期间有一些图书出版的美好的数字的话，那就是施普林格

图181：《外科医生和技术人员指南》[1]扉页

出版社出版了一些小册子，在以前是不会出版这些小册子的。其中不乏关于以下主题的讲座的著作：辅助战争护理的图书资料，关于如何照顾在战争中致残或失明的人的文献；在法律和经济学领域，有许多关于战争和战时营养的图书；在法律和经济领域，有税收和贷款政策、战时经济和海战的法律问题等图书。爱国主义著作只出现在战争的头几个月，如《德国在太阳下的位置》《如何在战争中一直保持主

---

① 该书在战争期间出版，作者绍尔布鲁赫（Ferdinand Sauerbruch）介绍了反战者、苏黎世技术学院教授奥雷尔·斯托多拉（Aurel Stodola）关于战争中人造假肢的设想。

动权》《英国世界政治》等，均在 1915 年出版。在 1917—1918 年，关于战争的问题更加令人们深思。如令人尊敬的奥托·基尔克（Otto Friedrich von Gierke）所著的《我们的和平目标》，罗伯特·勒内·库琴斯基（Robert René Kuczynski）所著的《战后我们的金融情况》，威廉·卡普（Wilhelm Kapp）所著的《阿尔萨斯–洛林地区可以成为独立的州吗？》。

很快，施普林格出版社出版月刊的发行量减少了，评论类期刊的发行频率也有所降低。1914 年"核心期刊"系列不得不停刊，因为再也找不到外国文学作品了。而在二战期间，"二战盟国"的期刊都是通过中立的中间商获得的，因此出版商做了更充分的准备。施普林格出版社在 1913 年营业额首次超过 100 万大关，但随后迅速下降，直到 1917 年才达到 50 万。

新项目

1915 年 9 月初，小费迪南德因脚伤退伍，得以重新开始他的出版工作。尽管生产材料的大量缺乏限制了图书生产，一些工作人员仍在军队中服役，但从 1916 年起，出版社图书生产量确实再次上升。与其他经济部门的总体生产发展相反，小费迪南德认为自己的首要职责是规划战后时期的出版工作。威廉皇帝学院化学研究所化学部的主任里夏德·维尔斯太特（Richard Willstätter，1872—1942）是他的主要顾问之一。1912 年里夏德·维尔斯太特被任命为威廉皇帝学院化学研究所所长后，施普林格出版社与他建立了密切的联系。施普林格出版社于 1913 年出版了他的《叶绿素研究》。他也因"对叶绿素颜色的研究"而获得 1915 年诺贝尔化学奖。当小费迪南德·施普林格写信询问未来的发展规划时，他在 1917 年 1 月 27 日回信说，战争耗尽了我们中的许多人，我们必须等待，看看这些同事会以怎样的工作能力重返自己的岗位。

图182：里夏德·维尔斯太特，因其"关于蔬菜中着色物质的研究"获得 1915 年诺贝尔化学奖（左）；维尔斯太特与人合著的《关于二氧化碳同化的研究》扉页（右）

在医学领域，施普林格出版社出版了一些未来发展具有重要意义的图书。如欧根·布洛伊勒所著的《精神医学教科书》，至 1983 年出版了第 15 版，至今仍是该学科的著作标准之一。1916 年 4 月，施普林格出版社出版了绍尔布鲁赫的《任意活动的假肢》一书，这本书是作者源于战争的残酷而撰写。作者和出版商就这本书的发行产生激烈的争论。绍尔布鲁赫对这本书的销量和低廉的版税感到失望。与此相反的是，威廉·魏贝尔（Wilhelm Weibel）所著的《妇科诊断入门》一经出版便大获成功，在 1917 年至 1944 年共出版了 8 版。

数学领域

在数学领域，施普林格出版社将数学纳入出版计划的设想可追溯到 1913 年。早在战前的 1913 年 2 月 23 日，数学家埃德蒙·兰道（Edmund Landau）就在哥廷根写信询问施普林格出版社，对出版赫尔曼·阿曼杜斯·施瓦茨的纪念文集《数学论文集》是否感兴趣，该文集是他获得博士学位的 50 周年纪念，已经有很多作者同意撰稿。施普林格出版社第二天就回信说，非常愿意在 1914 年出版该项目。因为施普林格出版社早就有意进入数学课程教材的出版领域，而现在正好有此机会与编辑团队建立联系。团队成员包括康斯坦丁·卡拉泰奥多里（Constantin Carathéodory）、加纳德·黑森贝格（Gerhard Hessenberg）、埃德蒙德·兰道和莱昂·利希滕施泰因（Leon Lichtenstein）等。

在战争爆发前夕，施普林格出版社就与利希滕施泰因取得了联系。利希滕施泰因寄给了小费迪南德一些文章的印刷本。最初，他们讨论了出版数学边界值理论（theory of boundary value）研究著作的问题。在他的下一封信中，利希滕施泰因提出了一个

图183：施普林格出版社1918年出版的《数学杂志》扉页，该书很快变得畅销，并促使施普林格出版社在短短几年内成为德国数学出版业的佼佼者

包含12个学科领域的完整数学方案，并还提到了潜在的作者，其中不乏奥托·布卢门塔尔（Otto Blumenthal）、玻尔（Harald Bohr）、库朗（Richard Courant）、兰道、舒尔（Issai Schur）和外尔（Hermann Weyl）等著名数学家。施普林格出版社希望把他们吸引到自己这里来。然而，项目后续却没有任何进展。在1914年8月初，施普林格出版社在答复利希滕施泰因的建议时写道："我必须在接下来的几天里报到服役，因此只得暂时搁置您的好意。我希望我们能在和平时期再见，到时可以进一步探讨您的项目。"这封简短得令人吃惊的信是那个战乱时代的典型象征。

1916年，兰道的《函数理论的一些最新成果的描述和证明》一书出版，1917年夏天，数学期刊的出版计划逐渐成形。施普林格出版社与康拉德·克诺普（Konrad Knopp）莱昂·利希滕施泰因、艾哈德·施密特（Erhard Schmidt）和伊赛·舒尔签订了一份合同，由他们担任《数学杂志》的编辑。该杂志计划于1918年初开始出版。最初计划出版4期，每期6—7印张（96—112页）。版面设计类似

于阿尔弗雷德·克勒布施（Alfred Clebsch）和卡尔·诺伊曼（Carl Neumann）于 1868 年创办的《数学年报》，由托伊布纳出版社出版。《数学杂志》由利希滕施泰因担任执行主编。终于，兰道收到了的第一份稿件，1917 年 7 月开始进行排版，但制作过程又花了几个月时间。因为此时印刷公司训练有素的员工都在军队中。

图184：埃德蒙·兰道著的《函数理论的一些最新成果的描述和证明》扉页（左）；埃尔温·弗瑞德里克著的《爱因斯坦万有引力理论的基础》扉页，该书由爱因斯坦作序（右）[①]

拜尔施泰因的"通报"及其他收购项目

在化学领域，早在 1906 年，德国化学协会首次与施普林格出版社进行了接触，希望了解他是否愿意参与出版拜尔施泰因的《有机化学通报》第四版。弗里德里希·康拉德·拜尔施泰因是著名化学家。该书第一版于 1880 年至 1883 年由莱比锡出版商莱奥波德·福斯（Leopold Voß）出版，第二版共三卷于 1885 年至 1889 年出版，第三

---

① 一战期间，施普林格出版社出版了一些数学理论方面的著作，这使施普林格出版社与爱因斯坦有了第一次接触的机会。阿诺德·贝利纳已在《自然科学》杂志上发表了爱因斯坦的几篇文章。

版共四卷于 1892 年至 1899 年出版。后来拜尔施泰因将该书进一步编辑修订监督工作移交给了德国化学协会，因此在 1901 年至 1906 年，化学家保罗·拉克布森（Paul Lacobson）为其编辑了五卷补充版本。

尽管当时施普林格出版社做出了巨大努力，但第四卷项目最终还是由莱比锡出版商威廉·恩格尔曼（Wilhelm Engelmann）获得了。当时，恩格尔曼出版社是德国领先的科学出版商之一。

在战争期间，该社手稿的准备工作已经取得了充分的进展，德国化学协会希望开始出版制作工作。然而，恩格尔曼显然没有足够的财力投入实际的出版工作中。因为他被迫为他的兄弟刚刚还清了债务，而他的兄弟也是该书版权的共同所有人。因此，1916 年 11 月 2 日，他向施普林格出版社提出了版权合作建议，但有两个条件：

图185：莱比锡出版商恩格尔曼出版社向施普林格出版社出售拜尔施泰因《有机化学通报》版权的信，要求后者在两天内支付 10万马克现金

1. 立即向恩格尔曼出版社投入 40 万马克现金；

2. 同时马上接手恩格尔曼出版社的整个眼科出版项目计划。

施普林格出版社须在两天内做出答复，否则恩格尔曼出版社将"立即与其他出版商进行谈判"。施普林格出版社同意了这一要求，并将必要的成本核算和产品出版合成作为最优先考虑事项。到了 1916 年 11 月底，德国化学协会与施普林格出版社签订了出版合同。

几天后由"皇家大学印刷厂"合股的斯蒂尔茨公司开始印制。本来计划按照之前的版本设计，第四版用 10 印张开纸。但很快他们又商定了另一种办法。因为所有成本都在上涨，不可能为任何后续部分确定一个价格。

根据施特费茨的计算，1906 年仅排版费（composing）就增加了

60%，其中还包括 20% 的"战争补贴"（war supplement），而且价格还可能进一步上涨。所以无法保持原有的图书定价不变。

仅三遍的排字检查就需要花费 1468 小时。当时的编辑保罗·雅各布森（Paul Jacobson）在 1919 夏季回忆当时的情形时写道："我们当时面临着缺少排字工人，缺少纸张的各种困难。在施普林格出版社的努力下，总共 1018 页的书终于能够在战争结束前用完美无瑕的纸张印刷完成，在 1919 年的头几个星期就开始发行了。"这本书的快速出版还与第三版在美国盗版的企图有关。1918 年 9 月 1 日，《工业与工程化学杂志》刊登了一则捐款 3 万美元以资助公开盗版印刷的倡议书："我们对这种盗版印刷应该有任何爱国良心上的顾虑吗？我们应该担心！德国人每天都在通过利用美国的发明制造潜水艇、电报、电话、机关枪等等（所以不要犹豫来捐款吧）！"

拜尔施泰因的《有机化学通报》最终出版了 400 多卷，是施普林格出版社最重要的出版物。弗里德里希·里希特（Friedrich Richter），从 1933 年到 1961 年一直担任拜尔施泰因研究所所长。在拜尔施泰因研究所成立 75 周年之际，他向自己的出版商表达敬意："当时（1916）施普林格出版社就开始了自己的事业。我们都知道，我们再幸运不过了，我们再也找不到比施普林格更好的出版商了。只有业内人士才知道，要完成这样一部在技术上要求极高的作品，并将其出版发行，需要多大的勇气、远见和经验，并在数年内持续以同样的形式推出，特别是在经济困难时期垫付资金。在我们之间说任何感谢的话都是苍白的。"

在施普林格出版社与恩格尔曼的合同中，还有眼科图书出版项目。施普林格出版社所接手的眼科图书，包含阿尔布雷希特·冯·格雷费（Albrecht von Graefe）的《眼科学文献》，阿尔布雷希特·格雷费和萨米什（Saemisch）的《眼科学通报》，以及威廉·鲁（Wilhelm Roux）创办的《有机物的进化机制档案》系列也转到了施普林格出版社。

图186：弗里德里希·康拉德·拜尔施泰因（左）；施普林格出版社出版
的《有机化学通报》第四版第一卷的扉页（右）[①]

1918 年，在与波恩的出版商马丁·哈格尔（Martin Hager）经过长期谈判后，《人类与动物生理学文献》期刊也被施普林格出版社接手。在新的编辑埃米尔·阿布德哈尔登（Emil Abderhalden）、阿尔布雷希特·贝特（Albrecht Bethe）和鲁道夫·霍贝尔（Rudolf Höber）等专家的努力下，该刊至今发展成了该领域享有盛誉的权威文献期刊。

收购贝格曼出版社

施普林格与贝格曼出版社可谓志同道合。贝格曼与弗里茨·施普林格是同代人。两人在"德国出版人协会"上经常对相关政策有一致想法。虽然两家出版社所出版的图书很类似，但并没有造成白热化的竞争关系。1909 年，两家出版社还同时入股了"皇家大学印刷厂"。

1878 年 1 月 1 日，贝格曼在威斯巴登成立了自己的出版社。他从好友的出版社，也是在 1843 年成立的克赖德尔出版社（Christian Whilhelm Kreidel Verlag）手中购买了 78 种医学图书，其中包括《眼

[①] 弗里德里希·康拉德·拜尔施泰因编辑了前三版《有机化学通报》，但以后的版本是在德国化学协会的支持下编辑完成的。施普林格出版社于 1916 年 11 月接手第四版出版工作，并成功地在第二次世界大战结束前不久出版。

科和耳科文献丛刊》，他又将其分开出版，分为《眼科和耳科文献丛刊》和《眼科和耳科杂志》，此外还有《生理和病理化学年刊》。克赖德尔1890年去世后，贝格曼接管了这家出版社，但是仍以原出版社名称开展业务。克赖德尔以从1846年开始出版的《铁路系统发展时报》为基础，出版了铁路工程方面的一些重要项目。克赖德尔还出版了由有机化学的创始人尤斯图斯·李比希的学生雷米吉乌斯·费雷泽纽斯在1861年创办的《分析化学杂志》，也取得了成功，1867年《分析化学杂志》的订阅人数已达1250人。

图187：约瑟夫·弗里德里希·贝格曼（左）；贝格曼出版社
1878—1928年出版物目录扉页（右）[1]

1882年贝格曼出版社成为"德国内科医学大会"报告的官方出版商。该大会多年来一直定期在威斯巴登举行会议，加上贝格曼与德国著名医生的私人关系，他的书单中收录了许多医学书。其中最为著名的项目是《医学临床诊断口袋书》。该书由奥托·塞弗特（Otto Seifert）和弗里德里希·穆勒所著，并于1886年出版，成为贝格曼出版社最有知名、最为畅销的图书之一。1892年该书被收入"医学成果"丛书。

① 右图书目上有"1927年12月完稿"字样。在贝格曼1917年去世之前，他将自己公司的大部分股份转让给了施普林格出版社。这次收购极大地扩展了施普林格出版社的业务范围，尤其是在医药方面。

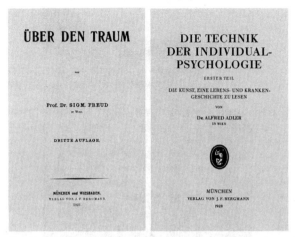

图188：著名的心理学家西格蒙德·弗洛依德的《神经与精神的边界问题》扉页（左）；著名心理学家阿尔弗雷德·阿德勒的《个人心理学》扉页（右）[1]

　　由于贝格曼病了一段时间，他在 1905 年让侄子威廉·盖克斯（Wilhelm Gecks）加入了公司，并予他授权书。由于健康状况持续恶化，贝格曼于 1914 年 3 月 16 日将出版社改名为"开放贸易公司"，并让他的侄子成为该公司的合伙人。由于没有直接继承人，他希望出版社能继续经营下去，于是寻求与施普林格出版社合作。作为同业对手，施普林格知道这家出版社的经验和市场地位。贝格曼于 1917 年 8 月 22 日去世后，股权的交接就完成了，第二年 4 月 1 日，公司正式公布了法人的变化通知（而为了跟公司的营业日期对上，文件上交接的日子提前到了 1917 年 7 月 1 日）。

---

① 两本书均由贝格曼出版社出版，之后由施普林格出版社再版。该系列由勒文费尔德（Loewenfeld）和库雷拉（Kurella）编辑，1910—1914 年出版了《精神分析核心期刊》，由西格蒙德·弗洛伊德和威廉·斯特克（Wilhelm Stekel）编辑。"精神分析"丛书被施普林格出版社收购之后，1923 年，恩斯特·克雷奇梅特（Ernst Kretschmet）接管了丛书编辑工作，出版了 24 种影响较大的著作，其中包括贝希特列夫（Bechtver）、布姆克（Bumke）、福莱尔（Forel）、弗洛伊德（《梦的解析》）等一大批作者的心理学著作。阿尔弗雷德·阿德勒（Alfred Adler）的著作《个人心理学》，副标题为"阅读生命史和疾病史的艺术"，该书引起了极大的社会反响。

图189：贝格曼出版社1920年1月从威斯巴登迁至慕尼黑后，后来购买了特罗格大街56号（Trogerstrasse 56），50年间一直在该大楼办公

对于施普林格而言，贝格曼的医疗项目比股权收购更为重要。例如该出版社有 6 种多卷本通报、18 种丛书、11 种期刊和 2 种来自克赖德尔的期刊，以及大量的专著和教科书。尤其是在眼科、耳鼻喉科、妇科和物理医学领域的图书，这些学科在施普林格出版物中并不多见。这些图书与已有的内科、神经科和儿童保健领域图书出版相互补充，相得益彰。通过这次收购，施普林格出版社集团已跻身于德国领先的医学出版商行列。

由于威斯巴登在第一次世界大战后被法国军队占领（1918 年 12 月至 1932 年 6 月），作家、印刷商、书店和业主所依赖的邮政服务受到了极大阻碍。因此贝格曼出版社于 1920 年 1 月 1 日迁至慕尼黑。当时克赖德尔在柏林施普林格大厦设有办事处。自然该公司的铁路工程方面的出版项目现在就由施普林格负责。

贝格曼的一些通报、期刊并入施普林格旗帜下，这在通货膨胀时期和随后的经济危机中是至关重要的。贝格曼公司现在以慕尼黑为基地开展出版活动，在新旗帜下，到 1928 年已出版了 30 多种新书。1929 年 3 月施普林格出版社从威廉·盖克斯购买了剩下的股票，成为该出版社的唯一拥有者。自此以后，贝格曼出版社继续在慕尼黑经营，只有少量员工，主要经营期刊和再版旧书。1932 年 1 月 1 日，该出版社的图书发运工作转由施普林格出版社负责。

第五章 通货膨胀时期的科学出版
（1919—1932）

通货膨胀的起源

第一次世界大战结束后，德国马克的购买力只有 1914 年的一半。其结果是出版业工资和材料的上涨，从而也导致了图书生产成本的上涨。1917 年德国出版商纷纷推出价格补贴方案。施普林格出版社就规定 1917 年 7 月 1 日前出版的平装书涨价 20%，精装书则为 30%。到了 1918 年，出版社又将 1917 年 7 月 1 日之前出版的图书的单价提高了一倍。1919 年，出版社将 1917 年底前出版的图书的单价再提高了一倍，并将 1918 年出版的图书的价格提高了 50%。1920 年 1 月 12 日，施普林格出版社告诉他们的一位作者马克斯·玻恩（Max Born，1882—1970），在"工资涨了三倍多"的情况下，这种价格上涨还算适中。一些出版商在 1919 年春进一步提高了价格，激化了德国图书贸易协会与德国出版协会之间的矛盾。

然而，战争结束后通货膨胀迅速恶化，从长远来看，仅靠百分比的增长是无法解决通胀问题的。零售书商抱怨说，图书价格总是滞后，已经无法弥补他们的成本，印刷商也指责了出版商。由于价格不再与马克的汇率同步，库存随之加速流失。这反过来又导致新出版物和重印本的生产成本无法从销售收入中得到补偿。正如出版商威廉·鲁普雷希特（Wilhehn Ruprecht）在他的回忆录中所写的，"在国外，人们注意到，随着马克贬值，人们可以花很少的英镑或美元在图书馆买到书"。

关键数字

为了应对战后的通货膨胀，1922 年 9 月 8 日，德国图书贸易协会和德国出版协会举行会议，一致决定采取类似金本位的做法，即每个出版商依据自己的库存制定一个"基数"（basic number），这个基数将乘以一个"关键数字"（key number）来计算当天的书价。在决定当天，基础数字为 60。对于新书价格，出版商使用由印刷商收取的成本来计算应收价格。书店通过出版商给出的基础数字，除以变化频繁的关键数字，计算出当天的书店价格（list price）。然而马克的贬值速度很快，导致"基数"很快过时了。1922 年 12 月 27 日，两个协会不得不实行了在原来数额十倍基础上的新"基数"。换言之，就是当时每本书的定价是战前的 600 倍，而"基数"还在增加。1923 年 6 月 1 日，马克的价值变为原来的 1/17798，两个月后则为 1/261905，到了 1923 年 8 月底又贬值了 10 倍。而对于作者来说，他们还面对着通货膨胀下版税的问题。此时，出版社出版图书后按惯例向作者支付的"每页费用"（page fee）也不管用，之前常用的盈利分担的做法也被放弃，因为通货膨胀下的图书盈利无法收回生产成本，按图书定价的比例来分成的办法也失去效用。对于增加出版品种的出版社而言，他们在货币贬值达到稳定状态后才能计算版税，因为提前签订的合同之金额总会过时。所以 1922 年 9 月，两个协会不得不制定新的"基数"。总而言之，其变动之大可从以下一组数字中看出来。

1923 年 6 月 21 日为 6300 马克

1923 年 8 月 11 日为 30 万马克

1923 年 9 月 7 日为 240 万马克

1923 年 9 月 11 日为 600 万马克

1923 年 11 月 5 日为 10 亿马克

当 1923 年 11 月 20 日"地租马克"问世时，噩梦结束了：当天交易价格为 1 地租马克等于 10 亿纸马克（papermark）。

其他货币的价格

为了打击将图书贸易产品销售给国外买家的行为，德国图书贸易协会颁布了一项"向国外供货的销售规定"，自 1922 年 2 月 22 日起生效。自此以后，每本书出口需要交付一笔"出口交货附加费"（"Sales Regulation for Deliveries to Foreign Countries"）。出口交货附加费介于 100%—200%，取决于收货国货币的稳定性。但施普林格出版社却利用了一项特殊许可，即以外币计算图书价格。这确保了国外价格的稳定，至少部分抵消了国内价格的下跌。

自 1922 年 4 月起，施普林格出版社开展与瑞士法郎有关的对外业务，自 1923 年 7 月起，出版社开展与美元有关的对外业务；虽然出口受部长监督，但这些控制显然并不严格。在某些情况下，国外账户可以赊账。总之，施普林格出版社似乎可以使用外币账户，不仅仅是为了购买其医学类学术评论"核心期刊"系列所需的所有重要外国期刊。

即使在 1922 年 9 月引入"关键数字"之后，施普林格出版社也像其他出版商一样，在所有出口销售发票上加收 25% 的"出口交货附加费"，以弥补其他国家也出现的价格上涨。但这些附加费并非没有受到质疑。费迪南德·绍尔布鲁赫在一次瑞典之行后（1922 年 6 月 15 日）给施普林格出版社

Das Errechnen der Auslandspreise!

(Gültig vom 13. Juni 1923 an)

Für je 1 Schweizer Franken Auslandspreis:

Amerika	Dollar	0,20
Argentinien	Pesos (Papier)	0,35
Belgien	Francs	3,—
Brasilien	Milreis (Mrs.)	1,20
Bulgarien	Lewa	12,—
Chile	Peso (Papier)	1,10
Dänemark	Kronen	0,90
Finnland	Marka	5,—
Frankreich	Francs	2,50
Griechenland	Francs	2,50
Großbritannien	Pence	10
Holland	Gulden	0,50
Italien	Lire	3,—
Japan	Pence	10
Jugoslawien	Dinar	10,—
Luxemburg	Francs	3,—
Mexico	Dollar (amer.)	0,20
Norwegen	Krone	—
Österreich	Kronen	8000,—
Portugal	Escudo	3,—
Rumänien	Lei	30,—
Schweden	Kronen	0,70
Spanien	Peseta	1,—
Tschecho-Slovakei	Kronen	4,50

图190：施普林格出版社在 1922年11月出版的汇率表，页面上给出了以瑞士法郎为单位的外币价格，自1923年6月13日起生效

写信道：与因德国图书的衰落而失去的同情
和文化影响相比，德国从这些附加费中得到
的几百万马克根本不值一提。几天后，1922
年 6 月 19 日，小费迪南德给他回信道：

图191：该页面说明了如何计
算一本书的外币价格，列出
了以瑞士法郎为基础计算出
的书目价格

您提到的问题是德国科学图书贸易目前
最棘手的问题。归根结底，德国图书贸易的
主要负责人，并不都是视野狭隘的人，他们
必须被外人推上正确的道路。德国的价格是
合理的，只要不高于和平时期水平的 25%。
在过去的几个月中，国内价格实际上已经接
近了世界市场的价格，在图书贸易中也是如
此。然而，只要德国的生产价格与世界市场
的价格之间仍然存在巨大差异，外国就必须
为保障国内市场的利益承担我提到的限度内
的费用。

根据小费迪南德在 1924 年 3 月 19 日致库尔特·科夫卡（Kurt
Koffka）的信中提及的图书出口还存在其他问题，例如，同盟国指示
其进口商从德国发票中扣除 26% 作为战后赔款。但施普林格出版社拒
绝将赔款用于私营企业。在这种情况下，外国购买商只能预付全额书
款才能得到施普林格出版社的书。

作者的地位

一战结束后数年间，外国学术组织拒绝与德国科学家交流，德国
在海外协会的会员地位被取消，德国学者不再是外国学会的会员，他
们参加前敌国的国际会议也遭到抵制。有些国家甚至禁止以德语为母
语的外国人使用德语（如在荷兰和斯堪的纳维亚等地）。另外，在德
国几乎买不到外国文学作品，因为货币状况是如此糟糕。

尽管如此，仍旧有一些缓解困难的尝试。马克斯·玻恩于 1920

年 1 月 8 日给施普林格出版社写信，报告了以下计划："一些德国大学界的杰出人士建议，德国科学期刊不再向国外自由发行，而应设立一个中央办公室，由该办公室对外发行期刊，以换取同等地位的外国期刊"。因为德国货币的贬值使得德国学者和科研机构完全无法继续获得外国期刊。但这一提议遭到了德国图书贸易协会的"断然拒绝"。施普林格出版社在给玻恩的回信中对此表示遗憾："我认为德国出版协会片面强调出版利益是错误的。它应该对自己说，没有科学家，就没有科学出版商。它应该努力解决这个问题。"不过，施普林格出版社认为，从技术角度组织这样一个提案会很困难，因为此时德国作为战败国必须获得战胜国的批准，才能建立这样一个中央出版机构。战胜国能否同意是非常值得怀疑的。

一个几乎无法解决的问题是版税的确定和结算。通货膨胀期间，在图书出版后向作者支付版面费的做法在短时间内失去了价值。按照施普林格出版社迄今为止的做法，一直倾向于分享利润，但这种做法不仅费时费力，而且很难产生积极的效果，因为收入往往只相当于发票金额的一小部分。对作者来说，按销售价格的百分比付版面费不可能产生更有利的结果。

只有在通货膨胀之后，作者才能因自己的作品获得一些补偿：在通货膨胀期间，他们的作品甚至无法获得近乎公平的回报。对出版商来说，结算账目需要增加大量的工作，因为每次涨价后，都必须根据售出的书计算支付给作者的报酬。从 1922 年 9 月起，随着一个新的"关键数字"的确定，这一时刻到来了。

拿汉斯·普林茨霍恩（Hans Prinzhorn）所著的《精神疾病图说》举例，如表 7 所示。

表7：《精神疾病图说》价格计算（单位：马克）

销售册数	关键基数 （出版协会公布的 关键数字）	单册定价 （基础数字与关键数相除）	销售总额 （销售册数乘以单价）
945		80.10	75694.50
224		160.20	35084.80
95	60	306.00	29070.00

续表

销售册数	关键基数 （出版协会公布的 关键数字）	单册定价 （基础数字与关键数相除）	销售总额 （销售册数乘以单价）
28	80	408.00	11424.00
30	110	561.00	16830.00
34	160	816.00	27744.00
124	210	1071.00	132804.00
96	300	1530.00	146880.00
33	400	2040.00	67320.00
外币销售额以15%的比例入账			96856.40
合计			640507.70

　　1923 年 5 月 9 日，这本书稿费为 90 金马克（按 1609 本书的版税算），但 4 周后就只能获得 34 金马克。按照惯例，售出的印刷品的版税应在自然年结束后 3 个月内支付。因为此时前一年的收入刚刚回款，而且仅是投入值的一小部分。在通货膨胀最严重的时候，作者希望能在更短的时间内拿到稿酬，最初是按季度，后来甚至是按月。这给销售额和版税的计算带来了大量几乎无法完成的额外工作，如通信和记账等。最后，关于最公平的版税计算和支付方式的讨论占用了出版商大量的时间。

图192：汉斯·普林茨霍恩的著作《精神疾病图说》
是对艺术心理学和精神病理学的巨大贡献[1]

---

[1] 该书非常成功，几个月后就不得不再版。然而读者兴趣迅速消退，以至于在 1931 年仍有许多未售出。到 20 世纪 60 年代末该书再次受到热捧。一直到 1972 年仍在出版。

通胀高峰期

1923 年夏天，通货膨胀变得相当难以控制。1923 年 6 月 1 日，马克的价值只有原来的 1/17798，两个月后为 1/261905，而到了 8 月底又跌了十倍。德国科学紧急协会（Emergency Association of German Science）对于"正在出版的著作和期刊给予资助。根据印刷量的不同，补助金额占生产成本的大约 10%—80%。《德国日报》以'科学书籍的终结'为题，详细报道了当时德国日益严重的紧急状况。斯图加特、慕尼黑和西里西亚的出版商协会决定与莱比锡和柏林的许多出版商一样，暂时停止图书生产"。小费迪南德·施普林格一直拒绝接受该协会的资助，他在 1923 年 8 月 23 日向其作者马克斯·玻恩保证，即使在这种严峻的形势下，他也会一如既往地经营他的企业，尤其是期刊出版，"我想只要有可能，我们就必须继续下去，不断下跌的马克总会恢复，我们的出口能力也会恢复"。

图193：弗里德里希·施密特·奥特[1]

1913 年，施普林格出版社的年图书品种为 379 种。在经历了战争期间的衰退后，1920 年的年图书品种还有 342 种。而在同一时期，其他德国科学出版商的品种数比战前至少减少 60%。施普林格出版社为何能在那个通货膨胀的年代还能继续扩张？

回首往事，小费迪南德在扶轮社的演讲中谈到了他在通货膨胀时期的扩张策略：

图194：小费迪南德·施普林格（摄于1924年）。他的扩张性出版策略让很多人感到惊讶

我已经意识到，出版社计划在"正常条件"恢复出版是错误的。我想，我必须让我保持活

---

[1] 弗里德里希·施密特·奥特（Friedrich Schmidt Ott, 1860—1956），1917—1918 年任普鲁士文化部部长。他大力支持了德国科学紧急协会的建立和发展（该协会为科学家个人和科学机构提供政府预算），至 1934 年前一直担任协会主席。

跃的创造冲动，无论这看起来多么困难甚至鲁莽。我的同事们甚至预言会发生灾难。但事态的发展证明，我是对的。当市场刚刚形成时，出版社束手就擒，关闭为科学服务的大门是完全错误的。很明显，我们出版社已经取得了领先地位，其他公司很难赶上。

出版社的社团组织

　　战争期间图书产量的急剧下降，导致了期刊的规模和出版频率都有所减小和降低，即使是对工业发展至关重要的期刊杂志也是如此。然而，一些学会等社团组织建立自己的出版公司的想法很早就有了，这样学会可以根据自己的想法来组织期刊出版，且在许多情况下，可以避免与出版商分享可观的广告收入。一些学会官员寻求社会影响也是学会成立出版公司的原因之一。此类期刊因为销售主要靠会员订阅，经营风险似乎很低。结果 1921 年，施普林格出版社失去了创刊65 年的《德国工程学报》的出版商资格。德国工程学会自己的出版公司在当年 1 月 6 日成立。至此，双方长达 40 年的互惠互利的合作就此结束。几年后，弗里茨·施普林格写道，他的公司清楚地意识到，早晚有一天学会要成立自己的期刊出版商。重要的是，我们要尽可能推迟这一时刻的到来，我们成功地做到了这一点。

　　早在 1918 年，矿产协会（Association for Mining Interests）就在埃森（Essen）成立了自己的好运出版社（Verlag Glückauf）[①]。而德国化学家协会、德国化学协会和化学产业发展保护协会（Verein zur Wahrung der Interessen der Chemischen Industrie），则共同成立了化学出版社（Verlag Chemie）。德国电气工程师协会（Verband Deutscher Elektrotechniker）也成立了 VDE 出版社（VDE Verlag）。铸造协会1924 年在柏林成立了博伊特出版社（Beuth Verlag），1927 年在杜塞尔多夫成立了铸造出版社（Giesserei Verlag）。起初，这些出版社几乎只出版各自协会的期刊，但很快也开始出版图书。然而，他们经常对

---

① 名字来源于矿工之间的问候。

出版利润抱有不切实际的幻想。许多学会认为，其会员数量足以让销售额能收回成本。虽然期刊通常如此，但图书销售的情况却并非与期刊一样。图书销售行业显然不太热衷于推广，因为大部分出版物都是以低价直接销售给学会会员的。许多作者意识到，商业出版商更符合他们的利益，尤其是在海外销售方面。

其他科学社团组织也曾考虑成立出版机构，但只有那些由财力雄厚的企业支持的社团组织才能成立，如钢铁、煤炭和发动机生产以及化工企业等。在这些情况下，预期的广告收入和协会的资助确实确保了盈利。

收购赫什瓦尔德出版社和书店

1816年4月，奥古斯特·赫什瓦尔德在柏林的格罗斯·伯格斯特拉森大街25号（Große Burgstraße 25）开了书店，10年后开展了出版业务，并聚焦医学和自然科学领域。出版社在他的侄子爱德华·阿贝（Eduard Aber）领导下业务发展得非常好。阿贝和赫什瓦尔德的儿子费迪南德（Ferdinand Hirschwald，1810—1899）一起经营，分别负责公司的两个业务部门。他们的作者包括"病理学之父"鲁道夫·菲尔绍，以及"柏林医学派"的杰出代表：卡尔·费迪南德·冯·格雷费（Karl Ferdinand von Graefe）、约翰·弗里德里希·冯·迪芬巴赫（Johann Friedrich von Dieffenbach）、恩斯特·冯·贝格曼、特奥多尔·比尔罗特（Theodor Billroth）、费利克斯·霍佩·赛勒（Felix Hoppe Seyler）和伯恩哈德·冯·朗根贝克（Bernhard von Langenbeck）等。这些都是当年活跃在医学界的人物。赫什瓦尔德出版社主要依靠12种期刊，其中尤其包括5种优秀的文献类期刊和《柏林临床周刊》。

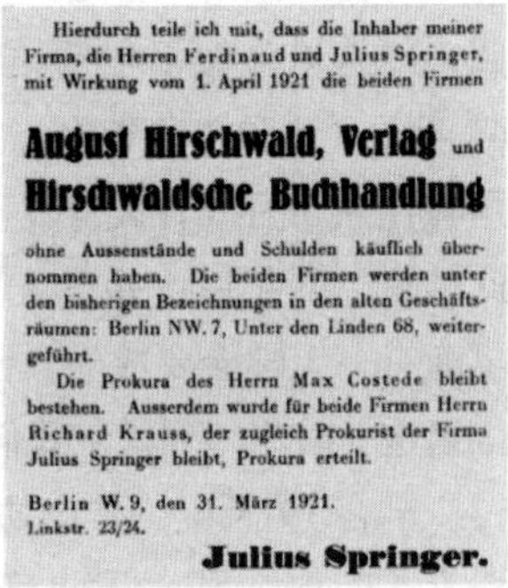

Hierdurch teile ich mit, dass die Inhaber meiner Firma, die Herren Ferdinaud und Julius Springer, mit Wirkung vom 1. April 1921 die beiden Firmen

August Hirschwald, Verlag und
Hirschwaldsche Buchhandlung

ohne Aussenstände und Schulden käuflich übernommen haben. Die beiden Firmen werden unter den bisherigen Bezeichnungen in den alten Geschäftsräumen: Berlin NW. 7, Unter den Linden 68, weitergeführt.

Die Prokura des Herrn Max Costede bleibt bestehen. Ausserdem wurde für beide Firmen Herrn Richard Krauss, der zugleich Prokurist der Firma Julius Springer bleibt, Prokura erteilt.

Berlin W. 9, den 31. März 1921.
Linkstr. 23/24.

Julius Springer.

图195：施普林格出版社1921年3月31日在报纸上发布收购赫什瓦尔德出版社及其书店的通告

爱德华·阿贝和费迪南德·赫什瓦尔德于 1899 年先后去世后，爱德华·阿贝的儿子阿尔贝特·阿贝（Albert Aber，1842—1920）接管了公司。但医学出版商之间的竞争日益激烈，此时德国已经有费迪南德·恩克、福格尔、贝格曼、古斯塔夫·菲舍尔、卡格尔、格奥尔格·蒂姆、乌尔班和施瓦岑贝格，以及施普林格这些出版社。阿尔贝特·阿贝未能保持其公司的领先地位。作为书商，他正面临着日益激烈的竞争。1872 年，奥斯卡·罗特哈克（Oscar Rothacker）开设了一家医学书店，很快就盖过了赫什瓦尔德书店的风头。这些都让赫什瓦尔德出版社失去了行业领先地位。

第一次世界大战期间，阿尔贝特·阿贝已经 72 岁了。除了最重要的期刊外，其他期刊几乎全部停刊。1920 年阿贝去世后，没有家族成员有兴趣继续经营，他们不得不出售出版社和书店。除了施普林格出版社和莱比锡出版商约翰·安布罗修斯·巴尔特外，还有其他出版社有意购买该公司。施普林格出版社用约 17.5 万马克（相当于约 10 万黄金马克），于 1921 年 4 月 1 日收购了公司。公司位于菩提树大街 68 号（Unter den Linden 68），此乃柏林著名的林荫大道。

图196：柏林菩提树大街68号拐角赫什瓦尔德办公楼的图像，该楼于1945年5月被炮火摧毁；1960年重建后，改为德意志民主共和国外贸部办公楼

　　施普林格出版社对期刊特别感兴趣，几乎所有期刊都得以继续出版。就这样，赫什瓦尔德出版社原来成功的期刊就得以继续面世了。施普林格出版社将出版方向一致的期刊进行了合并，例如将《柏林临床周刊》和施普林格出版社的《治疗月刊》合并为《临床周刊》。一些医学项目出版计划得以实现，一些十分成功的图书得到了再版和修订，例如威廉·埃伦伯格（Wilhelm Ellenberge）和赫尔曼·鲍姆（Hermann Baum）所著的《家畜解剖比较通报》，费利克斯·霍佩·赛勒所著的《生理与病理化学分析通报》等。

　　赫什瓦尔德书店因为其广泛的知名度而得以继续经营下去，并重新恢复了二手书业务。新的经营即将开始，还需要合适的人员来经营。妥耶斯·朗格（Tönjes Lange, 1889—1961）就入选了。朗格曾在吕尔和施伦克尔（Rühl & Schlenker）书店当学徒，之后在品牌显赫的柏林大学的斯派尔和彼得斯（Spyer & Peters）书店工作了三年。该书店处于菩提树大街42号，跟赫什瓦尔德书店很近。朗格随后又在布鲁塞尔的米施和罗恩（Misch & Thron）图书进出口公司完成了训练。战后朗格以上尉的身份退役，加入了奥古斯特·舍尔出版社（August Scherl Verlag）的营销部。该出版社已经开始使用现代营销方法。他在这里学到了创建、归纳客户地址列表的做法。有科学书店、古籍书店的工作经验，加上图书进出口和品牌显赫的柏林大学书店业务训练，33岁的朗格积累了足够的书店管理经验。他接管了赫什瓦尔德书店后，将其定位为科学邮购书店（scientific mail-order bookshop）。

图197：施普林格出版社在双语版《德国–俄罗斯医学杂志》上刊登的赫什瓦尔德书店广告，宣告将德语、英语和法语医学文献寄往苏联，并通过莫斯科国家银行转账

赫什瓦尔德书店的业务很重要，但业务的核心显然是邮购。施普林格出版社作者的地址为朗格开发客户地址列表提供了基础。很快列表又增加了德国和国外众多科学协会会员的地址。不久，德国和国外的众多科学协会成员的地址也补充进来。到 20 世纪 20 年代末，这个中央卡片索引（central card index）包含的个人、图书馆和机构的地址共计 24.3 万个，其中 52% 在国外。由于该索引还分为 1750 个专题，而每位客户平均对 5 个专题感兴趣，因此它实际上包含了 120 万张地址卡。

而邮寄的宣传页则分为几种：单主题宣传册（single title leaflets）、多主题宣传册（group of titles）、大主题宣传册（large subject catalgues）和给图书馆的新书书目《赫什瓦尔德广告》。

赫什瓦尔德的大部分外国客户在美国（40%）和英国（11%），因此出版社很快就推出了英文版的宣传材料。施普林格出版社因此配备了一套机械化统计的艾略特–菲舍尔系统（The Eliot-Fisher System），在 1927 年雇佣了 60 名男女员工。当时公司拥有 3 万个国内账户和 2 万个国外账户，以及 15 万个偶尔下订单的客户账户。由于赫什瓦尔德的邮购业务在进出口方面有许多独到之处，因此许多图书馆和机构都是通过赫什瓦尔德订购期刊和报纸，特别是那些大量订购外国书籍和期刊的德国客户也是如此。

图198：柏林大学区地图，施普雷河以北遍布医疗机构，位于菩提树大街的赫什瓦尔德书店，也靠近其他大学建筑（箭头所示）

　　赫什瓦尔德对苏联业务尤其成功：它为这一市场设立了专门的部门，工作人员主要是俄罗斯移民。该公司的负责人来自圣彼得堡，与苏联的书商和图书馆员有着密切的联系，有时会私下联系。在某些情况下，他甚至亲自与祖国的书商和图书馆员直接接触。直到 1923 年苏联成立垄断图书进出口的苏联国际书店（Meshdunarodnaya Kniga）后，赫什瓦尔德对苏联业务的单线联络才逐步结束。对于苏联时期的业务，特别是私人客户的发票，通常由苏联境外的俄罗斯人支付，他们以这种方式支持国内的同事或亲戚。

　　广泛的期刊服务受到施普林格出版社高度重视。1927 年期刊订阅由 3 名左右的工作人员负责。期刊的供应提供了一个潜在的联系渠道，也可用于施普林格出版社的图书销售。二手书库最初由保罗·舒尔策（Paul Schulze）负责，1928 年至 1970 年由马克斯·尼德莱希纳（Max Niderlechner）负责。值得一提的是，截至 1929 年，二手书库收购了一战期间德国机构无法获得的外国出版社的期刊 80 万种。这些是外国图书馆特别感兴趣的文献。

　　当然，大部分宣传材料和邮寄的传单都无人问津，因为潜在客户通常更愿意从当地书店订购。赫什瓦尔德还为德国其他 40 家出版社寄出了宣传材料，每一份邮件对施普林格出版社来说都是有价值的。

　　当施普林格出版社接管赫什瓦尔德书店时，书店只有 12 名员工。10 年后，书店员工人数达到 154 人，成为当时最大的科学类书店。在20 世纪 20 年代的一份招股说明书中，它自称为"世界上最大的科学类书店"。由于书店的快速扩张需要更大空间，因此收购了隔壁莎多大街 1a 号（Schadowstrasse 1a）铺面。

　　1933 年，朗格获得了施普林格出版社的全权授权。1933 年至1945 年，他成功地、无所畏惧地、谨慎地，有时甚至是有策略地引导公司越过了前进道路上的所有障碍。1941 年，根据纳粹当局的命令，赫什瓦尔德书店不得不改名，自此以后，它就被称为朗格和施普林格（Lange & Springer）出版社书店。这个名字也是对朗格为施普林格出版社所做的巨大贡献的永久纪念。

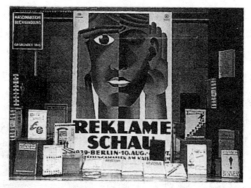

图199：1929年博览会期间赫什瓦尔德书店的橱窗展示

在维也纳成立分社

第一次世界大战结束后奥匈帝国解体，而其通货膨胀的现象比德国更严重，因此奥地利的出版社也陷入了危机。1923 年秋天的一个聚会上，维也纳的安东・冯・艾塞尔斯贝格男爵（Anton Freiherr von Eiselsberg）[①]询问施普林格出版社是否对接手《维也纳临床周刊》感兴趣，因为原来负责的瑞克拉出版社（Rikola Verlag）陷入了危机。小费迪南德・施普林格同意接手该杂志，同时收购瑞克拉出版社的小型医疗出版部门，这样就组建了施普林格出版社维也纳分社。与此同时，施普林格出版社与奥地利一家科学书店建立了合作关系。该书店老板奥托・萨菲尔（Otto Saffir）的儿子，

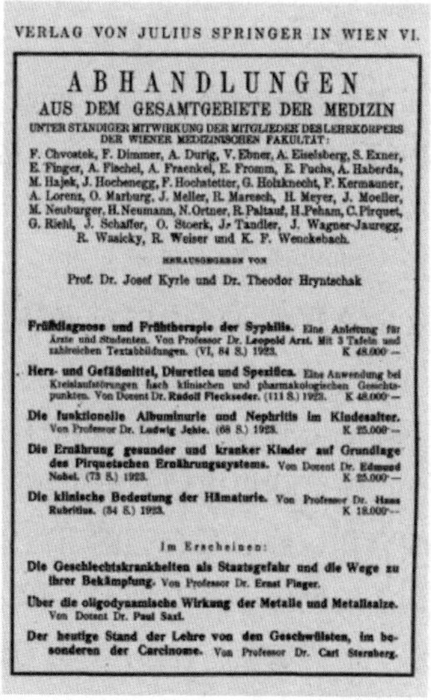
VERLAG VON JULIUS SPRINGER IN WIEN VI.

ABHANDLUNGEN
AUS DEM GESAMTGEBIETE DER MEDIZIN
UNTER STÄNDIGER MITWIRKUNG DER MITGLIEDER DES LEHRKÖRPERS DER WIENER MEDIZINISCHEN FAKULTÄT:
F. Chvostek, F. Dimmer, A. Durig, V. Ebner, A. Eiselsberg, S. Exner, E. Finger, A. Fischel, A. Fraenkel, E. Fromm, E. Fuchs, A. Haberda, M. Hajek, J. Hochenegg, F. Hochstetter, G. Holzknecht, F. Kermauner, A. Lorenz, O. Marburg, J. Meller, R. Maresch, H. Meyer, J. Moeller, M. Neuburger, H. Neumann, N. Ortner, R. Paltauf, H. Peham, C. Pirquet, G. Riehl, J. Schaffer, O. Stoerk, J. Tandler, J. Wagner-Jauregg, R. Wasicky, R. Weiser und K. F. Wenckebach.

HERAUSGEGEBEN VON
Prof. Dr. Josef Kyrle und Dr. Theodor Hryntschak

Frühdiagnose und Frühtherapie der Syphilis. Eine Anleitung für Ärzte und Studenten. Von Professor Dr. Leopold Arzt. Mit 3 Tafeln und zahlreichen Textabbildungen. (VI, 84 S.) 1923. K 48.000·—

Herz- und Gefäßmittel, Diuretica und Spezifica. Eine Anwendung bei Kreislaufstörungen nach klinischen und pharmakologischen Gesichtspunkten. Von Dozent Dr. Rudolf Fleckseder. (111 S.) 1923. K 48.000·—

Die funktionelle Albuminurie und Nephritis im Kindesalter. Von Professor Dr. Ludwig Jehle. (68 S.) 1923. K 25.000·—

Die Ernährung gesunder und kranker Kinder auf Grundlage des Pirquetschen Ernährungssystems. Von Dozent Dr. Edmund Nobel. (73 S.) 1923. K 25.000·—

Die klinische Bedeutung der Hämaturie. Von Professor Dr. Hans Rubritius. (84 S.) 1923. K 18.000·—

Im Erscheinen:

Die Geschlechtskrankheiten als Staatsgefahr und die Wege zu ihrer Bekämpfung. Von Professor Dr. Ernst Finger.

Über die oligodynamische Wirkung der Metalle und Metallsalze. Von Dozent Dr. Paul Saxl.

Der heutige Stand der Lehre von den Geschwülsten, im besonderen der Carcinome. Von Professor Dr. Carl Sternberg.

图200：施普林格出版社维也纳分社为其《医学全领域论文集》宣传的首批广告，为1923年购买了陷入财政困难的瑞克拉出版社之后的项目

① 奥地利神经外科医生，在他的推动下，维也纳成立了世界首个急救手术中心。——译者注

曾经在柏林的施普林格出版社做过志愿者。借此机会，在 1924 同年，施普林格出版社兼并了专注工程学的雷哈曼和文策尔（Lehamann & Wentzel）书店，在此基础上施普林格出版社在维也纳成立了米涅瓦（Minerva）书店。这样，施普林格出版社的出版物在维也纳等地的销售就有了坚实的基础。

施普林格出版社维也纳分社在 1924 年 3 月 10 日成立，分社在维也纳阿默林大街（Amerlingstrasse）4 号短暂停留后，1925 年搬到了肖滕格拉斯大街（Schottengasse）4 号的一栋房子里。楼上有两层，底层是书店。这里一直是施普林格出版社维也纳分社的总部，直到房子在第二次世界大战的最后几天被摧毁。分社的经理为奥托·朗格（Otto Lange，1887—1967），1910 年起进入施普林格出版社，1920 年起负责出版社的宣传部门。奥托·朗格的弟弟是妥耶斯·朗格，就是上文提到的，专门负责赫什瓦尔德出版社的经理，他就是在奥托的推荐下才成功加入施普林格出版社的。

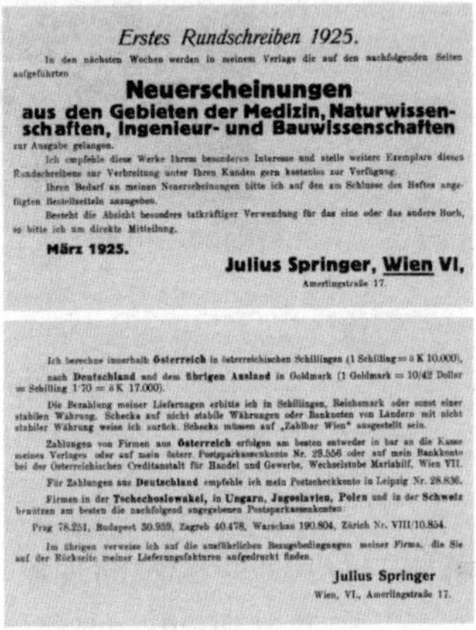

Erstes Rundschreiben 1925.

In den nächsten Wochen werden in meinem Verlage die auf den nachfolgenden Seiten aufgeführten

Neuerscheinungen aus den Gebieten der Medizin, Naturwissenschaften, Ingenieur- und Bauwissenschaften

zur Ausgabe gelangen.

Ich empfehle diese Werke Ihrem besonderen Interesse und stelle weitere Exemplare dieses Rundschreibens zur Verbreitung unter Ihren Kunden gern kostenlos zur Verfügung.

Ihren Bedarf an meinen Neuerscheinungen bitte ich auf den am Schlusse des Heftes angefügten Bestellzetteln anzugeben.

Besteht die Absicht besonders tatkräftiger Verwendung für das eine oder das andere Buch, so bitte ich um direkte Mitteilung.

März 1925.

Julius Springer, Wien VI,
Amerlingstraße 17.

Ich berechne innerhalb **Österreich** in österreichischen Schillingen (1 Schilling = ö K 10.000),

nach **Deutschland** und dem **übrigen Ausland** in Goldmark (1 Goldmark = 10/42 Dollar = Schilling 1·70 = ö K 17.000).

Die Bezahlung meiner Lieferungen erbitte ich in Schillingen, Reichsmark oder sonst einer stabilen Währung. Schecks auf nicht stabile Währungen oder Banknoten von Ländern mit nicht stabiler Währung weise ich zurück. Schecks müssen auf „Zahlbar Wien" ausgestellt sein.

Zahlungen von Firmen aus **Österreich** erfolgen am besten entweder in bar an die Kasse meines Verlages oder auf mein österr. Postsparkassenkonto Nr. 29.556 oder auf mein Bankkonto bei der Österreichischen Creditanstalt für Handel und Gewerbe, Wechselstube Mariahilf, Wien VII.

Für Zahlungen aus **Deutschland** empfehle ich mein Postscheckkonto in Leipzig Nr. 28.836.

Firmen in der **Tschechoslowakei**, in **Ungarn**, **Jugoslavien**, **Polen** und in der **Schweiz** benützen am besten die nachfolgend angegebenen Postsparkassenkonten:

Prag 78.251, Budapest 30.939, Zagreb 40.478, Warschau 190.804, Zürich Nr. VIII/10.854.

Im übrigen verweise ich auf die ausführlichen Bezugsbedingungen meiner Firma, die Sie auf der Rückseite meiner Lieferungsfakturen aufgedruckt finden.

Julius Springer
Wien, VI., Amerlingstraße 17.

图201：施普林格出版社维也纳分社于1925年春发布的第一份通知，宣布在医学、自然科学、工程学和建筑学方面的新出版物，还提供了奥地利、德国的货币兑换信息，以及东方国家和瑞士的付款信息

施普林格出版社维也纳分社通过与几位奥地利各领域领军人物的合作，确立了自己的出版地位。维也纳分社通过《维也纳临床周刊》的网络，在 1927 年，除了自己创刊《医学实践》外，他还从卡尔·格罗尔德和佐恩（Carl Gerold & Sohn）出版社中购买了《奥地利植物学杂志》。与该刊合作的作者有：经济领域的汉斯·凯尔森（Hans Kelsen）、阿尔弗雷德·维德罗斯（Alfred Verdroß）和弗里德里希·A. 哈耶克（Friedrich A. Hayek），物理学领域的诺贝尔奖获得者为沃尔夫冈·泡利（Wolfgang Pauli），哲学领域的莫里茨·施利克（Moritz Schlick）。同时，书店的代表甚至还去了土耳其和埃及推销业务。之

后为了节省成本，维也纳分社的订单都改为由柏林分社完成。至 1932 年，施普林格出版社维也纳分社出版了 400 多种书，12 种期刊。

1935 年，经理奥托·朗格升级为出版社的合伙人之一。1942 年，小费迪南德由于纳粹的压力被迫从出版社辞职后，奥托·朗格和妥耶斯·朗格购买了出版社。鉴于前者有奥地利居民身份，在第二次世界大战结束后的盟军占领时期，出版社就避免了跟其他德国资产一样被查封的境遇。

期刊扩张

1918 年施普林格出版社实施期刊扩张政策，通货膨胀结束后，施普林格出版社期刊的品种数量几乎翻了一番。这种增长在很大程度上是因为收购了 J. F. 贝格曼出版社（1917/1918）的 10 种刊物和赫什瓦尔德出版社（1921）的 12 种刊物。此外，施普林格出版社还从其他出版社购买了 18 种期刊，以及 12 种新期刊（包含将丛书转化成的新期刊）。

一些被收购的期刊有的是在战争或通货膨胀时期陷入困境，另一些则是在被收购时就已经停刊。这些期刊的出版商对于能够恢复出版失去信心，因此，它们的收购价格并不高。此外，期刊的不定期出版会使订户数量大幅减少。因此，对于那些实际上已经停刊的期刊，出版社需要投入大量资金才能重新赢得以前的订户。

在某些情况下，改用施普林格出版社的品牌是一些期刊编辑们的希望。因为施普林格出版社不仅有财力继续出版相关期刊，而且还能扩大其规模。例如《菲尔绍病理学解剖档案》丛刊的编辑奥托·卢巴尔施（Otto Lubarsch,

图202：鲁道夫·菲尔绍的照片，他是细胞病理学创始人[1]

---

[1] 鲁道夫·菲尔绍于 1847 年创办了《临床生理医学杂志》，由赫什瓦尔德出版社出版，1920 年被施普林格出版社收购后，该杂志由施普林格出版社继续经营。鲁道夫·菲尔绍与老施普林格同为进步党成员，他因曾在 1847 年发表过西里西亚考察的报告而知名。

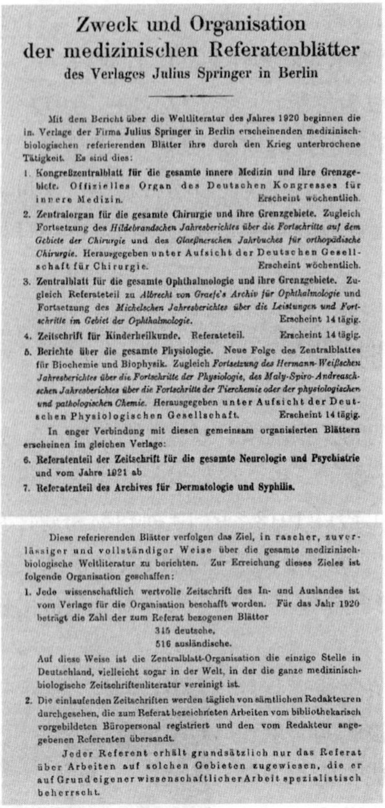

Zweck und Organisation der medizinischen Referatenblätter

des Verlages Julius Springer in Berlin

Mit dem Bericht über die Weltliteratur des Jahres 1920 beginnen die in. Verlage der Firma Julius Springer in Berlin erscheinenden medizinisch-biologischen referierenden Blätter ihre durch den Krieg unterbrochene Tätigkeit. Es sind dies:

1. **Kongreßzentralblatt für die gesamte innere Medizin und ihre Grenzgebiete.** Offizielles Organ des Deutschen Kongresses für innere Medizin. Erscheint wöchentlich.
2. **Zentralorgan für die gesamte Chirurgie und ihre Grenzgebiete.** Zugleich Fortsetzung des Hildebrandschen Jahresberichtes über die Fortschritte auf dem Gebiete der Chirurgie und des Glaeßnerschen Jahrbuches für orthopädische Chirurgie. Herausgegeben unter Aufsicht der Deutschen Gesellschaft für Chirurgie. Erscheint wöchentlich.
3. **Zentralblatt für die gesamte Ophthalmologie und ihre Grenzgebiete.** Zugleich Referatenteil zu Albrecht von Graefe's Archiv für Ophthalmologie und Fortsetzung des Michelschen Jahresberichtes über die Leistungen und Fortschritte im Gebiet der Ophthalmologie. Erscheint 14 tägig.
4. **Zeitschrift für Kinderheilkunde.** Referatenteil. Erscheint 14 tägig.
5. **Berichte über die gesamte Physiologie.** Neue Folge des Zentralblattes für Biochemie und Biophysik. Zugleich Fortsetzung des Hermann-Weißschen Jahresberichtes über die Fortschritte der Physiologie, des Maly-Spiro-Andreaschschen Jahresberichtes über die Fortschritte der Tierchemie oder der physiologischen und pathologischen Chemie. Herausgegeben unter Aufsicht der Deutschen Physiologischen Gesellschaft. Erscheint 14 tägig.

In enger Verbindung mit diesen gemeinsam organisierten Blättern erscheinen im gleichen Verlage:

6. **Referatenteil der Zeitschrift für die gesamte Neurologie und Psychiatrie** und vom Jahre 1921 ab
7. **Referatenteil des Archives für Dermatologie und Syphilis.**

Diese referierenden Blätter verfolgen das Ziel, in rascher, zuverlässiger und vollständiger Weise über die gesamte medizinisch-biologische Weltliteratur zu berichten. Zur Erreichung dieses Zieles ist folgende Organisation geschaffen:

1. Jede wissenschaftlich wertvolle Zeitschrift des In- und Auslandes ist vom Verlage für die Organisation beschafft worden. Für das Jahr 1920 beträgt die Zahl der zum Referat bezogenen Blätter

345 deutsche,
516 ausländische.

Auf diese Weise ist die Zentralblatt-Organisation die einzige Stelle in Deutschland, vielleicht sogar in der Welt, in der die ganze medizinisch-biologische Zeitschriftenliteratur vereinigt ist.

2. Die einlaufenden Zeitschriften werden täglich von sämtlichen Redakteuren durchgesehen, die vom Referat bezeichneten Arbeiten vom bibliothekarisch vorgebildeten Büropersonal registriert und den vom Redakteur angegebenen Referenten übersandt.

Jeder Referent erhält grundsätzlich nur das Referat über Arbeiten auf solchen Gebieten zugewiesen, die er auf Grund eigener wissenschaftlicher Arbeit spezialistisch beherrscht.

图203：在施普林格出版社1920年秋季寄出的四页招股说明书中，描述了"核心期刊"系列其刚刚成立的出版社的结构、目标和组织

1860—1993）[1]，在解释本刊从开战前的 2000 多页缩减到了 1300 多页时说："这并非跟投稿数量少有关，因为战后其数量又恢复了……主要是因为出版商对其所出版的医学部分出版物没有给予足够的重视。"[2] 总而言之，他费尽心思地说服了德古意特出版社[3]把《菲尔绍病理学解剖文献》丛刊卖给施普林格出版社，就是编辑推动的。类似还有《数学年报》。

与此同时，施普林格出版社也剥离了两种期刊，分别为是德国工程师协会的刊物和《梅兰德纺织报》，后者于 1889 年创刊，1920 年 7 月 1 日卖给了位于曼海姆（Mannheim）的马塞尔·梅利安（Marcel Melliand）出版社，该刊至今仍是纺织业的领先期刊。

战争结束后，小费迪南德·施普林格立即以非凡的精力投身于《学术评论核心期刊》系列的组织工作。该刊物在战争期间停刊。因为医生们必须了解过去几年的研究成果才能撰稿。他们中的大多数人曾在军队医院工作，没有时间阅读医学文献。其他国家的研究进展也不为人所知。在战争期间，很少外国期刊出版。在通货膨胀期间，医学家们缺乏外汇去订购外国

---

① 该刊前任编辑为约翰内斯·奥尔特（Johannes Orth）。
② 1918 年 1 月至 1920 年 7 月。
③ 可参考《德古意特出版史：传统与创新 1749—1999》，浙江大学出版社，2022 年。——译者注

期刊或参加国际会议。再加上战后最初几年同盟国对德国科学界的抵
制，他们无论如何也做不到如战前一样，为"核心期刊"系列撰写相
关领域的评论、推荐等。这种情况直到 1926 年，德国加入国际联盟
才有所好转。由于施普林格出版社在国外拥有账户，能够获得外国文
献，对整个领域进行评估，并通过评论向科学家推荐。根据施普林格
出版社 1920 年的招股说明书，"核心期刊"系列的编辑们，在战后不
久就拥有了 345 种德国期刊和 516 种外国期刊。

图204：小费迪南德·施普林格被法兰克福大学授予医学博士荣誉学位的文件

　　施普林格出版社重启《学术评论核心期刊》系列受到了德国医学
界的热烈欢迎。因此，法兰克福大学于 1922 年 1 月 11 日授予小费迪
南德·施普林格荣誉医学博士学位，以表彰他"即使是在最困难的时
期，仍对德国医学的理解和坚定乐观，用毫不动摇的态度推动了德
国医学与世界的联系，相信德国医学也能够向世界传播其学术研究
成果"。

"通报"系列

　　在战争中和战后的通货膨胀时期，施普林格出版社也依旧跟作者
合作出版了一些大型项目。1918 年仅出版了《神经医学通报》，第二
年即 1919 年出版了《内科医学通报》，还有贝格曼出版社的 6 种"通

报"。由于缺乏纸张和装订图书的材料，这些项目不得不推迟到 1924 年后出版，同时，还得关注学术研究界的进展情况。

《特殊病理解剖学和组织学通报》则是施普林格出版社在通货膨胀期间出版的第一个项目。该书主编为弗里德里希·亨克（Friedrich Henke），早在 1912 年夏季，小费迪南德就与之联系，当时弗里德里希·亨克还是柯尼斯堡的病理学的教授，1913 年他搬到了布雷斯劳。1914 年夏季，施普林格出版社与他的合同签署完毕。当时的计划是编写一部 14 卷、约 7000 页

图205：《特殊病理解剖学和组织学通报：心脏与血管》第一卷扉页

的著作。初稿原定于 1915 年 7 月完成。然而，亨克却迟迟没有邀请其他撰稿人，而且在回复施普林格出版社的提醒信时推诿搪塞。于是小费迪南德就去拜访弗里堡的教授路德维希·阿孝夫（Ludwig Aschoff），邀请他与亨克共同编辑通报。路德维希·阿孝夫同意加入这个项目，愿意与亨克共同担任编辑。亨克也原则上接受了这一提议，但阿孝夫希望扩大编辑委员会，在其中增加一名"柏林医学派"的代表。这让施普林格出版社很高兴，感觉让阿孝夫参与该项目是正确的，项目有些拖延也是值得的。但 1913 年 7 月中旬，阿孝夫辞职了，因为他的想法与亨克产生了矛盾。

1913 年底 1914 年初，施普林格出版社已经找到了出资人并签署了第一批合同。但项目进展对施普林格出版社来说太慢了。小费迪南德在 1914 年 1 月 16 日写给亨克的信中说："如果项目不能尽快完成，我会很担心。"他再次敦促亨克与人合编的工作。后来，小费迪南德

---

① 《特殊病理解剖学和组织学通报》系列在第一次世界大战爆发前就已筹备，但一直拖到 1924 年才出版。该丛书的扉页上列出了 80 位撰稿人。该丛书由奥托·卢巴尔施主编，到 1931 年已出版了 20 卷。

亲自负责联系那些尚未完全决定的作者，而且通常都能取得成功。1914 年夏天，大部分撰稿人的合同都已签订。但随着战争的爆发，所有关于交稿最后期限的讨论都变得毫无意义。1915 年 1 月，当其中一位作者向施普林格出版社询问最后期限时，后者提议"我们可以在战争结束后再讨论最后期限"。在这种情况下，许多作者希望解除合同是可以理解的。

战争结束后的 1918 年 5 月，小费迪南德在柏林拜见了奥托·卢巴尔施，有两个原因促使他这样做。一是施普林格出版社刚刚收购了贝格曼出版社，奥托·卢巴尔施他从 1896 年起就担任主编，经验丰富。此次又与罗伯特·奥斯特塔格（Robert Ostertag）共同担任了《普通病理学和病理解剖研究成果》的编辑，由贝格曼出版。二是施普林格出版社仍在

图206：奥托·卢巴尔施[1]

寻找《特殊病理解剖学和组织学通报》的合作主编。卢巴尔施毫不犹豫地同意参与该项目，但条件是编辑工作必须由他全权负责。对于此提议，亨克也非常高兴地接受了，只要他能像在按字母顺序排列的编辑名单中那样，排在第一位即可。但是亨克自己撰写的关于肺结核的论文后来被卢巴尔施拒绝收录，认为无法使用。

卢巴尔施是一位异常勤奋的编辑。在他的指导下，"通报"系列截至 1932 年已出版了 20 卷。他对自己和作者的要求非常严格。一些不合格的稿件被他毫不犹豫地退回修改或亲自重写。他确保严格遵守约定的插图数量。他认为自己对出版商"尤其负有责任，因为插图是出版费用中最贵的部分，而他自己也有责任节省"。"他（小费迪南德·施普林格）总是在各个方面满足我的愿望，几乎盲目地相信我。"

卢巴尔施对迟交稿件的作者深恶痛绝。他决定"出于对那些准时

① 奥托·卢巴尔施，1917 年被任命为柏林大学病理学系主任。在施普林格出版社工作时，卢巴尔施不仅编辑了"通报"系列（1922 年起），还编辑了"菲尔绍档案"（Virchows Archiv）。从 1895 年起，他还与罗伯特·奥斯特塔格（Robert Ostertag）一起编辑出版了《普通病理学和病理解剖研究成果》系列。1931 年，施普林格出版社出版了他的回忆录《学者的多事之秋》。

交付"的合作者的尊重，将一卷分两三部分出版，这样完成的稿件在出版时就不会过时。他非常清楚，对于许多科学家来说，投稿是一件非常麻烦的事情，而且经常会因为对投稿人的敌意（无论是职业上的还是个人的矛盾）而导致合作关系恶化。

同时，由于德语外来词太多，例如德语的"Animosität"（敌意）就跟英语的"animosity"很像，所以他宁愿用同义词"Unlustgefühle"（不情愿的感觉）替换之。因为他正在与外来词进行一场艰苦的斗争，并且他试图"教育他的合作者写出好的德语，而不仅仅是医学术语"。今天，阅读他的这部分回忆录仍旧让人心生敬意。

除《特殊病理解剖学和组织学通报》之外，施普林格出版社出版的其他"通报"有：1924 年出版了《实验药理学通报》第一卷。编辑为阿图尔·黑夫特尔（Arthur Heffter），他第二年去世后，沃尔夫冈·霍布纳（Wolfgang Heubner）接任编辑。1925 年出版了《神经医学通报》之补充期刊。编辑为奥特弗里德·弗尔斯特（Otfried Foerster）和奥斯瓦尔德·布姆克。当然图书的价格也水涨船高了，例如在 1928 年，若图书馆买 41 种图书的价格为 3650 马克。

综上所述，施普林格出版社出版的各类"通报"系列的数量如下，详细书目见表 8：

1924 年	8 种		1929 年	39 种
1925 年	16 种		1930 年	48 种
1926 年	25 种		1931 年	44 种
1927 年	35 种		1932 年	31 种
1928 年	47 种		1933 年	19 种

表8：施普林格"通报"系列

1918	1920	《国际喉科、鼻科及相关科学核心期刊》（赫希瓦尔德）
《解剖学简报》（贝格曼）	《土木工程师》（重组）	《神经学核心期刊》（德古意特）
《眼科档案》（贝格曼）	《结核病临床研究》（卡彼茨 Kabitzsch）	《心理学研究》（新创办）
《生物发生机制档案》（贝格曼）	《生理学前沿通报》（施普林格1920年之前出版的系列）	《公共卫生医学季刊》（赫希瓦尔德）
《骨科和创伤外科》（贝格曼）	《数学年报》（B.G.托伊布纳）	《解剖学发展史》（贝格曼）
《德国牙科季刊》（贝格曼）	《农业技术》（新创办）	《病理学实验与治疗杂志》（赫希瓦尔德）
《解剖学与发育史成果通报》（贝格曼）	《菲尔绍档案：病理解剖学、生理学和临床医学》（赖默尔）	《临床医学杂志》（赫希瓦尔德）
《法兰克福病理学杂志》（贝格曼）	《造船和航运业》（新创办）	《癌症研究杂志》（赫希瓦尔德）
《数学杂志》（新创办）	《卫生与传染病：传染病学、医学微生物学、免疫学和病毒学》（赖默尔）	《物理学报》（韦菲格）
《铁路发展期刊》（克赖德尔）		《结核病全域研究》（卡彼茨）
《人类与动物生理学档案》（哈格尔出版社）		《性病研究核心期刊》（新创办）
《实用妇产科杂志》（贝格曼）		
《姐妹》（新创办）	1921	1922
《分析化学杂志》（克赖德尔）	《皮肤病与梅毒》（布劳米勒）	《显微解剖学文献》（科恩）
《口腔颌面外科杂志》（贝格曼）	《内科与妇科文献》（赫希瓦尔德）	《耳鼻喉医学杂志》（新创办）
《耳科和呼吸道疾病杂志》（贝格曼）	《临床外科文献》（赫希瓦尔德）	
《综合保健核心期刊》（贝格曼）	《喉科与鼻科文献》（赫希瓦尔德）	1923
《X射线与镭：核心期刊》（贝格曼）	《精神病学和神经疾病》（赫希瓦尔德）	《妇科全域通报》（施普林格之前出版的丛书）
	《兽医科学与使用文献》（赫希瓦尔德）	《乳业研究》（新创办）
1919	《柏林临床周刊》（赫希瓦尔德）	《无线电爱好者》（新创办）
《生物理化学免疫理论核心期刊》（贝格曼）	《卫生评论杂志》（赫希瓦尔德）	《宏观物理治疗杂志》（蒂姆）
		《儿科研究杂志》（释尔父子公司，Beyer & Söhne）

注：按照创刊时间排序，括号内的出版商名称为施普林格收购前的出版机构名称，被收购后在施普林格旗下继续以该名称出版发行。

　　策划如此大规模的出版项目，完全由出版商承担责任。尽管小费迪南德·施普林格的顾问告诉他需要什么，并推荐了合适的编辑或作者。但各种项目的实现，包括编辑和作者的选择，都取决于他。

图 207: 施普林格出版社 1929 年出版的《医学写作的艺术与实践》德文版扉页[1]（左）；
1964 年出版的《科学著作指南》扉页（右）

手稿一到，制作部门接手具体工作。然而，经常会遇到一些问题，需要小费迪南德自己解决。当然有些特殊问题，编辑和作者希望通过与出版商来协调时，施普林格出版社也会立即介入。这些特殊问题有编辑不够积极，作者无理拖延，或者稿件的约定长度或插图数量不足，稿件篇幅或插图数量大大超出约定等等。通常情况下，由于某个主题过于宽泛，无法满足读者的需求，因此必须更改目录。例如，卢巴尔施编辑的"通报"原计划出版 14 卷，最终却出版了 41 卷，这种决定也需要出版商下决心。

编制"通报"所需的投资怎么估计都不过分。从书单上的总价可以大致看出：如果一个图书馆购买 1928 年出版的所有 41 种"通报"，则必须花费 3650 马克或分期付款。由于"通报"是从业人员首选，不管何种情况，尤其是施普林格出版社出版的"通报"系列，"在插图复制、纸张和印刷方面都是无与伦比的"，内容方面无疑也是如此，因此大多数图书馆都不得不购买之。在通货膨胀的 20 世纪 30 年代，在新出版品种减少的时期，这些战后出版的"通报"系列的销售，为施普林格出版社提供了一个稳定收入来源。

---

[1] 从 1929 年起，施普林格出版社向其作者和编辑分发了根据德国情况改编的《医学写作的艺术与实践》德文译本。该书作者为《美国医学会杂志》的编辑西蒙斯（G. H. Simmons）和菲什拜因（M. Fishbein）。该书也明确指出至少有一部分内容体现出部分德国作者冗长而夸张的辞藻的写作特点。

同时也有人批判通报系列项目的出版缺乏学术含量。例如，政治科学家卡尔·布赫尔就说："某些企业在某一学科领域乐此不疲，十分勤奋地编辑出版。德国大学中只要有人能握笔写字就会投稿，而真正的研究反正因此受害，从专著出版量的减少就知道了。"施普林格出版社的另一个"研究成果系列"也遭到类似的批判。但卡尔·布赫尔也承认："对某段时间内的研究成果之总结，这类文章也是重要的。"然而"莫顿的医学书目"[①] 则称赞施普林格出版社的"通报"系列是"对医学出版最重要的贡献"。

数学家在哥廷根：里夏德·库朗

数学家和物理学家等其他科学家一样，希望并需要迅速发表他们的研究成果，这就需要高效的出版社。不幸的是，第一次世界大战后，这类出版社已经寥寥无几。连莱比锡的托伊布纳出版社已决定明确优先考虑利润丰厚的教科书计划，"而不是利润较低的科学文献和为高等院校出版的文献"。这也可以看作是对数学"直觉主义（intuitionism）"的否定。这种态度得到了那些坚信精确学科的基础出现了危机的学者们支持。

托伊布纳出版社的撤出以及其他在这一领域活跃的出版商的不配合，给了施普林格出版社机会，施普林格出版社也抓住了这个机会。1919 年 11 月，在创刊不到两年之后，《数学杂志》第 4 卷问世。这种出版速度给人留下了深刻印象，数学界对这种出版速度赞不绝口。而托伊布纳出版社的《数学年报》第 79 卷的最后一期，直到 1919 年春季才出版。托伊布纳出版社指出该刊印数太少，影响期刊的连续出版，从而影响了外国订户的积极性，"无法估量的生产成本上升"，都严重影响了期刊的经营出版。编辑和出版商请求被"给予理解和宽容"。但是来自哥廷根的编辑费利克斯·克莱因（Felix Klein，1849—1925）和大卫·希尔伯特（David Hilbert），以及执行主编奥托·布卢

[①] 原文称"莫顿的医学书目"1850 年起出版，实则有误。经查，实际其前身为 1912 年在美国出版，内容介绍从古至今的医学界所出版的医学图书列表，其最新的纸质版于 1991 年出版（第五版），后来改为网络版，如今的网址为 https://www.historyofmedicine.com/subject/all/。——译者注

门塔尔则没有像这份通知所要求的那么善解人意。

图208：费利克斯·克莱因[①]

《数学年报》第81卷第1期（1920年10月出版）上的一篇主编序言指出，编辑们要求托伊布纳保证每年出版一定的页数：我们无法继续与托伊布纳合作，因为它宣称自己无法每年出版一卷36印张（36×16页）的《数学年报》。它告诉我们，如果我们坚持这一要求，它将不得不把杂志交还给我们，让我们自己想办法。

几个月前，编辑们与施普林格出版社取得了联系，双方于1919年2月23日签署了一份协议。阿尔贝特·爱因斯坦，接替慕尼黑数学家瓦尔特·冯·迪克（Walter von Dyck）成为第三任联合主编。

编辑们则承诺出版60—80印张（960—1280页）。由于技术原因，这一目标最终未能完全实现，出版商对此不负任何责任。在通货膨胀的年代里，平均每年"仅"出版800页，即比编辑们对托伊布纳出版社的要求至少多出224页，这已经十分难得。《数学年报》和《数学杂志》联合编辑部的编辑和会员都对施普林格出版社的承诺感到非常满意。1923年7月17日，他们在施普林格出版社之家向小费迪南德·施普林格赠送了一份纪念证书，以纪念施普林格出版社成功出版了25卷《数学年报》和《数学杂志》。证书上有这样的文字：

如果没有你们的创业精神、牺牲精神和严谨认真的态度，德国的数学事业就不会再有活力。德国的数学刊物仍然是世界上最受尊敬的

[①] 费利克斯·克莱因的科学和组织工作对哥廷根数学发展具有决定性的意义。他发起了德国学校数学教学的改革，特别是通过建立"应用物理与数学促进协会"，促进科学社团联盟，他成功地使大型企业参与到他的计划中来。

刊物之一，很大程度上来源于你们的努力，因此，德国数学家和科学界都要感谢你们。

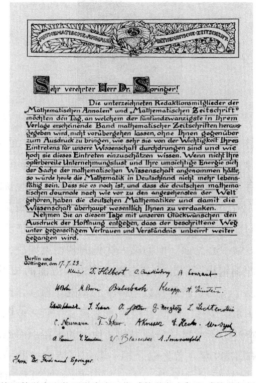

图209：德国数学家和物理学家在25卷《数学杂志》和《数学年报》出版后给小费迪南德·施普林格的感谢信[①]

1932年2月1日，哥廷根大学数学自然科学系授予小费迪南德"荣誉哲学博士"称号，"以表彰他在维护和发展德国数学文献方面所做出的决定性贡献"。

① 施普林格出版社在1925年顺利出版了《数学年报》9卷，《数学杂志》16卷，合计25卷，完成了此前其他出版社认为不可能完成的任务。感谢信签名的学者有费力克斯·克莱因、大卫·希贝特、康斯坦丁·卡拉泰奥多里、里夏德·库朗（Richard Courant）、哈那德·玻尔（Harald Bohr）、马克斯·玻恩、路德维希·比贝尔巴赫（Ludwig Bieberbach）、康拉德·克诺普、阿尔贝特·爱因斯坦、艾哈德·施密特、伊square·舒尔、奥托·霍尔纳、古斯塔夫·赫尔格罗茨（Gustav Herglotz）、莱昂·利希滕施泰因、卡尔·诺伊曼、弗里德里希·舒尔（Friedrich Schur）、阿道夫·克尼塞（Adolf Kneser）、埃尔利希·黑克（Erich Hecke）、沃尔特·冯·戴克、奥斯卡·佩隆（Oskar Perron）、威廉·布拉什克、阿诺尔德·佐默费尔德等著名学者。

图210：俄罗斯数学家安德烈·柯尔莫哥洛夫（Andrei Kolmogorov，1903—1987）[①]

虽然柏林一直是数学的中心，因为《数学杂志》的四位编辑都曾在柏林大学担任过数学教授，但哥廷根作为数学重镇的地位与日俱增。1917年夏季，"哥廷根数学圈"的里夏德·库朗联络了阿诺尔德·贝利纳（Arnold Berliner），请他帮忙沟通，寻求施普林格出版社的帮助。他们在1917年9月28日，在伊尔森堡（哈尔茨山区）的一个电报军事教学中心见面。他们第一次见面就相见如故，并提出了一个大项目，即编辑出版"数学基本概念理论等方面的知识"，尤其是库朗建议"以个人的经验传授数学科学的基础知识，并聚焦在应用数学领域"。1918年7月，库朗也跟物理学家马克斯·玻恩、数学家大卫·希尔伯特讨论了此事，分别得到了他们的支持。而库朗在获得博士学位之前的1909年，曾经给大卫·希尔伯特做过助手。而小费迪南德自1914年起听说过库朗，因为已经加入施普林格出版社团队的莱昂·利希滕施泰因认为库朗也是潜在的数学作者。库朗还联络了其他资深编辑，包括威廉·勃拉希克（Wilhelm Blaschke）和卡尔·伦格（Carl Runge）。

总而言之，库朗很给力。从那时起，小费迪南德与库朗每周都会交换两三封信件。1919年11月18日，库朗写道："目前，我无法将自己从纷至沓来的数学撰稿申请中解脱出来……没有一天不收到申请。"其中有一些之前已在托伊布纳出版社"出版过好几版"书的作

[①] 他曾经与库朗一起在哥廷根共事。1933年施普林格出版社出版了他的《概率计算的基本概念》一书。美国数学家保罗·哈尔莫斯（Paul Halmos）评价道："毫无疑问，这是本世纪最重要的数学著作之一。"

者。对于这些申请，库朗总是迅速而直接地给予回复。在他通常相当详尽的信件中，他还深入探讨了德国科学出版商面临的情况，以及德国科学紧急协会的工作或货币附加费。他用较长篇幅详细报告了丹麦数学家尼尔斯·埃里克·诺伦德（Niels Eric Nörlund）访问哥廷根的情况。"他从巴黎带来消息说：法国人和那些货币坚挺的中立国人正遭受着与我们类似的、部分甚至更大的印刷困难，不同的是，他们没有施普林格出版社，至少施普林格出版社还是做了一些工作……我觉得这可能是一个商业机会，因为目前我们在图书贸易（即印刷业）中的生产成本，远远低于世界市场价格。这将是吸引外国作者的好机会。"

图211：1922年1月23日大卫·希尔伯特六十大寿时的合影[1]

小费迪南德十分欣赏库朗的建议和相关看法。"你越来越成为我在数学和物理方面的首席顾问。我对您的期待也越来越高，所以我不能再让自己占用您这么多的时间而不给您一些重要的回报了。"他建

---

[1] 中间：大卫·希尔伯特他的妻子。下排左起：里夏德·库朗、弗朗茨·希尔伯特和米娅·希尔伯特（Mia Hilbert）；上排左起：小费迪南德·施普林格，他身后的阿利萨贝特·卡尔温（Elisabet Kälvin）和他未来的妻子。

议每年固定的费用补偿，即每年支付库朗 1500 马克（约合 450 金马克），从 1921 年 8 月 1 日开始。库朗经过考虑后接受了这一建议。他起初提的一些建议是感谢出版社在培养出版人才方面做出了巨大的牺牲，为科学界做出了贡献。但他要求小费迪南德对这一安排保密，"否则会有被外界误读的风险"。

1921 年《数学科学基本原理》第一卷出版了，该卷是勃拉希克撰写的《微积分和爱因斯坦相对论的几何基础》。很快这一系列就被称为"黄色丛书"。1922 年，该系列又出版了三卷，1923 年又出版了五卷。到 1992 年，这套书已经出版了 300 卷。其质量越来越好，在这套丛书问世的 70 年后，前 30 卷中有 13 卷作为修订版仍在出版发行。

库朗的独特之处在于"他对他人的关心，他与世界的无私关系"。保罗·亚历山德罗夫（Paul Alexandroff）在 1971 年这样回忆道。1923 年春，亚历山德罗夫与帕维尔·乌里松（Pavel Urysohn）一起来到哥廷根。他们是第一批被当时苏联官方允许出国旅行的科学家。库朗使亚历山德罗夫能够在数次逗留期间，定期举办讲座。随后，安德烈·柯尔莫哥洛夫、亚历山大·克切辛（Alexander Khintchine）和其他俄罗斯人也相继到访。1932 年到 1935 年，施普林格出版社出版了他们关于概率计算和拓扑学的著作。"俄罗斯人填补了这一空白，因为他们熟悉一些抽象的数学分支"，一位当代科学家这样说道。

哥廷根物理学家：马克斯·玻恩

通过费利克斯·克莱因、大卫·希尔伯特和赫尔曼·明科夫斯基（Hermann Minkowski）的工作，哥廷根成为数学研究的大本营。克莱因在 1886 年被任命为哥廷根大学数学教席之前，就已经开始关注如何将数学、物理和工程科学更紧密地联系起来。他在普鲁士科学政策部部长中找到了一位友好的支持者，弗里德里希·阿尔特霍夫（Friedrich Althoff，1839—1908）。他与物理学家海因里希·韦伯（Heinrich Weber）共同创建了"促进物理学发展协会"[①]，在这方面迈

---

① 德文为 "Vereinigung zur Förderung der"，英文为 "Association for Promoting Applied Physics"。

出的重要一步，后来协会名被加上了"数学"
二字。卡尔·伦格于 1904 年被任命为第一个应
用数学教授。

图212：弗里德里希·阿
尔特霍夫[②]

战后哥廷根之所以成为物理学中心，主要
来源于"哥廷根三剑客"的贡献：接管"第二实
验物理所"[①] 的詹姆斯·弗兰克（James Franck，
1882—1964）、理论物理学主任的马克斯·玻恩
（Max Born，1882—1970）和实验物理学的主任
罗伯特·波尔（Robert Pohl，1884—1964）。在
他们的努力下，一大批年轻的学者聚集起来促进了该学科的发展。

这里时常有的讲座和论坛也很重要。而小费迪南德也对观众参加
诺贝尔奖得主哥本哈根大学的尼尔斯·玻尔（Niels Bohr）在哥廷根
的授课印象深刻，他参加了哥廷根的这次"玻尔节"活动。1922 年 6
月，玻尔连续花了 7 个晚上在哥廷根授课，远道而来的有保罗·埃伦
费斯特（Paul Ehrenfet）、阿尔弗雷德·兰德（Alfred Landé）、沃尔
夫冈·泡利、阿诺尔德·佐默费尔德和仅有 20 岁的维尔纳·海森堡
（Werner Karl Heisenberg）。[③]1922 年 6 月 19 日小费迪南德写信给绍尔
布鲁赫的信提到："我昨日刚从哥廷根回来，发现许多德国和外国物
理学家、数学家聚集一堂，都在听诺贝尔奖获得者玻尔的课，毫无疑
问，至少在数学和物理学领域，德国已经取得了非凡的成就，而令人
高兴的是，其中还有很多相当年轻的德国学者。"

小费迪南德与马克斯·玻恩的第一次见面的时间，是在 1913 年 5
月。可能是阿诺尔德·贝利纳跟小费迪南德提到过他。战前他们就讨
论过合作，包括考虑出版《物理数学档案》。在小费迪南德在一份旅
行备忘录中，还提到玻恩想撰写一本《时空和时间》的著作，特别讨
论爱因斯坦的相对论。

---

① 德文为 "Zweite Experimentelle Abteilung"，英文为 "Second Experimental Department"。
② 弗里德里希·阿尔特霍夫，作为负责普鲁士的大学和高等教育机构的部长，通过精明的任命
和预算政策，对德国大学系统的建设和支持产生了巨大影响。正是由于他和他与费利克斯·克
莱因的接触，数学和物理学在格廷根大学得到了迅速发展。
③ 在哥廷根，马克斯·玻恩和詹姆斯·弗兰克讨论原子物理的出版时，大卫·希耳伯特和里夏德·库
朗也曾组织关于物质结构（structure of matter）的讲座。

战后玻恩在法兰克福成为理论物理学的主任，他与小费迪南德又重新恢复了联络。玻恩是因为与莱比锡一家出版社的合作不愉快，重新与施普林格出版社联络，并给了两本书稿。一本是1913年见面时，玻恩提到过他的《相对论初步介绍》这本书，另一本是名为《物质的结构》的书，是三篇发表文章基础上的综合。施普林格出版社很快出版了玻恩的著作。

1920年4月12日，施普林格出版社出版了玻恩的《爱因斯坦相对论的物理基础》的著作，

图213：哥廷根"物理学三剑客"：（从左至右）马克斯·玻恩、詹姆斯·弗兰克和罗伯特·波尔[①]

并列入了施普林格出版社的"自然科学专著和教学"丛书第三卷。玻恩分别将样书寄给了爱因斯坦、大卫·希尔伯特、阿诺德·佐默费尔德和莫里茨·施利克。而莫里茨·施利克的《认识论原理》[②]作为该系列的第一册出版不久。玻恩建议在扉页对面放一张爱因斯坦的照片，这种形式在当时德国，特别是一本关于当代学者研究的出版物中并不常见。但施普林格出版社还是欣然接受了他的建议。该书出版后不久，他听到了一些反对意见，甚至是来自德国其他出版社的意见。这些不同意见的源头可以追溯到1920年8月24日在柏林爱乐音乐厅举行的一次学术会议，爱因斯坦的相对论被诽谤为科学达达主义。连诺贝尔奖得主菲利普·勒纳（Philipp Lenard）和约翰内斯·施塔克（Johannes Stark）也表示质疑。所表达的观点带有强烈的反犹主义色彩，同时，这也是意识形态渗入到学术研究领域的第一次萌芽。

[①] 哥廷根"物理学三剑客"使哥廷根发展成为"世界物理中心"。他们的名字双关语（谐音），他们的学生分别被称作"扛着的（borne）""捂着的（franked）"和"磨着的（polished）"物理学家。

[②] 编辑为阿诺尔德·贝利纳。

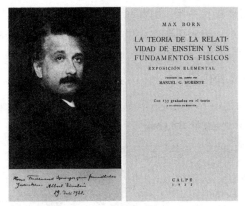

图214：阿尔贝特·爱因斯坦（左）是施普林格出版社《数学年报》的编辑之一，
也是《自然科学》的撰稿人之一[①]；马克斯·玻恩的《爱因斯坦相对论的物理基础》
西班牙文版扉页（左）

　　两个星期后玻恩才听说会议上对"爱因斯坦的令人作呕的攻击"，
玻恩甚至同意马克斯·冯·劳厄（Max von Laue）的观点。玻恩在
1922 年 9 月 7 日写给小费迪南德的信中提出不再上印刷爱因斯坦的照
片。但小费迪南德并不同意这一观点："您和我的公司都没有义务这
样退缩。"小费迪南德在 1920 年 9 月 10 日回复说中说："没有人可以
剥夺你在书中加入爱因斯坦照片的权利。如果有人反对，认为这是一
种不必要的崇拜，并公开表达了这一观点，我们可以非常直接而客观
地应对。"

　　这本书的出版正赶上德国自然科学家和医生协会在巴德瑙海姆
（Bad Nauheim）举行年会。1922 年 9 月 23 日，在巴德瑙海姆发生了
一场令人难忘的、激烈的争论。几个月后，这本书被抢购一空，但作
者无法立即对其进行修订，因为玻恩刚刚前往哥廷根，接替在苏黎世
担任教席的彼得·德比（Peter Debye）。玻恩要求推迟到 1921 年 3 月
初开始修订："在任何情况下都不能原封不动地推出第二版。我发现
了许多不足和错误。"新版于 1921 年夏出版（不含插图），一年后，

他们认为有必要再出一版。与此同时，法文、英文和意大利文的译本也相继问世。对作者和出版商来说，这些授权翻译的经济回报都非常微薄，但在德国科学家大多被排斥在外的时代，玻恩获得的国际声誉要比经济回报重要得多。

图215：1889年施普林格出版社出版的著名数学家高斯的《高级数学研究》德文版（之前只有拉丁语版）（左）；1923年经"哥廷根自然科学协会"委托，施普林格出版社出版的《高斯数学论文集》（右）

1923 年，受哥廷根科学学会委托，马克思·玻恩接替辞职的费利克斯·克莱因，担任著名数学家卡尔·弗里德里希·高斯作品出版委员会主席。该委员会秘书为卡尔·伦格。在过去几年中，该项目几乎没有取得任何进展。委员会决定更换出版商。1923 年 7 月 3 日，玻恩告诉小费迪南德·施普林格，他决定从 1923 年 8 月 1 取消与托伊布纳出版社签订的委托出版合同，他现在询问施普林格出版社是否愿意接手《高斯数学论文集》的出版工作。施普林格出版社回信表示愿意，并希望获得今后各卷的全部出版权。该丛书在通货膨胀现象最严重的时候开始出版。该系列图书从 1870 年开始，于 1933 年结束。在经济危机期间，施普林格出版社不得不为该项目提供巨额补贴，因为哥廷根科学协会由于预算削减，几乎没有出版资助。

在财务问题上，玻恩是一个难缠的合作伙伴。他 1920 年 2 月 10 日的信中认为自己是"一群经济上非常困难的脑力劳动者群体中的斗士"，尽管他承认自己的经济状况比许多同事都要好，但他还是认为自己有责任确保与出版商签订尽可能有利于作者的合同。几个月后，当玻恩再次谈到这个问题时，表示保留在未来积极争取向作者支付更高稿酬的权利。施普林格出版社的反应非常敏锐，他给玻恩写信质问道：

　　请问您有什么必要与我作对，以便为您自己和其他作者争取足够的报酬？如果是这样，我在此明确声明，我愿意解除你们与我的合同，并让你们自由地把自己的书交给别人出版。我一直努力把作者和出版社的利益放在与我自己的利益同等重要的位置上，但令我恼火的是我特别尊敬和关心的一位作者，却让我的努力以完全失败告终。我想请您公开回答这个问题。

　　玻恩立即以和解的方式做了回复。冒犯了小费迪南德·施普林格，令他感到非常痛苦。他坚信自己"再也找不到比他更和蔼、更慷慨的出版商了"。他在1921年8月6日的信中详细解释了自己在大学中"脑力劳动报酬过低"的苦难。他将努力"支持目前的合作条件"。同时小费迪南德·施普林格对玻恩期望通过作家协会的干预来改善作家的地位持怀疑态度。

　　我在从一个组织到另一个组织的谈判中获得的经验告诉我，这会导致双方的要求趋于一致，在这种情况下，突出的杰出的成就尤其会受到影响。此外，如果脑力劳动者也像体力劳动者那样确定一定的工资标准，就会降低自己的工资水平。

　　尽管小费迪南德·施普林格同意"（出版企业的）利润中作者应与出版商享有同等份额"的原则，但他仅表示了自己在这方面的倾向，并补充道：

　　即使在获利份额相同的情况下，作者也经常觉得自己处于劣势，因为他知道出版商的物质条件很好，而作者却要深感忧虑。然而，他首先忘记了，作为一名科学家，他选择了一个比商人更有优势的职业。其次，他忽略了出版商不是靠一种书，而是靠一大批书获得盈利的。

《物质结构论文集》

哥廷根在吸引年轻物理学家和数学家方面的成功声名远播，远远跨出了德国的地理疆界。这主要归功于教师之间以及教师与学生之间的密切联系。联合研讨会是当时学术研究的主流形式。玻恩和弗兰克、希尔伯特和库朗共同主持了一个关于物质结构的研讨会，会上讨论了现代物理学的基础和未来发展的各个方面。1924 年 1 月初，小费迪南德·施普林格与玻恩、弗兰克见面安排该会议论文集的出版一事。论文集名为《物质结构论文集》。1924 年 2 月 22 日，小费迪南德·施普林格将编辑和作者合同草本寄给了他们。该书预计印数为 2000 册，有如下三种版税可选择：

1. 平装书版税是定价的 18%，出版后可立即支付；
2. 每印张（16 页）给 150 黄金马克，出版后可立即支付；
3. 版税为销售盈利额度的 22.5%，按每个季度（三个月）支付。

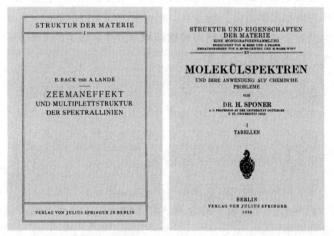

图216：1925年施普林格出版社出版的"物质结构"丛书第1卷《物质结构论文集》封面（左）；《分子光谱》[①]第15卷的扉页（右）

[①]《分子光谱》作者为贺萨·施波纳（Hertha Sponer，1895—1968）。自 1922 年起，她一直是詹姆斯·弗兰克在哥廷根的助手，并于 1932 年晋升为教授。由于政治原因，她于 1933 年移居奥斯陆（Oslo）。1933 年，她在奥斯陆完成了书稿。该书第二卷于 1936 年由施普林格出版社出版。该书上有献给"我的老师和弗兰克"字样。弗兰克本人于 1933 年移居国外，两人于 1946 年结婚。

前两项建议的特许权使用费大致相当于 12%。但它们有很大的不同。第一种选择，一方面，版税按净价的 18% 取决于书商的定价；另一方面，如果版税是按净价的 18% 计算的，那么书商就必须支付版税。第二种选择，如果版税按张数（或页数）计算，作者就可以依赖于一个固定的数额。一旦售出 2000 册，版税就会增加。第三种选择，作者将获得书店售价的 15.75%。但如果销售情况一般，他也要分担风险，而且每三个月会得到不同的报酬。

然而，1925 年该书只出版了两卷。由于预计不会再有新手稿，小费迪南德·施普林格 1925 年 9 月 26 日写信给项目顾问库朗："我们的工作毫无进展……我的印象是，两位编辑必须更加坚定地督促他们的撰稿人。如果您能以一位经验丰富的编辑的身份，向他们提出适当的建议，我将不胜感激。"但库朗认为没有理由担心。

弗兰克则回复说，他此时正在英国，而玻恩正准备去美国旅行，但马上就要写"一封给各位撰稿者的信"。库朗还提醒小费迪南德·施普林格，数学系列图书本来就需要一个较长的准备时间。

到了 1931 年，当该套丛书只出版了 13 卷时，小费迪南德·施普林格再次发出呼吁。他在 1931 年 6 月 23 日的信中，坚定地主张："今后我们不应只局限于德国作家，还应该接触最好的外国学者。"表示愿意用原文出版他们的作品，这将大大扩大作者的范围。但他坚决反对将以前出版的书翻译成德文再出版。"在这种情况下，德国图书将在世界市场上失败。因为在德国的销售额不足以支付制作成本。"

玻恩在 6 月 26 日的回信中说，他和弗兰克深信，"除了极个别的例外情况，物理学的每一个领域都可以在德国找到一流的专家"，玻恩怀疑小费迪南德·施普林格的提议。但在该套丛书的下一卷出版之前，由于德国纳粹政权的出现，两位编辑被迫离开德国，这样今后该套丛书的所有出版物都是英文版。

迅速出版《现代物理学通报》

1923 年 5 月 29 日，库朗给小费迪南德提议，出版《现代物理学通报》系列，并提到了一些科学家的名字，科塞尔（Kossel）、冯·劳厄、雷格纳（Regener），当然还有哥廷根的玻恩、弗兰克和波尔。显然，该项目已经在哥廷根的学术圈子中讨论过了。

1923年夏天，编辑们在哥廷根、波恩和斯图加特举行了相关会议。详细的出版计划将于1923年10月15日完成，但编辑们对此并不热心。他们因预估的行政负担对相关工作望而却步。玻恩在1923年10月12日写给小费迪南德·施普林格的信中公开承认了这一点："我开始担心自己无法胜任这项工作。"他还在1923年10月26日的信中承认，还没有发现有适合这种工作的同事，因此不能保证效果。

不过，玻恩和弗兰克都以作者身份参与其中。在1924年10月14日给小费迪南德·施普林格的信中，他再次提到了他们在1923年的第一次讨论，说现在情况有些变化，"只要我们这些学者能够从学校获得如此丰厚的薪水，撰写书稿对我们不再是绝对必要的。因此许多同行对《现代物理学通报》持怀疑态度，为其撰稿与其说是促进德国物理学的发展，不如说更像是为一本已有物理学基础的书进行文学加工。这会耗费学者的大量精力，影响研究工作。我自己也不能完全忽视这一观点"。

与此同时，来自竞争对手的压力也大了起来：菲韦格出版社也正在准备推出新版的物理学教材。作者为约翰·海因里希·雅克布·穆勒（Johann Heinrich Jacob Müller）和法国物理学家克劳德·塞尔维·马蒂亚斯·普耶（Claude Servais Mathias Pouillet），该教材是当时同类著作中内容最丰富的，历史悠久，可追溯到19世纪40年代。该教材第1版在1905年至1914年6次再版，最新的第10版为6个部分，该版本之前的内容已经过时，从20世纪20年代开始修订。新版于1925年出版，截至1934年，共修订

图217：卡尔·谢尔，他与汉斯·盖格尔主编了《物理学杂志》和《物理学通报》

出版了5卷13个部分。而多卷本的《实验物理学通报》也在筹备中，

将由莱比锡的"学术出版协会"出版，并由诺贝尔奖得主威廉·维恩（Wilhelm Wien）担任编辑。威廉·维恩曾于 1911 年获得诺贝尔物理学奖。该书于 1926 年至 1937 年出版，共分 26 卷 44 个部分。

施普林格出版社必须尽快出版其《现代物理学通报》的前几卷，因为三本著作之间的激烈竞争是意料之中的。到了 1923 年底，原本的主编都没有顺利签约，幸好最后争取到了一位联合编辑卡尔·谢尔（Karl Scheel，1866—1936），他宣布自己愿意接手该项目，并在必要时可以担任唯一的编辑。正如他在 1924 年 1 月 2 日写给施普林格出版社的信中所说，无论在哪里，他都会寻求施普林格出版社的帮助。

Unter den zahlreichen größeren Erscheinungen auf dem Gebiete der Physik, die zurzeit verbreitet werden, gehört das Springersche Handbuch zweifellos zu den bedeutendsten. Stellt es doch überhaupt eines der umfassendsten literarischen Unternehmungen dar, die jemals auf diesem Gebiete eingeleitet wurden. Gegenüber der älteren Form physikalischer Handbücher wie des Winkelmannschen oder des von Müller-Pouillet, wie auch gegenüber den Physikbänden der „Enzyklopädie der mathematischen Wissenschaften" ist hier ein ganz neuartiger Plan mit großer Umsicht entworfen worden. In 24 Bänden, von denen jeder ein abgeschlossenes Ganze für sich bildet, wird der Gesamtbereich der heutigen Physik von etwa zweihundert Verfassern dargestellt, die, wenn auch die Spitzen der älteren Generation fehlen, ausnahmslos zu den bedeutendsten heutigen Forschern zählen. Die einzelnen Aufsätze halten die Mitte zwischen einer breiten lehrbuchmäßigen Darstellung und der Form, wie sie etwa größere zusammenfassende Berichte in Zeitschriften aufweisen. Bewundernswert ist die relativ hohe Gleichmäßigkeit, die sich in den Beiträgen zeigt, und die einerseits von der guten und gründlichen Schulung der heutigen deutschen Physiker, andererseits aber auch dem seltenen Geschick und der aufopferungsvollen Herausgeberarbeit der Hauptredakteure Geiger und Scheel Zeugnis ablegt. Daß die buchtechnische Ausstattung der Bände allen billigen Anforderungen genügt, ist bei einem Verlag wie dem Springerschen selbstverständlich. Als seine größte Leistung muß es aber angesehen werden, mit welcher Pünktlichkeit und Regelmäßigkeit die Bände erscheinen, so daß aller Voraussicht nach dieses Handbuch von dem Schicksal so vieler ähnlicher Sammelwerke, bei seiner Beendigung schon veraltet zu sein, bewahrt bleiben wird. Und das will bei den Riesenschritten, mit denen die heutige Physik fortschreitet, viel heißen.

图218：里夏德·冯·米泽斯对《物理学通报》的书评。他赞扬了统一的内容、稿件的质量、技术设计以及出版的规律性

1924 年 4 月，汉斯·盖格尔（Hans Gieger，1882—1945）同意担任联合主编。该项目的策划工作才真正开始。1924 年夏天，24 卷本有六位编辑，撰稿人的合同也在几个月内准备就绪。出版社收到的第一份书稿是天体物理学家埃尔温·芬利·弗罗因德利希（Erwin Finlay Freundlich）的手稿。首两卷已于 1925 年底准备出版，到 1926 年共有 8 卷出版，1927 年又有 8 卷出版，1928 年新的 5 卷出版了、1929 年最后 3 卷出版了。在竞争对手只出版了其项目的一半时，这套 24

卷的作品已经由施普林格出版社全部完成。

1924 年夏天，预估的印数最多为 2000 册，但项目最终出版后印数增至 2200 册。其中汉斯·盖格尔编辑的最后 3 卷销量最好。它们分别是《电子原子分子》《量子》《正负射线及关联物质》。

《物理学通报》的如期出版，使施普林格出版社赢得了物理科学界中极大的尊重。盖格尔和谢尔在六位编辑的帮助下，成功地组织 163 位作者按时交稿。他们其中十位作者后来分别获得了诺贝尔奖：马克斯·玻恩（1954）、瓦尔特·博特（Walther Bothe，1954）、詹姆斯·弗兰克（1925）、奥托·哈恩（Otto Hahn，1944）、乔治·冯·赫维西（George von Hevesy，1943）、奥托·迈尔霍夫（Otto Meyerhof，1922）、沃尔夫冈·泡利（1945）、钱德拉塞卡拉·拉曼（Chandrasekhara Raman，1930）、埃尔温·薛定谔（Erwin Schrödinger，1933）和弗里茨·泽尔尼克（Fritz Zernike，1953）。

图219：埃尔温·薛定谔的《波动力学的四堂课》德文版[1]

---

[1] 1928 年，曾是施普林格出版社合作编辑的奥地利人埃尔温·薛定谔（1887—1961）被任命为马克斯·普朗克在柏林的继任者，1933 年移居英国。他于 1926 年开始研究波动力学，1933 年与保罗·狄拉克（Paul Dirac）共同获得诺贝尔奖。1928 年 3 月施普林格出版社出版了该著作的德文译本。

一战后的医疗出版

施普林格出版社在 20 世纪初期就策划出版了一系列医学出版物，并获得了该领域的广泛认可。其主要归功于大型医学书评、摘要和评论的《学术评论核心期刊》系列杂志。更重要的是，还有许多关于医学领域实践的书。1920—1932 年出版的 5426 种书中，大约有 35.6% 属于医学领域。有相当多的医学图书来自施普林格出版社收购的贝格曼出版社和赫什瓦尔德出版社，因此，在短短几年内，施普林格出版社成为德国领先的医学出版商，活跃于整个医学科学和医学实践领域。施普林格出版社的图书目录中将医学出版物划分为 35 个单独的学科领域，足以让读者目不暇接。这里只强调几个重点领域。

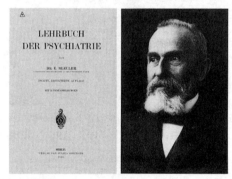

图220：施普林格出版社1916年出版的《精神医学教科书》扉页，该书至今已出版到第18版（左）；欧根·布洛伊勒（Eugen Bleuler，1857—1939）于1898—1927年在苏黎世担任教授，并担任苏黎世精神医学研究所所长，他创造了"精神分裂症"一词（右）

除了前面提到的大型"通报"系列外，为执业医生准备的书也是施普林格出版社医学出版的一大特色。第一次世界大战爆发前不久，施普林格出版社花费巨资开始出版《内科医学》系列，由莱奥·朗施泰因、卡尔·冯·诺登、克莱门斯·冯·皮尔凯和阿尔弗雷德·席滕黑尔姆编辑。战前出版了 4 本，1919 年至 1931 年间又出版了 15 本。这套书的内容相当庞杂，其中还包括两本教科书，分别是席滕黑尔姆的《X射线诊断》和汉斯·韦德波尔茨（Hans Wildbolz）的《泌尿科》。席滕黑尔姆的两卷本《血液和造血器官疾病》也是该套丛书的一部分。

由《临床医生杂志》自 1922 年起编辑的《医生教学用书》共出版了 14 卷，于 1931 年停刊。这些书中最成功的是马克斯·莱万多夫斯基的《医生实用神经医学》，该书共出版了四版。施普林格出版社维也纳分社出版了两套面向学生和年轻医生的低价丛书。学生用书有《维也纳医学院国际研究生课程》系列，共 117 册，最多为 36 页。医生用书为《医生教科书》通报，1928—1936 年，共出版了 43 卷（每卷最多 240 页）。

图221：施普林格出版社为学生和医生编写的教科书。《眼科学基础》扉页（左），1990年该书出版了第24版；《内科医学基础》，1957年第22版扉页（右）

施普林格出版社从 19 世纪末率先出版医学教科书，至第一次世界大战结束前，主要有 1891 年起出版马克斯·伦格的《产科学通报》，1902 年起出版《产科学教材》。1914 年之前，已经有《神经医学教科书》（汉斯·柯施曼著，1909 年出版）、《儿童健康》（布鲁诺·萨尔格，1909 年出版）、詹姆斯·麦肯齐（James Mackenzie）的《心脏医学》（1910 年英文版，1919 年施普林格出版社出版了德文译本）、1913 年一起出版弗朗兹·纳格尔施密特（Franz Nagelschmidt）的《热电疗法》。时至今日，最成功的教科书还是 1916 年首次出版的欧根·布洛伊勒的《精神医学通报》，现在已是第 15 版（1983 年又进行了修订再版），由他的儿子继续主持编写。鲁道夫·霍贝尔的《生理学通报》于 1919 年首次出版，直到 1934 年德国纳粹政权禁止该书继续出版后，作者移居国外。其继任者是赫尔曼·赖因（Hermann Rein），

1936 至 1943 年出版了 7 版。赫尔曼·赖因一直担任该教科书的编辑工作，直至 1948 年。该书第 16 版（1971）由科隆的马克斯·施耐德（Max Schneider）接任。第 17 版（1976）由罗伯特·F. 施密特（Robert F. Schmidt）和格哈德·特夫斯（Gerhard Thews）进行了全面修订。第 24 版于 1990 年问世。1983 年出版了英文版（以第 20 版德文为基础进行翻译）。1989 年第 2 版英文版面世，以第 23 版德文版为基础翻译修订。弗朗茨·席克（Franz Schieck）的《眼科学基础》也于 1919 年出版，在沃尔夫冈·莱德赫克尔（Wolfgang Leydhecker）领导下，现在这本书已经出到了第 13 版。当年（1923）最成功的教科书是《内科学基础》，作者是亚历山大·冯·多马鲁斯。1945—1957 年，在汉斯·冯·克雷弗尔男爵（Hans Freiherr von Krefl）的领导下，该书共出版了 22 版。

图 222: 古斯塔夫·冯·贝格曼（Gustav von Bergmann）（左）；奥斯瓦尔德·布姆克（右）[1]

在施普林格出版社收购了贝格曼出版社之后，许多医学教科书才进入了施普林格出版社的书单。例如布姆克的《精神疾病学》、布姆（Bumm）的《产科学》、考宁（Corning）的《解剖学》以及施毛斯（Schmaus）和赫克斯海默（Herxheimer）的《病理学》。施普林格出版社通过贝格曼间接获得福格尔出版社教材，有组织学教科书、加尔（Karl Carr）和博尔夏德（August Borchard）的外科教材，有莱塞尔（Lesser Ribbert）和贾达佐恩（Jadassohn）编著的皮肤病学和性病

---

[1] 古斯塔夫·冯·贝格曼编辑了 2 卷本的《内科医学通报》；奥斯瓦尔德·布姆克原为贝格曼出版社的作者，从 1928 年到 1939 年，他与奥特弗里德·弗尔斯特一起编辑了《精神疾病通报》，在 1935—1940 年一起编辑了《神经医学通报》。

学的教科书，有里伯特和博尔夏德编著的普通病理学和病理解剖学的教科书，以及斯特芬佩尔（Strfimpell）和赛法特（Seyfarth）所著的特殊病理学和内科疾病治疗相关的教科书。施普林格出版社并没有出版同一学科的多种教科书。因为这些教科书都是市场上成熟的书。只有在极少数情况下，它们才会与施普林格出版社自己的计划形成竞争，因为编辑出版部门通常有自己明确的偏好（也取决于他们的使用客户"学校"）。在医学教材市场上，出版商的品牌不如学生愿意支付的价格更有决定性意义。

这些教科书的副标题通常是"供学生和医生使用"，但是学生是否使用过这些教科书则很难说。鉴于其篇幅和价格，这些教科书可能更适合研究生和大学讲师使用。它们实际上是百科全书式的参考书，更像是小型医学通报，如古斯塔夫·冯·贝格曼的两卷本《内科医学通报》共 1700 页，售价 50 马克，这对当时的大多数学生来说太贵了。约赫曼（Jochmann）和哈格勒（Hegler）的《传染病学》有 1000 多页，售价 54 马克。当然布劳斯（Braus）和埃尔策（Elze）的《人体解剖学》也是如此，这是一本"学生和医生教科书"，但售价达到 128 马克。

外科手术领域的图书出版

即便在第一次世界大战之前，施普林格出版的外科手术领域出版物就已经外占据了强势地位。经历了战争造成的短暂中断后，《外科和矫形外科成果》再次出版。由莱比锡埃尔温·派尔和布雷斯劳的赫尔曼·屈特纳担任编辑，每年出版 600—800 页。1913 年成立的"德国外科学会"[①]为出版界与业界建立更密切的关系提供了机会。

在施普林格出版社收购贝格曼的股份后，1898 年创办的《外科学进展年报》由贝格曼负责出版。此外，还有《德国外科学会论文集》，其中收录了 1922 年以来德国外科学会的会议上的演讲和每年 4 月在

---

① 德文为 "Deutsche Gesellschaft far Chirurgie"，英文为 "Central Organ for all of Surgery and its Allied Subjects"。

柏林举行年会上的发言和随后的讨论。这份大会报告由奥古斯特·赫什瓦尔德自 1872 年出版，即该学会在柏林成立的那一年。施普林格出版社收购赫施瓦尔德出版社之后，将其并入《临床手术文献》。该杂志由伯恩哈德·冯·朗根贝克于 1868 年创办，现在它成为德国外科学会的官方刊物。

图223：马丁·基施纳（左）；《专业外科手术教科书》（右）①

小费迪南德·施普林格出版社通过这些出版物汇集了他公司中最重要的外科期刊。这对出版社来说有几个好处：

小费迪南德·施普林格能够通过编辑部了解外科领域的专业进展和组织动向，为他的图书出版计划获得建议，并与作者建立或加强联系。他还可以预估，这些期刊的名字将对读者产生积极影响，并保证出版计划的实施质量。

施普林格出版社 1926 年与德国外科学会签订的一份合同显示了学会与出版商之间的关系有多么密切。所有学会会员都能够免费获得 700—900 页的大会报告，他们仅需支付包装费和邮费。作为回报，施普林格控股的赫什瓦尔德书店拥有在年会上展示（和销售）科学类图书的唯一权利。根据规定，德国其他医学出版商的书也可以参展，但这一安排将由该学会（可能也包括竞争者）制定。1929 年，赫什瓦尔德书店要

---

① 马丁·基施纳从柯尼斯堡（1911）经图宾根（1927）到海德堡（1933），1927 年至 1940 年，他与几位外科医生共同出版了多卷本的外科手术手册。自 1950 年以后，以他的名字命名的新版图书已经问世。

求接管学会的管理工作。鉴于学会与出版商之间这种密切的关系，施普林格出版社成为当年外科领域的主要出版商也就不足为奇了。

马丁·基施纳，外科学教授，1917—1934 年在图宾根，1942 年在海德堡逝世。他是施普林格出版社《外科学进展年报》杂志的联合编辑，同时也是《专业外科手术教科书》的执行主编。《专业外科手术教科书》共出版了 7 卷，第二次世界大战后，以他的名义修订并继续出版。1927 年，施普林格出版社出版了奥托·克莱因施密特（Otto Kleinschmidt）的《外科手术教科书》。该书由卡尔·加尔和奥古斯特·博尔夏德编著，1922 年由福格尔出版，施普林格收购了贝格曼出版社之后，也拥有了福格尔出版社的股份，因此 1933 年起由施普林格出版社继续出版、由鲁道夫·施蒂希担任编辑。另一本《外科手术通报》分为两卷，1932 年由施普林格出版社维也纳分社出版，沃尔夫冈·登克（Wolfgang Denk）担任编辑。

医学专家杂志

对一些专业医生来说，他们对适用于其工作的信息、日常实践中的病例报告、新治疗方法的描述、新器械和材料的使用的内容感兴趣。对施普林格出版社而言，1910 年创建的《儿童健康》杂志算是满足特定选题的专刊前身。但 1920 年起，这类面向专业医生的期刊才算正式创办。

1921 年，《临床周刊》创刊，此乃赫什瓦尔德出版社原有的《柏林临床周刊》和施普林格出版社的《治疗半月刊》合并后的产物。

1927 年，《医学实践》在维也纳分社创建。而同时期的竞争对手为：莱曼出版社的《慕尼黑医学报》、格奥尔格·蒂梅（Georg Thieme）出版社的《德国医学周刊》，以及乌尔班和施瓦茨贝格出版社的《临床医学》。

战争期间，在野战医院工作的医生必须主要从事外科工作。这促使一些医生希望在战后成为一名独立执业的外科医生或在地区医院担任外科医生。所以一战期间对于专门针对手术实践方面的专刊需求也日益增长。

施普林格出版社在外科医生中的声誉以及其庞大的潜在作者群，为创办一份满足此类需求的期刊奠定了坚实的基础。出版社于1928年春开始筹划《外科医生》。所有迹象都表明，发起人是小费迪南德·施普林格本人。在柏林外科大会的最后一个晚上，他安排了一次讨论，讨论者是三位资深编辑：马丁·基施纳和奥托·克莱因施密特（此时担任威斯巴登外科诊所主任，与基施纳一样是著名专家埃尔温·派尔的学生）和奥托·诺德曼（Otto Nordmann）（威斯巴登外科诊所所长，柏林奥古斯特·维克多利亚医院外科诊所主任）。显而易见，在日常工作中的外科医生占多数。阿图尔·许布纳（Arthur Hübner）是柏林的一名外科讲师，他成为该书的总编辑。

图224：《外科医生》的编辑奥托·克莱因施密特（上）；奥托·诺德曼（下）[1]

同时，他们讨论进一步成立专家咨询委员会以帮助约稿，扩大作者群。委员会的人选包括海德堡的欧根·恩德伦（Eugen Enderlen）、隆德的古斯塔夫·彼得伦（Gustaf Petrén）、哥廷根的鲁道夫·施蒂希和柏林的格奥尔格·奥古斯特·瓦格纳（Georg August Wagner）。后来加入的还有柏林的专家格奥尔格·阿克斯豪森（Georg Axhausen）、波士顿的哈维·威廉姆斯·库欣（Harvey Williams Cushing）、柏林的卡尔·弗朗茨（Carl Franz）、耶拿的尼古拉·古莱克（Nikolai Guleke）、巴塞的卡尔·亨申（Karl Henschen）、马尔堡的鲁道夫·克拉普（Rufolf Klapp）、乌兹堡的弗里茨·柯尼希（Fritz König）、柏林的维尔纳·科尔特（Werner Körte）和莱比锡的埃尔

---

[1] 奥托·克莱因施密特、奥托·诺德曼与马丁·基施纳共同编辑出版了新版《外科医生》杂志。

温·派尔等。这些名单中的人大多是比较有影响力的。其中几个人属于埃尔温·派尔主导的"莱比锡派系"（Leipzig School）专家。显然，小费迪南德·施普林格显然已经成功地赢得了德国外科界最著名的几位代表人物的认同。

当然还有一些专家没有加入委员会，有的是因为学派观点的不同。如费迪南德·绍尔布鲁赫和奥古斯特·博尔夏德，这两人忙着自己的期刊出版，属于不同派系。法兰克福的维克多·施米登（Viktor Schmieden）也不在委员会中，主要是因为学派。

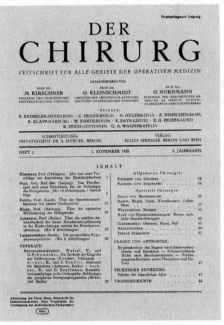

图225：《外科医生》创刊号，施普林格向德国和国外的外科医生寄出了3.2万份赠阅样书，1943年，该杂志有3500份付费订阅

为了增加新的期刊竞争力，委员会尽量吸收其他学派的专家加入。如1928年4月28日，基施纳给许布纳写了一封信："如果可能的话，我将代表您向他（绍尔布鲁赫）请求，从他最有价值的笔下得到一篇短文。我们将特别荣幸地把它放在创刊号的显著位置（我们非常清楚，因为即使他答应了，他也不会写任何东西）。"绍尔布鲁赫与博尔夏德一起担任《外科手术核心期刊》的资深编辑和福格尔出版社的《德国外科杂志》的资深编辑，因此他（绍尔布鲁赫）不接受被认为是竞争对手的期刊约稿邀请也就不足为奇了。但是他与施普林格出版社的联系也逐渐减少，是因为在1920年和1925年出版的两卷本《胸腔器官外科技术》一书问题上，他与施普林格出版社发生了争执。

图226：施普林格出版社1921年出版的《胸腔器官外科技术》[1]

　　新期刊首次发布后反响热烈，大家欢迎新期刊采用更注重行业实践的办刊理念，因为现有的外科期刊都缺少这种方法。正如纽伦堡的埃尔温·克鲁特（Erwin Kreuter）教授写道，如果一个人"不被大量无法管理的文献所累，就会更愿意写出自己的经验"。另外，慕尼黑外科教授埃尔利克·莱克塞尔（Erich Lexer）则指出，该刊是"令人难以置信的外科文献积累"，他反对再出版一份期刊。在广泛的宣传活动支持下，前三期共寄出了 3.2 万份赠阅样书。《外科手术通报》在两年后拥有了约 2000 名订户。

生物学

　　小费迪南德·施普林格对自然科学特别感兴趣。他热爱生物学，尤其是植物学。正如他在 1952 年在扶轮社的演讲中提到的，生物学是他唯一的爱好。从 1934 年起担任德皇威廉生物研究所的高级所长弗里茨·冯·韦特施泰因（Fritz von Wettstein，1895—1945），在参观了小费迪南德·施普林格在皮切尔斯多夫（Pichelsdorf，柏林西部的一个小郊区）的花园之后，他在 1937 年 5 月 27 日给小费迪南德·施

---

[1] 该书作者为费迪南德·绍尔布鲁赫和埃米尔·达戈贝特·舒马赫（Emil Dagobert Schumacher）合著，首次出版于 1911 年，共 100 页。1920 年和 1925 年分别再版。目前的书名是《胸腔器官外科技术》，共两卷，由多位作者合著，页数超过 2000 页。

普林格的信中写道："尽管有普菲霍尼采和科诺皮城堡[①]，但我还没有见过一个花园是以这样的爱和对植物的感情建造的，而且达到如此完美的艺术效果。它给我留下了深刻的印象。"

有了这种强烈的个人爱好，施普林格出版社自然而然地成为一家在生物学方面活跃的出版商。一个偶然的机会帮助了施普林格的起步。埃米尔·费歇尔把施普林格出版社介绍给了他的助手埃米尔·阿布德哈尔登。1911 年至 1933 年出版的《生物化学通报》（共 16 卷）就是这次接触的成果之一。阿布德哈尔登则又建议施普林格出版社与俄国生物学家亚历山大·W. 帕拉金（Alexander W. Palladin，1859—1922）联系。他的《生物化学通报》于 1891 年首次在俄罗斯出版，现在已经出到了第 6 版。由于德国没有相应的书，施普林格出版社于 1910 年 12 月 29 日写信给帕拉金，询问他是否同意出版德文译本。帕拉金同意了，仅仅 9 个月后，德文版就问世了。

图 227：亚历山大·W. 帕拉金（左）；帕拉金著作的德文译者谢尔久斯·科斯特切夫（右）[②]

与这位颇具影响力的生物化学家联系，在其他方面也取得了很大成果。因为俄罗斯生物学家很早就开始将生化研究纳入他们的研究工作，从而为现代植物生理学奠定了真正的基础。不久之后，1925 年施普林格出版社出版了弗拉基米尔·列皮奥什金（Vladimir Lepeshkin）的《植物生理学通报》，1926 年修订再版。1926 年至 1931 年，施普

[①] 普菲霍尼采（Průhonice）属于捷克国家博物馆的植物部，位于布拉格东南边界。城堡周围有一个迷人的公园，里面有池塘和奇花异草。科诺皮城堡（Konopiště）位于布拉格以南 45 公里处，是奥地利王位继承人弗朗茨·斐迪南（Franz Ferdinand）的夏宫，他于 1914 年在萨拉热窝被谋杀。城堡里有一个林业和狩猎博物馆，以及大量的戈贝兰（Gobelins）收藏。其花园在 20 世纪 30 年代非常受欢迎。

[②] 在俄国"十月革命"前后，施普林格出版的生物学著作都有俄罗斯学者的身影。

林格出版社出版了帕拉金著作的译者之一谢尔久斯·科斯特切夫
（Sergius Kostychev）的两卷本植物生理学教科书。后来，其他俄罗斯
生物学家的著作陆续得到出版。如巴甫洛夫（Pavlov）的助手鲍里
斯·彼得罗维奇·巴布金（Boris Petrovič Babkin）的书，以及亚历山
大·古尔维奇（Alexander Gurvich）关于
细胞分裂辐射（mitogenic radiation）的
书，也陆续在施普林格出版社出版。

雅各布·帕尔纳斯出生于加利西亚
（欧洲历史地区名），曾是斯特拉格堡（当
时的名称）的一名讲师。曾向施普林格
出版社提议出版一系列生物化学和生理
学方面的专著。他在 1913 年 9 月 28 日
写给小费迪南德·施普林格的信中详细
介绍了这一计划。由于他本人是一名生
物化学家，他建议邀请两位植物生理学
家来担任主编，比如布拉格的弗里德里
希·恰佩克（Friedrich Czapek）和斯特
拉格堡的马丁·吉尔德迈斯特（Martin
Gildemeister）。

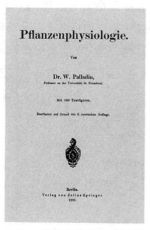

图228：帕拉金的《生物化学通报》扉页，该书翻译出版仅仅用了9个月

小费迪南德·施普林格先向他的朋
友、药理学家沃尔夫冈·霍布纳咨询这
个提议如何。霍布纳自 1910 年以来一直
是《治疗月刊》的联合编辑。他向小费迪
南德·施普林格报告说，卡尔·诺伊伯格
和弗里茨·奥本海默（Fritz Oppenheimer）
不久前曾与他谈过这样一个项目。霍布纳
认为这是一个非常好的想法，"这显然是
一个有前景的项目"，但他不知道这位名

图229：雅各布·帕尔纳斯[1]

---

[1] 雅各布·帕尔纳斯直到 1933 年一直是施普林格动植物学专著丛书的联合主编之一。1937—1938 年还担任施普林格出版社维也纳分社创办的《米克罗奇米卡学报》主编。

不见经传的斯特拉斯堡的讲师"能否说服他名单上的优秀人才，为他写出他想要的东西"。

不久，恰佩克同意担任联合主编，但吉尔德迈斯特只想担任"咨询建议性的联合主编"。经过努力，克拉科夫（Craców）的埃米尔·戈德列大斯基（Emil Godlevsky）最终被选为联合主编之一。卡尔·诺伊伯格名义上是编辑部成员，但他不想受合同约束，也不参与选题。该套丛书主编由帕尔纳斯和恰佩克担任。

图230：《动植物生理学专著》第一卷《氢离子浓度》[①]封面

最初，该套专著系列准备涉猎动植物生理学、化学、物理、实验形态学（experimental morphology）和基因学，总共计划推出 80 卷，系列名称为《动植物生理学专著》。但由于德国没有足够的专家，所以需要国际作者参与。但小费迪南德不想翻译已出版的内容，除非是跟海外同时出版的情况下。

1913 年夏季，竞争对手菲韦格出版社的"菲韦格系列"（Vieweg Collection）已面世，施普林格出版社只好被迫加快出版进度，不然相关作者就会被对方捷足先登地签约了。就这样，施普林格出版社出版了该系列第一卷《氢离子浓度》一书。但随后战争爆发，无暇顾及其

---

① 该书 1914 年 7 月出版，大约为 200 页，作者为利奥诺·米凯利斯（Leonor Michaelis），在第一次世界大战爆发前一个月出版，1922 年和 1923 年再版。

他重大项目。1916 年冬季，正在华沙访学的雅各布·帕尔纳斯又发来了专著系列的第二卷手稿《麻醉：生理学的意义分析》，由汉斯·温特施泰因（Hans Winterstein）所著，大约有 320 页。小费迪南德·施普林格在 1919 年 5 月 3 日写给弗里德里希·恰佩克的信中提到，由第一卷米凯利斯的书篇幅长达 200 多页，而该系列的第二卷已在印刷中，刚刚到手的第三卷看起来也有近 400 页，因此我们不得不考虑规范这一系列的篇幅。

但此时跟编辑的联系则变得日益困难。例如，1920 年夏季雅各布·帕尔纳斯后来搬到了利沃夫（Lemberg）①，从华沙寄来的信件不得不绕道才能抵达柏林。而在克拉科夫的戈德列夫斯基也遇到了类似的问题。他被聘任为波兰传染病专员后，再也无暇顾及丛书编辑工作，不久就辞职了。这可能还有另一个原因。克拉科夫大学成立于 1364 年，即使在奥匈帝国统治时期也以波兰语为教学语言。现在，克拉科夫将目光投向了华沙。波兰科学家早先希望与德国出版商接触，现在则更愿意与波兰出版商合作。帕尔纳斯的情况也是如此，但他通过担任丛书的编辑与施普林格出版社保持联系。弗里德里希·恰佩克 1920 年被聘为莱比锡教授，1921 年夏天在莱比锡去世。1924 年，接替恰佩克担任生理学专著系列的新编辑的是莱比锡植物园园长。遗传学家里夏德·戈尔德施密特（Richard Goldschmidt，1878—1958）也加入了编辑委员会。他关于蛔虫的著作后来由施普林格出版社出版。从那以后，这套专著系列每年都会出版两到三卷。在战前，施普林格出版社与帕尔纳斯还在讨论图书页数，每年出版一种，而到现在它已发展成为一个长达 1000 页的大型专著系列。

帕尔纳斯于 1933 年 12 月 25 日辞去编辑一职，但要求在系列扉页上保留他的名字。他以自己健康状况不佳为理由，并强调辞职"绝非出于任何政治原因"。但我们可以推测其中确实有政治动机。他建议卡尔·托马斯（Karl Thomas）作为继任者。他还说，施普林格出

① 原来属于哈布斯堡王国，是加利西亚的省会城市，到 1900 年，其人口中近 50% 是波兰人，27% 是犹太人，剩下的是乌克兰人等。在第一次世界大战中，此地被俄军和奥匈军队反复易手，也有了一系列民族清洗运动。一战后波兰人和乌克兰人又继续争夺此地主权，到 1920 年条约才签订。目前此地位于乌克兰西部。——译者注

版社比他更清楚编辑委员会中可以考虑"变动谁"（an emigrant）。如果是这样的话，鲁道夫·霍贝尔是合适的人选。托马斯接受了这一建议，并推荐了里夏德·库恩（Richard Kuhn）接替卡尔·诺伊伯格，后者的编辑任期也即将结束。但这套专著系列的结果是可以预见的。最后一卷《飞行中的人体生理学》于 1935 年出版。至此，这套具有绝对国际性的专著系列宣告结束。

总体来看，与该系列[①]合作的作者有德国生物学家奥托·迈尔霍夫[②]，遗传学家里夏德·戈尔德施密特，俄国专家鲍里斯·彼得罗维奇·巴布金、亚历山大·古尔维奇、科斯特切夫、克连克（N. P. Krenke）和列皮奥什金，还有英国、加拿大和意大利等国的专家，如约瑟夫·巴克罗夫特（Joseph Barcroft），温琴佐·比谢列（Vincenzo Bisceglie）、奥古斯特·克罗格（August Krogh）和约翰·詹姆斯·里夏德·麦克劳德（John James Richard Macleod）等。其中，后两位分别在 1921 年、1923 年获得了诺贝尔化学奖。

第一次世界大战结束后，小费迪南德·施普林格立即开始系统地规划生物学教材出版的体系，即创办期刊和出版丛书。早在战后的 1919 年，小费迪南德就购买了威廉·恩格伦恩出版社（Wilhelm Engelann Verlag）的《生物体发育力学研究（演讲和论文）》杂志，编辑为威廉·鲁（Wilhelm Roux）。威廉·鲁 1924 年去世之后，由汉斯·施佩曼（Hans Spemann）担任编辑。该杂志新版发表了弗拉迪斯拉夫·鲁日奇卡（Vladislav Ružička）的两篇文章，促使他与阿道夫·布特南特（Adolf Butenandt）一起获得了 1939 年的诺贝尔化学奖。《科学植物学文献》由植物生理学家威廉·鲁兰（Wilhelm Ruhland）担任编辑，1924 年由施普林格出版社创办，1926 年更名为《植物》。两年后，由里夏德·戈德尔施密特和卡尔·冯·弗里施（Karl von Frisch，1886—1982）编辑的《生物学成果通报》创刊，每年出版一至两卷，由威廉·鲁兰、弗里茨·冯·韦特施泰因联合主

---

① 该系列在二战后依旧出版，一些作品可参考链接：https://www.springer.com/series/10496/books。——译者注
② 他以研究肌肉代谢著名，1922 年获奖。——译者注

编。弗里茨·韦特施泰因还是 1931 年开始出版的《植物学进展》的
联合主编，该刊的前身是 1926 年创刊的《科学生物学年报》，主编是
蒂博尔·彼得菲（Tibor Péterfi）。其他还有《形态学杂志》（1924）、
《园艺科学》（1928）和《理论和应用遗传学杂志》（1929）。

图231：弗里茨·冯·韦特施泰因（左）；《生物学成果通报》扉页（右）①

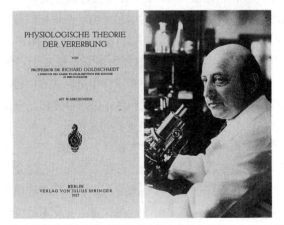

图232：1927年由施普林格出版社出版的《遗传生理学》扉页（左）；里夏德·戈尔
德施密特（右）②

---

① 弗里茨·冯·韦特施泰因自 1934 年起担任柏林达勒姆德皇威廉生物研究所所长。从 1931 年起，
他开始担任《植物学进展》和《生物学成果通报》的主编之一。
② 里夏德·戈尔德施密特，1914 年被任命为柏林的德皇威廉生物研究所教授。他是遗传学方面
的权威，他通过对动物的研究将染色体研究带入了新的领域。

"通俗科学" 系列

科学类出版社在某些情况下会感到很不公平。他们的一些作者成功地撰写了由大众类出版社出版的通俗读物并获得高销量时，而由科学类出版社出版的严肃的科学书却无法做到这一点。卡尔·冯·弗里施[①]的科普书《你和生命》（1937 年及以后的许多版本）由施普林格出版社或任何其他科学类出版社出版的同类书，都不可能取得这样的成绩。造成这种差异的原因有很多。

科学类出版社通常只为相关的专业读者群所熟知。而大众类出版社则了解自己的市场、机会和局限。一方面，全世界只有几百家书店销售科学类图书。例如施普林格出版社 90% 的收入来自 319 家书店。另一方面，德语国家的出版贸易商，在理论上可以指望 6000 家零售书商协助。同时，他们还可以利用其他形式促销和分销。例如贸易图书发行中出版商的销售代表每年都会让几百家书店了解其出版社的新出版物。施普林格出版社从 1972 年开始实行销售代表制度。例如乌尔施泰因出版社（Ullstein）出版的卡尔·冯·弗里施的科普书《你和生命》（1937 年及以后的许多版本）就销售了惊人的 10 多万册。

但大众类出版社与科学类出版社的区别不仅在于宣传和发行方面。作者与出版社内部编辑之间的密切合作是成功的关键。同样，在插图的选择和设计、排版以及格式和纸张的选择方面，编辑与制作部门的密切合作也是十分重要的。最重要的是选择一个醒目、有效的图书书名。然而，当时只有少数科学家在研究和教学工作之余，还希望为公众写作。为更广泛的公众服务，有些人可能担心这会损害自己的学术声誉。即使是那些没有这种顾虑的人，也往往无法理解将复杂的科学问题简单化的困难。棘手的是，很少有行业专家从研究与教学的百忙之中，再抽时间写科普文章。有时间的人会顾虑同事的看法，而无顾忌的人却常常达不到写作要求。

---

① 卡尔·冯·弗里施，德国动物学家，行为生态学创始人。弗里施发现采集蜂在回巢时，会以"8字舞"的方式运动，从而向其他蜜蜂传递蜜源的消息。1948 年担任国际蜜蜂研究会副主席，1962—1964 年被选为该会的主席。1959 年获得联合国教科文组织授予的卡林加奖。1973 年，弗里施因为一系列有关蜜蜂"舞蹈语言"的发现，获得了诺贝尔生理学或医学奖。——译者注

小费迪南德·施普林格热衷于出版一套广受欢迎的丛书，他在生物学家里夏德·戈尔德施密特那里找到了一个热情的知音和合作伙伴。戈尔德施密特虽然是一位高度专业化的遗传学家，但他在自然科学的许多分支领域都拥有非同寻常的渊博知识。此外，他还善于将科学进展（不仅是他自己研究的科学进展）以大众易于理解和感兴趣的方式展现出来。1914 年，他被任命为威廉皇帝学院生物研究所第三部主任。直到 1919 年，他才就职，他成立遗传学研究所，自己担任所长。他曾经去日本考察时，撰写了一本《新日本》的考察游记，并曾被关进日本的监狱。1920 年，戈尔德施密特的《物种遗传形成的定量基础》面世。1925 年，他跟卡尔·冯·弗里施一起成为《生物细胞研究》杂志的编辑后，1926 年他们又共同主编《生物学成果通报》系列。根据出版计划，戈尔德施密特撰写的《生命科学导论》作为《生物学成果通报》系列的第一卷出版。该书之前曾由莱比锡出版商特奥多尔·托马斯（Theodor Thomas）出版，但并未引起广泛关注。施普林格出版社欣然同意了作者的意愿，并从托马斯那里收购该书的出版权。

图233：里夏德·戈尔德施密特的
《新日本》封面[①]

就这样，在 1927 年 3 月，戈尔德施密特终于劝说卡尔·冯·弗里施把科普书《蜜蜂的生活》交给施普林格出版社，1927 年 4 月 27 日，弗里施在给小费迪南德的信中，详细汇报图书写作进展，并附上了该书内容目录，与最终书稿完全一致。

---

① 里夏德·戈尔德施密特，1924 年至 1926 年在日本担任客座教授，在此期间，他游历了自 1895 年以来被日本吞并的领土。他的著作《新日本》的封面采用红纸黑印。

图234：《蜜蜂的生活》扉页和该书作者卡尔·冯·弗里施

1927年5月18日，施普林格出版社详细说明了适用于以下情况的出版条件。

印刷量为5000册，每册定价不超过4.5马克，尺寸为10印张，即页数为160页，布面装订，每个版本作者会收到1500马克。考虑到印刷量，这个数字实在太少了，但只有这样才能实现低价。我们必须计算出平均至少40%的书商折扣。因为我们不希望只有我们自己的销售商有兴趣销售这本书，还希望大量销售普通文学作品的书店也有兴趣经销这本书。这些书店已经习惯了40%—50%的折扣。我还想指出的是，据我所知，德古意特出版社名下的"戈申图书馆系列"在同样的印刷量下，他们才付给作者500马克（当然图书定价更低，为1.8马克）。而托伊布纳出版社的《自然和精神世界》情况也类似。

当然，图书翻译费没有计算在内。通过这封信，我可以发现小费迪南德·施普林格非常了解大众出版商的出版条件以及相关条款规定。

从现在起，小费迪南德·施普林格必须与编辑讨论一些在科学专业作者那里几乎不可能发生的问题。与施普林格出版社的其他严肃科学类图书相比，"通俗科学"系列的版式要小一些，因此应使用较小的字体。但编辑不同意。小费迪南德·施普林格还特意阅读了所有的手稿，他很少这样做。比如有一次，他要求改正有些做作的老式文体。他说："从某些方面来说，这样做很可惜。但另一方面，在语言结构（verbal forms）中偶尔把e字从动词形式中抹去就足够了。这样就能使本书的语言完全具有现代语言的特点。我们应避免给读者留下这是一本100年前的现代书的重印本的印象，避免使当代读者对内容的时效性产生怀疑。"

该系列在1927年10月前出版了3卷。第一卷为《蜜蜂的生活》、第二卷为《遗传的学习》、第三卷为《科学学习的介绍》（分为上下两卷，页码连续编号）。对于此，小费迪南德·施普林格写信给戈尔德施密特，

图235：施普林格出版社"通俗科学"系列宣传页，插图出自里夏德·戈尔德施密特的《生命科学导论》[1]

可能不无道理。小费迪南德·施普林格在信中写道："如果您允许我向作者提出最后撰写要求和指定撰写题目之前发表一下我的看法，我将不胜感激。我相信，我每次都遵照了您的建议，我的愿望似乎是合理的，我对这件事本身的兴趣是出于理想、爱好的角度谈的。我和作者一样，是对生物学问题本身更感兴趣而不是从其他方面。"

但接下来的图书出版来得很慢，尤其是1928年只出版了一部图书《化石的生活》。1927年12月，戈尔德施密特与12位潜在作者进行了初步接触，在他的约稿信中公开提到了困难：

（一方面）我们充分意识到，撰写这样一本书是非常困难的，比科学研究报告困难得多。另一方面，我们从丰富的经验中了解到……

---

① 施普林格出版社"通俗科学"系列的宣传页。新的科普系列图书在公众中得到了广泛的宣传，这在施普林格出版社中是不多见的。这里展示的是四页说明书的第一页，正如书名所言，该丛书以真正通俗易懂的形式让每个普通人都能理解专业科学。

大众对自然科学信息的渴求有多么强烈，只要这些信息是以通俗易懂的方式传播出去。我们认为，科学家有义务向公众提供科学信息，他们对此负有不可推卸的义务，但只要他们有表达天赋。

在 12 位潜在作者中，最终仅有三位做出了积极回应。几天后，小费迪南德·施普林格不得不承认："我被自己召唤出来的灵魂吓到了，眼前出现了这么多不愉快的信件。"小费迪南德·施普林格动用了自己所有的关系网。里夏德·库朗列出了 18 个"通俗科学"系列的图书主题以及可能的潜在作者。不过，里夏德·库朗也对自己的建议有所保留：只要涉及自然科学或数学领域，就会变得非常困难。要为真正的外行撰写通俗易懂的文章会变得非常困难。很快，"典型的"施普林格出版社其他专业领域的作者很难成为这套丛书的撰稿人。所以继续搜罗作者是工作重点。

图书的大小是另一个问题。每本书不应超过 10 印张（160 页），因为以 4.8 马克的价格，印数为 5000 册，这意味着出版社仅能收回生产成本。出版商的任何利润来源都要从该书以后的再版中获得。事实上，再版这种情况很少出现。在 1943 年之前出版的 48 种图书中，只有 4 种有第二版，而且只有该系列的前两种以及海因里希·菲舍尔（Heinrich Fischer）的《天气与天气发展》（1932）有了第三版。

因此，这套丛书几乎没有盈利。尽管小费迪南德·施普林格经常接受他的作者出书亏本，而且事实上在签订合同时，小费迪南德·施普林格就已经考虑到了目前的这种结果。但对于"他自己爱好的"系列，他肯定会坦然接受损失。任何经济损失对他来说都不如他喜欢重要，甚至没有被更多人接受这一事实也不重要。里夏德·戈尔德施密特被迫移民后，卡尔·冯·弗里施接管了科普系列丛书的编辑工作。1952 年，该丛书重新启动，弗里施仍然忠实于这项事业。到 1991 年，该丛书第 118 卷已经出版。

特写：工程学图书的出版

　　小尤利乌斯·施普林格的工程学图书出版规划不可能与小费迪南德·施普林格的自然科学和医学图书出版相提并论。造成这种情况的主要原因不仅在于工程领域的条件与自然科学和医学条件迥异，而且还在于其作者要求的截然不同。

　　工程学的出版领域存在特殊现象。首先，一般说服工程师出书很困难，因为他们更乐意在专利获批后再写书。其次，包含新技术内容的出版物会与商业利益发生冲突。企业担心他们的工程师会公布自己的经验或操作经验，更有甚者由于担心泄露机密，许多企业都禁止员工撰写专著或编辑期刊。这种态度在自然科学领域是个例外。与此相反的是，科学家更希望自己的成果被记录下来，包括之前被忽略和未被发现的研究现象。

图236：小尤利乌斯·施普林格在第一次世界大战后进一步扩大了工程学出版计划，为表彰他对工程学的贡献，斯图加特技术大学授予他工程博士荣誉学位

　　工程师在写作方面的另一个障碍与他们所受的训练有关，这在当时很普遍。那就是机械工程师与自然科学领域的工程师相比，他们的文风通常不够轻松和优美。他们与出版商的联络也是如此。工程师们对版税的理解往往远远超出出版界惯常的计算方式，把撰写专家意见所得的报酬作为预期版税的依据并不罕见，但是工程师们难以接受他们的书被以低价销售。可以说机械工程师对高版税的要求往往很不合理。而出版社与工程学院学者的沟通通常要容易得多。对他们来说，成为一家受人尊敬的出版社的作者或主编，对他们学术生涯十分重要。

施普林格出版社的工程学出版分社

第一次世界大战后，小尤利乌斯·施普林格再次走上工作岗位的环境比他的堂弟小费迪南德·施普林格的环境要艰难得多。当他于1918年12月服完兵役回到出版社时，需要比他的堂弟花更长的时间来适应出版工作。而他的堂弟小费迪南德·施普林格早在1915年9月就恢复了工作，因此他有机会专注于战后出版计划。此外，小尤利乌斯的作者和编辑们所承受的战争失败的后果比堂弟费迪南德要面对的后果艰难得多。其实，只要想一想就能知道，由于一战后德国失去领土和有限的主权，基础工业损失惨重。德国（即当时的魏玛共和国）莱茵地区的土地主权被协约国占领，1923年鲁尔区也被占领。这给德国的基础工业造成的损失难以估量。在煤炭、钢铁、机械和运输工具方面，国家还要面临赔款。出口市场的全面丧失和德国工业所需的原材料和辅助材料进口几乎完全被限制，这对出版社中依赖机械工业作为其计划合作伙伴的图书出版机构的打击是沉重的。在这种情况下，小尤利乌斯·施普林格认为他的特殊任务是出版学生用的教科书，而研究类出版物则不得不暂时推迟。

早在一战前①，施普林格出版社就开始出版学生用的相关工程学教材。第一种教材就是《车间手册》。该书是施普林格出版社在1911年跟美国专家亚历山大·卢卡斯讨论后的结果。当时他的《机械手册》由施普林格出版社翻译出版，该系列

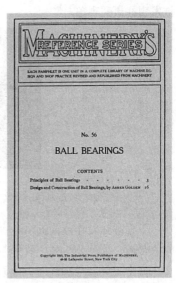

图237：北美《机械参考丛书》封面，每册25美分，让施普林格出版社萌生了编辑出版《车间手册》的想法

---

① 原书说的战后时间有误，已改正。——译者注

所涉及的主题广泛，包括：车削（turning）、冲压（punching）、压制（pressing）、螺纹切割（threadcutting）、钻孔（drilling）、粉碎（milling）、磨削（grinding）等。到 1913 年该系列已出版了 60 种书。

1913 年，小尤利乌斯说服了柏林工程师恩斯特·维斯胡恩（Ernst Weißhuhn）成为编者，恩斯特在导师格奥尔格·施莱辛格的指导下完成了博士研究，其论文也由施普林格出版社出版。该工程系列图书出版计划每册有 40—50 页，读者群体与当时十分流行的《工厂技术》相同，也是"工厂师傅"的群体。

战争爆发时，三部手稿已经完成，另外五部手稿的合同也已签署。出版商和编辑一致认为，这个系列应该在战后开始出版。尤其是编辑在 1914 年 8 月 2 日被征召入伍，1915 年夏季主编之一恩斯特·维斯胡恩阵亡。主编一职由工程师欧根·西蒙（Eugen Simon）接任。

1914 年《车间手册》的每册定价为 1 金马克，甚至在通货膨胀时期德国出版界 1922 年引入"关键数字"后，这一价格也一直保持不变。与当时的两套文学丛书进行比较，我们就会发现这些书盈余的空间有多小。例如德国工业出版社（Industrial Press）也早在 1913 年已出版了 60 种同类书。因泽尔出版社的书则更便宜，其封面为硬纸板，每册定价为 50 芬尼，而用回收材料（reclamation）制作的版本更低至 20 芬尼。由于其排版成本很低，首次印刷量以为 1 万册计算，但书的缺点为不含插图。施普林格出版社的手册都是请作者专门撰写的，其作者不拘一格，每册通常包含 100 多幅专门制作的技术插图。出版社至少要支付定价的 10% 作为版税。因此，要为这套书计算可行的投入回报，可以说得创造一项真正的销售壮举。这套丛书最初的印数为 5000 册。

在筹备出版这个系列的过程中，出版商和编辑面临着相当大的压力。因为德国工程师协会即将以同样的价格推出一套类似的机械图书系列，名为《工作坊图书》。鉴于这种竞争，施普林格出版社在图书销售价格和版税方面都没有调整的余地。这也增加了寻找合适作者的难度，因为许多作者已经投身于其他系列。而许多书稿在内容组织结构，尤其是文风方面存在缺陷。一方面，西蒙在 1919 年 7 月 22 日写给小尤利乌斯·施普林格的信中说："这些（语言）形式上的困难是我预料之中的。"另一方面，在这类书的组织方面有足够经验的作者通常在机械工程的实践方面存在着经验不足的问题。

《车间手册》第 1 卷最终在 1921 年 1 月出版。有意思的是，第一卷封面是由编辑的妻子设计的，施普林格刚开始不喜欢，因他个人偏向印刷体设计，但他发现读者喜欢该设计后也就同意了。125 种图书在 1973 年该系列停刊前全部出版。几乎所有的书都出了第二版，许多书还出了更多版次，而且每次都进行了全面修订。其中最成功的书目是保罗·申普克（Paul Schimpke）20 世纪 20 年代所著的第 13 卷《新焊接办法》，其于 1922 年出版后有了 7 个版本。

图 238：由主编欧根·西蒙的妻子设计的《车间手册》封面，从 1914—1972 年没有变化

对于这样一个系列来说，出版商、编辑和作者之间的书信往来是非常耗时的。截至 1936 年，第 58 册出版时，这些信件已经装满了 17 个档案盒。由于施普林格出版社更习惯于出版印数少、价格高的大部头专业书。因此在施普林格出版社内部，这类丛书被戏称为"零碎"（bits and pieces）。然而，面向学术市场以外的大众市场开放出版计划，为以前那些没有接触过专业市场的大众群体带来了机会，他们以后会购买其他更重要的图书。此外，在这个系列中首次出版作品的作者，如保罗·申普克，后来就在施普林格出版社成功出版了其他大型专业书。

《建筑工程师通报》

施普林格出版社的《建筑工程师通报》在1921年出版了第4版，自第1版出版以来的十年中，有将近一半的时间是在战争时期。根据这些图书的评论，"通报"系列因简洁而广泛的材料介绍而受到赞赏。然而，一方面对于建筑技术学校的学生来说，这本书可能包含了太多的内容。另一方面，专业技术工程学院的学生们则认为《建筑工程师通报》的内容太少，尤其是在最近设立了各学科教席的情况下，建筑工程师的专业化程度越来越高，他们需要更多的细节内容。

1910年《建筑工程师通报》出版，一年后需要修订、扩充内容的呼声日益强烈。小尤利乌斯·施普林格看到了机会。1911年他咨询了在汉诺威技术院校（Technische Hochschule Hannover）任职的罗伯特·奥森（Robert Otzen，1872—1934）教授，请他就出版建筑工程不同专业的简明教科书系列的成功可能性发表意见。虽然市场上已经有了一些这样的书，但没有一本是非常实用的。他还询问奥森是否愿意担任这项工作的编审。奥森则在1911年11月17日的回信中认可施普

图239：罗伯特·奥森[1]，施普林格出版社《建筑工程师通报》的主编

林格出版社的意见，认为："好的教科书永远是被需要的，也会找到自己的市场。无论是否有多少类似的作品……现有教科书最大的缺点是缺乏统一性。"但是奥森对编辑的角色有着清晰而全面的认识。他希望参与包括插图的种类、大小和数量等决策。小尤利乌斯·施普林格很高兴在他的第一次尝试中就找到了一位如此精力充沛的合作者。但奥森提醒施普林格出版社不要过于严格地限制作者自己做决定的权利。

---

[1] 罗伯特·奥森，从1908年起担任汉诺威工业大学教授，1913—1915年担任该校校长。1926年，他成为法兰克福·巴塞尔"高速公路"筹备协会的主席（Association for Preparing the "Autoroad" Hanseatic Towns Frankfurt-Basle）。

但是，几乎所有的作者都对施普林格出版社的出版条件持保留意见。对大多数人来说，其指定的截稿日期太快了。显然，他们都被工作压得喘不过气来。同时他们也想要更多的页数和插图。似乎没有人接受版税：印刷 2000 册、16 页（1 个印张）的版税是 120 马克，这似乎是远远不够的。起初，外文版收入由作者、编辑和出版商平分的建议得到了普遍接受。但当一家意大利出版商有意获得翻译权时，施普林格出版社告知作者，每 16 页（1 个印张）的收入不应超过 20 马克。一些作者拒绝接受这些条款，从而阻止了翻译权的出售。

按照约定，所有手稿应于 1913 年 10 月完成，但只有四位作者按时交稿，而其他作者的稿件来得很慢。即便如此，一些手稿还是交给了排字工人，作者的草图交给插图画家，然后被送去制作图板。事实上，这是一个相当庞大的项目。图书已经准备付印了。但遗憾的是，由于奥森从 1913 年夏季学期开始当选汉诺威工业大学校长，与一些进度较慢的作者的通信联络滞后了，时间被进一步拖延。1914 年 7 月 23 日，编辑部要求作者们补充一份参考文献清单，如果正文书稿已经寄出，还需要提供参考文献。此时，出版工作已全面展开。然而战争爆发了。人们试图至少完成那些已经开始制作的书，但在 1914 年 10 月不得不放弃。编辑和出版人都被征召入伍，弗里茨·施普林格接管了公司。在征得编辑意见后，同意所有作者都不再遵守约定的期限。毕竟施普林格出版社不想一个项目以一个支离破碎的面貌开始，尤其是在科学类图书销售惨淡的情况下。

图240：《建筑工程师通报》系列《建筑工程师图书馆：学生与专业人员参考书》招股说明书扉页①

---

① 该《建筑工程师通报》招股说明书上有"建筑工程师图书馆：学生和从业人员手册和参考书"字样。从 1913 年开始筹备，由于一战，大多数作者没有完成撰稿，该系列不得不在战后的 1921 年开始出版。

只有一位作者提出抗议：他希望这本书能够印刷出来，否则他将采取法律措施起诉出版商违反合同。

1918年12月，在小尤利乌斯·施普林格和罗伯特·奥森归国后，立即恢复了该系列的工作。但事实证明，1919年秋季推出该系列前几卷的希望过于乐观。27位作者中有8位或在战争中牺牲，或要求解除合同。德国经济在战后起步缓慢。罢工和骚乱中断了旅行和通信，材料供应也遇到了许多困难。一些作者开始对合同条款不满，哪怕有根据通货膨胀率提高的版税。一些作者指出，他们的作品已经或即将付印，或者在战争爆发时已经收到了样稿。现在他们必须投入工作，相当于推出一个新版本。为此，合同规定了额外的版税。在某些情况下，从手稿完成到现在已经过去了六年。尽管时代环境造成了这些困难，《建筑工程师通报》系列还是在1921年出版了五卷，到1927年又出版了15卷。新的修订版于1930年到期。这是一次艰难的重新起步，但所有的努力都结出了硕果。施普林格作为建筑工程学图书的出版商而声名鹊起。

通信、无线电技术

1915年夏，工程师欧根·内斯珀（Eugen Nesper，1879—1961）向施普林格出版社提交了一本关于无线通信的书稿。但弗里茨·施普林格遗憾地告诉他，由于一战期间科学图书销量持续低迷，出版社目前不能接受这本书。一旦和平时期到来，他就会重新考虑。1918年11月8日，就在魏玛共和国成立的前一天，内斯珀再次来到施普林格出版社，说他的书现在已经扩充了很多内容，包含的插图就超过1000幅。由于战后时期的时局不稳定，出版社可能出版不了这么大体量的一本书，而且这本书是关于无线通信的，这一领域在战争期间已经取得了巨大进步。尽管如此，施普林格出版社还是想看看手稿。

图241：《无线电报和电话通报》①扉页

　　但这绝非易事。内斯珀住在维也纳，此时他在洛伦茨股份公司（C. Lorenz AG）工作，手稿装在一个重达 35 公斤的箱子里。他无论如何也不会把珍贵的手稿托付给不可靠的铁路部门。战后邮路往来的时间很慢，也可能会丢件，来往于维也纳、柏林、乌尔兹堡的通信通常得花好几周。内斯珀显然拥有良好的人脉，最终德国驻维也纳大使馆通过外交信使渠道将内斯珀的手稿运往德国。

　　据初步估计，这本书至少有 1800 页。如果印数为 1000 册，每一本售价约为 1500 马克。小尤利乌斯·施普林格犹豫不决。内斯珀提出用价值 15000 马克的战争贷款债券来支付制作费用，但这一提议并没有使计算结果发生重大变化。小尤利乌斯·施普林格建议对文本进行严格的删减。但也只是少了 160 页。最后，小尤利乌斯·施普林格请来了一位顾问汉斯·布雷多（Hans Bredow，1879—1959）。布雷多曾于 1903 年担任特利丰肯（Telefunken）公司的创始董事，并在那时就认识了内斯珀。他的支持票是决定性的。1920 年 1 月 20 日，施普林格出版社与内斯珀签订了出版合同。

―――――――

① 小尤利乌斯·施普林格最初对《无线电报和电话手册》持怀疑态度。但他听从了汉斯·布雷多的建议，出版了这本两卷本著作。结果该书非常成功，18 个月内售出了 2000 册。

图242：欧根·内斯珀（左）；汉斯·布雷多（右）①

　　但该书编辑出版过程问题重重。维也纳、柏林和位于斯蒂尔茨印刷厂之间的邮寄有时要花费数周，往来信件和生产制作的很多物品都丢失了。在1921年6月，出版工作终于完成了。这次他们准确地抓住了销售机会，不仅决定印刷2000册，而且还使用了最高质量的书布装订和铜版纸印刷。施普林格对销售前景的预判是正确的。该书在德国国内的销售也异常火爆，在18个月内销售一空，出口市场也很好。很快，新的修订版也在筹备之中。

　　此时无线电通信加速在世界传播使用。无线电在美国被称为"广播"，美国的广播业开始活跃起来，其活动像雪崩一样蔓延开来。而此时在德国，无线电仍然被邮局垄断，但预计无线电广播将在1923年获准。在德国，已经有成千上万的无线电爱好者和发射台。内斯珀开始撰写一部内容为"无线电爱好者操作指南"的书。不同于报纸上关于这一主题的大量文章，这本书将吸引广大读者阅读、购买，它具有科学性、可靠性和实操性。内斯珀凭借他的能力、知识，引用大量外国文献，以及他言简意赅的文风来实现上述目标。

　　1923年2月5日，他告诉施普林格出版社，他的书已经准备就绪。"考虑到几乎所有国家业余无线电活动的巨大增长……在这种情况下，我建议您考虑从一开始就加大印刷量。"内斯珀还建议："与你们习惯相反，将无线电公司的广告（设备和配件）放在书的后边。"

---

① 欧根·内斯珀1904—1906年在特利丰肯（Telefunken）公司工作，后在维也纳洛伦茨股份公司工作，1917年担任该公司董事长。汉斯·布雷多于1921年担任国务秘书，在担任该职务期间，负责在德国建立无线电网络，被誉为"德国无线电之父"。在纳粹时期被禁止工作。

他可以提供名称和地址，通过刊登广告来降低书价。这在施普林格出版社是没有先例的。但内斯珀的书是例外，施普林格出版社不得不向这位满脑子想法的作者妥协了。其中许多想法从未尝试过，比如他建议把赫什瓦尔德书店搬到菩提树大街的另一侧，因为那一边更适合行人。这个建议被施普林格出版社拒绝了。

图243：《无线电爱好者》扉页，上有"给各国无线电爱好者的教学和帮助手册"字样，该书8个月内售出2万册

《无线电爱好者》一书于1923年8月10日出版，到月底已售出近1600册，即超过印数的一半。第二批于12月发行，并于1月售罄。第三批5000册，三周后就发售完。之所以能达到这一创纪录的出版进度，完全是因为在通货膨胀结束后，印刷厂订单不足，所以该书是在几台印刷机上同时印刷的。第四次印刷的10000册到1924年5月全部售罄。施普林格出版社以前从未经历过这样的事情，连小尤利乌斯·施普林格本人也感到非常惊讶。因为该书40%—50%的生产成本是由广告收入支付的。

这本书问世的时机恰到好处。1923年10月29日，即通货膨胀结束前不久，柏林广播电台刚刚在波茨坦大街的"沃克斯演播室"（Voxhaus）来发展广播业务。在《无线电爱好者》一书出版几个月后，施普林格出版社又创办了同名杂志，编辑也是内斯珀。该杂志从1923年10月到1924年1月，订阅人数已达1万人！但竞争者们并没有沉睡。乌尔施泰因出版社、舍尔出版社、弗朗克书店（Franckh）和德国出版协会都迅速推出了有关无线电的书，每本都在内容或价格上企图超越对方。内斯珀向施普林格出版社提出了更多的推广要求。他经常催促施普林格出版社加大营销力度，因为其他出版社为无线电爱好者出版的期刊在任何地方都能买到，但他主编的期刊却不见踪影。的确，施普林格出版社确实没有做好准备，部分原因是人员不足。此外，市场部富有想象力的主管奥托·朗格自1919年1月1日起就一直在维也纳筹建出版分社，自然对此书和期刊的营销无暇顾及。

到1924年5月，《无线电爱好者》一书的销售已经放缓。但第5次重印的价格从8马克降至6马克。此时，该书已几乎无利可图，因为作者只能获得12.5%的版税率，但图书销售折扣是定价的40%，营销预算也比施普林格出版社的其他书高得多。

到1924年8月，内斯珀已完成修订本所需的工作。然而，在书中他再也无法评估无线电发展情况并纳入大量新的实践发展成果，因为他的大部分精力都被每周出版的《无线电爱好者》杂志所占用了。尽管第五版已经售罄，修订版终于在1924年8月面世，印数达到6000册，但已无法维持8马克的旧价格。因为这本书几乎就像一本新书：它的大小几乎翻了一番，印刷成本大幅上升，而广告收入却减少了。新书18马克的价格和近八个月的缺货造成了灾难性的后果。在此期间，市场需求已被填满。就连《无线电爱好者》杂志的订阅量也跌至3000份。到1925年，类似的期刊还有25种，这还不包括印刷广播节目的期刊。

不过，由内斯珀创办的新系列"无线电爱好者图书馆"很快就出版了32本小册子。起初销售情况不错，有些小册子不得不重印两次。但是由于这些小册子必须通过无线电商店销售，而无线电业余爱好者最有可能接触到无线电商店，而不必须去书店购买，因此出版商无利可图。最后，出版社决定将这套书卖给魏德曼书店（Weidmannsche Buchhandlung）。总而言之，施普林格出版社在业余无线电领域的探索，只是昙花一现。无线电爱好者的兴趣浪潮到 1925 年已大大消退，因为大规模生产的收音机变得越来越便宜、越来越好。施普林格出版社决定将这一领域的剩余内容留给其他出版社，自己则在无线和远程信号技术领域加大力度。

1927 年出版的第一本完全以科学为导向的大型著作是《无线电报和电话通报》，共 1250 页，由弗里茨·班内茨（Fritz Banneitz）编辑。这是继费赖塔格、杜贝尔和弗尔斯特之后的第 4 种同类书。

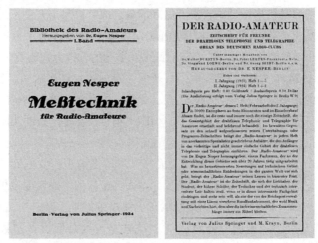

图244："无线电爱好者图书馆"系列《测量技术》封面（左），1924—1928年出版了32种；《无线电爱好者》杂志扉页，1926年停刊（右）

法学、政治学和经济学

自施普林格出版社成立后，法学和经济学图书出版一直在公司的计划中占据重要地位。尤利乌斯·冯·基希曼（Julius von Kirchmann）的《论法学作为科学的无用》在 1848 年首次出版面世后，因其时效性强，连续重印了四次。

政治学家鲁道夫·格奈斯特自 1857 年以来一直在施普林格出版社出版他的著作。其他的图书有罗伯特·格雷斯伯爵（Robert Graf Hue de Grais）主编的《普鲁士和德意志帝国的法律通报》，该书在 1901 年至 1906 年，共出版了 11 卷。由柏林市长罗伯特·策勒（Robert Zelle）编辑的《有效公法和市民法通报》在 1888 年至 1911 年共出了 6 卷。由此可见施普林格出版社前两代掌门人对于法学的兴趣。虽然费迪南德·施普林格学的是法理学，但接手出版社的最初几年依然是靠以前的图书销售，并没有马上出版其他"通报"系列。最终由于法学图书的盈利问题，出版社逐渐减少而终止出版。

图245：恩斯特·施普林格[①]

直到 1914 年之前，施普林格只出版了一些篇幅相当短小的书，其中大部分是关于商法的小册子。恩斯特·施普林格是施普林格出版社创始人的第三个儿子，曾在柏林、海德堡和哥廷根学习法律，并获得了法学博士学位。他最初是一名律师和公证人。但从 1900 年起，他开始担任德国银行的法律顾问，拥有全权委托书。从 1912 年起，他在帝国债务管理局担任国家财政顾问。作为一名经验丰富的专家，特别是在第一次世界大战后的困难时期，他的建议深受赞赏。应财政部的要求，他一直任职到 75 岁（1935）生日。此时他出版了两本关于民事诉讼法律改革的小册子。有时恩斯特会就棘手的商业交易向侄子们提供一些建议。然而，1912 年施普林格出版社收购贝伦德出版社（Behrend & Co.）后，出版计划更多地转向了这一方向。首先是 1911 年创办了《社会政策与立法年鉴》和《工人和雇员保险月刊》。然而，直到 1914 年 1 月 1 日收购了柏林的奥斯卡·哈林出版社（Oscar Häring）后，施普林格出版社才明确计划全面发展这一领域的出版。

① 恩斯特·施普林格一直在施普林格出版社棘手的法律事务中做顾问。

施普林格出版社最成功的法学图书，是著名作曲家、钢琴家李斯特的侄子弗朗茨·冯·李斯特（Franz von Liszt，1851—1919）①所著的《国际法》一书。该书在1898—1913年共出了9版，是施普林格出版社为数不多的在第一次世界大战期间仍然畅销的书之一。更新和修订版分别在1915年4月和1919年8月面世。

图246：一战期间深受欢迎的《宪法体系概说》扉页（左），截至1925年有12个版本；作者弗朗茨·冯·李斯特（右）

奥斯卡·哈林出版社的作者名单包含了当时德国律师界公认的知名律师，他们在当时的律师界很受欢迎。有些图书已经重新出版修订过几次，有的还可以进一步拓展。最为值得修订出版的大型项目是《法理学百科全书》，超过1500页，由卡尔·冯·比克迈尔（Karl von Birkmeyer，1847—1920）担任主编。施普林格出版社接手哈林出版社之后，立即着手重新修订该书。

由于之前的主编比克迈尔不想再参与任何版本的编辑出版工作（这一决定可能不会让施普林格出版社感到不快），施普林格出版社、弗朗茨·冯·李斯特和瓦尔特·卡斯克尔（Walter Kaskel）签订了合

① 弗朗茨·冯·李斯特，集犯罪学和刑法学研究于一身取得了显赫成果的学术大师。他既是犯罪的刑事社会学派的杰出代表，又是刑法学的现代学派（新派）的创始人。代表作为《德国刑法教科书》，此书初版于1881年，曾先后被译成法、日、俄、西班牙、葡萄牙、芬兰、希腊、塞尔维亚等多种文字出版。2000年被中国政法大学刑事司法学院刑法所徐久生教授译成中文版。——译者注

同，由他们共同接手主编工作。李斯特对后续版本尤为看重，因为他曾是撰稿人之一，而且作为一名受人尊敬的律师，将成为复兴百科全书的领军人物。卡斯克尔自青年时代起就是费迪南德·施普林格出版社的朋友。1911 年起他才刚刚成为一名合格的律师。但他已经证明了自己是一位出色的编辑，上文提到的《工人和雇员保险月刊》，他就是该月刊的主编。《法理学百科全书》的计划起初非常简单，只有两卷，大约有 1600 页。约稿函于1914 年 7 月 21 日发出，绝大多数撰稿人在一周后就寄回了合同。由于卡斯克尔因健康原因被免除兵

图247：《法理学百科全书》扉页。施普林格1912从哈林出版社接手时该书还是单卷本，之后变为大型多卷本系列

役，因此他能够在战争期间继续主编工作。此时费迪南德也在军队中。弗里茨·施普林格继续与编辑和撰稿人保持联系。1914 年 11 月，卡斯克尔认为有必要编写第三卷，增加政治学经济学。维也纳的政治经济学家欧根·菲利波维奇（Eugen Philippovich）已经同意撰稿，并似乎愿意成为联合主编。然而，出版商和编辑都认为，手稿应在战争行动结束前完成。经过几次推迟，最终交稿日期定在 1916 年 10 月 1 日。但截稿日期已过，而战争仍在无情地继续，无法再确定具体的日期了。

李斯特于 1919 年 6 月 21 日逝世，一年后他的前助手爱德华·科尔劳施（Eduard Kohlrausch，1874—1948）接替了主编职责。科尔劳施自 1919 年以来一直在柏林担任刑法和审判法教授。1921 年 7 月，阿图尔·施皮索夫（Arthur Spiethoff）退休后，科尔劳施在 1921 年 7 月接管了政治学教研室。

《法理学百科全书》系列的第一本出版物于 1922 年问世，是马克

斯·E. 迈尔（Max E. Mayer）所著的《法律哲学》小册子，才 100 多页。到了 1923 年该系列又出版了 13 种小册子，有些页数甚至更少。这不是计划中的百科全书三卷本概念，是什么原因？原来早在 1914 年春天，几位作者就要求将他们的著作单独出版。他们认为，如果学生们想要的只是 60—90 页的一个部分内容，就不应该要求学生们购买一本 1600 页的昂贵书。施普林格出版社起初反对这一想法，决定放弃出版菲利波维奇的书稿，以免破坏百科全书的全盘计划。然而，战争结束后，施普林格出版社决定放弃出版三卷本，转而决定计划出版大量小型出版物。这样做有很多好处。首先战后，政府在许多立法领域都进行了修订，连作者们都无法确定他们的书稿内容有效性还有多久。例如，劳动法和社会法就进行了修改，社会法也是如此，而卡斯克尔就是这方面的专家。此外，施普林格在组织编辑医学通报时，大量作者延迟交稿可能导致他接受出版大量的短期出版物，而不是继续坚持将这些出版物捆绑成大部头出版。况且这些大部头的法学著作可能因为法律法规修改，一些重要部分过时了。当然这并不意味着排除出版一位作者的大部头著作。

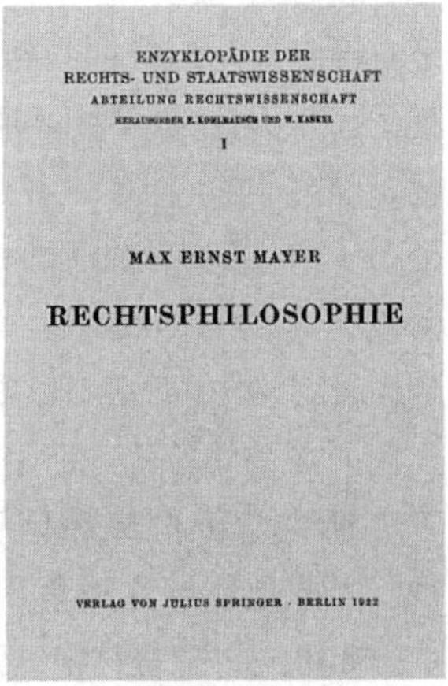

图 248: 新版《法理学百科全书》系列小册子第一卷，迈尔的《法律哲学》于 1922 年出版

所以施普林格出版社出版的专著有：尤利乌斯·冯·吉尔克（Julius von Gierke）的《财产法》，汉斯·凯莱森（Hans Kelesen）的《政治科学》，瓦尔特·卡斯克尔的《劳动法》（1925），保罗·约斯（Paul Jörs）的《罗马民法》。沃尔特·埃尔林凯克（Walter Jellinkek）的《管理法》（1928），詹姆斯·戈尔德施密特（James Goldschmidt）的《民事诉讼法》（1929），阿尔弗雷德·菲德罗斯（Alfred von Verdroß）的《国际法》（1937），也是该系列的最后一卷。这些书的页数都在 360—500 页之间。其中《罗马民法》在 1927 年首版后至今仍在修订出版。

自 1924 年以来，瓦尔特·卡斯克尔一直是施普林格法律出版物的官方顾问。1925 年，他指定由他的朋友汉斯·彼得（Hans Peter）继承他的作品版权和一些遗产。1928 年秋天卡斯克尔去世后，彼得接替了他的位置，成为《法理学百科全书》系列的联合主编，不久后又成为该项目的法律顾问，直到他在 1966 年去世。该系列极大地促进了德国法学和政治学领域的蓬勃发展，为德国相关学科的繁荣做出了巨大贡献。1920—1932 年，施普林格出版社出版了超过 2500 种相关领域的图书，成为该社仅次于医学和工程学的第三大出版领域。

而受这个系列的影响，出版社也创建了一些期刊，包括 1928 年至 1944 年创办的《版权、电影和戏剧法档案》《社会立法杂志》和 1929 年创办的《国家经济》（后更名为《经济学杂志》），施普林格出版社维也纳分社在 1928 年创办了《法律论文》杂志，1934 年施普林格出版社收购了《税收与经济》杂志。在奥地利被纳粹德国"第三帝国"吞并后，《法律论文》不得不停刊。

1933 年后，随着纳粹政权上台，减少出版传播的思想性图书开始在法律和政治科学领域占据主导地位。施普林格出版社不得不大幅减少在这一领域的出版活动。这些领域的出版物数量现在下降到了很小的一部分。

施普林格的图书设计

当施普林格出版社在 19 世纪后 30 年开始大量出版科学类图书时，其设计、装帧和排版都遵循当时的惯例。唯一不同寻常的是，越来越多的科学类图书采用布面装订，有时也同时采用纸面装订。封面通常采用黑色花布（配黑色封底纸），而装帧材料主要为黑色印花布（black calico）和黑色衬页（black endpaper），这样图书使用时所造成的磨损不会立即显现出来。而根据图书尺寸，精装图书价格会上涨 1—1.5 马克。而实际上装帧的成本就有 1.2 马克。但是没有书商会因为封面精装而多支付图书价格。

图249：施普林格于1896年出版《柏林铁路》一书的插图，由路德维希·聚特林设计[1]

在很长的一段时期内，施普林格出版社的自然科学图书封面装帧设计元素很少，封面上只有图书标题和作者名字，字体为金色，顶多就是给字体做出"凸显"效果（blind embossed）[2]，或者就是突出封面边角中的双线（double line）。随着时代的改变，一些封面设计明显受到"新艺术风格"（art nouveau）的影响。可以推测，具有艺术感的作者要求采用这种封面，而这种封面有别于施普林格出版社通常的风格。

同样，排版也沿用了科学类图书惯用的模式。一般印刷商会建议采用某种格式，出版商一般会接受。但自1910年以来，由于图书产量迅速增加，这使得一定程度的标准化成为必要。举例来说，作者不随意要求和规定图书格式会更经济。这就需要某些图书格式成为行业普遍使用的标准格式。这种标准化和统一化的形成，在1914—1926年，第一次世界大战前后，归功于施普林格出版社负责图书印制生产部门的弗朗茨·菲舍尔（Franz Fischer）坚持不懈地推动。这种标准化的努力部分是出于无奈，因为当时几乎没有专业人员，而且从事这种工的人员必须接受过培训的才能完成。

自1910年起，施普林格出版社的弗朗兹·菲舍尔在布兰德斯特印刷厂（Brandstetter）、斯帕默印刷厂（Spamer）和施普林格出版社入股的"皇家大学印刷厂"等几家重要的印刷厂签订协议时，就制定了施普林格出版社的四个设计标准，以施普林格出版社出版的

---

① 路德维希·聚特林（Ludwig Sütterlin，1865—1917）画家、平面艺术家，因其设计的德语和拉丁语文字而闻名于世。他的写字课在1915年成为普鲁士所有学校的必修课，1935—1941年成为在德国其他地区学校必修课。

② 参考该网站的术语解释：https://www.barnardandwestwood.com/print-processes/blind-embossing-debossing/blind-embossing-debossing。——译者注

标准著作命名，分别为杜贝尔小手册式（small handbuch）①、大“通报”式（large Handbuch）、“研究成果系列”式和“斯托多拉”式（Stodola）②。每种书都有标准的版式。同时，为了使装帧后的页数与成本等在规定范围内，字数非常多的大书会采用较小的字体、较窄的间距和较宽的行列。对小书则反其道而行之，字体更大而留白更宽。

每种排版标准都有自己的缩写，对于字体的标准、格式（format）与设计（layout），印刷厂会参照相关的一系列索引，确定使用什么格式、版面设计和排版。由于施普林格出版社几乎只出版科学著作，需要大量不同的字体和许多附加的特殊标志。因此，1904年后引进的单版合成和铸造机即蒙纳铸排机（monotype compositing）③，这是出版业的一大进步。到1910年，施普林格最重要的供应商都已购买了这种机器，并且能够使用老式的“monotype”体系，他们随时可以向施普林格提供所选择的所有尺寸的字体。对印刷商来说，施普林格已经确定了自己的风格，这对印刷商很有帮助，因为他们可以在同一台机器上对不同的书进行校正，而无需更换机器。

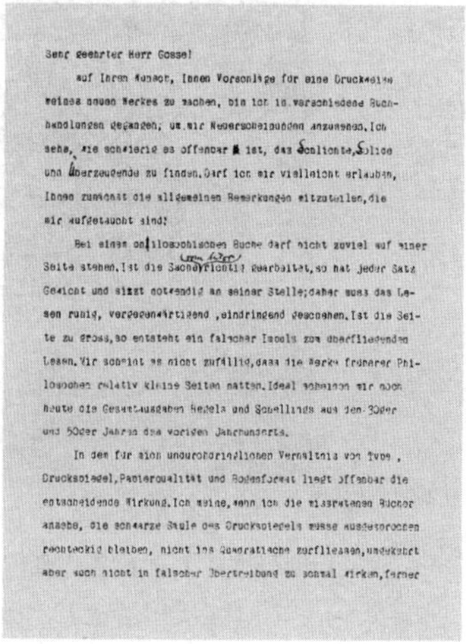

Sehr geehrter Herr Gossen!

Auf Ihren Wunsch, Ihnen Vorschläge für eine Druckweise meines neuen Werkes zu machen, bin ich in verschiedene Buchhandlungen gegangen, um mir Neuerscheinungen anzusehen. Ich sehe, wie schwierig es offenbar ist, das Schlichte, Solide und Überzeugende zu finden. Darf ich mir vielleicht erlauben, Ihnen zunächst die allgemeinen Bemerkungen mitzuteilen, die mir aufgetaucht sind:

Bei einem philosophischen Buche darf nicht zuviel auf einer Seite stehen. Ist die Sache richtig gearbeitet, so hat jeder Satz Gewicht und sitzt notwendig an seiner Stelle; daher muss das Lesen ruhig, vergegenwärtigend, eindringend geschehen. Ist die Seite zu gross, so entsteht ein falscher Impuls zum überfliegenden Lesen. Mir scheint es nicht zufällig, dass die Werke früherer Philosophen relativ kleine Seiten hatten. Ideal scheinen mir noch heute die Gesamtausgaben Hegels und Schellings aus den 30er und 50er Jahren des vorigen Jahrhunderts.

In dem für mich undurchdringlichen Verhältnis von Type, Druckspiegel, Papierqualität und Bogenformat liegt offenbar die entscheidende Wirkung. Ich meine, wenn ich die missratenen Bücher ansehe, die schwarze Säule des Druckspiegels müsse ausgesprochen rechteckig bleiben, nicht ins Quadratische zerfliessen, umgekehrt aber auch nicht in falscher Übertreibung zu schmal wirken, ferner

图250：卡尔·雅斯佩斯1931年9月4日致施普林格出版社生产部负责人保罗·高斯的信中谈到了他的三卷本《哲学入门》的设计

大多数作者并不反对统一的版式（有些甚至仅仅注意到了这一点）。他们感兴趣的是快速、准确、排版。只有极少数人有特殊的排版愿望。雅斯佩斯就要求采用一种新的排版方式。但他很快意识到，“要找到朴实无华、扎实可靠和有说服

① 即施普林格出版社1914年出版的杜贝尔主编的《发动机制造通报》的版式。
② 奥雷尔·斯托多拉是热力学技术应用的开创者，并发明了首个人造假肢。——译者注
③ 1904上市的蒙纳铸排机对此帮助很大。而当1910年被印刷厂引进后，施普林格出版社同时也用该机器，在办公室内对稿子进行校对，以便节省稿子在出版社和印刷厂调换（changer over）的纠错时间。

力的版式，显然是一件多么困难的事情……如果页面过大，字体、版面设计、纸张质量和格式之间的关系对我来说是难以理解的，但这种关系可能提供了至关重要的效果"。（1931 年 9 月 4 日）直到排版完成，他才惊奇地意识到自己想法有问题。他坦率地承认："您没有按照我的选择来设计字体，这真是太好了。在我看来，您选择的字体非常出色，它轻盈、简洁，没有任何粗糙感。"（1931 年 11 月 11 日）但这种作者对字体和版面设计的参与是罕见的。施普林格出版社的作者们在过去和现在都不太注重设计，而关注的是设计的适当性。读者和学生都不关心制作者的古怪想法。他们想要的是顺利地将文本转化为图书面世。

图251：面向大众的精装书（1901）布面封面偏离了施普林格一贯的
封面标准（左）；工程师保罗·里本扎姆（Paul Riebensahm）的
《美国游记》（1924）一书的平装封面（右）

插图的主要要求是在技术上可行的情况下尽可能地接近原作。里夏德·维尔斯太特在收到一些插画师的样稿后写道："让这些图画看起来漂亮很容易，但让它们完美无瑕却很难。"（1913 年 7 月 9 日）

制作教学图画，如解剖图册等设计绘制，施普林格出版社从当时至今都有"学术插图画家"。这些画家往往一干就是几十年。他们在现场进行艰苦的工作，例如在作者的监督指导下在解剖室里绘制。这种人员配置就是施普林格出版社在这一领域一直享有盛誉的原因。

在技术图纸方面也是如此。出版商获得的往往只是作者的粗略草图。由于每年可能要绘制几千幅插图，而且间隔时间不固定，因此最好使用自由插图画家。而施普林格出版社自己设置的插图部门，关于比例和线条粗细的说明，甚至连符号是标准化的，因为技术插图必须非常精确。施普林格出版的科学类图中的许多插图版本都是多人合作的杰作，而且看起来是绝对统一的。

同样，施普林格出版社的封面设计从20世纪20年代开始，几十年来基本未变。即使是科学类图书，封套也变得很普通。封套是用坚固的玉米色纸张制成的，所有文字都统一印成出版商规定的字体。只要看看作者、书名、徽标和出版商一行就足够了。出版商名称的字体必须小于作者的字体，这是一条固定的规则。正是施普林格出版社对其图书和期刊的精心制作，才使施普林格出版社在作者和市场中迅速地获得如此高的声誉。《建筑工程师通报》主编马克斯·弗尔斯特教授以下的文字，表达了他的感激之情：

> 当这本经过多年努力才出版的刊物受到了专业人士的青睐后，我不能不最后向尤利乌斯·施普林格出版社转达我和我的同事们的特别感谢。我们衷心感谢他们从一开始就以周到细致、慷慨大方的方式促进和支持了该"通报"系列的出版。这一切都要归功于施普林格出版社的无私奉献，正是他们的无私奉献，才使得这本书以其出色的编排和大量精美的插图得以面世，从而使其显得尤为珍贵。

收购福格尔出版社

1930年6月中旬，莱比锡的福格尔出版社出版了一本纪念画册来纪念该出版社成立166周年。该社的成立可追溯到1764年，被西格弗里德·莱贝雷希特·克鲁修斯（Siegfried Leberecht Crusius）收购后，它取得了成功，所出版的图书在100多年后仍然在流通。1788年，该社出版了席勒的《荷兰革命历史》和《历史上的奇异革命和阴谋论》。1810年弗里德里希·克里斯汀·威廉·福格尔购买了该出版社后改成如今的名字。出版的图书包括威廉·格塞尼乌斯（Wilhelm Gesenius，1786—1842）所著的《旧约希伯来语和亚拉姆语词典》。1862年，福格尔的侄子卡尔·维克托·兰珀-菲舍尔（Carl Victor Lampe-Vischer）接手出版社继续经营。维舍尔很快将出版社转型向医学领域出版，并成功地与包括埃尔布（Erb）、瑙宁-施米德贝格（Naunyn-Schmiedeberg）和雨果·齐姆森（Hugo Ziemssen）等著名医学专家合作，出版了多卷本手册、教科书和医学文献期刊。而作者卡尔·冯·林内（Karl von Linné）和萨姆埃·哈内曼（Samuel Hahnemann）[1]所著的书，依旧在市场上流通。

图252：威廉·格泽纽斯的肖像，他编写的《旧约希伯来语和阿拉姆语简明词典》于1812年出版[2]

　　菲舍尔的儿子卡尔·弗里德里希·兰珀-菲舍尔（Carl Friedrich Lampe-Vischer，1864—1937）于1890年加入公司，并在1919年父亲去世后接管了公司。"庆祝"即意味着"结束"，此话不虚。兰珀-菲舍尔66岁时，他的两个孩子对经营出版社不感兴趣，所以决定把出版社卖给施普林格。购买协议于1931年1月1日起效，然而转手消息并没有对外公布，只是通知福格尔出版社的办公地址搬到了施普林格。一直到1940年，福格尔的出版物尤其是期刊，一直沿用之前的名号出版发行。一些迹象表明，施普林格对待公司的扩张，一直持低调而谨慎态度。也就是在这一年，小费迪南德·施普林格在其父亲去世后开始筹划出版医学项目。只有内部人士才会注意到，1932年10月14日在德国业界《博森布拉特德国图书贸易杂志》上，刊登了出版社周年纪念文章，介绍了兰珀-菲舍尔。

　　当然，也有同事和一些重要的作者、编辑对施普林格出版社的再

---

① 萨姆埃·哈内曼，德国医生、药剂师，"顺势医疗论"（homeopathy）的创始人。1810年发表医学巨作《推理法》，书中详细介绍了顺势疗法的理论，并把催眠术作为一种疗法大力加以推荐。—译者注
② 威廉·格泽纽斯，圣经学者，1812年起任哈勒（Halle）大学神学教授。他编写的《旧约希伯来语和阿拉姆语简明词典》新版本至今仍以格泽纽斯的名字命名。

度扩张有些担忧。如《德国外科杂志》的编辑费迪南德·绍尔布鲁赫，觉得施普林格出版社的手术期刊会跟自己在福格尔出版社主编的期刊形成竞争。而同样对收购有微词的，还包括奥古斯特·比尔（August Bier）、欧根·恩德伦和哈贝雷尔（Haberer）。福格尔的另一位作者鲁道夫·克雷尔一直对施普林格出版社持保留态度，就在五年前，他还曾与施普林格出版社发生过激烈的争论。他与瓦尔特·施特劳布（Walther Straub）一起担任过《瑙宁-施米德贝格档案：实验病理和药理学文献》的主编。两人都无法接受成为施普林格出版社作者的现实。然而，绍尔布鲁赫实际上早在 1910 年起就成为施普林格出版社的作者。因此，保留老福格尔出版社的名称可能是一种收购后的补偿措施。无论如何，两家相关医学期刊的编辑委员会都依旧保持不变。

图253：《德国神经疾病研究》期刊扉页，该刊1891年由福格尔出版社创办，
被施普林格收购后继续沿用原出版社名称，1970年更名为《德国神经学》，
1974年出版英文版

1930 年，福格尔出版社纪念周年之际，该社出版了有史以来所有的图书目录，总共将近 1000 种，只有一半的书还能够在市场上发行。

这并不奇怪，因为其中许多书的出版历史可以追溯到很久以前。例如萨姆埃·哈内曼所著的四部著作出版于1784—1793年。其中500种图书中的80%为1914年前出版的，目前库存的书大多具有古籍版本价值。通货膨胀时期该社出版的书只有68种，其中四分之一为新版。

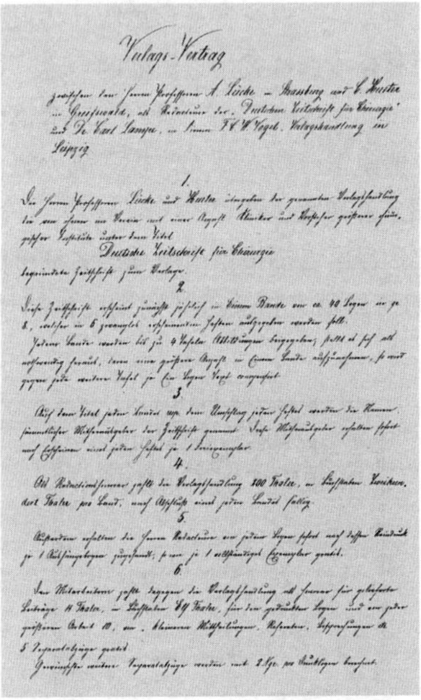
Verlags-Vertrag

1.

Deutsche Zeitschrift für Chirurgie

2.

3.

4.

5.

6.

图254：福格尔出版社创办《德国外科杂志》的协议书首页[①]

福格尔出版社清单中最重要的是10种期刊，而且大多是具有国际地位的医学期刊，正是因为这些医学期刊施普林格才下决心在最为困难的时期购买福格尔出版社。这些期刊为：

1908年创刊的《数学、自然科学和工程历史文献》；

1898年创刊的《犯罪学文献》；

1864年创刊的《耳科学、鼻科学与喉科学文献》；

1872年创刊的《德国外科杂志》；

① 该协议书由福格尔出版社的代表维克多·兰珀-菲舍尔代表出版社与外科医生卡尔·胡特尔（Carl Huether）和阿尔贝特·吕克（Albert Lücke）签订的关于出版《德国外科杂志》的协议。1947年，《德国外科杂志》与《临床外科档案》一起并入朗根贝克出版社。该出版社为施普林格出版社收购的分支机构，带有施普林格出版社的社标。

1891 年创刊的《德国神经疾病研究》；

1864 年创刊的《德国临床医学文献》；

1930 年创刊的《中毒医案合集》；

1903 年创刊的《儿童健康月刊》；

1894 年创刊的《医学事故月刊》；

1903 年创刊的《瑙宁-施米德贝格档案：实验病理和药理学文献》。

在那些关键的岁月里，施普林格获得了几次诱人的收购机会，但公司不愿在经济危机中耗费更多财力。例如，施普林格购买贝格曼出版社的款项，在 1929 年才给威廉·盖克斯付清。而购买福格尔出版社的资金则是部分来自银行 20 万马克的贷款，其余 30 万马克需要向福格尔的所有者兰珀-菲舍尔赊欠。

当时，许多出版商都考虑将出版项目计划集中在几个少数领域。一位施普林格出版社的作者在 1929 年写道，像施普林格出版社这样业务范围如此之广的公司，自然要防止自己公司的业务范围太广。即使在图书贸易中，也有一个最佳经营值，超过这个范围，收益就会逐渐递减。

然而，出版业的进一步集中，尤其是在医学领域的出版集中化，也会带来与购买、兼并同类出版机构一样的烦恼。比如特奥多尔·布鲁戈舍是哈勒大学医学教授，也是哈勒大学图书馆委员会成员，他曾经声称，图书馆的经费大部分都购买了施普林格出版社的图书和期刊，施普林格出版社几乎独占图书馆的经费。但奥托·卢巴尔施却持不同观点：

当几家大出版社通过收购小公司而达到某种卓越地位时，人们会质疑其对科学的影响。这当然有两面性。但从根本上说，它们只是顺应了时代潮流和整个经济发展的规律：即使是那些最了解经济形势的人也很难对它们进行准确评估。不过，可以肯定的是，在一战后的时期，尤其是在汇率暴跌时期，只有大型企业才有可能坚持期刊连续出版制度，尤其是严格意义上的科学出版物的运行体系。

出版社的组织机构

小费迪南德和小尤利乌斯每天早上9点准时到达公司，然后先去文件室。那时他们的秘书已经打开邮件并进行分类。在把许多邮件放进各部门的邮筒之前，他们只是扫了一眼。有些邮件上会有施普林格家族的一位成员希望就处理问题进行磋商的字条。他们会翻阅前一天写的信的副本，或询问进一步的信息。给重要作者的信会在下午交给他们，签好字后再寄出。从上午10时起，与工作人员的磋商就在共用的会议室里进行。多年来，两位负责人一直保持着这一惯例。正是通过这种日常接触，他们能随时掌握公司的命脉。此外，他们都会翻阅刚收到的样张，或刚刚收到的页面校样。他们对错误的敏锐洞察力是众所周知的，也是令人畏惧的。

图255：弗里茨·施普林格（1850—1944）肖像，他为施普林格出版社工作一生，拥有全权委托书，1917年德累斯顿技术学院授予他荣誉博士称号

一些专业特殊部门的发展在稳步推进。1906年，公司有65名员工，20年后已超过300人。这种增长不可避免地导致了组织职能的进一步专业化。新部门的设立使公司能够适应不断变化的市场（如一些人员升迁），从而导致员工人数的增加，但员工人数的增加并不总是与生产的增长成正比。

公司的组织工作最初由弗里茨·施普林格负责，后来由他的儿子小尤利乌斯负责。七个部门的负责人都拥有授权书。较小的工作小组领导和一些部门的副职领导的权力较为有限。其中包括人事部门负责人安娜·朗格（Anna Lange，奥托·朗格的妹妹）和两名会计部门负责人。小尤利乌斯曾两次尝试任命"副手"，以直接协助公司的两位负责人，但两次尝试都以失败告终。小费迪南德和小尤利乌斯仍旧以父辈的方式管理出版社。

在计划一些出版事业长期规划或准备收购另一家公司时，这对兄弟仍会听取弗里茨·施普林格的建议。从弗里茨正式离开公司开始，他就一直拥有公司的总委托权，这一点在《书商通讯录》中有记录为证。他以此身份定期参加德国图书贸易协会和德国出版协会的会议，但所有出版活动都由下一辈的两位堂兄弟负责。1921年，当一位期刊编辑希望申请全职顾问职位时，小费迪南德

图256：20世纪20年代，施普林格出版社成立了"宣传部"，并出版了这方面的相关书，插图是含有发动机广告宣传一书的扉页

写道，他并不打算"放弃或分割我的那部分工作。其中包括建立联系和推动项目"。因为在每一个专业领域，他都有如此优秀的作者和编辑供他选择、调配和使用，以至于他"不认为设立一个专门的顾问职位是有效的"。但在1935年，小费迪南德不得不改变这种做法，因为他的弟弟小尤利乌斯被迫离开了公司。①

最初，施普林格出版社的内部顾问都是科学家，其中一些还是全职期刊编辑。例如，1910年起负责内科医学的维克托·扎勒，1913年起负责物理和数学的阿诺尔德·贝利纳，1920年起负责药理学的恩斯特·乌尔班，1928年起负责手术的阿图尔·许布纳。而另一类则是给出版社做顾问的科学家，即常收取固定但小额的预付费用（retainer），或者每月接受出版社的工资，但在法律层面上其不属于出版社的雇员。其中的一些顾问也有被施普林格出版社聘为全职的期刊编辑。例如负责数学的里夏德·库朗、负责物理的马克斯·玻恩和

---

① 根据纳粹政府1935年9月15日颁布的《帝国公民法》，非"雅利安人"不能拥有德国的所有财产。而小尤利乌斯祖父母中有3人是犹太人，因此他算"半个犹太人"，仅仅是居民而非公民。为了保住施普林格出版社，小尤利乌斯只得解除公司所有人的身份，并离开公司。

卡尔·谢尔、负责生物学的里夏德·戈尔德施密特和弗里茨·冯·韦特施泰因、负责政治科学与经济的汉斯·彼得和瓦尔特·卡斯克尔[①]、1914 年起负责精神学的卡尔·维尔曼斯。小尤利乌斯甚至为他的工程项目出版配备了顾问，分别是海因里希·杜贝尔、马克斯·弗尔斯特和费迪南德·施莱歇尔（Ferdinand Schleicher）。舰船建造的顾问为恩斯特·弗尔斯特（Ernst Foerster）。跟全职编辑不同的是，顾问专家的众多导致施普林格出版社几乎不雇佣全职顾问，这也是小费迪南德得出上述结论的原因。

　　一旦就出版项目达成共识，或者收到书稿并发现稿件质量良好（如有必要，可向顾问展示），编辑就会将书稿交给制作部门。当时制作部门由弗朗茨·菲舍尔[②]负责，从 1926 年后由保罗·戈塞（Paul Gosse，1888—1968）负责。制作部门有一个由六名熟练员工组成的专门部门负责医学和技术插图。也有临时的绘图员和插图画家。但从1932 年起，大部分工作都由古斯塔夫·德雷埃尔（Gustav Dreher）图形艺术学院（Graphische Kunstanstalt）[③]负责。

图257：弗朗兹·菲舍尔，1913—1936年负责施普林格出版社图书出版（左）；奥托·格斯特曼，1926—1936负责施普林格出版社图书和期刊出版（中）；保罗·高斯，1926年起负责施普林格出版社图书出版，1936—1967年负责所有出版业务（右）

---

① 他负责编辑至 1926 年。
② 弗朗茨·菲舍尔（1878—1926）于 1905 年加入公司的生产部门，并于 1913 年接替去世的卡尔·戈塞（Carl Grosse）领导生产部门，1926 年去世。
③ 1893 年 7 月，古斯塔夫·德雷埃尔在斯图加特成立了一家木刻研究所，并在 1900 年从木刻转向照相制版。在古斯塔夫·德雷埃尔去世后，施普林格于 1918 年向该公司提供了第一批订单，并于 1922 年获得了 20% 的股份。在20世纪80年代增加到三分之二，成为该公司的唯一所有者。

图258：插图部，主要负责制作技术图纸绘制、印刷（左）；
制作部的一部分，照片中的人也是在这个房间工作的人（右）

值得一提的是，保罗·戈塞于 1902 年在施普林格出版社开始学徒生涯。他很快就只在生产部门工作。1926 年，弗朗茨·菲舍尔去世后，他被安排负责图书制作，并于 1929 年获得个人授权书。从 1947 年起，他在公司海德堡新址建立了期刊和图书生产部门。1952 年，在他加入公司五周年之际，他获得了联邦功绩勋章。在施普林格出版社工作了整整 65 年后，于 1967 年 9 月 3 日退休，1968 年 7 月 24 日去世。

期刊部门主管为奥托·格斯特曼（Otto Gerstemann，1872—1936）[1]，共有 25 人，其中一半为女雇员，他们负责 85 种期刊，这些期刊每年总共出版 1800 期。另一个独立部门是"核心期刊"系列（《学术评论核心期刊》），该部门的主管为阿道夫·蒂勒（Adolph Thiele，1861—1925）[2]，共有员工 33 人，每年负责出版 18 种"核心期刊"，从 3300 种期刊中摘取 17.5 万篇摘要、评价和综述。

广告部门有 14 名雇员（8 男 6 女），部门主管为特奥多尔·莱德尔（Theodor Leidl），后来是阿尔贝特·迈尔（Albert Meyer）。他们负责 70 种医学、技术和制药杂志刊登广告。除铁路时刻表外，该部门很少与其他广告代理机构的合作。莫塞广告公司[3]代理了所有期刊广告。每年的广告总收入在 150 万到 220 万马克，并计入每份期刊的盈亏账目。许多期刊仅靠广告收入就可以盈利，而其他期刊则靠广告

---

① 奥托·格斯特曼，1896 年 1 月 1 日加入生产部，并在从第一次世界大战归来后负责期刊生产。1926 年，在弗朗茨·菲舍尔和阿道夫·蒂勒（Adolph Thiele）相继去世后，他被任命为整个生产部门的负责人。并在 1929 年获得了个人授权书。
② 阿道夫·蒂勒于 1886 年加入该公司的期刊部，1889 年接管期刊部。他于 1896 年 1 月 1 日获得授权书。从 1920 年起，他负责发展"核心期刊"部门。
③ 1867 年，该公司由鲁道夫·莫塞（1843—1920）在柏林创立，属于德国首家大型广告（兼出版社）公司，其开创了人为刺激广告业务需求的"系统广告法"（systematic advertising）。——译者注

收入减少亏损。

今天施普林格的销售部在多年前被称为调度部（Expedition）。它首先检查客户信用度，然后交货。通常情况下，订单需求（尤其是来自国外的订单）需要通过书目检查或进一步查询来确定，从库存中取出订购的出版物，然后开具发票，包装后寄出。保罗·霍马（Paul Homa）[1]是该部门的第一任负责人。他的继任者是保罗·施特罗巴赫（Paul Strohbach），他一直担任这一职务直到 1945 年。该部门有 28 名员工，包括包装室、信使服务和库存。该部门平均每年处理 75 万本图书和 200 万份期刊。

施普林格出版社对外发货（履行订单）的情况，以 1932 年为例，来自批发商的现金回款仅占国内营业额的 4%。在经常业务往来的 700 家公司中，其中 275 家位于国外。此外，还有许多其他书店只是偶尔订货，其中一些是预付款或货到付款。这些客户不为公司所知，或者是被证明付款速度慢的。施普林格出版社营业额的 90% 来自 319 家公司，其中 165 家来自国外，其中 13 家贡献了约一半（53.1%）的营业额。因此当时的科学类图书销售主要集中在少数几家大公司，与现在的情况完全不同。

第一次世界大战之前，施普林格出版社的宣传工作主要是通过《博森布拉特德国图书贸易杂志》发布新出版物的消息。自 1908 年起，施普林格出版社每月都会寄出一份告示，其中包含计划出版的新书的信息，还有图书目录。从 1922 年到 1933 年，出版社开始全年定期出版现有图书和期刊的价目表。对某一主题感兴趣的人还可以通过施普林格在众多期刊上刊登广告来获取信息。一战结束后，这些活动立即集中到新成立的"宣传部"。该部门还负责寄送审阅本和检查样本。之前所有这些工作都是由制作部负责的，当时全部转移给新组建的宣传部。新部门的第一任负责人是奥托·朗格。这一年正是 1923 年，由施普林格出版社收购的赫什瓦尔德书店开始有计划地向机构、图书馆和个人系统地供应广告材料。

---

[1] 保罗·霍马（1857—1928）于 1871 年 10 月 1 日加入公司，1880 年被任命为调度部负责人，1896 年获得个人授权书。据弗里茨·施普林格评价，他是"最忠实、最可靠、最守时的同事"。

图259：当时的库存主要在施普林格大楼的地下室，小部分由莱比锡代理转运，收取佣金（左）[1]；柏林城区的投递则由公司的运输车来完成（右）

奥托·朗格在负责新的宣传部门之前，就已经凭借他的组织才能和与作者之间的谨慎沟通，而引起了公司所有者的注意。1924 年施普林格出版社在维也纳成立分公司时，朗格是所有部门负责人中最适合领导新出版社的人选。他在宣传部的职位由葆拉·施特雷利茨（Paula Strelitz）接任，她是丹麦物理学家尼尔斯·玻尔的侄女。1935 年，保拉·斯特丽茨移民到了哥本哈根，1942 年她逃亡瑞典。此时安娜·朗格接替了宣传部的职位。

赫什瓦尔德书店在向国外推广施普林格出版物方面发挥了特别重要的作用。1927—1931 年，出版社出口量增长了三倍。1929 年的营业额为 600 万马克，但由于经济危机，1932 年的营业额降至 400 万马克。赫什瓦尔德密集的营销活动以及其营销方法，在德国出版业内引起关注。平心而论，赫什瓦尔德出版社 85% 的营销行为都在德国境内，但其所推销的书，也促进了德国其他书店的同类书销售，效果显著。

从 1923 年起，奥托·劳赫（Otto Rauch）负责会计部门。该部门主要负责图书记账（bookkeeping），统计整理信息，大约有 40 位雇员，其中三分之二为女性。当时施普林格出版社有 2200 个借方（debit）和 100 个供方（supply）账户，还有几千位作者的账户，以至于每年要有 150 万至 200 万份登记统计核算等会计工作（accounting entries）[2]需要处理。

---

① 备用存储在郊区，1943—1944 年大楼被战火摧毁，备用存储起了重要作用。
② 英文 "accounting entries" 也称 "journal entry"，即记录公司经济与非经济的转账行为，即中文的"会计"工作。——译者注

经济危机

1927 年，施普林格出版社的图书生产种类也达到了顶峰。如《博森布拉特德国图书贸易杂志》刊登的部分列表给出了不同领域出版的图书类别，还有累计定价，施普林格出版社远远超出其他机构（详见表 8）。仅就施普林格出版社自己的历史来看，1927 年的峰值一直到 50 年后才被超过。

从科学和教科书出版物数量最多的三家出版社的数据对比中，可以清楚地看出，施普林格出版社在德语国家占据着绝对领先地位。在接下来的几年中，由于经济危机的影响，德国图书贸易的产量持续下降，从 1927 年的最高点到 1932 年降至 21452 种，减少了 30.9%。著名的菲舍尔出版社的营业额在 1926—1927 年为 200 万马克，到了 1932—1933 年就下跌为 70 万马克了。而施普林格出版社"只"减少了 24.6%，即从 500 种减少至 377 种。

如果从数字上看，品种减少最多的是医学领域。但这是一个错误的结论，因为恰恰是在 1927—1931 年，"通报"系列的产量达到了最高点，单卷平均页数超过 1000 页。尽管工程学的图书产量在下降，但它在总产量中所占的比例仍然保持不变。实际上"通报"的数量还有略微增加的趋势，这是因为在几个科学领域（生物学、数学和物理学）加大了工作力度。在同一时期，期刊数量增加了 28 种，1927 年达到 125 种。

公司试图通过优化组织机构来降低成本。从 1928 年 10 月 31 日起，公司内部的库存部门被关闭，其职责由赫什瓦尔德接管。柏林总公司从 1929 年 7 月 1 日起接管了施普林格出版社维也纳分社的图书发行工作，并从 1932 年 1 月起接管了 J. F. 贝格曼出版社的图书发行工作。

经济衰退对于施普林格出版社也有影响。但高价图书起初继续提高了总营业额。昂贵的"通报"系列和连续出版的期刊，在其中起到了一定的抑制衰退的作用。如 1931 年施普林格出版社的国内营业额仍与前一年基本持平。菲舍尔出版社在 1926 年、1927 年的营业额接近 200 万马克，而在 1932 年、1933 年只有 70 万马克。而施普林格出版社在 1929—1931 年，出口额反而增长了近 5%，这也是本书所说的大萧条时期该社总体发展积极的原因（详见表 9—表 11）。

表9：1927年的施普林格出版社和其他出版社的图书出版品种（单位：千马克）

图书类别	品种数量	累计定价	平均定价
工程学、手工艺	153	2314.10	15.12
医学	122	454.20	3741
物理学、化学	60	1761.55	29.36
法理学	28	355.35	12.69
商业贸易	24	156.70	6.53
政治与社会科学	18	126.90	7.05
数学	13	249.50	19.19
农学和林学	7	4.95	6.28
哲学、心理学等	11	183.95	16.72
施普林格出版社（合计）	436	9756.20	22.38
贝格曼出版社	45	1420.10	31.56
施普林格出版社维也纳分社	81	556.64	6.87
施普林格出版集团（总计）	562	11732.94	20.88
比较：			
托伊布纳出版社（莱比锡）	590	2030.65	3.44
莫里茨·迪斯特韦格出版社[1]（法兰克福）	378	690.62	1.83
卡尔·海曼出版社[2]（柏林）	307	1423.55	0.4.64

表10：1919—1932年施普林格出版社的图书品种

年份	医学	占比/%	工程	占比/%	其他	占比/%	总数
1919	78	30.6	81	31.8	96	37.6	255
1920	109	31.9	141	41.2	92	26.9	342
1921	132	36.8	144	40.1	83	23.	359
1922	163	41.2	132	33.3	101	25.5	396
1923	144	36.1	149	37.3	106	26.6	399
1924	141	37.9	131	35.2	100	26.9	372
1925	161	38.9	146	35.3	107	25.8	414
1926	195	38.7	169	33.5	140	27.8	504
1927	174	34.8	172	34.4	154	30.8	500
1928	177	36.9	155	32.3	148	30.8	480

[1]　莫里茨·迪斯特韦格（Moritz Diesterweg）出版社，1873 年成立，专注于学校教材等的出版。——译者注
[2]　卡尔·海曼出版社（Carl Heymanns Verlag），1815 年成立，2006 年被荷兰的百年出版社沃尔特斯·克鲁尔（Wolters Kluwer）出版集团收购。——译者注

续表

年份	医学	占比/%	工程	占比/%	其他	占比/%	总数
1929	148	33.9	155	35.4	134	30.7	437
1930	156	37.1	128	30.4	137	32.5	421
1931	153	36.0	116	27.3	156	36.7	425
1932	107	28.4	139	36.9	131	34.7	377
总计	2038		1958		1685		5681

表11：1929—1932年的国内与海外营业额和广告营业额（单位：千马克）

年份	1929	占比/%	1930	占比/%	1931	占比/%	1932	占比/%
国内	7193	64.2	7532	60.0	7519	55.7	5996	56.4
海外	4011	35.8	5018	40.0	5990	44.3	4637	43.6
总计	11204		12550		13500		10633	
广告额	2200		2050		1500		900	
总计	13404		14600		14009		11533	

　　然而，逆转从 1931 年夏天来临，而且比预估的还要大。1931 年海因里希·布吕宁（Heinrich Brüning）[1]政府颁布了紧急法令[2]，工资和薪金、价格和各种服务被布吕宁政府削减了 10%，税收增加了，图书馆预算则大幅削减。由于科学图书馆补贴被大幅削减。紧急互助协会（Notgemeinschaft）对科学图书馆的补贴从 1927 年的 270 万马克减少到 1931 年的 37 万马克。例如图宾根大学图书馆 1931 年有 530 种德国和外国期刊停刊，而 1931 年全德国的科学图书馆停订了 7000 种外国期刊。图书馆员一般是在预算被削减时往往会暂缓采购图书，因此通过 1931 年的数据人们可以估算出前几年图书采购预算的削减程度。

　　根据布吕宁政府的通货紧缩经济政策，1932 年 1 月 1 日之前出版的所有书的价格都必须至少下调 10%。对于像施普林格这样拥有大量图书库存的出版商来说，这一措施使其营业额减少了几十万马克。经济萧条带来的一个无法估量的后果是，在四年时间里，广告收入减少

---

[1] 1930 年至 1932 年的德国总理（chancellor），属于在历史上有争议的人物，其应对大萧条的方式就是削减公务员等的工资以及财政支出，这也造成了普鲁士上层的不满，纳粹上台后他在美国定居。——译者注

[2] 即"48 条"（article 48）魏玛共和国宪法规定：在紧急情况下，总统可不经过议会同意，就采取相应紧急措施。规定工资、物价等削减了 10%，但同时税率大幅增加。希特勒上台后也用此法。——译者注

了超过 5%，1931 年到 1932 年，营业额减少了约 18%。

德国整个出版业的出口上涨势头在 1931 年戛然而止。1927 年为 320 万马克，1929 年增长为 400 万马克，1931 年更将近 600 万马克。而此时，德国四家最重要的图书出口公司为：主要针对北美市场的奥托·哈拉索维茨（Otto Harrassowitz），主要针对日本市场的奥斯卡·罗特哈克书店，克勒和沃尔克玛（Koehler & Volckmar），以及施普林格出版社旗下的赫什瓦尔德出版社，这四家出版社 60% 的订单来自海外市场。

值得一提的是，当时苏联"国际书店"在 1927 年统一掌管苏联的进出口图书贸易后，其进口额逐渐减少，以至于可以被德国出版业忽略不计。

此时货币汇率的变动也加剧了德国图书出口情况的恶化。1931 年 12 月，与英镑挂钩的货币（日元等）开始贬值，紧接着，英镑兑换德国马克的汇率，从 20.43 马克升值为 12.43 马克。1933 年 4 月美元与马克的汇从 4.2 马克升为 2.48 马克。

别国货币购买力下降，直接导致德国图书的出口盈利额下降了 120 万马克[①]。汇率的变化牵涉更为复杂的因素，相信人们会对于当时的变动情况感兴趣，但是遗憾的是只有 1932 年数据得以保留下来（见表 12—表 15）。

表12：施普林格出版社1932年不同领域的图书期刊数量

图书类别	专著	通报	教材	特殊类型	系列图书	总品种数	期刊种类	品种数
医学	54	15	15	-	34	118	69	1493
工程学	100	2	11	11	24	148	17	253
自然科学（合计）						-	-	-
生物学	8	4	1	-	4	17	13	183
数学和物理学	11	4	2	-	15	32	9	196
化学	17	8	2	-	1	28	5	78
法学和经济学	38	-	-	-	-	38	12	190
总计	228	33	31	11	78	381	125	2393

---

① 从图中的各国币种的汇率变化可知所面对的情况，而只有 1932 年数据保留。

表13：施普林格出版社1932年不同领域的图书期刊营业额（单位：千马克）

类型	合计	占比/%	医学	占比/%	工程	占比/%	其他	占比/%
专著	4060	38.2	790	17.0	2365	83.0	905	28.8
手册	3354	31.5	1580	34.0	100	3.5	1674	53.4
期刊	2537	23.9	1858	40.0	228	8.0	451	14.4
教材	682	6.4	418	9.0	157	5.5	107	3.4
总计	10633	100.0	4646	100.0	2850	100.0	3137	100.0

注：不包括广告。

表14：施普林格出版社1932年不同详细种类的出版与营业额情况（单位：千马克）

图书类别	品种数	占比/%	营业额	占比/%
医学，药理学	118	31.0	4646	43.7
工程学	148	38.8	2850	26.8
化学	28	7.3	1308	12.3
生物学	17	4.5	744	7.0
数学，物理学	32	8.4	681	6.4
法律，经济学	38	10.0	404	3.8
总计	381		10633	

注：由于数据从另外的年度报告总结而来，因此本表中的出版种类比其他表格多出4种。

表15：施普林格出版社1932年出版物出口国家情况比率
（按出口营业总额为463.7万马克计算）

出版物出口国家	占比/%	出版物出口国家	占比/%
苏联	18.8	瑞典	3.5
日本	16.3	波兰	2.1
美国	11.9	法国	2.0
澳大利亚	8.8	匈牙利	1.6
荷兰	6.6	丹麦	1.4
瑞士	5.6	芬兰	1.1
意大利	5.4	南斯拉夫	1.1
捷克斯洛伐克	4.8	挪威	1.1
英国	4.2	其他	4.7

第六章　危险的年代
（1933—1945）

法律及其后果

1933 年 4 月 7 日，在希特勒就任德国总理十周后，颁布了一项法律，其名称听起来很简单，《恢复常设公务员制度法》（下文简称为《公务员法》）①。人们最初可能会认为，这项法律旨在为解雇公务员奠定法律基础。这些公务员在魏玛共和国时期属于左翼政党，他们不是根据自己的职业需要，而是出于政党政治的原因而被委以行政职务（弗朗茨·冯·巴本②政府已经采取了这种做法）。但事实上，第 3 条的第一句话就表明了该法律的真正意图，并给德国犹太人带来了灾难："非雅利安血统的公务员……"在 1933 年 4 月 11 日的第一执行令中有了更详细的定义："非雅利安人，特别是犹太父母或祖父母的后裔，被视为非雅利安人……"如果这还不够清楚，又补充了进一步

---

① 本法说明了纳粹政府颁布的许多法律、法令和命令的特点。这些术语通常是无害的或委婉的，旨在掩盖其根本目的。因此，在一段时间内，只有那些直接参与其中的执行者或受害者才会知道它们的真正含义或危险性。当然，这些法律从未就内容公开辩论过，也无法上诉。

② 弗朗茨·冯·巴本（Franz von Papen，1879—1969），德国政治家和外交家，在解散魏玛共和国和帮助阿道夫·希特勒于 1933 年成为德国总理方面发挥了主导作用，希特勒上台后任命他为副总理（1933—1934）。——译者注

的解释："只要父母或祖父母中有一方是非雅利安人……"因此，所有教授和研究所所长（他们在法律上是公务员）都失去了教学权，不久后还失去了出版权。1933 年 4 月和 5 月，这项法律的效力扩大到非公务员的大学讲师以及公共服务部门的雇员和工人。目前已有文献中很少披露受到波及和影响者的痛苦历程。他们在毫无准备的情况下，突然体会到，迄今为止一直被他们尊重和理解的国家，却任意摧毁了他们作为公务员的安稳生活或前途无量的学术生涯。

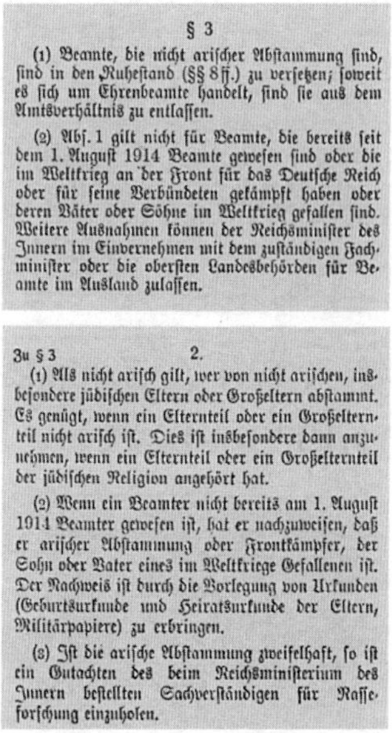

这部法律使德国学术界丧失了怎样的潜力？这从 1936 年秋天在伦敦发布的《流离失所的德国学者名单》中就可以发现。名单中有 58.4% 的人属于自然

§ 3

(1) Beamte, die nicht arischer Abstammung sind, sind in den Ruhestand (§§ 8 ff.) zu versetzen; soweit es sich um Ehrenbeamte handelt, sind sie aus dem Amtsverhältnis zu entlassen.

(2) Abs. 1 gilt nicht für Beamte, die bereits seit dem 1. August 1914 Beamte gewesen sind oder die im Weltkrieg an der Front für das Deutsche Reich oder für seine Verbündeten gekämpft haben oder deren Väter oder Söhne im Weltkrieg gefallen sind. Weitere Ausnahmen können mit dem Reichsminister des Innern im Einvernehmen mit dem zuständigen Fachminister und den obersten Landesbehörden für Beamte im Ausland zulassen.

Zu § 3   2.

(1) Als nicht arisch gilt, wer von nicht arischen, insbesondere jüdischen Eltern oder Großeltern abstammt. Es genügt, wenn ein Elternteil oder ein Großelternteil nicht arisch ist. Dies ist insbesondere dann anzunehmen, wenn ein Elternteil oder ein Großelternteil der jüdischen Religion angehört hat.

(2) Wenn ein Beamter nicht bereits am 1. August 1914 Beamter gewesen ist, hat er nachzuweisen, daß er arischer Abstammung oder Frontkämpfer, der Sohn oder Vater eines im Weltkriege Gefallenen ist. Der Nachweis ist durch die Vorlegung von Urkunden (Geburtsurkunde und Heiratsurkunde der Eltern, Militärpapiere) zu erbringen.

(3) Ist die arische Abstammung zweifelhaft, so ist ein Gutachten beim Reichsministerium des Innern bestellten Sachverständigen für Rasseforschung einzuholen.

图260：《帝国法律公报》对于《公务员法》的规定①

科学领域，包括医学界的 470 人，化学界的 185 人，物理学界的 124 人。此外，法律和政治科学领域占 16.5%，技术领域的占 3.9%。1937 年的名单中又增加了 150 人，受影响最严重的是理论和应用自然科学（三分之二的人在这些领域工作）。失去职位和流亡海外的科学家和学者给科学和文化发展带来了巨大的打击。而近年的调查显示，实际上的名单大约为 2400 人。某些学科受到严重影响，例如政治学家、社会学家、皮肤病学家、免疫学家、心理学家以及艺术史学家。此外，还有讲师、助理、考生和学生。他们因德国大学和研究院实行的歧视政策而决定被迫移居国外。

犹太作家和担任丛书编辑的犹太学者，在施普林格出版社的丛书、通报和期刊的队伍中占据很高的比例，尤其是在一些自然科学领

---

① 该法律明确了"非雅利安公务员"退休的条件，包括那些以荣誉身份工作的人。其中有一段是根据兴登堡总统的意愿添加的，免除了那些 1914 年在职且在第一次世界大战期间参军或在战争中丧子的人。这些豁免是短暂的，而且无论如何不应该被忽视。

域。在德意志帝国时期，犹太人很难获得教职（即很难教课等），所以他们就转而从事更多细分（甚至可理解为小众的）的学科领域，例如生物化学、免疫学、皮肤病学、性病学、精神医学、神经学、心理学、理论物理学等。由于施普林格出版社正好在活跃在这些领域，所以该法律对于施普林格出版社的影响很大。

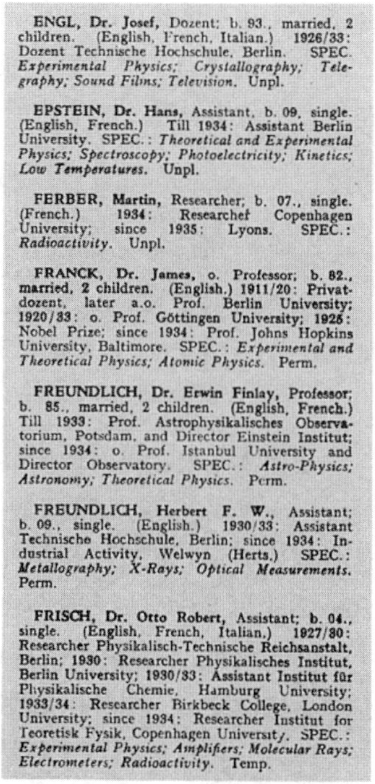

ENGL, Dr. Josef, Dozent; b. 93., married, 2 children. (English, French, Italian.) **1926/33:** Dozent Technische Hochschule, Berlin. SPEC. *Experimental Physics; Crystallography; Telegraphy; Sound Films; Television.* Unpl.

EPSTEIN, Dr. Hans, Assistant, b. 09, single. (English, French.) Till **1934:** Assistant Berlin University. SPEC.: *Theoretical and Experimental Physics; Spectroscopy; Photoelectricity; Kinetics; Low Temperatures.* Unpl.

FERBER, Martin, Researcher; b. 07., single. (French.) **1934:** Researchef Copenhagen University; since **1935:** Lyons. SPEC.: *Radioactivity.* Unpl.

FRANCK, Dr. James, o. Professor; b. 82., married, 2 children. (English.) **1911/20:** Privatdozent, later a.o. Prof. Berlin University; **1920/33:** o. Prof. Göttingen University; **1925:** Nobel Prize; since **1934:** Prof. Johns Hopkins University, Baltimore. SPEC.: *Experimental and Theoretical Physics; Atomic Physics.* Perm.

FREUNDLICH, Dr. Erwin Finlay, Professor; b. 85., married, 2 children. (English, French.) Till **1933:** Prof. Astrophysikalisches Observatorium, Potsdam, and Director Einstein Institut; since **1934:** o. Prof. Istanbul University and Director Observatory. SPEC.: *Astro-Physics; Astronomy; Theoretical Physics.* Perm.

FREUNDLICH, Herbert F. W., Assistant; b. 09., single. (English.) **1930/33:** Assistant Technische Hochschule, Berlin; since **1934:** Industrial Activity, Welwyn (Herts.) SPEC.: *Metallography; X-Rays; Optical Measurements.* Perm.

FRISCH, Dr. Otto Robert, Assistant; b. 04., single. (English, French, Italian.) **1927/30:** Researcher Physikalisch-Technische Reichsanstalt, Berlin; **1930:** Researcher Physikalisches Institut, Berlin University; **1930/33:** Assistant Institut für Physikalische Chemie, Hamburg University; **1933/34:** Researcher Birkbeck College, London University; since **1934:** Researcher Institut for Teoretisk Fysik, Copenhagen University. SPEC.: *Experimental Physics; Amplifiers; Molecular Rays; Electrometers; Radioactivity.* Temp.

图261：《流离失所的德国学者名单》，伦敦，1936 年

强制服从

1933 年 3 月 31 日德国颁布了第一部《统一法》，标志着德意志帝国的建立。该法结束了德意志兰德（省）的政治独立。这些法律是按照纳粹的目标来组织所有政治、社会、文化和科学学术机构，并使其遵循元首（极权领袖）原则。一些企业甚至社团组织的执行委员会、董事会和理事会不再通过选举，而是通过任命。许多组织开始服从命令。1933 年 5 月，德国图书贸易协会就这样做了，并在一年后明确表示服从和遵守。另一个例子是德国工程师协会。该协会早在 1933 年之前就对民族纳粹表现出强烈的同情。其理事会在 1933 年 4 月 26 日的一次会议上决定，任何空缺席位只能来自任命。1933 年 10 月 1 日，它在章程中加入了“雅利安段落”。德国药剂师协会在 1933 年 4 月 22 日修订的章程中规定，只有符合德国《公务员法》等条件的人才能成为该协会的普通会员。

对于施普林格出版社来说，德国药剂师协会所采取的方针意味着无法出版《药学报》。同时也导致了医药图书产量的显著下降。政治、

经济、文化一体化（Gleichschaltung）是在巨大的政治压力下完成的。1933 年 7 月 5 日，在《药学报》担任主编 33 年的恩斯特·乌尔班被迫离职，由康拉德·斯基伯（Conrad Skibbe）接替。

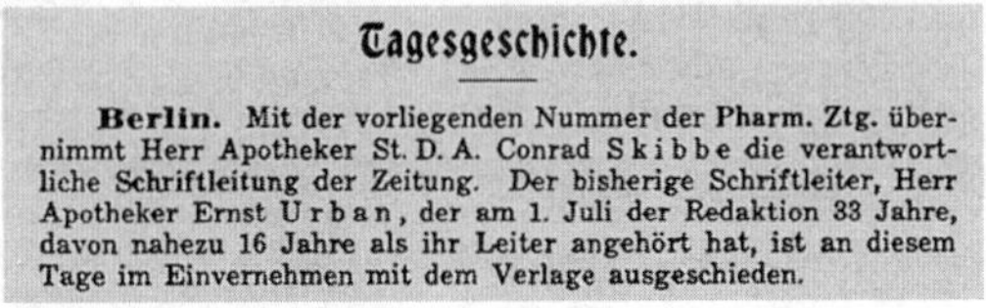

Tagesgeschichte.

Berlin. Mit der vorliegenden Nummer der Pharm. Ztg. übernimmt Herr Apotheker St. D. A. Conrad S k i b b e die verantwortliche Schriftleitung der Zeitung. Der bisherige Schriftleiter, Herr Apotheker Ernst U r b a n, der am 1. Juli der Redaktion 33 Jahre, davon nahezu 16 Jahre als ihr Leiter angehört hat, ist an diesem Tage im Einvernehmen mit dem Verlage ausgeschieden.

图262：施普林格出版社迫于压力，在不事先通知的情况下于1933年7月1日在《每日新闻》刊登通知，宣布解除了恩斯特·乌尔班的《药学报》主编职务[①]

是什么原因让乌尔班在获得如此成功的多年之后，在没有通知的情况下被解雇？乌尔班既不是政治活跃分子，也不是"无党派人士"。这封信中显示，曾有一位柏林药剂师格雷戈尔·施特拉塞尔（Gregor Strasser）因竞选议员而希望在该杂志上刊登游说的文章。乌尔班拒绝了，并告诉他，"政党政治选举宣传不能在专业刊物上进行"就这样得罪了这位议员，同时他并没有解雇他的犹太编辑同事。

此外，乌尔班还在《药学报》上发表了一首具有讽刺意味的诗。在这首诗中，乌尔班指出人们有必要从字里行间读懂他的杂志。这对于内政部负责公共卫生部门的莱昂纳多·孔蒂（Leonardo Conti）来说，解除其职务的理由已经足够了。内政部要求施普林格在不事先通知乌尔班的情况下解雇他，"否则，准备就绪的一百名冲锋队将占领出版社"。这一威胁迫使施普林格不得不照办。莱昂纳多·孔蒂的同事康拉德·斯基伯接替了主编一职。但是由于康拉德·斯基伯没有编辑方面的任何经验，他要求乌尔班的三位"非雅利安"同事继续为该杂志工作。

1933 年底，施普林格和乌尔班达成协议向乌尔班支付 4.5 万马克。根据《劳动法》，施普林格出版社必须为其既未寻求也无法辩护的解雇行为付出代价。在劳资争议法庭的听证会上，真正的事故责任

---

① 乌尔班在《药学报》编辑部工作了 33 年，其中担任执行主编近 16 年。当此案在劳资争议法庭讨论赔偿金额时，施普林格出版社没有被允许说明解雇他的真正原因。尽管在场的每个人都完全知道他被解雇的真正原因是什么。

人却没有被提及。1937 年底，施普林格出版社不得不宣布该杂志将在第 104 期后起停止出版。

施普林格与其他科学协会的合作也遇到了困难。德国泌尿外科学会主席汉斯·鲁布里提乌斯（Hans Rubritius，来自维也纳）于 1933 年 7 月宣布：原定于 1933 年 10 月举行的会议不得不无限期推迟，因为从当前公布的参会名单来看，显然不会有足够的与会者前来保证会议取得丰硕成果。一些成员已经移居国外，有些成员担心在被解雇后发表演说会暴露自己的身份，或者他们现在没有能力参加会议。没有足够的人数也就不可能举行年度会员大会。1933 年 12 月 14 日，学会的财务主管罗特席尔德（Rothschild）和协会秘书阿图尔·莱温（Arthur Lewin）被迫辞职。原来的学会实际上已不复存在。为了不受外国会员的影响，1935 年成立了一个新的组织，即德国泌尿科医师学会（Gesellschaft reichsdeutscher Urologen），该组织于 1936 年召开了第一次会议。

柏林泌尿外科学会（Berliner Gesellschaft far Urologie）就将新章程强加给会员。该学会的理事会已经辞职，泌尿科医生伯恩哈德·克洛泽（Bernhard Klose）接管了学会事务。在纳粹上台后的第一次主要大会上，克洛泽宣读了新章程，并要求"在没有反对意见的情况下接受新章程，因为任何修改和补充都必须再次获得政府的批准"。如新章程第 6 段规定，协会推举的主席必须得到内政部公共卫生部长（莱昂纳多·孔蒂）或其副手确认。莱昂纳多·孔蒂有权在任何时候解除学会主席的职务。在这种情况下，学会主席的继任者将解除前任职务人的任何指定，并不得有反对意见。

图263：沃尔夫冈·霍布纳，药理学教授，德国科学院院士[1]

---

[1] 沃尔夫冈·霍布纳主编了《病理学与药理学文献》丛书和《药理学通报》。他是小费迪南德·施普林格的亲密的朋友。

Ich bestätige Ihnen den Empfang Ihres Schrei-
bens vom 13. November.

Ihre Annahme, daß es sich in erster Linie um
die Erörterung der wissenschaftlichen Seite der Ange-
legenheit handelt, trifft nicht zu. Aus diesem Grunde
kommt für mich die Zuziehung des Herrn Geh. Rat Scheel
zunächst nicht in Betracht. Sie werden nicht ver-
langen können, daß in einer Angelegenheit von allge-
meinem Interesse die übrigen physikalischen Verleger
und der Präsident der Physikalisch-Technischen Reichs-
anstalt sich nach Ihren Wünschen richten.

Ich erwarte darum, daß Sie zu der morgigen Be-
sprechung einen Vertreter entsenden, der unter Um-
ständen in rechtsverbindliche Abmachungen eintreten
kann. Sollte dies nicht geschehen, so werde ich daraus
den Schluß ziehen, daß Sie auf eine Verbindung mit
der Physikalisch-Technischen Reichsanstalt keinen Wert
legen und die von Ihnen verlegten physikalischen Zeit-
schriften nicht in die Organisation des physikalischen
Schrifttums von autoritativer Seite einbezogen wissen
wollen.

Mit ausgezeichneter Hochachtung

Stark

图264：约翰内斯·施塔克给小费迪南德·施普林格的信，邀请他在1933年11月14日参加讨论物理学出版组织的信，小费迪南德·施普林格拒绝参加

尽管有被迫遵从和强加的章程，但在各种年会上，人们仍能听到超越了那个时代精神的言语，甚至是反对那个时代的呼声。1938年，在柏林举行的德国药理学协会年会开幕式上，沃尔夫冈·霍布纳在开幕式上向来宾致辞时说："我几乎担心，我们研究所的外表似乎比内在更令人印象深刻。在科学王国里，就像在精神王国里一样，不足之处是不能轻易用油漆来掩盖的。"最后，沃尔夫冈·霍布纳纪念了一位备受尊敬的犹太同事。出身和血统问题与他所做出的贡献相比"并不重要"。他并没有指明犹太同事是谁。今天听到沃尔夫冈·霍布纳的赞赏之词听起来相当隐晦，但在当时，这些话会让许多听众屏住呼吸，生怕沃尔夫冈·霍布纳说得太过分了。

1919年诺贝尔奖得主约翰内斯·施塔克，自1932年加入纳粹党，1933年秋季试图对于整个出版业进行"统一化"管理。他作为帝国物理技术研究所（*Physikalisch-Technisch Reichsanstalt*，简称PTR）的新主席，在出席1933年9月18日在乌兹堡举办的"德国物理协会"的会议上，要求重新组织物理学的出版工作。几周后，在措辞明显相同

的信中，他以 PTR 主席的身份邀请物理期刊的出版商于 1933 年 11 月
15 日，在他的办公室讨论物理学出版物的组织问题。小费迪南德·施
普林格以自己的名义，要求由枢密院委员同时也是《物理学杂志》的
主编卡尔·谢尔参加。但这一要求起初未被接受。

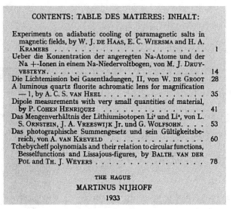

CONTENTS: TABLE DES MATIÈRES: INHALT:

Experiments on adiabatic cooling of paramagnetic salts in magnetic fields, by W. J. DE HAAS, E. C. WIERSMA and H. A. KRAMERS	1
Ueber die Konzentration der angeregten Na-Atome und der Na +-Ionen in einem Na-Niedervoltbogen, von M. J. DRUYVESTEYN.	14
Die Lichtemission bei Gasentladungen, II, von W. DE GROOT	28
A luminous quartz fluorite achromatic lens for magnification — 1, by A. C. S. VAN HEEL	35
Dipole measurements with very small quantities of material, by P. COHEN HENRIQUEZ	41
Das Mengenverhältnis der Lithiumisotopen Li⁶ und Li⁷, von L. S. ORNSTEIN, J. A. VREESWIJK Jr. und G. WOLFSOHN.	53
Das photographische Summengesetz und sein Gültigkeitsbereich, von A. VAN KREVELD	60
Tchebycheff polynomials and their relation to circular functions, Besselfunctions and Lissajous-figures, by BALTH. VAN DER POL and TH. J. WEYERS	78

THE HAGUE
MARTINUS NIJHOFF
1933

图265：荷兰出版商马丁努斯·奈霍夫1933年创办的《物理学》杂志创刊号，
一半以上为德文论文

施塔克对自己的地位非常自信，他在 1933 年 11 月 14 日的信中
公开威胁施普林格："因此，我希望您明天派一名副手参加会议，必
要时他可以做出具有法律约束力的安排。如果不这样做，我将会得出
结论，您不重视与帝国物理技术研究所的关系，您不希望被纳入物理
学出版物的权威组织。"小费迪南德·施普林格没有被吓倒，仍没有
派遣副手。他的理由是"首先要服从我们行业的领导，德国图书贸易
协会理事会"。反过来，委员会也接受德国宣传部的指示。宣传部负
责整个图书贸易的事务。他否认了隶属于内政部的PTR的权限。

施普林格出版社一直与所有受邀者保持联系，并强烈建议他们暂
时不要向施塔克做任何进一步的解释。施普林格出版社毕竟没有代表
参加这次会议。小费迪南德·施普林格将他写的相关信件的副本寄给
了宣传部出版处处长和帝国文学院院长的官员海因茨·威斯曼（Heinz
Wismann），并向他提供了一个德国物理学期刊如何濒临停刊的实例：
1933 年 11 月，海牙（Hague）的出版商马丁努斯·奈霍夫（Martinus

Nijhoff）创办了一份新的期刊《物理学》，因此施普林格担心它"可能会威胁到我们的科学（物理）期刊的世界地位"。

在这一年年底，由于德国出版商的抵制以及内政部和宣传部之间的分歧，施塔克的计划失败了。

"雅利安化"

1933 年 5 月，德国纳粹医生联盟曾试图在医学期刊中推行"一致性"。该组织的创始人由格哈德·瓦格纳（Gerhard Wagner，后来纳粹时期的医生领袖）、部长顾问莱昂纳多·孔蒂和执业医生库尔特·克拉雷（Kurt Klare）①等 7 人创建。1933 年 5 月 15 日，克拉雷要求施普林格出版社派一名全权代表参加次日在普鲁士内政部举行的会议。会议的目的是"通过医学报刊出版发行实施强制一体化（Gleichschaltung，即强制遵守的意思）"。

图266：施普林格出版社医学领域顾问维克托·扎勒与库尔特·克拉雷进行了长达数月的艰苦谈判

顺便提一下，这是在长达数月的讨论中，只有这一次使用了"强制一体化"一词。事实上，这一切都是为了减少犹太作者的投稿比例，以及加强编辑委员会的"雅利安化"。而这些在当时还没有相关法律依据。

1933 年 5 月底，纳粹当局宣布，如果一些公司不愿意对其医学期刊进行"雅利安化"，并在其他一切都不可行的情况下，计划抵制这些期刊。其他出版商也欣然接受了这一建议。在长达数月的谈判过程中，施普林格最终被迫解雇了一些编辑。因为在日益增长的压力下，许多科学家已经被迫退休或移居国外。施普林格在与帝国医生领袖格哈德·瓦格纳说明此事后，克拉雷要求"尽快让最后一批在职的犹太

---

① 库尔特·克拉雷（1918—1939 年为皇家吕特波尔德尔儿童医院）的医务主管。1934 年他被正式任命为"帝国医生领袖代表"，负责与医学专家报刊有关的事务。——译者注

同事离开"。高层正在敦促进行这种清洗，很快，最后一批仍在施普林格出版社出版的期刊上担任编委和合作者的犹太同事将被撤职。

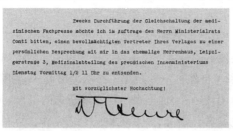

图267：库尔特·克拉雷要求施普林格出版社派一名全权代表前往帝国内政部讨论"对专业医学报刊出版发行实施"强制一体化"的信函

1933 年 12 月 7 日，克拉雷要求公司承诺"尽快更换《德国法医学全刊》的编辑部"，因为两位编辑保罗·弗伦克尔（Paul Fraenckel）和弗里茨·施特拉斯曼（Fritz Straßmann）无法继续工作。到目前为止，谈判一直由维克托·扎勒负责。但是现在到了出版商亲自介入的时候了。小费迪南德·施普林格在 1933 年 12 月 11 日给克拉雷写信道：他们是柏林法医委员会成员，应该对普鲁士内政部负责。而且他（施特拉斯曼）作为一名士兵在前线参加了一战……老枢密院议员弗里茨·施特拉斯曼，时年 75 岁，而且身患重病，预计只能再活几个月。我想请您判断一下，是否应该给他这短暂的时间，因为他是

图268：费迪南德成功地抵制了解雇保罗·弗伦克尔和弗里茨·施特拉斯曼的压力，《德国法医学全刊》杂志在1935—1936年一直保留两人名字

德国法医学的奠基人，至今在国内外备受尊敬"。在施普林格的争取下，两人的名字在 1933 年到 1936 年期间一直保留在《德国法医学全刊》的杂志上。

作者、编辑的流失

在某些情况下，施普林格能够成功地推迟对犹太编辑的解雇，但他无法阻止 50 多名期刊编辑被迫离开施普林格出版社。由于不可能在此逐一追述他们的命运，本书仅仅举例说明。阿诺尔德·贝利纳在 1913 年创办了《自然科学》杂志，并从那时起一直担任该杂志的主编。1935 年 8 月 13 日，他不得不终止该杂志的工作。施普林格希望贝利纳比其他编辑有更长一点的时间为杂志工作，贝利纳也希望领导编辑部的时间达到 30 年（一个世纪的 1/4），即工作到 1937 年底，但是他们的愿望都没有能够实现。

反对贝利纳的运动始于 1934 年。甚至在施普林格出版社之外也有人在窃窃私语。柏林技术学院的乌贝洛德（Ubbelohde）教授于 1935 年 1 月 14 日向校长抗议，他指责贝利纳"为犹太学者的成果进行极端的宣传活动"，并指出爱因斯坦在《自然科学》上发表的生日论文"可以被视为犹太学者之间相互赞美的证据"。这种指责在当时的情形下似乎尤其令人不安的。时至今日，人们仍然可以在扉页上发现该杂志是德国自然科学家和医生协会与威廉皇帝科学促进协会（Kaiser Wilhelm Gesellschaft zur Förderung der Wissenschaften，简称 KWG）的官方出版物。怎么可能如指责的人所说的那样是"犹太学者之间互相赞美"。

尽管"威廉皇帝科学促进协会"强调通过其"自我服从"政策，可能"阻止了协会在纳粹意义上的根本转变"，并因此在很大程度上得以继续运作，但是协会内部有人知道贝利纳是犹太人，他本身也有一些有影响力的拥护者。然而，一些德国纳粹时代的新主人认为，他们机关报的主编是犹太人是无法忍受的。特别是鲁道夫·门策尔（Rudolf Mentzel），他是特奥多尔·瓦伦（Theodor Vahlen）部长的私人代表，负责监督研究活动。鲁道夫·门策尔是柏林工业大学（Technische Hochschule Berlin）的军事化学教授。从 1936 年起，他接替约翰内斯·施塔克担任帝国物理技术研究所所长。1935 年 4 月 9 日，在 KWG 办公委员会会议之后，他写了一份备忘录，表示如果 KWG

能找到一种合适的形式来解雇贝利纳《自然科学》杂志主编，鲁斯特（Rust）部长将表示欢迎贝利纳先生"。这听起来近乎很温和，但他在给纳粹科学部长特奥多尔·瓦伦的一份手写附录中，却说得更为清楚：

> 我认为，KWG 的官方机关由一个犹太人领导，这简直令人无法忍受。我认为，我们作为监督部，我们必须提出这一要求：贝利纳从《自然科学》的编辑职位上消失，或者禁止 KWG 将该杂志称为 KGW 的官方刊物。我赞成立即采取行动！

即使有著名科学家马克斯·普朗克（Max Planck）的游说，但是仅仅延缓了贝利纳被驱逐的时间。一个月后贝利纳最终离职。1935 年 9 月 19 日，贝利纳和他的朋友乘坐汉堡—美国航运公司（HAPAG）的"柏林号"去美国。尽管他的朋友们劝他在美国安全地生活，但贝利纳之后还是重返德国，1937 年又短暂去美国。而施普林格出版社每月继续支付给他 900 马克，直到他 1942 年自杀。1946 年 11 月 15 日，在二战后出版的第一期《自然科学》杂志上，刊登了由马克斯·冯·劳厄撰写的讣告，缅怀贝利纳。文章中写道：

> 贝利纳最终无法克服他对施普林格出版社的爱和感激之情。但他的工作被强行终止了。尽管如此，他还是又活了七年。由于纳粹对于犹太人的迫害，他的所有活动都受到限制。最后，他像隐士一样遁入了他所在基尔干大街（Kielganstrasse）的家中……希望看到转机。他最终没能活着看到转机。当他要被赶出他的公寓——他最后的避难所时，他完成了这一决定，于 1942 年 3 月 22 日自杀身亡。

图269：《数学年报》主编奥托·布卢门塔尔[1]

---

[1] 奥托·布卢门塔尔是大卫·希尔伯特第一位博士生（1898）。从 1905 年起，他担任亚琛技术大学教授，1922 年起担任《数学年报》的执行编辑。1933 年，他被迫从教授职位上退休，直到 1938 年一直担任编辑职务。1939 年移居荷兰。德国占领荷兰后，他被驱逐出境。1944 年死于特莱西恩施塔特集中营。

　　一旦科学家移居国外，当局对他们的压制就会有所收敛。因此，《数学年报》的主编数学家奥托·布卢门塔尔，《数学科学基本原理》的主编里夏德·库朗等一直在国外为施普林格出版社工作。《数学核心期刊》和《机械核心期刊》的编辑奥托·诺伊格鲍尔（Otto Neugebauer，1876—1944）仍将自己的名字印在其期刊的扉页上，并在很大程度上继续履行着自己的职责，一直到1938年。即便他们无法履行职务时，例如奥托·布卢门塔尔，施普林格出版社依旧将他们作为编辑的报酬转给他们。

　　至于通常不定期出版的丛书，出版社通常有更多的时间来更换编辑。尽管编辑们的工作有所减少，施普林格出版社仍会经常与他们会面。关于自1925年以来由马克斯·玻恩和詹姆斯·弗兰克主编的《物质结构论文集》系列，早有选择一位代表决定物理和化学的内容。经过沟通，物理学专家赫尔曼·马克（Hermann Mark）教授已经同意担任这一职务。但是，当1933年春天，马克听到玻恩和弗兰克即将移居国外的消息，只能在有限的时间内继续担任编辑时，马克开始犹豫了。马克说，如果他为了让目前的编辑委员会变得像由北方人组成的——即更不像犹太人——而让自己担任主编之一，他在维也纳大学的同事们获知这件事后可能会非常反感。而目前的编辑委员会和出版商也受到了类似的指责。后来经过奥托·朗格等的再次沟通，另一个编辑弗里德里希·洪德（Friedrich Hund）也加入编辑团队，此时编辑才基本确定下来。

图270：约翰内斯·施塔克担任帝国物理技术研究所所长之后，施普林格出版社1934被迫放弃了自1894年以来的出版权

　　在某些情况下，施普林格出版社通过在扉页上删去编辑的名字来解决这个问题。例如《特殊病理解剖学和组织学通报》是由奥托·卢巴尔施和弗里德里希·亨克编辑的，但扉页上只写着"与著名专家合

作"，但后来只是提及"该期刊由著名专家主笔"。而在 1938 年之前，《实验病理和药理学档案》为了避免引起怀疑，只在扉页上注明推荐人的地点（伊斯坦布尔、布拉格或伦敦），但在此后，推荐和评论员的名字不再被提及，只是把审稿人名字位置空着，1939 年列出审稿人名字的惯例干脆也取消了。

《帝国物理技术研究所科学报告》的第一卷是施普林格出版社在 1894 年出版的，到了目前这个时代，也只能丢掉了。由于自 1933 年 4 月以来担任研究所所长的约翰内斯·施塔克与施普林格出版社是公开的敌人，因此只有 1934 年已在准备中的一卷仍由施普林格出版社出版。随后的各卷由莱比锡的希策尔出版社（S. Hirzel Verlag）接手出版。

德国化学协会（Deutsche Chemische Gesellschaft）要为《拜尔施泰因有机化学通报》成立一个新的编辑委员会，主编伯恩哈德·普拉格尔（Bernhard Prager）不得不于 1933 年离开，另一位编辑多拉·施特恩（Dora Stern）也需要在 1937 年离开。弗里德里希·里希特，曾在编辑部工作多年，现在他成了责任编辑。但《拜尔施泰因有机化学通报》副标题"伯恩哈德·普拉格尔和保罗·雅各布森编写"一直保留到 1936 年（而保罗·雅各布森早在 1923 年去世了！）。

图271：《拜尔施泰因有机化学通报》新主编弗里德里希·里希特[1]

---

[1] 弗里德里希·里希特于 1923 年受邀组织了第一期《拜尔施泰因有机化学通报》补充丛书，并于 1928 年策划了第 2 期补充丛书。作为伯恩哈德·普拉格尔（1867—1934）的继任者，他最终接管了整个编辑工作。1943—1944 编辑部迁至西里西亚（Lower Silesia）后又迁至德累斯顿附近的塔兰特。

今天人们无法评估施普林格出版社因为被迫失去犹太科学家、学者而遭受的打击、影响程度。仅哥廷根大学就有九位专家失去了课堂教书的权利。在一些作者写给施普林格出版社的信中，这些事件通常只是用相当隐晦的措辞来表达，因为担心受到当时政府的审查。施普林格出版社日常与作者的通信甚至还被用各种术语加密，并只涉及安排会议的话题，所以关于犹太作者被驱逐的书面记录几乎没有保留下来，但这是可以理解的。纳粹政府驱逐杰出的犹太裔著名科学家、学者的情况经常被人介绍和描写出来，有时是他们自己描述的，例如马克斯·玻恩、里夏德·库朗、詹姆斯·弗兰克、弗里茨·哈伯尔（Fritz Haber）、鲁道夫·尼森（Rudolf Nissen）、里夏德·威尔斯塔特（Richard Willstätter）等，这里只举一位刚刚开始科学生涯的年轻科学家的例子。

维利·普拉格尔（Willy Prager, 1903—1980）是哥廷根应用力学研究所（Institut für angewandte Mechanik）的讲师。1931 年春，他与施普林格出版社商讨由他撰写一本关于数学工具的书，放在施普林格出版社出版的"数学基础教学"丛书中出版。合同于 1931 年 6 月初签订。当时他还与库特·霍恩埃姆泽讨论了共同撰写《晶格动力学：建筑工程师教学论文集》（下文简称《晶格动力学》）[1]一书的写作事宜，同时还有与他的助手古斯塔夫·梅斯梅尔（Gustav Mesmer）合著的关于光弹性方法（photoelastic methods）[2]的第三部著作。手稿计划最迟将于 1934 年 5 月 1 日完成。普拉格

图272：施普林格1933出版了由普拉格尔与人合著的《晶格动力学》，此时他已决定移居土耳其

---

① 本书可参考链接：https://www.ams.org/journals/mcom/1943-01-004/S0025-5718-43-99062-3/S0025-5718-43-99062-3.pdf。——译者注
② 即英文的"stress optics"。——译者注

尔急于加快完成，因为他要去担任卡尔斯鲁厄理工学院力学系主任。

　　1933 年 4 月 1 日，普拉格尔告知小尤利乌斯·施普林格，根据 1933 年 3 月 8 日的法律，德国巴登政府撤销了他在卡尔斯鲁厄理工学院任力学系主任的任命。而此时他已经放弃了在哥廷根的公寓，并被勒令迁往卡尔斯鲁厄。因此所有安排都必须取消了。当然，他将试图获得"目前无法估量的损失赔偿"。施普林格也能够帮助他度过过渡时期，特别是由于《晶格动力学》已经在 1933 年 10 月出版，因此他暂时无法考虑撰写关于光弹性方法的书稿。普拉格尔后来进入著名的飞机制造厂费塞勒尔（Fieseler）[1]工作，之后普拉格尔被任命为伊斯坦布尔的应用数学和力学教授[2]。他于 1933 年 12 月就职。

　　合著者梅斯梅尔也未能够如期完成。由于前一年发生的普拉格尔事件以及与之相关的困难，他于 1934 年 3 月 22 日写信给施普林格出版社，认为普拉格尔现在可能不会撰写书稿。但施普林格出版社写信鼓励普拉格尔，并将手稿交付日期推迟到了 1935 年 5 月 1 日，普拉格尔接受了这个日期。但是他提出只有自己和数学家里夏德·冯·米泽斯拥有"相当丰富的图书馆"资料，而米泽斯也移居到了伊斯坦布尔。于是施普林格为后者安排了不同的书稿主题。

　　一年后，1935 年 5 月 3 日，梅斯梅尔写信给施普林格出版社说，普拉格尔从土耳其报刊上得知，犹太作家的作品在德国已被禁止出版。如果是这样的话，他就会拒绝为这样一个国家的文学"增光添彩"。在这样一个国家颁布这样的法令，每个受过教育的人都会提出最强烈的抗议。普拉格尔要求施普林格做出解释，施普林格在答复中援引了帝国内政部 1943 年 11 月 14 日的一项命令。根据该命令，科学文献不隶属于帝国文学协会。因此，普拉格尔教授可以毫无异议地担任该书的联合主编。现在我们无法确定施普林格出版社这样回答梅斯梅尔是因为他害怕，还是因为这是普拉格尔的愿望。这一点无从考

<hr/>

① 该飞机厂位于卡塞尔（Kassel），著名的 V1 导弹也在此生产建设，主要用于轰炸伦敦。
② 1933 年 8 月 1 日，一所按照西方模式建立的大学在伊斯坦布尔成立。几乎所有教职员工都是外国人。在海外德国科学与人文紧急协会的安排下，许多因种族或政治原因被迫离开德国的大学教师都表示有兴趣在这里获得一个职位。首批获得教席的 14 人中包括维利·普拉格尔、霍斯特·威德曼（Horst Widmann）等人。在一份传记和书目附录中列出了总共 138 名大学教师和学术助理，他们都是德国科学界人士，在伊斯坦布尔或安卡拉从事科学研究的教师和学术助理。——译者注

证。此外，关于帝国文学协会不负责科学文献的说法，在任何情况下都不能被理解为"允许出版"。最后，普拉格尔建议，由施普林格出版社维也纳分社出版该书。施普林格出版社并不反对这个提议。但普拉格尔最终还是不想再为德国出版商写作了。梅斯梅尔知道，"内心充满强烈的反感"的普拉格尔，尤其是从土耳其报刊上获悉的新闻和米泽斯教授等人的亲身经历，……他的自尊心受到了伤害，以至于作为一个原则问题，他拒绝更多的合作"。

1935 年 10 月 18 日，施普林格出版社的内部备忘录写道："由于法令的缘故，合著者梅斯梅尔也无法继续跟普拉格尔合作（他咨询了他所在的大学校长后得出的决定）。"而八天前小尤利乌斯因为纳粹的《公务员法》也不得不放弃了出版社职位，但在 10 月 24 的信中他提醒梅斯梅尔：跟施普林格出版社的合同依然有效。

普拉格尔不再跟德国的出版社打交道，而梅斯梅尔成了唯一作者。《应力光学》一书最终在 1939 年出版，梅斯梅尔在其前言则感谢了本书的最初倡议者，伊斯坦布尔的普拉格尔教授。

截至 1935 年，施普林格仍旧不知道哪些犹太科学家被禁止发表相关学术文章以及著作。因此，施普林格出版社本着"非禁即入"的基本原则，继续完成那些正在出版的书。因此，1934 年出版了阿诺尔德·贝利纳的《自然科学》和鲁道夫·胡博《人类生理学教材》的修订版。1935 年，出版了埃尔温·施特劳斯（Erwin Straus）的《心理学基础：关于感官的意义》，以及莉泽·迈特纳（Lise Meitner）和马克斯·德尔布吕克（Max Delbrück）合著的《原子核的结构》。

图273：埃尔温·施特劳斯《心理学基础：关于感官的意义》扉页[1]

---

① 埃尔温·斯特劳斯（1891—1975），从 1928 年到 1934 年，他一直是施普林格出版社《神经学家》杂志联合主编，1938 年被迫移居美国。他的著作《心理学基础：关于感官的意义》于 1935 年出版。到 1939 年该系列出版了 35 卷，其中有 17 卷是德国版。

1933 年 4 月，鲁道夫·胡博已根据《公务员法》被解雇。他先是移民英国，一年后，他被任命为费城宾夕法尼亚大学医学院生理学教授。他的教科书 1934 年版印刷了 4000 册，销量一直很好，预计到 1938 年秋季就会售罄。因此，施普林格于 1937 年 4 月 4 日要求作者编写新版教科书，并要求在 1938 年 4 月 1 日完成手稿。计划印数为 4000 册。1938 年 4 月 9 日，胡博通知他的出版商，75% 的修订手稿已经完成。新版本包含了他"在生理学水平极高的国家担任教师和研究员的四年经验"。在这一消息传到施普林格耳中之前，胡博担心耗费大量时间的修订本无法出版，而无法收到报酬。他找到了另一个解决办法。几周后，他在费城与瑞士伯尔尼的威廉·斯特普夫利出版社（Wilhelm Stämpfli）进行了沟通讨论。瑞士出版商对新的修订本非常感兴趣。该书瑞士版很快就出版面世了，特别是因为施普林格向新出版商免费提供了上一版"模版"[1]。此外，瑞士出版商还计划出版第三版西班牙文版，但由于西班牙持续内战未能如愿。

图274：鲁道夫·胡博和《人类生理学教材》扉页[2]

第八版于 1938 年 11 月出版，但出版日期为 1939 年。起初，该书的销售相当缓慢，但战争期间，来自德国的书在瑞士的供应日益困难，因此销量开始回升。

---

① "Book block"，即书页用线装订在一起后，就差后续装帧的状态。——译者注
② 左图为鲁道夫·胡博（1873—1952），1933 年 4 月他被从教职上驱逐。之后他移民英国，并在美国的宾夕法尼亚大学的医学院担任生理学教授。右图，他撰写的《人类生理学教材》第七版，施普林格出版社 1934 年出版时仍在销售，而此时他已经移居美国。

部长职责的迷宫

如果说自然科学类图书和期刊的出版商比文学艺术类图书的出版商更容易摆脱管制，这不仅是由于自然科学文本中立，没有意识形态性，也是由于当时纳粹政府监督机构的多重性。纳粹上台后，对纯文学的出版要求是：出版社和作者必须是"帝国文学委员会"（Reichsschrifttumskammer，简称RSK）的成员。1935—1936 年，犹太人被禁止出版任何文学艺术作品。[①]

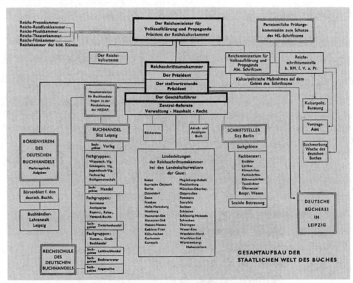

图275：德国宣传部组织结构图，作家和出版商属于文化区，被纳入一个看似完美的控制系统，但科学出版物的作者却不在其中

伯恩哈德·鲁斯特（Bernhard Rust）部长领导的帝国科学、教育和人民教化部负责科学领域的工作，几乎没有影响自然科学家著作的出版。尽管"帝国文学委员会"多次试图将科学文献置于其控制

---

① 起初，"非雅利安人"的作家和出版商被允许进入帝国文学协会，因为当时还没有法律依据将他们排除在外，而且对于他们的分类也带来了组织上的难题。因此，通过相关的专业社会组织团体对"非雅利安人"的排斥措施主要发生在 1935 年，到 1936 年已基本结束。此后，"非雅利安人"作家和出版商不得从事其职业。但是施普林格出版社等一些书商和出版商获得了一些特别许可。

之下，但这些尝试总是以失败告终，主要原因是无法准确定义科学文献。①

然而，科学出版商和人文学科出版商必须与一个控制机构进行斗争，这就是党审查委员会（Parteiamtliche Prüfungskommission，PPK）。该委员会成立于1934年4月15日，是纳粹党全国领导机构，其任务是确保"纳粹思想不被未经授权的人污染，或以误导公众的方式被利用"。原则上，其职责不包括审查科学文献。尽管科学文献没有意识形态性，不过，"审查委员会"对科学文献有着一定的间接影响。②

1938年12月7日纳粹的机密报告显示，1937年7月14日，教化部与"审查委员会"的领导人菲利普·布勒（Philipp Bouhler）达成了一项"工作扩大协议"。该协议包括了教化部职权范围内的所有文学问题，即"全部科学和教育文学"。阿尔弗雷德·罗森贝格（Alfred Rosenberg）是负责监督德国所有的精神和思想教育的元首代表，也是"纳粹德国工人党"的代表。该协议是根据他（罗森贝格）的指示拟定的。今天来看，这项协议在多大程度上有效是一个问号。

显然，有多个组织号称负有管理责任和权限。如果光从表面上看各种法令，人们可能会认为纳粹德国有一个完美的控制系统。但在实践中，所谓负责管理机构的多样性却阻碍了该系统的有效性。这些不同的组织主要忙于"划界问题"。这一制度看似完美，却在作者和出版商中产生了强烈的不安全感。确切地说，施普林格出版社的自我调控以及"清醒的业界同仁"的批评与谴责要比审查员的干预更有效。

曾经在1935年至1937年，担任国家银行的主席亚尔马·沙赫特（Hjalmar Schacht）担任德国经济部长一职后，全权负责德国的战时经

---

① 关于科学文献和非科学文献的划分问题。帝国文学协会和鲁斯特的人民教化部之间仍存在争议。1942年2月9日，帝国文学协会主席宣布废除建立一个纯粹的科学工作的要求。根据战争要求的简化管理……取消了纯科学著作的审查要求，不再考虑是纯科学作品还是大众科学作品。此外，在科学期刊方面，鲁斯特和帝国科学院之间也存在着各自管辖责任的冲突。由于前者没有审查机制，自然科学、医学和技术方面的文献在很大程度上被该部所忽视。

② 毫无疑问，所谓的"文化出版商"受到了德意志第三帝国的众多控制机构对它们的干预，其程度要比施普林格出版社等自然科学、医学和技术领域的出版社多得多。然而，人们必须注意到，各种文化官员的规定和讲话绝不是日常实践的反映。因此，从1943年1月1日起，犹太作家的书籍被明令禁止销售。

济，也开始对于图书出版业行使特别保护权。不管如何，从 1933 年开始，为了阻止德国外汇的快速流失，减轻德国马克货币贬值造成的影响，德国国家银行（Reichsbank）的外汇储备几乎耗尽。而此时施普林格出版社海外市场收入为 650 万马克，已经占整个德国出版业的20%—25%，因此亚尔马·沙赫特也开始关注施普林格业务发展情况。

一家犹太出版社？

最初的争论源于 1933 年 5 月纳粹德国医生联盟（Nationalsozialistische Deutsche ärzttehund）开始"雅利安化"德国各类医药期刊后，德累斯顿的《萨克逊医生》杂志上刊登了一篇由马丁·施特姆勒（Martin Staemmler）撰写的，题为"医学中的犹太教"文章，声称施普林格出版社有强烈的犹太主义立场。文章观点如下：

专业医学文献出版几乎全部掌握在犹太人手中，被施普林格出版社所垄断。如今出版的《学术评论核心期刊》（大型文摘评论期刊）上发表的医学文献中的新出版物，几乎都是施普林格的产品。近十年来出版的众多指南、通报几无一例外地出自施普林格出版社。这种现象也没有引起怀疑，犹太教的强势地位就在于此。这种情况更加危险，因为它的影响几乎不为外界所知。

最初，小费迪南德·施普林格对有关他的公司是犹太人的说法提出抗议。他指出，他的曾祖父曾在德国解放战争中立下赫赫战功，他的祖父（公司创始人）多年来一直是柏林索菲亚教堂（教会）理事会（Sophien Kirche）的成员，他的父亲参加过 1870 年的战争，他本人也作为上尉参加过第一次世界大战。而作者施特姆勒则冷冷地回答说，这不是一个人所属宗教的问题，而是种族的问题。并提出《公务员法》中的"雅利安段落"也被赋予了法律的普遍效力。

施普林格出版社创始人尤利乌斯·施普林格和他的妻子一样，都出生于犹太家庭。两人于 1830 年接受基督教洗礼。从那时起，无论是尤利乌斯还是他的儿子和侄子都与犹太教没有任何明显的关系。玛

丽·施普林格的回忆录（1877）和她儿子弗里茨的回忆录（1925）中
都没有提到他们的犹太血统。

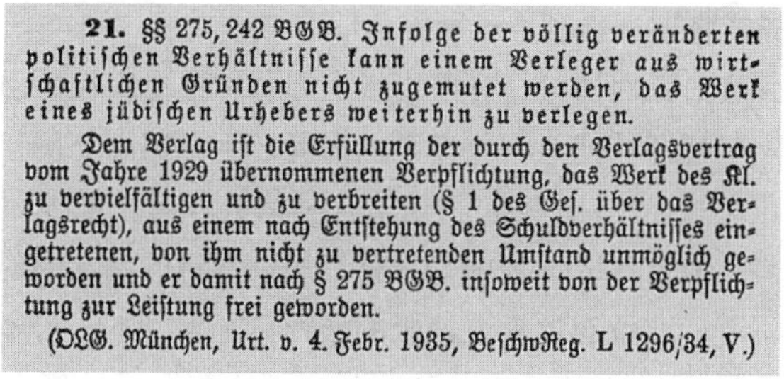

> **21.** §§ 275, 242 BGB. Infolge der völlig veränderten politischen Verhältnisse kann einem Verleger aus wirtschaftlichen Gründen nicht zugemutet werden, das Werk eines jüdischen Urhebers weiterhin zu verlegen.
>
> Dem Verlag ist die Erfüllung der durch den Verlagsvertrag vom Jahre 1929 übernommenen Verpflichtung, das Werk des Kl. zu vervielfältigen und zu verbreiten (§ 1 des Ges. über das Verlagsrecht), aus einem nach Entstehung des Schuldverhältnisses eingetretenen, von ihm nicht zu vertretenden Umstand unmöglich geworden und er damit nach § 275 BGB. insoweit von der Verpflichtung zur Leistung frei geworden.
>
> (OLG. München, Urt. v. 4. Febr. 1935, Beschw.Reg. L 1296/34, V.)

图276：慕尼黑高等法院的裁决书，明确"由于政治形势或者经济变化，不能指望出
版商继续出版犹太作家的作品"；反之，"雅利安人"作者也不可能履行对"非雅利
安人"出版商的合同义务

　　反对施普林格出版社的运动由不同党派发起，并于1935年达到
第一个高峰。鲍尔（Wilhelm Baur，1905—1945）极力主张施普林格
出版社"雅利安化"。鲍尔年仅29岁，是纳粹党官方出版社弗朗茨-
埃尔出版社（Franz-Eher-Verlag）的负责人，自1934年以来一直担任
德国出版协会第一主席。在这些活动中，他得到了党内其他官员的支
持。但是帝国文学协会在这场迫害中表现出了惊人的谨慎，其原因至
今仍不清楚。海因茨·维斯曼，是公共启蒙和宣传部文学处处长，同
时也是帝国文学协会的副主席，他与小费迪南德·施普林格有相当频
繁的接触，尤其是在德国图书出口方面。保罗·霍维尔也是如此。霍
维尔作为德国图书贸易公司经济部的负责人负责出口问题，他对维斯
曼负责。这些接触都是很正常的，因为到目前为止，施普林格出版社
的外汇交易额最大，而且拥有相关的经验和国际关系。然而出版界的
同仁则恶毒地断言，帝国文学协会在过去的几个月里，与施普林格出
版社越来越多地频繁接触。

　　维斯曼尤其应该感恩的是，他的岳父罗伯特·许斯纳（Robert
Hüssener）自1933年起就一直担任施普林格出版社的"顾问"。（在
施普林格出版社内部，他被称为"名利双收者"！）维斯曼对外声称
自己的岳父，参与了施普林格期刊的"雅利安化"，并且他"奉帝国

文学协会之命，将一个又一个犹太人从施普林格的杂志编辑中清除出去"。这大概是一种保护性的说辞，因为没有证据表明他的岳父参与过人事事务或将期刊强制"雅利安化"。

还有一些出版商认为，有必要指出施普林格出版社的出版有明显的"犹太化"特征。甚至一些作者也因此产生了担心。例如柏林工业大学的一位教授自 1910 年起就是施普林格的作者。但他写信告诉德国作家联盟，他打算取消与施普林格出版社签订的两本书的合同。作者在信中写道，准备通过令人信服的法律途径解除本人与施普林格签订的出版合同，以免以后给自己招惹麻烦。慕尼黑地区上诉法院在 1935 年 2 月 4 日的裁决，满足了他的愿望。

法院的结论是，"由于政治环境的变化，不能指望出版商出版犹太原创者的作品。反之，不将著作交给非雅利安出版商，也应该被视为合法的。"这位作者在信上说，现在听说当局正在决定施普林格出版社的属性，但恐怕会被认定为雅利安的出版社。他认为这可能会招致一些作者的反对。信中还说，纳粹医生联盟要敦促有关当局，施普林格出版社应被认定为雅利安出版社。

施普林格出版社对这封信的内容当然一无所知，但很清楚写信人的态度，于是毫无争议地解除了他的出版合同。作者已经准备好与另一家出版商进行磋商，施普林格出版社播下种子而其他出版社收获了果实。不过，施普林格出版社确实担心，在这件事情发生之后，其他作者可能会仿照这一行为胁迫他们解除相关出版合同。

小尤利乌斯被迫离职

1935 年 9 月 15 日颁布的《帝国公民法》（Reichsbürgergesetz）不过是两部纽伦堡法律之一。它迫使施普林格出版社不得不做出一个重大的决定，小尤利乌斯·施普林格自 1907 年起与小费迪南德共同拥有施普林格出版社，并负责整个工程项目。按照该法律，小尤利乌斯为"国家公民"（Staatsbürger）而非更高等级的"帝国公民"（Reichsbürger）。因为他有三个犹太祖父母，所以是犹太人。1935 年

9月20日，帝国文学委员会（Reich Chamber of Literature）要求施普林格出版社立即解除他的合伙人的职务，不然就会被当局强制执行。因此，迅速接受和离开是重要的，如果由当局来执行，那么整个施普林格公司将受到比现在更严重的威胁，整个公司将面临更大的危险。

　　所以，1935年10月10日，小费迪南德在公司的一个大会上，发表了一个简短讲话，向他的员工们简短地通报了他的合作伙伴即将离开的消息：

　　我把你们召集到一起，是要告诉你们一个重大的消息，对我们公司的意义至关重要。在为我们的老公司服务了30多年之后，我的堂兄兼合伙人小尤利乌斯·施普林格博士，为了他自己和他的家族后续利益，决定离开公司。

　　……在主管公司命运的人当中，每个人都秉持着一个基本信条，那就是公司所有者是企业的第一仆人。但是，我们当中没有人比我的堂兄小尤利乌斯更无私地将这一原则转化为实际行动。他深信，这样做就能使企业得到充分的承认，能够使员工的工作条件得到改善。在德国新的工作环境下，为了使整个公司不受影响，他自愿做出了离开的决定，并将其付诸实施。全世界都承认我的堂兄小尤利乌斯，作为出版商在技术革新领域所取得的成就。他的知识和经验是很难被取代的。

　　举一个例子就足以说明他在这30年间是如何为社会公益事业进行思考和实践行动的。他在1931年困难时期庆祝了自己的银婚。但他没有大肆庆祝，而是将一大笔钱支付给财务困难的同事……

　　当一名军官在战斗中退出时，另一名合格的军官会接替他的位置。我完全同意我堂兄的意见，我多年的同事妥耶斯·朗格加入了我们公司，成为共同所有人。我知道你们都会因为他的成就和品格尊重他。当我们今天散会时，你们每个人都会在自己的圈子里谈论这件事。但我请大家在讨论时不要哗众取宠，要维护尊严。我还必须说，在接下来的几个月里，在帝国文学委员会的完全同意下，我的堂兄将在接下来的几个月里继续在这所房子里工作。

　　这个决定，施普林格出版社在前一天通过一份通告通知了所有作者和图书贸易商。作者们的反应先是惊愕，之后也有隐隐的愤怒。里夏德·库朗在 1935 年 11 月 6 日从纽约寄出的一封信中写道："如您所知，多年来我一直坚定地认为，存在一家像您这样稳固、全面、慷慨的出版企业是绝对必要的。"他还建议成立施普林格纽约分社。他问小尤利乌斯·施普林格是否愿意到这里来，进行一次信息收集之旅。他相信小尤利乌斯能很快了解出版业的困难和各种可能性。除此之外，在美国的逗留总是让人留下耳目一新的印象。"如果在这些问题上我能帮上忙的话，请将我视为您的得力助手。"不知道小尤利乌斯是否认真考虑过这种可能性。一个不能马上做这样的承诺的原因是，他有充分的理由担心，如果施普林格在纽约成立分社，德国总公司将面临更大的问题。

图277：施普林格出版社1935年10月9日通知作者和编辑们的函，告知小尤利乌斯·施普林格决定离开公司，由妥耶斯·朗格接替成为施普林格出版社合伙人[①]

[①] 尽管该函件没有提及小尤利乌斯离开施普林格出版社的真正原因，但是作者和编辑以及业界都知道，这是根据《帝国公民法》规定"非雅利安人不得成为帝国公民"这一条而不得不做出的安排。

妥耶斯·朗格是小尤利乌斯多年的同事，自1934年起就拥有全权委托权的朗格，接替了小尤利乌斯·施普林格的位置。现在，小尤利乌斯·施普林格在工程领域的工作由顾问接管。妥耶斯·朗格于1935年7月5日获得特别许可，可以继续工作，1936年5月29日，该许可得到了确认，尽管该许可随时可能被撤销。

施普林格出版社的追随者

根据1934年1月20日新颁发了《国家劳动组织法》（Geseetz zur Ordnung der natoinalten Arbeit），雇主变成了"企业领导者"（Betriebsführer），员工则变成了"追随者"（Gefolgschaft），称呼形式转变为"同志"。1933年春废除了劳资协议会，取而代之的是信托人/托管人（Vertrauensmänner）。所有这些都是法律规定的，任何公司都不能例外。

图278：施普林格出版社《内部员工图书馆》扉页，其主要内容为图书贸易方面的文献，可以免费借阅四周。在书目的最后是"世界文学馆"类图书，借阅费用为每本5芬尼

当然，在小尤利乌斯·施普林格被迫离开公司管理层时，所有员工都意识到，他们所工作的企业，其地位正受到当权者的怀疑。大约有30%的人在公司工作了20年以上，另有40%的人在公司工作了10年以上。他们非常赞赏企业领导者负责任的社会态度，尤其是在经济危机期间。安全的工作场所和良好的工作氛围在很大程度上使员工免受政治影响。

施普林格的大多数员工加入了德意志第三帝国的伪工会——德国工人阵线（Deutsche Arbeitsfront）。他们起初只是被"希望"加入该工会，后来变成了强制性的。这带来了一些好处，如国家休闲组织

"力量来自快乐"（Kraft dutch Freude）[1]提供的服务和用品，成员支付 1.5% 的工资即可享受上述福利。一些雇员可能是纳粹党或其分支机构的成员，但施普林格出版社从未设立过"纳粹党小组"。该出版社的负责人和领导班子成员——六名拥有有限委托权的雇员和八名拥有全权委托权的雇员，由于其工作职能，他们自动成为"帝国文学委员会"一员。

图279：施普林格出版社的一年一度的员工郊游车队情景，1937年的郊游地点位于费尔贝林湖（Werbellin）畔的艾特霍芬（Altenhof）

每周工作时间为 48 小时，若加班得加付 25% 的时薪，每年有 10 天的假期，但对工作 5 年以上的员工，施普林格出版社则给 15 天假。工资一般由官方"受托人"按 6 个等级规定，在施普林格出版社则实际按 4 个等级规定，每月工资为 140 马克至 400 马克（该工资适用于所有员工，包括包装工、图书管理员等）。从包装工到会计员在内的所有人的平均月薪为 225 马克。此外还有圣诞礼物，由施普林格出版社掌门人亲自发放。这一传统一直保留到 20 世纪 60 年代。

---

[1] 这些福利由于"力量来自快乐"的劳工组织提供，其为 20 世纪 30 年代世界上最大的旅游运营商。通过为普通大众提供原属中产阶级的度假活动，来缓和社会矛盾和刺激旅游业摆脱困境，效果非常成功（虽然达不到之前所宣传的那样，即工资的 1.5% 就可享受这些福利）。——译者注

1939 年之前的控制措施

除了排斥犹太作家外，纳粹当局几乎只关注出版物内容的意识形态。在人文学科中总是有意识形态的思想观点，但在自然科学中却很少有明确表现。当然，在自然科学领域也有一些敏感领域，如医学和生物学中的生育管理就涉及纳粹提出的"种族健康"（race hygiene）思想。这些领域的出版物受到不同机构的监督。在有疑问的情况下，书稿就会被转交给受当局青睐的出版社出版。这些出版社一般还拥有知识渊博的顾问。

"帝国文学委员会"编制的违禁著作清单（未公开）中很少含有自然科学文献。仔细检索后，我们发现不到 50 种，即所有登记书目的千分之三。它们大多涉及避孕、精神分析、心理学或其他与纳粹意识形态不符的主题。然而，即使在外人看来，与德国开展的经济重建计划可能有关的书目直到 1940 年和 1941 年仍未受到审查和销售限制。当然，在那个战争时期，纳粹设立了一些工业企业和军工企业的管理办公室，施普林格工作人员必须向这些办公室提交相关的科学著作，经过备案后才能将其纳入出版流程。即使在和平时期，内部研究成果的出版也是如此，这种情况至今仍在发生。

同时，无数的出版条例会经常发送给出版社（尤其是给期刊编辑），例如：20 世纪 30 年代中期，若外国作者曾经在属于德国的领土上生活过，那就得给书中一些地名换上德国名字。因此，"波兹南"（Poznan）①要改为"波森"（Posen），"布拉哈"（Praha）②要换为"布拉格"（Prague），"普莱斯堡"（Pressburg）要换为"布拉迪斯拉瓦"（Bratislava）。施普林格出版社拒绝强迫编辑这样做，因为这是由作者决定的，出版商任意更改地名很可能会给作者在自己的国家造成不愉快的后果。

至于犹太作者的审查问题，施普林格有一个简单的法则，那就是

---

① "波兹南"（Poznan）是波兰最古老的城市之一，德军占领波兰后按照德语发音习惯进行修改。——译者注
② 该词为布拉格的本地叫法，而不是德语发音。——译者注

不做正面解释。施普林格专门针对外国读者的出口书刊，依旧对于包含犹太裔学者的科学研究贡献进行评价和推荐，这种做法一直持续到1944 年。仅通过名字的简单统计就可以发现，犹太学者的比例很高。而且对于外国读者而言，不需要证明这些学者的"雅利安"血统。

禁止或包容

1935 年 5 月施普林格出版社发布了新图书价目表，其中仍包含大量犹太学者、专家的书，但他们中的大多数人当时已经移居国外。阿诺尔德·贝利纳、尼尔斯·玻尔、马克斯·玻恩、里夏德·库朗、阿尔贝特·爱因斯坦、约瑟夫·雅达松（Josef Jadassohn）、马克斯·库尔雷因（Max Kurrein）、奥托·卢巴尔施、格奥尔格·施莱辛格、奥托·瓦尔堡（Otto Warburg）和里夏德·维尔斯泰特的书都出现过。犹太学者在自然科学领域的图书出版和发行销售仍然被容忍，因为德国科学界离不开他们。此外，还有许多专业学术图书，如"通报"系列等，既有犹太作者，也有其他作者。

1935 年 4 月 25 日帝国文学院院长发布了关于有害和不良文学作品的命令，对科学类图书的禁令做了一些澄清。命令第 1 段指出，"帝国文学院有一份清单，其中列有危害纳粹文化意志的书刊"。第 5 段"纯科学文献，被排除在这一规定之外"，还有一句，如果帝国科学、教育和人民教化部长愿意或同意，可以将相关科学图书列入禁止清单。

在这第一份命令中没有提到犹太作家。由此产生的不确定性已在本书前面阐述。直到 1940 年 4 月 15 日，另一项命令中的第 4 段中才提到禁止犹太作家，禁止出版和发行有害和不受欢迎的著作，也适用于"全犹太人或半犹太人的作品，即使它们不在有害和不良文学作品清单上。"

但是随机抽查这份禁止清单发现，施普林格出版社出版的书没有一本在被禁的书单上。相反，即使被列入禁止名单的书，也并不总是被禁止销售的。下面有几个例子说明了这一现象：

恩斯特·冯·哈纳克（Ernst von Harnack，1888—1945）是阿道夫·冯·哈纳克（Adolf von Harnack，神学家和历史学家）的儿子。自 1919 年以来一直是德国社会民主党党员。根据巴彭政府的命令，他于 1932 年被停止了默瑟堡区主席的职务，并于 1933 年根据《公务员法》被解职。1936 年，施普林格出版社出版了他的著作《公共管理实践》一书。施普林格起初将手稿校样寄给一位专家审阅。作者听从了专家的建议修改后出版。

图280：恩斯特·冯·哈纳克照片[①]

该书于 1936 年 7 月 7 日出版，两周后，施普林格出版社收到了帝国文学院院长汉斯·约斯特（Hanns Johst，1890—1978）的来信。他在信中指出："根据冯·哈纳克的政治经历和众所周知的可疑性格特征，他根本不适合评判国家社会主义的管理方式。"约斯特承认，他并不熟悉该书相关内容，但他要求施普林格出版社必须停止发行这本书，并收回所有评论和赠品。发布禁令的理由完全是根据哈纳克在魏玛共和国时期曾经的活动所得出的。对于该书被禁没有

banner Schwarz-Rot-Gold und der Eisernen Front von ihrer Gründung bis zu ihrer Auflösung angehört. Nach seiner politischen Vorgangenheit und seinen allgemein bekannten zweifelhaften Charaktereigenschaften ist v.Harnack keineswegs geeignet, das Wesen der Verwaltung im nationalsozialistischen Staat, insbesondere aber die charakterlichen Anforderungen, die an das nationalsozialistische Beamtentum zu stellen sind, zutreffend zu beurteilen.

Es muss im höchsten Grade überraschen, dass eine so stark vorbelastete Persönlichkeit der Systemzeit es überhaupt wagt, mit einem solchen Buch wieder in das Licht der Öffentlichkeit zu treten, und dass ein deutscher Verlag sich für das Werk eines solchen Autors interessiert.

Mir ist der Inhalt des Buches im einzelnen nicht bekannt; aber die Tatsache, dass laut Prospekt von einer früheren Systemgrösse Fragen erörtert werden, die heute allein vom nationalsozialistischen Standpunkt aus beantwortet werden können, veranlasst mich, Sie höflichst wie dringend zu ersuchen, jegliche Besprechung oder sonstige Hinweise auf das Buch in der Presse, insbesondere in der Fachpresse, umgehend abzustellen und das Buch selbst nicht herauszubringen.

Ich bitte umgehend um Mitteilung des von Ihnen Veranlassten.

图281：帝国文学院院长汉斯·约斯特1936年7月23日给施普林格出版社提出禁止《公共管理实践》一书出版发行的函件

[①] 恩斯特·冯·哈纳克，是阿道夫·冯·哈纳克（1851—1932，历史学家，1911 年起任普鲁士国家图书馆馆长，兼任威廉皇帝学会会长）的长子。因参与反对希特勒而被以"国家公敌"的罪名判处死刑，并于 1945 年 3 月 3 日被处决。

给出任何客观理由。但是该书已在国家登记书目中公布，也不在帝国文学委员会的禁书名单上，德国公共图书馆仍旧不动声色地将该书收藏入库。

反纳粹的德国人士卡尔·冯·奥西茨基（Carl von Osietzky）在1935年获得诺贝尔和平奖，获奖时在德国监狱中被以"政治犯"的名义监禁。冯·奥西茨基出生于汉堡，是一位杰出的和平主义者和活动家，是"不再战争"（Nie Wieder Krieg）组织的联合创始人。在20世纪20年代后期，他在《世界报》的一系列文章中，揭露了德国秘密重整军备的内幕，因此以叛国罪被判处监禁，但后来被特赦。当纳粹上台时，他再次被捕并被送往集中营。1936年获释后，他死于肺结核病。

纳粹政府为了禁止德国科学家接受诺贝尔奖，同时设立了"德国艺术科学奖"（Der Deutscher Nationalorden für Kunst und Wissenschaft）。主要目的是替代诺贝尔奖，奖金则由希特勒个人捐赠。1937年，备受尊敬的德国外科医生奥古斯特·比尔与另一位著名外科医生费迪南德·绍尔布鲁赫一起获得该奖项，同时还有威廉·菲尔希纳（William Filchner）和阿尔弗雷德·罗森贝格（希特勒的朋友和追随者）。

图282：奥古斯特·比尔（左）；施普林格出版社1938年出版的比尔的
《遗传学的新观点》扉页（右）[1]

---

[1] 奥古斯特·比尔（1907—1932），他接替恩斯特·冯·贝格曼担任柏林大学外科教授。他还设计了第一次世界大战中德国士兵佩戴的钢盔。《遗传学的新观点》是在遗传学的基础上"衍生编写"的新书。因该书反对纳粹主义观点，遭到禁止和反对。

　　但值得一提的是，获得该奖的人也遭到审核非难。例如，奥古斯特·比尔的《遗传学的新观点》，由于该书的观点与跟纳粹主义的"种族健康"思想不符，所以其他出版社拒绝出版。比尔和施普林格出版社很清楚出版这本书会有麻烦。但正如施普林格出版社在 1938 年 10 月 5 日写给作者的信中所说："你一再表示，作者和出版商会因为这本书出版而受到诋毁，我认为也是如此。但我要毫不犹豫地接受它并出版，因为我坚信您有权表达您的思想和观点。"第二天，比尔感谢他的出版商"愿意承担自己的恶名"。该书于 1938 年 11 月底出版时，比尔对该书的境遇不抱乐观态度，"只是因为它不符合当下普遍的愚昧的言论"。

　　但在 49 份专业期刊上发表的评论中，该书受到了不同寻常的欢迎。从热情洋溢的赞许，到（基于科学的）怀疑，再到拒绝。有一位审稿人这样写出了自己的意见："我所写的内容只是完成了我的审稿任务，我绝不想宣称自己同意出版，尤其是该书第一部分的内容。"当时意识形态导向的期刊没有对该书进行过多的评论。

　　总而言之，1939 年 2 月，该书很快被抢购一空。由于出版商非常清楚纳粹当局坚决拒绝再版该书，1939 年 3 月 23 日，妥耶斯·朗格联系"纳粹审查委员会"后，记录了如下官方存档的内容：

　　各党内办公室都审议了比尔的书的内容。其中一个党部既没有禁止这本书，也没有在相关媒体上发表反对的论述。如果可能，应防止。第七部交给我的那些书评已被退回。已经印刷出版的可以全部出售，但不得再印。传单中的公告宣传应停止。

　　1939 年 11 月 18 日，施普林格不得不明确告知比尔："你的小书已经卖完了，它已经实现了自己的使命与目标。这一事实要比不得再出新版的命令更为重要"。但比尔对这一决定并不满意，他给汉斯·约斯特（帝国文学委员会主席）写了一封私人信件，但他没有成功。

　　里夏德·库朗和大卫·希尔伯特，在 1937 年出版了《数学物理学方法》的第二卷，但德国审查机构认为希尔伯特是犹太人，因为名

字中含"大卫"字样。然而大卫·希尔伯特是
"普鲁士功勋奖"（Order "Pour le mérite"，普
鲁士为表彰在艺术和科学领域的最高级别奖励
之一）的获得者，并持有"雅利安人"证明。
因此该书没有被收录在"德国国家书目"中，
但在施普林格出版社 1940 年的目录中该书依
旧赫然在列。此书在二战期间销售完毕。以至
于 1945 年 1 月出版社曾考虑重印该书，但因
形势所迫，没有成功。

图283：里夏德·库朗①的
照片

　　另一个案例也表明禁书的做法是
多么难以预测。1933 年 4 月，格奥尔
格·施莱辛格在受到一些诽谤指控后
被拘留。在德国机床厂协会的干预下，
他才得以继续撰写完他的《机床的基
础、计算和构造》一书，并与小尤利乌
斯·施普林格保持联系，该书于 1936
年秋出版，共两卷，售价高达 147 马
克，并于 1942 年 2 月售罄。这是他的
众多著作中唯一一本仍在 1940 年广告
目录中刊登的作品。1934 年，施莱辛
格出狱后移居国外，先到苏黎世，后
到列日（Liège，比利时第四大人口城
市，位于荷兰边界），两年后去了英
国的利物浦并创建了机械工具研究所
（Institute for Machine Tools）。

图284：格奥尔格·施莱辛格
《机床的基础、计算和构造》扉页

　　施莱辛格和其他犹太作家的一样，在 1937 年还可以顺利收到著
作的版税，但到 1938 年底之后就不行了。妥耶斯·朗格在 1939 年 8

---

① 里夏德·库朗，与大卫·希尔伯特合著有《数学物理学方法》第 1—2 卷，由施普林格出版社出版。
库朗于 1934 年移居纽约。德国审查办公室误以为希尔伯特是犹太人，因此德国国家书目没有
此书。但在战争期间，该书销售一空。

月 23 日写给当局的一封信中提出，要求对施莱辛格的版税情况做例外处理，允许汇出款项。他计算出该书在 1938 年的外汇收入为 3 万马克。他在信中指出，如果不同意他的请求，施莱辛格"就会在英国我行我素，不遵守出版合同"。换句话说，他可以未经施普林格的批准和参与在英国出版一个版本。由于 10 天后英国与德国开战，因此该信没有得到回复。

在施普林格 1940 年的一份价目表上有一个插页，列出了 41 种在 1935 年 6 月至 1939 年 12 月未被列入禁止清单的图书。鉴于图书禁令的任意性，这一点相当令人费解。目前看来，这不可能是在编制清单时没有注意，因为禁书清单的编制一向是非常谨慎的。它甚至包含了一些 20 世纪 20 年代出版的书，而这些书名也出现在以前的目录中。特别奇怪的是，书目不仅给出了价格，还给出了重量。由于广告插页清单是经过正规排版印制的，因此印刷发行量相当大，很可能只是为了出口。这份书单表明，施普林格没有一本书在禁书清单上。

德意志第三帝国时的施普林格期刊

自 1921 年起，由卡尔·谢尔和汉斯·盖格尔主编的《物理学报》由施普林格出版社发行，并迅速成为现代物理学领域的领先国际期刊，物理学家们都喜欢在这本杂志上发表自己的基础物理学研究成果。德国科学家是这一领域的领军人物。而对于外国物理学家来说，能在《物理学报》上发表研究成果是一种荣耀。该刊自然投稿量每年保持在 40% 左右。1933 年后该刊所遭遇的发展情形，也同样适用于施普林格其他期刊。1932 年至 1934 年，页数从 5914 页减至 4800 页，减少了 20%。这主要是当时政治形势变化导致的，各国货币的大幅贬值以及人们普遍抱怨德国期刊篇幅过长、价格过高。

图书馆界，尤其是外国图书馆，对德国自然科学和医学期刊价格昂贵表现出了不满。然而其原因在于通货膨胀。施普林格同意减少期刊内容，同时把价格降低 30%。1933 年 8 月 3 日，德方同意公布价格普遍降低至少 20% 的协议，10 月 15 日至 10 月 18 日，小费迪南德和德格纳出版社（Degener Verlag）[①]的创始人赫尔曼·德格纳（Hermann Degener）以"德国图书贸易协会"的名义告知了芝加哥的美国图书馆协会（American Library Association）。这就是 1933 年 8 月 3 日的德国与美国签署的《明斯特尔协定》（Agreement of Münster）。

图285：《明斯特尔协定》（1933年8月3日）公告

然而，美国图书馆员在比较了德国期刊高昂的版面价格后，反而认为德国期刊的版面价格太低了。美国图书馆员在计算价格时没有考虑到一个重要因素，即德国期刊的印数要比美国出版的大众社会期刊的印数低得多。施普林格文献系列的期刊印数在 200 到 400 份（平均为 275 份）。当时只有诸如《生物化学通报》和《物理学报》的印数在 800 份左右。

虽然外国物理学家的投稿比例一直保持在 40%，但到 1935 年发生了重大变化。1932 年，美国、英国、法国和荷兰的物理学家在《物理学报》上发表了 93 篇论文，约占外国论文总数的 41%，而到了 1935 年却只有 19 篇，占外国论文总数的 10%。同时，北欧和东欧

---

① 德纳格出版社，1910 年在莱比锡成立，也以出版科学类期刊为主。——译者注

物理学家的文章数量从 106 篇（占非德文文章总数的 46.9%）增加到 134 篇（72.8%）。其中 1935 年的统计中有 34 篇来自苏联。

1938 年，《物理学报》的总页数进一步缩减到 2000 页，即自 1932 年以来减少了一半以上，而德国科学家文章数量所占总数量的比例则上升到 69%。当时，西方国家的物理学家只发表了 8 篇文章，而六年前则发表了 93 篇文章。日本和印度科学家的数量则翻了一番（达到了 16 篇）。德国的物理学研究所，尤其是哥廷根和柏林的研究所失去了对西方物理学家的吸引力。而美国、英国和荷兰的物理学期刊数量自 1933 年以来逐渐增加。非德国期刊的兴起至少弥补了德国期刊的损失。

1935 年，移民海外的德国的物理学家仍有可能在德国期刊上发表文章。例如，诺贝尔物理学奖得主詹姆斯·弗兰克的女婿阿图尔·罗伯特·冯·希佩（Arthur Robert von Hippe），他从伊斯坦布尔和哥本哈根寄来的文章仍然可以在施普林格的期刊上发表。之后在“曼哈顿”原子弹计划中工作的维克多·魏斯科普夫（Victor F. Weißkopf）也邮寄过文章（一直到 1934 年）。

爱因斯坦的相对论在德国物理学家中绝非禁忌。在 1934 年汉诺威举办的德国自然科学家和医生协会的大会上，维尔纳·海森堡解释说：“相对论已成为所有现代物理学不言而喻的基础，就

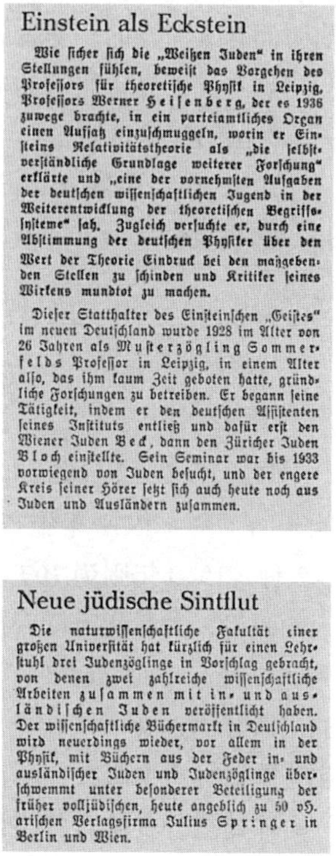

Einstein als Eckstein

Wie sicher sich die „Weißen Juden“ in ihren Stellungen fühlen, beweist das Vorgehen des Professors für theoretische Physik in Leipzig, Professors Werner Heisenberg, der es 1936 zuwege brachte, in ein parteiamtliches Organ einen Aufsatz einzuschmuggeln, worin er Einsteins Relativitätstheorie als „die selbstverständliche Grundlage weiterer Forschung“ erklärte und „eine der vornehmsten Aufgaben der deutschen wissenschaftlichen Jugend in der Weiterentwicklung der theoretischen Begriffssysteme“ sah. Zugleich versuchte er, durch eine Abstimmung der deutschen Physiker über den Wert der Theorie Eindruck bei den maßgebenden Stellen zu schinden und Kritiker seines Wirkens mundtot zu machen.

Dieser Statthalter des Einsteinschen „Geistes“ im neuen Deutschland wurde 1928 im Alter von 26 Jahren als Musterzögling Sommerfelds Professor in Leipzig, in einem Alter also, das ihm kaum Zeit geboten hatte, gründliche Forschungen zu betreiben. Er begann seine Tätigkeit, indem er den deutschen Assistenten seines Instituts entließ und dafür erst den Wiener Juden Beck, dann den Züricher Juden Bloch einstellte. Sein Seminar war bis 1933 vorwiegend von Juden besucht, und der engere Kreis seiner Hörer setzt sich auch heute noch aus Juden und Ausländern zusammen.

Neue jüdische Sintflut

Die naturwissenschaftliche Fakultät einer großen Universität hat kürzlich für einen Lehrstuhl drei Judenzöglinge in Vorschlag gebracht, von denen zwei zahlreiche wissenschaftliche Arbeiten zusammen mit in- und ausländischen Juden veröffentlicht haben. Der wissenschaftliche Büchermarkt in Deutschland wird neuerdings wieder, vor allem in der Physik, mit Büchern aus der Feder in- und ausländischer Juden und Judenzöglinge überschwemmt unter besonderer Beteiligung der früher volljüdischen, heute angeblich zu 50 vH. arischen Verlagsfirma Julius Springer in Berlin und Wien.

图286：1936年2月28日，维尔纳·海森堡在纳粹党报纸《观察员报》发表了一篇关于相对论的文章[①]

① 上图，物理学家维尔纳·海森堡的文章提到了相对论，但没有提到爱因斯坦的名字；下图，作者约翰尼斯·施塔克对维尔纳·海森堡和施普林格出版社进行了恶毒的攻击，它抨击了施普林格出版社对于众多犹太科学家的支持，指出雅利安人的施普林格出版社出版了 50% 以上的犹太人图书和“犹太学生”用书，如“新的犹太洪水”。

像经典力学或热力学一样，相对论被视为精确自然科学中永远得到证实的一部分"。不过，相对论的反对者偶尔也会在杂志上发表相关文章。因此卡尔·沃格瑟尔（Karl Vogtherr）的长篇文章分三期发表在《自然科学》上，分别刊发在第 94、95、96 期，题为"同时性（simulteneity）与相对论"。作者在序言中指出相对论为物理学引入了一个新概念，这个概念本应以物理事实为基础，但不要被赋予哲学意义。毫无疑问，作者的这些话是指海森堡早些时候在汉诺威发表的演讲而有感而发的。施普林格的《物理学报》的主编辑卡尔·舍尔将沃格瑟尔这篇异常冗长的文章留给了他的读者，因为读者们清楚地知道，德国纳粹这种对于科学发现的让步是无法避免的。

1932 年至 1938 年，《物理学报》页数减少了一半以上。与此同时，营业额也减少了一半，尤其是国外营业额的降幅大大超过了这一比例。

发展计划的制订

如前所述，从 1928 年经济衰退时期开始，施普林格的图书产量就开始下降。1932 年施普林格出版社有 377 种书出版，1935 年则为 243 种，1940 年则为 197 种。原因显而易见。由于德国纳粹对于犹太人的政策，大量优秀学者被迫移民海外，施普林格失去了许多十分优秀的作者。与此同时，许多年轻的科学家显然更喜欢远离"有污点"的出版社而选择一些新成立的公司。然而，大多数早期的作者仍然忠实于施普林格出版社，而且此间还增加了不少年轻学者。

除此之外，施普林格还缺乏质量较高的书稿。除了一些移民国外的学者不能提供优质书稿外，德国纳粹主义思想的危害也开始出现在相关专业的来稿中。《德国临床医学文献》的主编弗里德里希·穆勒在 1934 年 10 月 24 日给小费迪南德写的信中跟施普林格出版社抱怨道，"投稿数量减少，其他期刊也是如此……"他认为这主要是由于大量的新领导职位设立以及冲锋队强制大量年轻人加入纳粹党所造成的医院混乱所导致的。

《法兰克福病理学时报》的编辑伯恩哈德·菲舍尔·瓦塞尔（Bernhard Fischer Wasels）在 1934 年 10 月 27 日写给小费迪南德的信中，也有类似的观点：

我们现在主要是靠以前的积累过日子，其更大的后果恐怕会在未来产生。原因很简单，那就是现在几乎没有人进行科学工作了！科学工作在有关当局的心目中的地位如此之低，以至于我们的年轻一代即使有时间，也不再重视科学工作的价值。当然，那些非常优秀的学生，尽管遇到了种种困难，仍有让自己接受良好的教育冲动，并出于理想主义从事科学工作。但是，即使有这样的青年人，对他们来说，这也是非常困难的。因为他们还需要做其他不必要的事情。如果在高级职位的任命与升迁方面不进行彻底的改革，如果科学研究成就的价值不重新得到重视，那么在未来将会产生更有害的影响。

施普林格出版社图书产量下降最明显的领域是法理学和政治科学[1]，另一个下降明显的领域就是社区和社会政策[2]。其他下降的还有农学和林学、生物学和人类学。

表16：施普林格出版社四个不同时期的图书出版情况

主题	1927—1932			1933—1935			1936—1938			1939—1944		
	种类	占比/%	排名	种类	占比/%	排名	种类	占比/%	排名	种类	占比/%	排名
1医学	905	34.5	1	226	30.3	1	238	30.8	2	324	32.1	2
2工程	864	32.9	2	218	29.2	2	253	31.9	1	421	41.8	1
两项合计	1769	67.4		444	59.9		491	62.7		745	73.9	
3法律政治科学	162	6.2	3	42	5.6	4	23	2.9	7	12	1.2	9
4地方政府政治科学	109	4.2	4	36	4.8	5	27	3.4	6	9	0.9	12
5农学林学	85	3.2	5	19	2.5	1	5	0.6	14	8	0.8	13
6物理天文	80	3.1	6	30	4.0	3	20	2.5	9	42	4.2	5
7生物	78	3.0	7	28	3.8	3	14	1.8	11	13	1.3	8
8交通和信息	64	2.4	8	43	5.8	3	49	6.2	2	47	4.7	4
9数学	53	2.0	9	23	3.5	8	18	2.3	10	10	1.0	11
10化学	52	2.0	10	18	2.4	8	21	2.6	8	33	3.3	6

① 对施普林格出版社而言，此领域是继医学和工程学的第三大重要领域。
② 该领域从 1927 年和 1932 年的 271 种下降到了 1939 年和 1944 年的 21 种。

续表

主题	1927—1932			1933—1935			1936—1938			1939—1944		
	种类	占比/%	排名	种类	占比/%	排名	种类	占比/%	排名	种类	占比/%	排名
11药理学	51	1.9	11	7	0.9	13	9	1.1	12	11	1.1	10
12自然科学	45	1.7	12	22	3.0	10	28	3.5	5	23	2.3	7
13地理气象学	43	1.6	13	25	3.4	9	83	10.5	3	49	4.9	3
14人文	35	1.3	14	6	0.8	14	6	0.7	13	6	0.6	14
总计	2626			746			794			1008		
年度平均	438			249			265			168		

注：1945 年 1 月至 3 月，仅有 30 种图书生产（其中 15 种为工程图书，11 种为医学图书，物理和自然科学各有 2 种图书）

很明显，施普林格出版社在涉及意识形态敏感话题时相当谨慎。因为出版社在这些内容方面可能会与审查人员发生冲突，或者必须接受符合统治意识形态的内容。也有一种可能是这些领域的一些作者不愿意将他们的手稿交给一家与纳粹思想有如此距离的出版社。

尽管如此，施普林格出版的书中还是留下了纳粹时代的印记。不仅有受当时时代社会思想影响的段落的书，还包括委托出版的书。例如汉斯·赖特在 1933 年 10 月 1 日被任命为帝国公共卫生部长。他向施普林格出版社提交了一份关于其部门活动的报告《帝国公共卫生部报告（1933—1939）：六年间的国家社会主义领导经验》[1]，这本书的扉页插图是作者的照片。施普林格出版社自 1885 年起就是德国公共卫生部委托的出版商，所以此时不可能拒绝出版这本令人尴尬的书。

在当时的德国科学出版商中，接

图287：尴尬的时代产物，施普林格出版社受委托出版的《帝国公共卫生部报告（1933—1939）：六年间的国家社会主义领导经验》扉页[2]

---

① 1933 年 10 月 1 日，时任主席汉斯·赖特（Hans Reiter）给了该书手稿，其中 80% 内容为他的自述。
② 此间施普林格并不是帝国卫生部的委托出版社，只不过由于历史的原因，不得不出版该书。

受演讲稿的投稿并不常见。而且德国的科学出版商通常不会让公司员工审阅来稿，仅仅是必要时编辑一下。自 1933 年起，只有在作者不为出版社所知的情况下，或者在主题非常重要的情况下，出版社才会采用同行评审的方法。例如恩斯特·冯·哈纳克的著作出版就是这样，即使是有专家推荐人的评论也不能保护这本书不被查禁。

　　早在纳粹提出"种族卫生"这一主题之前，施普林格就在遗传学领域出版了多卷本的《人类遗传学通报》，主编为施普林格出版社邀请的格赖夫斯瓦尔德大学（Greifswald University）的动物学家金特·尤斯特（Günther Just）。施普林格出版社还出版了许多关于遗传学的书，例如里夏德·戈尔德施密特撰写的《遗传科学》《遗传的定量基础和分类》和弗拉迪斯拉夫·鲁日奇卡的《还原与遗传》。鲁日奇卡与阿道夫·布特南特一起获得了 1939 年的诺贝尔化学奖。

图288：遗传学家弗拉迪斯拉夫·鲁日奇卡1939年获得诺贝尔化学奖[1]

　　因为该系列仍在继续出版，所以在 1937 年《人类遗传学通报》实施的过程中，施普林格给 88 位作者的约稿函中明确地提出，"种族卫生问题自然应在若干章节中加以考虑，但它们并不属于该系列的中心内容"。尽管如此，施普林格出版社显然还是有所顾虑。在写给出版社的作者、病理学家罗伯特·德尔（Robert Doerr）的信中说道："如果这样一本《通报》出现在一家科学出版社，而这家出版商却不是为日常社会潮流服务，而是为科学知识服务，那么它的计划，尤其是合作者的选择，以及主体内容、目标，在国内外要都能成为进一步研究或将研究成果应用于实际问题的基础。但在我的印象里，所附的内容清单和某些划分对象上都不尽如人意，尤其是在作者的选择方面。"他在信中再清楚不过地表达了自己的观点。

　　但是取消该项目不再可能，因为假如取消或者暂停该项目，施普

---

① 弗拉迪斯拉夫·鲁日奇卡（1887—1976），瑞士化学家，发现了性激素。而鲁日奇卡与阿道夫·布特南特（1903—1995），成功地分离了雌激素和雄性激素，两人因此获得了1939年的诺贝尔化学奖。

林格出版社必须向作者和当局解释清楚为什么。出版社的疑虑后来被证明是有道理的。当第一批稿件交给排版商时，压力变得更大了。1940 年"通报"出版的第一卷序言指出，尽管约稿函中表达了这样的观点"种族生物学和种族卫生学问题触及了我们的日常生活"，但是交上来的稿件在"许多章节都涉及种族生物学和种族卫生学问题"。小费迪南德估计没有看全部稿子，或者看了也不可能让作者修改那些符合纳粹意识形态的内容。尽管大多数文章由于主题或作者态度的原因，都没有引用时事案例，但有些段落赞同或者是符合纳粹主义观点。该卷印数为 5000 份。

大量作者和编辑的流失在医学领域尤为明显。医学是自 20 世纪 20 年代以来人员流动最大的部门。许多大型手稿当时已经出版，人们对新的医学类图书持谨慎态度。从 20 世纪 20 年代起，施普林格出版社在医学领域的图书出版营业额达到了史上最高峰。然而当一些作者、编辑被驱逐后，出版社对新期刊的创立就非常谨慎了。但是也有两个例外，例如施普林格在 1938—1939 年出版的《细菌研究通报》，奥斯瓦尔德·布姆克和奥特弗里德·弗尔斯特主编的《神经医学通报》在 1935—1937 年出版了 17 卷。蒂图斯·兰茨（Titus von Lanz）和维尔纳·瓦克斯穆特（Werner Wachsmuth）所著的《实用解剖学》，计划编撰 9 卷，其中 2 卷在 1935—1938 年出版面世。

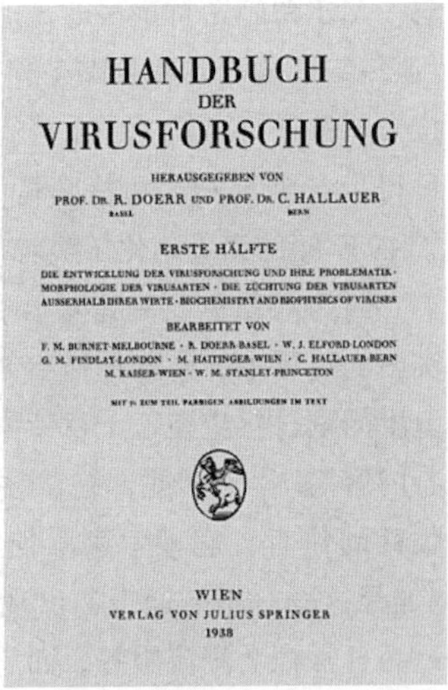

图289：由罗伯特·德尔和库尔特·哈劳尔（Curt Hallauer）主编的《细菌研究通报》包含了多个语种

其他领域出版品种增加的还有地理学和气象学。德国国家气象服务办公室（Reichsamt für Wetterdienst）和气象学和地球动力学中央办公室（Zentralanstalt für Meteorologie und Geodynamik）委托施普林格出版社出版了其机关刊物。交通和通信领域的出版数量有所增加，但规模都很小。

在工程科学领域，犹太科学家的外流并不那么明显。但重要的作者、编辑和科学顾问确实都流失了，如格奥尔格·施莱辛格、赖因霍尔德·吕登贝格（Reinhold Rüdenberg）和马克斯·库尔雷因等人都移居国外。当然，更为严重的是 1935 年小尤利乌斯·施普林格被迫离开，是施普林格出版社的一大损失。在过去的 30 多年里，他几乎一直专注于工程学方面的出版工作。

那些多年来一直为公司提供咨询建议的兼职科学家们，现在可以全身心地为公司发展献计献策。1934 年，海因里希·杜贝尔因政治分歧辞去了教授职位。现在他比以前有更多的时间关注施普林格发动机制造方面的出版规划。卡尔·波尔豪森（Karl Pohlhausen）成为施普林格出版社电气工程方面的全职顾问。费迪南德·施莱歇，这位汉诺威技术学院的教授，现在负责施普林格的建筑工程领域的出版规划。

保罗·罗斯鲍德（Paul Rosbaud，1896—1963）于 1936 年 5 月成为施普林格一名固定工资的顾问。他是小费迪南德·施普林格特别重要的顾问。他是冶金专家，与工业界和研究机构有着良好的关系。由于他反对纳粹主义，这一点他几乎毫不掩饰自己的态度，因此他有机会接触到自 1933 年以来越来越多地避开德国出版商的外国科学家和相关领域的学者。除工程学外，罗斯鲍德还负责物理学和化学领域的规划。为此，他还向弗里茨·施蒂弗特（Fritz Stüffert）提供了很多重要建议。施蒂弗特在贝利纳于 1933 年被迫退出后，接任《自然科学》杂志主编一职。正是

图290：保罗·罗斯鲍德，在尤利乌斯离开后负责施普林格出版社工程学领域出版，同时还负责物理和化学[1]

---

[1] 保罗·罗斯鲍德是德国著名指挥家汉斯·罗斯鲍德的兄弟。他曾在 1939 年将施普林格出版社出版的阿道夫·贝克的著作《镁及其合金》一书交给了英国驻奥斯陆使馆，其中包含有德国核试验的相关信息。而贝克的书出版后不久就被德国官方列为"禁书"。与德国官方的评价相反，尤利乌斯·施普林格在其 1946 年 1 月的推荐信中写道："根据我的经验，罗斯鲍德博士是一个品格高尚的人。他对纳粹恨之入骨。他的妻子是犹太人，因此在战争爆发前，他带着妻子和女儿去了英国。我知道，在战争期间罗斯鲍德博士一直在努力减轻法国战俘的痛苦，甚至不惜牺牲自己。他忠实地支持我。由于我的出身，在我离开公司后是他保持着我与公司的秘密联系。总而言之，没有比保罗·罗斯鲍德更好、更正直的人了。"

罗斯鲍德，通过他与奥托·哈恩的友谊，提前得到了哈恩的提醒，并确保了哈恩与弗里茨·施特拉斯曼关于人类第一次成功实施核裂变实验的报告，在 1939 年 1 月 6 日的《自然科学》杂志上首发。

表 17 的出版物清单显示了施普林格作为一个科学出版社在科学技术领域发展计划的重点。它还清楚地说明了施普林格出版社在德国纳粹时代是一个重要机构的原因，而不仅仅是一个外汇收入的贡献者。这些出版物非常具有实践价值和现实意义，不仅有助于国家更加自给自足，而且还有助于德国重整军备发展。

1936 年，施普林格出版社的图书种类又增加了 119 种，因为其收购了奥托·斯帕默技术出版社（Otto Spamer Technik Verlag），后者专注于冰箱和空调技术方面的图书出版。

1933 年 12 月 13 日，德国纳粹政府发布了禁止成立新期刊的命令。1935 年 3 月 31 日，禁令解除，取而代之的是强制性许可证制度。不巧的是，施普林格出版社创办了一些新的期刊。如 1936 年的《德国军医》和《航空旅行医学》，1937 年的《木材科学和应用技术》与《电子技术报告》，1939 年的《光谱学期刊》与 1940 年的《塑料技术与应用》。至于维也纳分社则在 1937 年创办了《显微化学期刊》，在 1939 年创办了普吕格的《人类与动物生理学档案》杂志。

施普林格出版社的财务状况（1933—1938）

1934 年 4 月 20 日，德国出版协会针对 1933 年的出版情况做了份机密报告，认为纳粹上台后的相关政策"对德国自然科学的出版社而言，要求图书出版必须符合当下的意识形态的做法，造成了德国图书价值大幅下降，而这些图书本来的利润是很高的"。这些话不加任何修饰地描述了纳粹主政后德国社会第一年的经济状况。然而施普林格出版社的出版品种由于不那么依赖于"时代趋势"，尽管纳粹推行的"雅利安化"对科学出版业也产生了影响，但与其他出版机构相比，施普林格出版社在经济上相对没有受到什么影响。

表17：随着工程技术领域的发展变化，在保罗·罗斯鲍德（Paul Rosbaud）的领导下，1936年以后相关工程领域出版项目也随之进行了相关调整

1.《空气动力学原理》，威廉·弗雷德里克·杜兰德编辑，6册，1934—1936

2.《金属材料分析》，德国冶金学家和矿工协会的专业化学委员会编辑，1942

3. 曼弗雷德·冯·安德纳：《电子超级显微镜》，1940

4. 卡尔·拜林，卡尔·德拉科普夫：《爆炸物和点火装置：聚焦地下爆破，1936

5. 布吕歇·恩斯特，阿尔弗雷德·雷克纳格尔：《电子元器件：原理和分类》，1941

6. 约瑟夫·塞巴斯蒂安·卡默雷尔：《工业中的热冷绝缘》，1938

7.《德国电视技术的新发展》，弗里茨·施罗特编辑，1937

8.《钢结构领域研究论文集》，德国钢铁协会编辑，6册，1938—1943

9. 理查德·富克斯：《空气动力学理论》，1935

10.《照明技术通报》，鲁道夫·斯威格主编，1938

11.《材料测试通报》，[①] 郝奥苏·西贝尔编辑，4册，1939—1944

12. 马克斯·汉森：《双层合金的构造，重点评论》，1936

13. 霍尔姆·拉格纳：《电气接触的物理工程技术》，1941

14. 路德维希·霍普夫：《飞机的机械构造》，1934

15. 爱德华·欧德蒙：《特殊钢材使用通报》，1935/1943

16. 威廉·于尔根斯迈尔：《滚动轴承》，1937

17. 弗朗茨·科尔曼：《木材使用技术》，1936

18.《施工标准》，恩斯特-奥古斯特·科尼利厄斯编辑，6册，1939—1942

19.《无线通信工程学习手册》，尼古拉·科尔申涅夫斯基，威廉·朗格编辑，3卷，6个部分，1940/1943版

20. 奥斯维格·吕蒂格：《煤炭的行业组织》，1937

21.《镁及其合金》，阿道夫·贝克编辑，1939

22. 格奥尔格·马辛：《冶金学的基础》，1940

23.《煤和钢铁研究公司通报》，煤炭和钢铁研究有限公司编辑，3册，1935—1941

24. 海因茨·诺伊贝尔：《应力集中理论：精确应力计算的基础》，1937

25. 鲁道夫·尼切，格哈德·普费斯托夫：《电子绝缘材料的检测和评估》，1940

26. 维尔纳·尼思贝格：《电机的检验》，1940

27. 欧根·普罗沃阿斯基：《高纯度铸铁特性及实验物理冶金学》，1942

28. 弗朗兹·拉帕特兹：《不锈钢材》，1942

29.《纯金属与应用金属学专集》，维尔纳·科斯特编辑，10卷，1937—1943

30. 罗伯特·绍尔：《气体动力学的理论介绍》，1942

31. 古斯塔夫·施马尔茨：《技术表面学：技术物体边界表面的形状与特性》，1936

32. 奥古斯特·西格尔：《铁和非铁金属的腐蚀》，1938

32. 威廉·施帕特：《物理机械的材料测试》，1938

33. 马克西米利安·尤利乌斯·奥托·施特鲁特：《现代短波接收技术》，1939

34. 马克西米利安·尤利乌斯·奥托·施特鲁特：《现代多极晶体管》，2卷，1937，1938

35.《技术物理学专题》，瓦尔特·迈斯纳，吉勒·霍尔斯特编辑，5卷，1939—1942

36. 尤利乌斯·瓦洛特：《引入弱电流技术理论》，1940

37. 瓦塞尔曼·金特：《金属材料的纹理》，1939

38. 弗里茨·魏尼希：《螺旋桨的空气动力学》，1940

---

① 原文所缺名字已补。——译者注

德国出版协会之后几年的机密报告依旧语气沉重。由于文化领域的资助减少，图书市场也不景气，海外市场情况也类似。虽然1937年情况稍微好转，但报告依旧抱怨科学领域的资助很低。等到1938年情况有明显的改善后，报告仍然认为，"图书馆与研究机构的经费投入、高校里的讲师与年轻科学家的经济情况依旧没有改善"。

图291：曼弗雷德·冯·阿登（Manfred von Ardenne）的《放大器测量技术》，由施普林格出版社1944年出版，之后被翻译成为俄文、英文、日文等[①]

虽然工业界的技术工人更乐意购买实践类图书，促进了施普林格出版社的销售，然而1933年起，学生人数大减，教材和其他学生用书的销售则更难。1932年总共有127580名本国与海外学生在德国学习进修，到了1935年则成了72802名，1939年则只有56477名，比1932年降低了一半以上。这种变化的原因，一方面是1915—1919年德国人口的低出生率。比如1933年12月，女性学生的人数降低了10%。随着失业人数的逐渐减少，在私营部门（或纳粹党组织的机构）找到工作的机会也增加了，私企或政府机构的失业率在加速降低。另一方面，犹太人进入学校读书的人数大大超过了他们在人口中所占的

---

① 曼弗雷德·冯·阿登，1907年出生，年仅22岁时就出版了《放大器测量技术》一书，1944年又出版了《电子超级显微镜》，是二战期间施普林格出版社的青年作者。

比例，但是“雅利安化”大幅限制了犹太学生进入学校读书的人数，所以导致德国在校学生人数的大幅降低。

1932 年施普林格出版社的营业额为 1060 万马克，其中 64%（包括赫什瓦尔德）来自于出口。除某些限制外，出口收益是施普林格一直在纳粹时期得以继续经营的主要原因。虽然新图书的种类自 1932 年以来一直减少，但直到 1938 年施普林格的营业额一直保持不变（参见表 18）。出口比例自 1932 年以来一直在下降，但原因是多方面的。德国犹太裔学者、科学家被驱逐出境，外国科学家在德国公司发表论文越来越谨慎，以及由此导致的外国出版机构与德国出版机构的竞争加剧等等。世界各国对于纳粹政府的抵制措施也产生了不小影响。此外还有经济方面的原因。在当时的货币条件下，德国的图书和期刊价格几乎不再具有竞争力。最后，这些因素推动了德国之外的其他国家、地区的老牌期刊、图书出版机构的发展崛起，同时也推动了德国之外一些新期刊的创办。因为德国之外的期刊、出版社会出版犹太学者、科学家的书稿和研究成果。

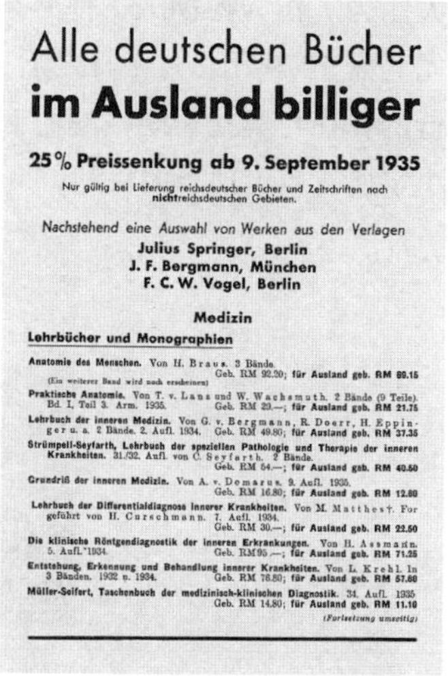
Alle deutschen Bücher
im Ausland billiger

25% Preissenkung ab 9. September 1935

Nur gültig bei Lieferung reichsdeutscher Bücher und Zeitschriften nach **nichtreichsdeutschen Gebieten.**

Nachstehend eine Auswahl von Werken aus den Verlagen
Julius Springer, Berlin
J. F. Bergmann, München
F. C. W. Vogel, Berlin

Medizin

Lehrbücher und Monographien

Anatomie des Menschen. Von H. Braus. 3 Bände. Geb. RM 92.20; **für Ausland geb. RM 69.15**
(Ein weiterer Band wird noch erscheinen)

Praktische Anatomie. Von T. v. Lanz und W. Wachsmuth. 2 Bände (9 Teile). Bd. I, Teil 3. Arm. 1935. Geb. RM 29.—; **für Ausland geb. RM 21.75**

Lehrbuch der inneren Medizin. Von G. v. Bergmann, R. Doerr, H. Eppinger u. a. 2 Bände. 2. Aufl. 1934. Geb. RM 49.80; **für Ausland geb. RM 37.35**

Strümpell-Seyfarth, Lehrbuch der speziellen Pathologie und Therapie der inneren Krankheiten. 31./32. Aufl. von C. Seyfarth. 2 Bände. Geb. RM 54.—; **für Ausland geb. RM 40.50**

Grundriß der inneren Medizin. Von A. v. Domarus. 9. Aufl. 1935. Geb. RM 16.80; **für Ausland geb. RM 12.60**

Lehrbuch der Differentialdiagnose innerer Krankheiten. Von M. Matthes†. Fortgeführt von H. Curschmann. 7. Aufl. 1934. Geb. RM 30.—; **für Ausland geb. RM 22.50**

Die klinische Röntgendiagnostik der inneren Erkrankungen. Von H. Assmann. 5. Aufl. 1934. Geb. RM 95.—; **für Ausland geb. RM 71.25**

Entstehung, Erkennung und Behandlung innerer Krankheiten. Von L. Krehl. In 3 Bänden. 1932 u. 1934. Geb. RM 76.80; **für Ausland geb. RM 57.60**

Müller-Seifert, Taschenbuch der medizinisch-klinischen Diagnostik. 34. Aufl. 1935. Geb. RM 14.80; **für Ausland geb. RM 11.10**

(Fortsetzung umseitig)

图292：宣布所有德国图书以25%的折扣在国外销售的广告传单（1935年，8页）①

为了改善德国马克在出口方面的不利汇率（即汇率过高）的状况，1935 年 9 月，德国政府通过了一项出口均衡机制。根据这一机制，德国书刊的出口价格可降低 25% 。但是鉴于德国马克币值过高，这一降价并没有大大提高兑换率。而且大部分补贴由政府支付。补贴制度由德国图书贸易协会的经济部控制，该组织隶属于帝国文学协会。在第二次世界大战期间，经济部还负责管理纸质图书的发行，因此相关政策的作用不大。

① 该传单提供了施普林格及其两家子公司的部分图书。采取这一措施是为了应对世界范围内的货币贬值。政府向出版商支付经济补贴，使这一减价成为可能。

施普林格维也纳分社（1933—1938）

直到 1938 年奥地利被德意志帝国吞并前，施普林格维也纳分社并没有受到德国许多规定的直接影响。从理论上讲，尽管有许多书在德国被禁止出版，但在维也纳仍然可以出版销售。由于小费迪南德·施普林格是维也纳公司的拥有人，在小尤利乌斯·施普林格之后，当地的总经理奥托·朗格成为共同所有人。然而，他也面临着巨大压力。作为德国人，他必须遵守现行法规，即使是他的外国公司。尤其是 1929 年 7 月 1 日之后，维也纳的全部出版物都是柏林对外发行的。在与奥托·朗格的通信中表明，小费迪南德·施普林格保留了决定所有政治项目的权利。

图293：奥托·朗格[①]

从威廉·鲍尔——纳粹党官方出版社弗朗茨-埃尔出版社社长——1935 年 8 月 30 日写给帝国文学院院长汉斯·欣克尔（Hans Hinkel）的信中可以看出，维也纳分社的出版活动受到了极大的怀疑。对于鲍尔来说，施普林格出版社是"非雅利安人"出版商，他对此表示怀疑，因为施普林格出版社正在"通过其维也纳分支机构，出版那些在柏林无法出版的图书"。这一说法可能是基于以下事件。

例如 1935 年出版的伯恩哈德·佐戴克（Bernhard Zondek）的《卵巢的荷尔蒙和垂体前叶》，1936 年出版的萨穆埃尔·格拉施比

[①] 奥托·朗格是妥耶斯·朗格的兄弟，负责施普林格的市场推广工作并拥有施普林格的授权书。1924 年，他被任命为新成立的维也纳分社负责人，并维持施普林格度过最为困难的时期，直到 1967 年去世。

（Samuel Glasscheib）的《普通放射学》。这两本书就是在首版面世遭禁后，在 1935 年的目录中被列为维也纳著作。现在还无法确定，是这份目录和赫什瓦尔德书店提供的新版引起了其他书店或出版社同行的警觉，还是被收到书目的医生举报。无论如何，这家书店受到了强烈谴责，他们再也不敢做类似的事情了。

图294：古斯塔夫·拉德布鲁赫（1878—1949），他曾受邀为《法律与政治科学百科全书》撰稿。1935年其撰写的法学家安塞尔姆·费尔巴哈（Anselm Feuerbach）的传记在施普林格出版社维也纳分社出版

施普林格维也纳分社出版费尔巴哈传记的案例可能是一个擦边球。古斯塔夫·拉德布鲁赫曾是德国国会的社会民主党议员，曾两度担任帝国司法部部长，1926 年起担任海德堡大学的法律研讨班的教授。1933 年 4 月 29 日因为《公务员法》被辞退。拉德布鲁赫所著的保罗·约翰·安塞尔姆·冯·费尔巴哈（Paul Johann Anselm von Feuerbach）[①]的传记在德国出版是不明智的，因此 1935 年转到施普林格维也纳分社出版。同年出版的还有卡尔·波佩尔（Karl Popper）的《科学发现的逻辑》。两本书都被列入了施普林格 1935 年的柏林书目价目表，但这两本书在 1939 年 12 月的价目表中均未提及。

正如 1939 年 12 月的价目表中的插页所表明的那样，施普林格维也纳分社还出版了其他一些在德国无人问津的书。在 1933 年后出版的 35 种图书中，有 19 种是维也纳出版的。除了医学、物理学和法

---

① 保罗·约翰·安塞姆里特·冯·费尔巴哈是德国 18 世纪末至 19 世纪初著名的刑法学家，被誉为德语区现代刑法学的鼻祖。——译者注

律书外，还有埃里克·福格林（Eric Voegelin）的《极权主义国家》（1936）。令人惊讶的是，另一本不受欢迎的威廉·罗普克（Wilhelm Röpke）的《经济学教学》（1937）也在维也纳分社出版了。纳粹当局缺乏货币，关于货币等经济学方面的书也使意识形态方面的疑虑加重了！

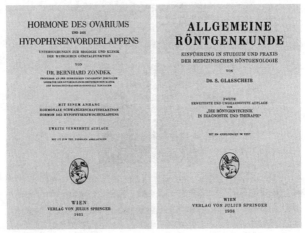

图295：《卵巢的荷尔蒙和垂体前叶》扉页（左）；《普通放射学》扉页（右）①

第二次世界大战期间

在第二次世界大战发生前，施普林格最后一本书目的编辑截稿日期为1939年12月，前言指出，"本价目表直接沿用了1935年5月的最后一版"。之后的新书目大多都1935年以后出版的书。犹太作者的作品偶尔也被收录，例如约瑟夫·雅达松的《皮肤病和性病通报》，尽管该书早在1933年就被纳粹当局列为禁书，只不过书目中作者的名字被省略了。已移居国外的犹太作者所著的书，如里夏德·库朗、莉泽·迈特纳、里夏德·冯·米泽斯或格奥尔格·施莱辛格等人的著

① 两部书的第一版均在柏林出版。由于纳粹政策限制，犹太作者的新版书在德国已无法出版，施普林格出版社维也纳分社只好接手。封面、封底均有维也纳印刷厂的名字，并注明"奥地利制造"等字样。

作都在书目的插页补充目录中。补充目录中还有莱昂·阿舍，他是费迪南德·施普林格在伯尔尼的父辈朋友和长期顾问。作为瑞士公民，他没有立即受到德意志第三帝国歧视性法律的限制。

1937 年的版税仍可转交给国外的犹太作者，因为还没有受到战争年代的历史影响。1941 年 11 月 25 日纳粹当局颁布的《帝国公民法》第十一条规定（Eleventh Regulation of the Reich Citizen Law），所有仍然保留并盈利的所有权都成为帝国的财产。任何财政义务，包括版税，都必须提交给柏林的上级财政主席团（第 7 节）。任何故意或疏忽违背这一通知义务的人，将被处以最长三个月的监禁或罚款（第7.1 节）。施普林格将所欠版税全数上交，包括欠马克斯·玻恩的版税。施普林格出版社专门请求当局给施莱辛格出版社的稿费破例。因为外汇的收入相当于 3 万马克。按照新规定需要由施普林格寄给税务局。在战后，这些上交的版税作为赔款的一部分被还给了作者。

> Das vorliegende Preisverzeichnis schließt an die letzte Aus-
> gabe des Verzeichnisses vom Mai 1935 an. Es enthält auch die
> Werke des Verlages Julius Springer, Wien, J. F. Bergmann,
> München, F. C. W. Vogel, Berlin, sowie die am 1. Januar 1937 über-
> nommenen Werke aus dem Otto Spamer Verlag GmbH., Leipzig.
>
> Die gesamte Auslieferung und Abrechnung für
> Berlin, München und Wien erfolgt nur von Berlin aus.
>
> Die Lieferung erfolgt auf Grund der „Buchhändlerischen Ver-
> kehrsordnung".
>
> Die Zahlungen aus dem Ausland müssen in Devisen oder freien
> Reichsmark erfolgen, gegebenenfalls auch auf offizielles Verrech-
> nungskonto. Reichsmarknoten, Scheidemünzen, Briefmarken, Sperr-
> guthaben gelten in keinem Falle als freie Reichsmark.

图296：施普林格出版社1944年2月推出的新书目表，注明与1935年的书目表一致，它
还宣布所有出版物将从柏林发出

德国出版业的新书出版量，在 1938 年至 1939 年共减少了 25%，1942 年则更是只有 1938 年的一半，但依旧有两万种新书出版。但再版重印的种类从 5300 种上涨到了 10300 种。这种变化意味着开支的减少，以及必要技术的减少和人员能力的降低。

尽管施普林格的生产品种量自 1928 年以来持续下降，但公司的

国内营业额却自 1938 年以来持续上升（参见表 18）。

表18：施普林格出版社1938年至1942年的盈利额（单位：千马克）

年份	1938	1939	1940	1941	1942
国内盈利额	6070	6481	412	9108	14825
出口盈利额	3414	3339	2955	2136	2022
总量	9484	9820	10367	11244	16847
出口占比/%	36.0	34.0	28.5	19.0	12.0
营业额同比增加/%	5.9	6.8	14.4	22.9	62.8

由于新书品种数量少，图书馆开始填补经济衰退时期出现的空白。斯特拉斯堡和波森这两所"新"大学，之所以被称为"新"，因为这两所大学在 1919—1939 年几乎没有购买过德国科学文献。同样，奥地利和被德国新占领国家的大学图书馆也需要迎头赶上。此时由于无法再进口外国书刊，德国的出版机构出版物生产实际上受益匪浅。

加上现存的剩余购买力，私人可以购买以前没有能力购买的书。最后，书目结构的改变也是一个因素。施普林格出版社出版的实践类图书数量大增，而学术基础研究类书刊则大幅减少，这也助长了德国国内营业额的上涨趋势。

施普林格集团的营业额在那些年里仍然很高。包括维也纳分社和赫什瓦尔德书店，1933 年至 1938 年的总营业额为 8500 万马克，即平均每年 1400 万马克，其中一半来自于出口。

然而，如前所述，自 1933 年以来，出口品种一直在逐步下降。1940

图297：德国出版协会1943年公布的《战争损失图书赔偿准则》①

---

① 二战爆发后，日益增长的空袭的次数导致房舍和运输工具的破坏日益严重，特别是对于较大的出版社来说而言，有必要成立专门的部门来处理因战争而使图书遭受损失等的索赔与补偿等事宜。

年至 1941 年出现了明显的中断，主要是东欧地区不再有任何销量。1932 年，东欧依旧占科学图书出口的 3%，到了 1941 年 6 月，运往东亚（尤其是日本）的图书仍可通过西伯利亚铁路运输，但这些在 1941 年德国发动对苏战争后不复存在，此后这条出口运输路线也已被封锁。同时任何依靠海运的出口都被英国海军封锁了。目前德国出版物的唯一的买家是欧洲中立国，即瑞士、瑞典、西班牙、葡萄牙和土耳其。盟军通过这些国家的图书贸易订购研究德国需要的书籍和期刊。

随着德军占领的国家越来越多，巴尔干地区所需要进口的英法图书就很少了。正好德国的自然科学图书可以借机作为文化影响力的工具而被推广，此时图书生产就突破了 1943 年以来不允许采用高级纸张印刷和用布面封皮（book cloth）包装的限制。这种做法早在 1941 年第三季度的经济形势报告中也明确提到过。报告撰写者格哈德·门茨（Gerhard Menz）认为，特别是对精密科学文献的出版商而言，图书装帧起着特殊的作用。"自然科学出版社应该在国际文化影响上发挥重要作用，为在国际市场上竞争，不仅内容要好，封面也得精美。如果医学和自然科学方面的书是用劣质纸张印刷的，那么我们就很难在持久的出口方面取得成功。"

但是二战爆发之后，随着出版物印制原材料配给制的实施，特别是 1942 年开始，原材料（纸张、纸板、印刷油墨、零部件）供应紧张的现象日益恶化，仅有个别出版社的纸张供应还能保证。在战争期间，"雅利安人"的出版物事实上几乎难以出口到其他国家，而原本对于"其他犹太文学作品"的禁令在 1942 年 12 月 31 日失效。在此之后，只有在正式声明中确认图书用于科学目的，此类图书才被允许出售。这点较容易做到。即使如此，施普林格还是认为将犹太作者的书单独存放在公司的地下室，暂时不对外出售是明智之举。

事实上，妥耶斯·朗格于 1943 年 2 月 22 日写给位于明斯特的阿申多夫出版社（Aschendorff Verlags-buchhandlung）的爱德华·胡佛（Edward Hüffer）的信中说道："关于出售犹太学者的科学文献问题，我仍在与外交部联系，但尚未做出最终决定。"但事实是，1943 年 1

月 1 日之后虽然按照禁令不得再出售了。然而迄今为止，仍有人在出售这些出版物，这表明这些出版物是在获得了相关部门销售许可的情况下才出售的。德国宣传部在 1943 年 3 月 15 日的一封信中确认了这一例外行为是存在的。但是没有找到进一步的明确指示。

根据 1940 年 4 月 1 日的一项绝密命令，所有出版商必须将他们的出版计划上报德国宣传部。例如关于战争经济的著作。每个书名的描述不得超过两页。1940 年 4 月 26 日，另一份详细的通知解释了这一命令，同时再次强化了这一命令。

命令中"战争经济文献"（War Economy Literature）一词给施普林格带来了影响。其中主要是如何确定和理解这一词的范围：化学和物理学的基础研究类图书是否包括在内？工程科学方面的书是否必须上报公布？但是询问之后的答案是有时需要，但何时需要由出版商自己决定。事实上在施普林格公司的出版档案中，只有极少数的书刊是公司根据当局的命令精神出版的，同时也没有发现施普林格出版社因没有遵守该命令而受到当局谴责的案例。

在 1941 年 6 月 16 日的出版商协会机密报告中，对书稿的提交提出了进一步的正式要求。例如，稿件必须使用"结实的纸张"，这一条件是否还能满足，其实已经是个问题。因为战时德国实施纸张配给制。与许多关于图书规划和手稿审查的规定一样，实际上很少有出版社是按照"结实的纸张"要求来处理手稿的。

战争初期开始实行的纸张配给制起初对生产没有明显影响，直到 1941 年中，每个出版商都有分配的总量。就施普林格出版社而言，随着生产量的减少，配给制的纸张显然是足够的。时任"德国图书贸易经济部"主任的保罗·霍维尔对于施普林格比较袒护，通常只需提及施普林格的出口比例，其申请的纸质配给数量就会得到批准。施普林格出版社的处境也相当有利，因为由于印数低，所需数量相对较少。除教科书外，所需的纸张成本仅占营业额的 6%。

小费迪南德被迫离开

在 1938 年 11 月 9 日的"水晶之夜"事件[①]之后，纳粹党直属出版社社长威廉·鲍尔向保罗·霍维尔抱怨说，他没有抓住这个机会拆除施普林格出版社，从而迫使小费迪南德·施普林格退休。霍维尔将这一说法私下告诉了妥耶斯·朗格。朗格立即与帝国经济部取得了联系，经济部明确指示帝国文学委员会必须确保施普林格出版社不间断地继续经营下去。国家不能没有外汇出口收入。

图298：费迪南德·施普林格参议员的半身铜像（1907）[②]

1941 年 3 月 27 日纳粹当局又发布了一项命令，要求使用犹太人名字的公司必须在 7 月 15 日之前更改。因此，出版社自成立以来的正式名称必须改为"Springer-Verlag"。至于商标，首字母缩写 JS 的必须改为 SV，并且不得提及成立年份。但创始人的姓氏却没有改动，这是否考虑到中立国的因素人们不得而知。1921 年被施普林格出版社收购的赫什瓦尔德出版社也不得不改名。最后，施普林格决定使用"朗格和施普林格（Lange & Springer）"名字，以显示这家出版社的所有权是与"雅利安人"共同拥有的。

即便是犹太科学家在 50 多年前创建的大型通报、书册系列名称，也得像商标一样也要遵守新的规定进行修改。然而以高额出口收入为由，博恩施泰因系列成功地阻止了名称的修改。原因是由博恩施泰因与兰多尔特主编的新版《物理化学元素表》仍旧使用，博恩施泰因已

[①] 1938 年 11 月 9 日至 10 日凌晨，在纳粹的怂恿和操纵下，德国各地的希特勒青年团、盖世太保和党卫军化装成平民走上街头，他们疯狂挥舞棍棒，对犹太人的住宅、商店、教堂进行疯狂地打、砸、抢、烧。这一夜给犹太人造成了巨大的灾难，约 267 间犹太教堂、超过 7000 间犹太商店、29 间百货公司遭到纵火或损毁。奥地利也有 94 间犹太教堂遭到破坏。"水晶之夜"事件标志着纳粹对犹太人有组织的屠杀的开始。这件事震惊了世界，许多国家的政府选择与德国断交以示抗议，但希特勒没有停止。1939 年 9 月，纳粹德国进攻波兰，正式拉开了二战的帷幕。

[②] 费迪南德·施普林格雕像是在 1907 年公司成立 20 周年时纪念他对于出版业务拓展所塑造的。在公司成立 100 周年之际，他的儿子当着这位"犹太父亲"的简短致辞，引起了一些人的不满。

经成为品牌。

1942 年 1 月 20 日纳粹举办的"万湖会议"[1]讨论了针对犹太人的方案。像小费迪南德·施普林格这样的少数派——犹太人和"雅利安人"的混血儿，在获得特别许可后仍被允许工作。但是面对日益增长的危险，小费迪南德·施普林格表现出了极大的个人勇气。1942 年 3 月底，他立即暂停了一位高级职员的职务，这位高级职员当时是陆军预备役上尉。这位上尉告诉征兵委员会，小费迪南德的一个儿子有四分之一犹太人血统，因此不应被考虑作为预备役军官候选人。此后这位上尉上诉到劳资争议法庭。虽然在法庭上小费迪南德赢得了由被停职员工提起的诉讼，但他不得不为帝国文学院提供一个迫使该职员必须离开公司的理由。

这件事情的起因是，1942 年 5 月 10 日，正是施普林格出版社成立 100 周年的日子。由于在战争期间，任何公司都不得公开庆祝任何周年纪念日。但是不管怎么样，施普林格出版社当然不希望在公司与历史上的其他发展阶段差异太大，因此施普林格出版社所有员工，包括正在服兵役的员工，都获得了相当于月薪 25% 的特别奖金，员工们还举行了小型庆祝活动。小费迪南德·施普林格站在"他犹太父亲的半身雕像前"发表了简短的讲话。这显然引起了出版社那位高级职员的注意。那位高级职员不仅对小费迪南德·施普林格站在"他犹太父亲的半身雕像前"发表简短演说的做法非常不满，加上他之前在征兵委员会对小费迪南德的儿子进行过暗中举报而导致被停职。他很快从以前的同事那里听说了这篇演讲，并到帝国文学院谴责了施普林格的这一行为！几个月后，小费迪南德·施普林格将被迫离开出版社。

---

① 万湖会议（Wannseekonferenz），是纳粹德国官员讨论"犹太人问题的最终解决方案"（Endlösung der Judenfrage）的会议，于 1942 年 1 月 20 日举行，地点是柏林西南部的万湖的一个别墅。会议落实了有系统地实施 600 万犹太人的大屠杀计划。——译者注

图299：施普林格出版社1881设计的商标，不得已被"雅利安"化[1]

1942 年 9 月，帝国文学院下令小费迪南德·施普林格"必须尽快、并最迟在 1943 年 4 月 1 日"离开他的公司。此间，在 1942 年 11 月初，妥耶斯·朗格在一次商务旅行中无意中听到一段谈话，根据这段谈话内容显示，施普林格出版社将被解散，施普林格出版社这个名字也将消失。医学出版物和盟国地区的出版物将移交给德国公共卫生方面的出版公司，工程领域的出版物则转给了德国劳工阵线的出版办公室。为了防止公司被解散，施普林格于 1942 年 11 月 12 日通知了帝国文学院。他将从"从今天起"离开所有他主管的公司。现在唯一的共同所有人是妥耶斯·朗格与他的兄弟奥托·朗格，即施普林格维也纳出版分社的总经理。法律协议已被签订，并被提交至德国贸易登记处报告了变更情况。朗格兄弟认为自己是小费迪南德·施普林格的受托人。施普林格的财产将交还给他，事实上也确实如此。

战争期间的出版社

1939 年 11 月，施普林格出版社被认定为"军事经济企业"。这意味着雇员不会轻易流失而影响出版工作。经过德国劳工部在 1940 年 11 月 15 日的检查（被称为"梳理行动"，combing out action）之后，劳工部宣布不可能进一步裁员。劳工部在说明理由时指出："该公司是世界上最大的专业出版商……，有 5600 种图书，不能裁员，因为

---

[1] 1881 年启用的施普林格出版社的公司名称商标，在 1941 年不得已被"雅利安"化，从"Verlag von Julius Springer"更名为"Springer-Verlag"。1946 年又恢复原状，直到 1976 年由图形艺术家马克斯·波瓦纪（Max Bollwage）设计了一个现代化的新版本，特别用于宣传德文以外语言的图书出版。

它具有突出的文化政治意义。因为它在医学、工程学和化学方面具有突出的文化政治重要性，尤其是该公司在军事政策方面承担着重大任务。出口额约占营业额的 45%（包括赫什瓦尔德书店），每年 500 万马克。公司必须继续与北美的竞争者进行斗争，北美已经在数学领域取得了进展。"从上述报告文字，人们几乎可以想象出，妥耶斯·朗格为本报告的撰写者提供了意见指导。

战争爆发时出版社共有 260 个雇员（一半女性雇员），但随着战争的进行，到 1942 年有 49 名雇员还是被充军了。调度部门受到的影响最大，21 名员工中有 11 名充军。广告部门的 12 人有 5 人充军，这也是情理之中的事，因为广告数量在战争期间大幅缩水。出版品种数量的减少导致书籍制作人员从 24 人减少到 15 人，而期刊部只减少了 5 名员工。公司试图保持出版尽可能多的期刊，因为 50 页到 80 页的期刊更容易制作。这样做的好处是，将战争影响造成的损失减少到最小。1945 年 3 月，雇员数量下降到了 133 人，其中三分之二是女性雇员。

图300：公司位于林克大街的大楼上两层在一次空袭中被大火烧毁，房屋在炸弹和大火的严重破坏下已无法居住，直到战后才得以重建，这张照片拍摄于1946年

尽管出版产量不断减少，但员工的压力却与日俱增，行政负担日益加重，而技术部门却因员工人数减少、缺乏材料和配件导致制作能

力大幅下降。随着战争的加剧，运输问题也随之增加。信件和包裹大量丢失，手稿和插图、排版材料和半成品或成品图书也经常丢失。生产不得不在其他地方进行，工作人员不得不频繁地撰写损失报告。越来越多的空袭影响了公司的正常工作。空袭过后，员工往往无法到公司工作，因为他们首先要为自己和家人找到住处。

1943 年 11 月，施普林格房舍首次遭到破坏，原因是一枚空投地雷落在了附近。1944 年 1 月公司开始逐步分散到劳西茨（Lausitz）、西里西亚和奥地利等地继续分散运营。包装室于 1944 年 2 月 12 日被一枚爆破炸弹炸毁，剩下的房间有一半以上暂时无法使用。供暖设备也在被彻底摧毁。朗格给他在维也纳的兄弟写道："昨天早上，墨水已经凝固……但人只能顺其自然。"

一些档案偶然被保存了下来，并揭示了 1944 年的战争给施普林格出版社带来的破坏，包括印刷厂和装订厂在内的损失如下：

图书库存	1916083.71 马克
正在出版中的书稿	443726.38 马克
纸张库存	111773.16 马克
其他库存	66412.90 马克
办公室设备和包装材料	11541.80 马克
总计	2549537.95 马克

存货按生产成本估值，其他物品按重置价值或注销后的价值。建筑受到了很大的损坏，但这些损失的记录没有保存下来。

无效的禁令

1916 年，瑞士伯尔尼大学生理学教授莱昂·阿舍写了本《生理学实践》，1924 年第二版面世。自从几十年前出版后，该书全都卖完，但其内容一直没有更新。1937 年作者才与新版的修订者亚历山大·冯·穆拉尔特（Alexander von Muralt）达成一致。亚历山大·冯·穆拉尔特是 1935 年接替莱昂·阿舍担任《生理学研究成果通报》的新主编。1938 年，他与埃米尔·阿布德哈尔登、阿尔布雷希特·贝特和赫尔曼·赖因一起担任普吕格的《人类与动物生理学档案》的编辑任务，穆拉尔特在 1938 年又成为《人与动物生理学全集》丛书的联合主编，因此，修订的书稿迟迟没有按时交稿。穆拉尔特在修订过程中，显然必须按照全新的概念重新编排阿舍的书。这也意味着需要将书名改为《实用生理学》。施普林格出版社欣然接受了修订版的延迟，并于 1938 年给作者写了一封信："我一直很清楚，跟内容的更新相比，撰写和编辑书只能是次要的。"

图301：生理学家莱昂·阿舍（左）；亚历山大·冯·穆拉尔特（右）①

图302：阿舍原著、穆拉尔特修订的《实用生理学》②

---

① 生理学家莱昂·阿舍与小费迪南德·施普林格是朋友；亚历山大·冯·穆拉尔特是阿舍的继任者，伯尔尼生理学教授，同时担任施普林格出版社《人与动物生理学全集》等多部丛书的主编。
② 犹太生理学家阿舍原著、穆拉尔特修订的《实用生理学》，阿舍和穆拉尔特在序言上签了名，由此导致了纳粹当局的审查风波。幸运的是，施普林格将该书及时运到瑞士，避免了成为禁书的命运。

1938 年春天收到了第一部分手稿，1939 年夏天又收到了另一部分手稿。但随后便停滞不前。直到 1939 年 10 月 1 日，穆拉尔特才写信解释说，"我们（瑞士）军队的全面动员完全打乱了我对这本书的修订计划。目前我负责一个炮兵连，看来是不可能完成手稿。因为我既不能随身携带必需的文件，也缺乏必要的时间冷静地修改"。

1939 年 11 月底，在施普林格出版社的几封催促信之后，穆拉尔特再次写信告知，他仍然"在外地"，只能报告说他没有时间处理书稿。直到 1940 年 1 月 6 日，情况也没有好转，穆拉尔特的信中写道："我的心情很沉重，我不得不暂时放弃一下手稿修订工作"。而此时小费迪南德·施普林格所能做的就是先将书中插图制作完。终于，书稿在 1941 年 7 月完成。他花了一年多的时间完成了 150 幅插图的草稿。有时邮寄需要数周时间，作者不得不在战场与书桌之间往返。

1943 年 2 月 10 日，出版前的样书邮寄给了作者，3 月 20 日样书抵达伯尔尼，书的质量符合战前标准。1943 年 3 月 12 日，1214 份预售订单中的第一份发出。图书印数为 2000 册！到目前为止，该书的出版曲折历程，与战争期间的其他生产故事没有什么不同。德国学者而非瑞士科学家的著作，也可以被战争延误。然而，穆拉尔特修订的阿舍著作版本却有着特殊的历史。

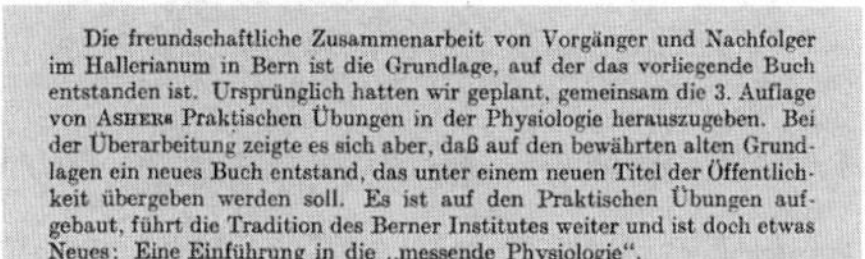

> Die freundschaftliche Zusammenarbeit von Vorgänger und Nachfolger im Hallerianum in Bern ist die Grundlage, auf der das vorliegende Buch entstanden ist. Ursprünglich hatten wir geplant, gemeinsam die 3. Auflage von Ashers Praktische Übungen in der Physiologie herauszugeben. Bei der Überarbeitung zeigte es sich aber, daß auf den bewährten alten Grundlagen ein neues Buch entstand, das unter einen neuen Titel der Öffentlichkeit übergeben werden soll. Es ist auf den Praktischen Übungen aufgebaut, führt die Tradition des Berner Institutes weiter und ist doch etwas Neues: Eine Einführung in die „messende Physiologie".

图303：阿舍原著、穆拉尔特修订版《实用生理学》序言中，提到了"伯尔尼的前任和继任者的友好合作"字样，穆拉尔特和阿舍都在序言上签了名，由此激怒了纳粹当局

该书于 1943 年 2 月 13 日在《博森布拉特德国图书贸易杂志》上公布。库尔特·克拉雷是帝国医生领袖办公室医学出版社负责人，他看到了这本书，并注意到了公告中的一些特别之处——虽然没有提到作者阿舍的名字，但从上下文中可以看出，这实际上是阿舍著作的新版本。在 1943 年 3 月 13 日写给帝国文学协会的一封信中，克拉雷强调，施普林格出版社出版商"特别赞扬了伯尔尼研究所从阿舍那里继

承的塔木德精神"——塔木德精神是该书的一大特色——他要求帝国
文学委员会做出解释和答复。

1943 年 3 月 22 日，帝国议院致函施普林格出版社："广告给人的
印象是犹太人阿舍的书已用雅利安人的名字重新出版。请你说明你的
立场，你是否获得了帝国大众启蒙和宣传部的许可。"在由保罗·罗
斯鲍德于 3 月 25 日口述、妥耶斯·朗格签署的答复中，非常明确地
指出，"冯·穆拉尔特教授在公告中表示，这是一本全新的著作。在
我们看来，我们不能干涉瑞士的穆拉尔特教授。在我们看来，避免一
切可能导致穆拉尔特教授的《实用生理学》不是由德国而是由瑞士出
版商出版的情形，是符合国家利益的"，"还有人指出，冯·穆拉尔特
应被视为一位坚定的亲德瑞士人"。

图304：赫尔曼·赖因（1898—1953），哥廷根大学生理学教授，
也是施普林格出版社的作者和编辑[1]

1943 年 4 月 2 日，妥耶斯·朗格写信给作者，他的书几天前就已
售罄。"为了给瑞士的图书贸易提供相应的货源，我们已经向主要的
书商寄出了几包……"为了避免被没收，施普林格出版社在没有任何
订单的情况下将所有剩余书运往瑞士。1943 年 4 月 9 日，施普林格
出版社也通过信使向帝国宣传部递交了一份报告。报告详细介绍了该
书的历史、序言的意义以及该书的出版情况，以及作者穆拉尔特的个
性。报告的结尾是这样说的"该书现在已售罄"。

到了 1943 年 5 月 6 日，另一个部门外交部也加入了进来，显然

---

[1] 赫尔曼·赖因是哥廷根大学生理学教授，也是施普林格出版社的作者和编辑。他的《人类生理
学导论》于 1936 年首次出版。在《实用生理学》一书的审查过程中，他帮忙绕过了对于冯·穆
拉尔特的审查评估。

他们是第一次听说此事。至少这是外交部的一位官员在给帝国文学委员会的一封信中对后来的干预做出的如下的解释。到目前为止，唯一的反对意见是在该书的宣传广告中。在广告中提到了冯·穆拉尔特的前任，但没有提到他的名字。现在，这本书就在眼前，人们愤怒地注意到，阿舍确实是这本书的共同署名人。这显示了"出版商的重大过失"，他们未能"防止犹太人阿舍作为前言的共同作者出现的要求"，信中继续要求道，应该对施普林格出版社的所有者所犯的这一错误行为处以适当的罚款。不过，此事不应对外公布。要采取进一步措施，收回现有的复制品，并防止再版。

然而根据一份部际信函的内容，纳粹相关部门由于不希望引起国际注意，没有执行罚款的措施。而且，收回现有的拷贝也为时已晚，因为书已经卖完了。此外，施普林格出版社已于 4 月 12 日和 13 日致电 62 家书商，要求他们将未售出的图书退还给出版商。同样的要求也发给了收到该书书评的期刊编辑部，因为评论是"不受欢迎的"。

1943 年 4 月 16 日，哥廷根大学的生理学教授赫尔曼·赖因要求克拉雷"立即撤销审查禁令"。这无疑是一个灾难性的错误。冯·穆拉尔特教授是当时瑞士最忠实的德国拥护者之一。提到阿舍的书是对前辈的一种骑士风度。但克拉雷坚持自己的决定，"我们现在讨论的问题不是冯·穆拉尔特是否是一位杰出的科学家……我们是否在讨论国家社会主义的基本原则，即拒绝犹太思想的产物。作者，尤其是施普林格出版社应该知道，由犹太人撰写前言对德国来说是不能容忍的……"但赖因继续关注此事。5 月 10 日写信给克拉雷："你告诉我的关于国家社会主义的基本原则，我都知道。然而，同样众所周知的是，特别是在当下的德国，高层的观点凌驾于系统之上，攸关重大决策。这就是现实。"克拉雷在 5 月 25 日的答复中也坚持认为，穆拉尔特的行为并非"侠义之举"，充其量只能说这是没有技巧。当一个一个外国人想与"新德国"接轨，并利用德国人的热情好客来出书，这还算什么"侠义之举"？

到了 1943 年 7 月 1 日，德国大众启蒙和宣传部通知施普林格出版社，空军最高司令部（Oberkommando der Luftwaffe）担心穆拉尔特教授可能会改变他的亲德立场。……建议邀请有名望的物理学家安排一次短期审查评估。结果，《自然科学》杂志邀请的评估专家不是慕尼黑物理学家瓦尔特·格拉赫（Walther Gerlach），而是哥廷根的生理学家赫尔曼·赖因！

甚至在评估审查期间，这本穆拉尔特的书就已被决定重印，但前言有所不同。最终该书于 1944 年 7 月初出版，印数为 4000 册。西班牙文版也于同年出版。

战争最后几年

早在 1941 年起，纳粹当局对自然科学图书的管控就严格起来了，连德国图书贸易协会也设立了新组织来监督。1942 年 1 月 1 日，纳粹政府新组建了 12 个组织以便监管人文与纯文学图书，另外还成立了 3 个工作组，分别监管科学、技术和旅游图书。妥耶斯·朗格被委以科学审查组的主席。朗格虽然不是纳粹党的成员，但他能被委以重任，可见其声望之高。多年来，朗格一直在该组织中发挥了积极作用。科学审查委员会这项任务充满荆棘，但却为朗格提供了参与制定规章制度的机会。

在科学图书审查委员会，朗格指出，出版社的人员短缺和控制时间过长造成的生产延误，阻止了许多拟议行动计划的实施。尽管如此，科学类出版社也无法避免负担的进一步增加。在 1942 年 11 月以后，所有属于"保卫帝国"类别的书稿都必须提交审批。在宣传部有官员负责检查特定主题领域的著作，并将书稿交给审稿人。施普林格出版社档案馆的资料中没有任何稿件提交后的重要意见，也没有关于修改文本的重要愿望。随着战争的继续，日益严重的空战对邮政服务造成破坏，1944 年 2 月，空战日趋激烈，邮政服务彻底瘫痪，最终书稿预审规定被取消。出版商再次有责任确保自己的作品没有任何异议。

自然科学的内容不需要审核。例如，1940 年至 1944 年，奥托·哈恩每年发表三篇关于核聚变的文章，他声称只有让交战国起疑的科研文章才会被禁止。卡尔·弗里德里希·威兹赛克（Carl Friedrich von Weizsäcker）在被问及在战争期间发表文章是否需要获得许可时说，他不记得出版自然科学的文章需要审核。

　　1942 年秋季，人们注意到来自中立国的科学文献订单明显增加。人们认为盟军以迂回的方式获得德国科学文献并非毫无道理。瑞士和瑞典的情况尤其如此。尤其是瑞典哥德堡[①]的贡佩尔特书店（Gumpert）和斯德哥尔摩的弗里策书店（Fritze）都是知名的德国自然科学图书的中间商。至于德国当局，他们满足于指出只有在"订单明确说明是运往敌国的"情况下，才可以拒绝发货。

　　1943 年 12 月 4 日清晨，莱比锡的出版和印刷区在一次轰炸中几乎完全被摧毁。由于美国对德国的自然科学研究文献有着浓厚的兴趣，但既不希望引起德国当局的注意，也不希望向他们提供绝对必要的外汇。他们向中立国的不同书商订购了每本重要图书和期刊，把这些材料通过快递空运到美国，再用缩微胶卷影印，还把其中大多数用胶版印刷（offset printing）复制数百份。位于密歇根州安·阿伯（Ann Arbor）的爱德华出版社（J. W. Edwards）就用此法复制了 874 本书，其中 390 种来自施普林格出版社，相当于后者出版图书种类的48.6%，而施普林格出版社 32 种期刊也被复制成为"战时卷"。

图305：妥耶斯·朗格，1923 年被授予施普林格出版社的全权代理权，并于1935年成为共同所有人。通过周密的巧妙的策略，他一次又一次地在最困难的时期确保了公司的生存

　　鉴于盟军有选择性地购买德国科学文献，1944 年 2 月，德国的出版商被告知在"敏感"书的发票上加上"只能在本国境内交付"的字样，但这一程序也值得怀疑。由于收到的大量订单既没有时间进行背景知情评估，也没有足够的专业人员进行内容评估。

---

① 原著写的是瑞士，但哥德堡在瑞典，已更正。——译者注

　　1944 年 3 月，帝国文学委员会又要求出版社上交自 1933 年以来所有的海外自然科学图书订单。3 月 6 日妥耶斯·朗格给帝国文学委员会写信说明这做法不切实际，因为当日中午前，施普林格就收到了1232 种海外订单，核对书目数据对已经大幅减员的出版社来说是一个巨大的压力。朗格的信件似乎再次阻止了纳粹当局发出这样一道不切实际的命令。

　　关于在美国"重印"德国科学文献的第一手资料，是德国当局于1944 年 6 月 29 日在英国杂志《书商》上发布的一则广告。英国 H. K.刘易斯（H. K. Lewis）出版社堂而皇之地刊登了"德国科技图书"书目，而该出版社正好是美国爱德华出版社的英国供货商，当然还负责"重印"工作。而与其处于交战状态的德国的出版社只能眼巴巴地看着书被盗版。因为采取任何反制措施都已为时已晚。

表19：美国用微缩胶卷盗版德国科学文献（1943—1966）一览（单位：千马克）

出版社	种数	册数	标价总额	占比/%
施普林格出版社	238	390	4357.35	48.6
学术出版社[1]	48	89	949.85	10.6
化学出版社[2]	10	45	482.95	5.4
德古意特出版社	12	36	421.95	4.7
格奥尔格·蒂姆出版社	9	18	316.05	3.5
特奥多尔·施泰因科普夫出版社[3]	48	47	287.75	3.2
乌尔班·施瓦岑贝克出版社[4]	2	13	249.00	2.8
费迪南德·恩克出版社[5]	32	33	240.70	2.7
约翰·安布罗修斯·巴尔特出版社[6]	29	31	204.90	2.3
格布吕德·博恩特雷格尔出版社[7]	14	15	198.85	2.2
希策尔出版社[8]	23	25	180.05	2.0
弗里德里希·菲韦格佐恩出版社[9]	10	10	108.35	1.2
其他44家出版社	114	122	968.90	10.8
总计	589	874	8966.65	100.0

[1] Akademische Verlagsges。
[2] Verlag Chemie。
[3] Theodor Steinkopff。
[4] Urban & Schwarzenberg。
[5] Ferdinand Enke。
[6] Johann Ambrosius Barth。
[7] Gebrüder Borntraeger Verlagsbuchhandlung。
[8] S. Hirzel。
[9] Friedrich Vieweg & Sohn Verlag。

1943 年 11 月的一次空袭中，施普林格大楼的一部分被炸毁，部分记账工作只能由员工在家完成。例如《临床周刊》《自然科学》《外科医生》和《军医》的编辑工作就是在家办公完成的。

施普林格的整个部门不得不搬到别处办公。插图画家在威廉皇帝学会的一个研究所工作。各期刊编辑部最终也在那里找到了办公场所。但各部门之间的联系十分困难，因为电话经常中断。柏林铁路的运行情况仍然是最好的，所以最后干脆安排了专人信使往返两地，可由于燃料限制每两周才能交换一次信息。

1943 年 12 月 4 日，作为莱比锡的出版和印刷中心区域由于盟军空袭而基本被全部炸毁，人们把此比喻为"第二个损毁的亚历山大图书馆"，包括施普林格出版社的印刷厂也被损坏。

直到最后，纳粹官方一直给人的信息是，战争仍然可以进行下去。其中一个荒谬的例子是 1945 年 3 月 9 日下达给科学出版社工作组成员的通知，提醒他们尽快提交 1945 年计划出版的教科书清单，必须在三月底之前做出决定！与此同时，美军已经越过莱茵河，而苏联红军已经在距离柏林仅 75 公里的奥得河畔驻扎了两个月。

施普林格出版社的生产几乎停顿。为施普林格印刷加工的位于莱比锡的印刷公司在 1943 年 12 月 4 日和 1945 年 3 月 16 日的空袭中被摧毁，由于运输的不确定性和订货公司的库存状况，战争最后几个月，施普林格的生产几乎全部留在了装订厂。有 22 种图书有幸被保存下来，并于战后的 1946 年开始销售。

图306：位于维尔茨堡的斯蒂尔茨（Stürtz AG）大学印刷公司
（由施普林格出版社所有）在1945年3月16日的空袭中基本被摧毁

小费迪南德·施普林格被迫离开公司后，他被禁止与施普林格出版社有任何联系。当他在皮切尔斯多夫的房子被摧毁后，他在柏林就没有什么可留恋的了。他和妻子在朋友位于波美拉尼亚的一处庄园找到了栖身之所。1945 年 2 月 23 日，施普林格就是在这里被占领军以"资本家"的罪名逮捕的。他与一名苏联红军少校之间的对话如下：

问"你是做什么的？"

答"我是科学出版商。"

问"你出版什么？"

答"许多科学杂志。"

问"请坐下，写下它们的名称。"

小费迪南德·施普林格坐下后，认真地一一写下自己出版过的期刊、图书名称，还没来得及写完，少校就喊道，"够了，我在这本期刊和那本期刊上都发表过自己的文章，我自己"。原来，这位少校曾是西伯利亚一所大学的遗传学教授。

小费迪南德·施普林格在他的日记中最后写道："从那天起我一直被当作朋友对待。"

在苏联红军少校的保护下，小费迪南德·施普林格于 1945 年 5 月 2 返回柏林。而柏林的战斗仍在激烈进行着。小费迪南德·施普林格于 5 月 12 日获得自由，这是施普林格出版社再次重生的时刻。

有些人很难想象施普林格出版社在纳粹德国统治下生存了 13 年。它经受住了计划中的解体和被迫的"雅利安化"。而其他同样被归类为犹太人的出版商则无法做到这一点。因此，我们不妨总结一下本章所描述的事情。

一，1935 年，忠心耿耿、毫不妥协的同事妥耶斯·朗格被及时纳入公司管理层，公司总部的部分"雅利安化"，这避免了施普林格出版社在几年内受党派出版公司和忠于政权的出版商的控制。小费迪南德及时获悉了纳粹政府计划采取的措施，他成功地阻止了最后一次"雅利安化"行动的冲击，他将自己在公司的股份转让给了妥耶斯·朗格和奥托·朗格，这样就顺从当权者的意愿而主动实现了出版社"雅利安化"，避免了遭到解体的重大危险。

二，施普林格出版社的出版领域内容的特性在很大程度上避免与当局发生正面矛盾冲突。从 1933 年起，施普林格出版集团一直避免在可能造成冲突的出版领域进行出版经营，尽管公司以前曾在这些领域成功出版过很多出版物。

三，施普林格出版社出版物的出口成就和国际市场声誉使帝国文学委员会没有采取对其他被归类为犹太人的出版商的一些激进措施。德国经济部所看重的海外收益也增加了施普林格重要性，施普林格也因此受到了德国经济部门的一些有益的庇护。

新的一页

即使对于一个以自然科学为导向的出版商来说，德意志第三帝国在军事、政治、经济和道德方面的崩溃造成了严重后果。许多科学家被迫离开祖国，多年来一直在国外工作，并用所在国的语言发表学术研究文章，其中大部分是英语。

首先进入德国的战斗部队是盟军的搜索队，主要寻找可为战胜国所用的德国专家，例如火箭技术专家、核物理学家和轻金属材料专家。德国再次失去了一些顶尖科学家。根据《波茨坦公告》，德国在这些领域进行科学研究恰恰被禁止，因此这些专家别无选择只能离开。德国出版商起初不得出口任何出版物。这一规定尤其打击了像施普林格这样以自然科学出版物为导向的出口密集型出版社。与此同时，在战争年代的一些重要的新创办的各类出版物和各类科学期刊，以"重印本"的方式和低廉的价格被销往世界各地。

德国的传统市场，如苏联、其他东欧地区和巴尔干地区在 1932 年还曾占德国出口销售总额的 30% 以上。由于一战后不久发生的政治事件，这些市场几乎丧失殆尽。在第二次世界大战之前，德语一直是许多国家的通用科学语言。在许多母语不是德语的国家，如荷兰、斯堪的纳维亚半岛、东欧和东南欧的国家，以及日本和中国部分地区，德语一直是通用科学语言。这种情况一直持续到 1932 年。二战爆发后，许多年轻的科学家已经不懂德语了。在所有那些德语科学文献曾经拥有读者的国家，而后的市场都被英语出版物所占据。即使在战争期间，这些英语出版物也能经常能够被买到。战后施普林格出版社仍需等待其主要期刊的许可证和必要的印刷用纸，并在美国和英国、荷兰和斯堪的纳维亚半岛等地也创办了英文期刊，这些期刊很快吸引了大批德国科学家。

1945 年，施普林格出版社就是在这样的条件下，在这片被战争摧毁的土地上开始了重建工作。许多忠实的施普林格出版社的作者、编辑、顾问和工作人员都回来了。很快，1935 年被迫从公司辞职的小尤利乌斯——小费迪南德的堂兄又重新开始了他的出版工作。

新的一页就这样开始了！

附 录 图书与期刊名中外文对照①

第一章

《南部德国图书贸易杂志》德文 *Süddeutsche Buchhändler-Zeitung*，英文 *South German Book Trade Journal*

《博森布拉特德国图书贸易杂志》（《出版贸易公报》）德文 *Börsenblatt für den Deutschen Buchhandel*，英文 *Publishing Trade Gazette*

《皇家特许柏林报》德文 *Königlich privilegierte Berlinische Zeitung*

《弗兹什报》德文 *Vossische Zeitung*

《柏林知识报》德文 *Berliner Intelligenz-Blatt*

《书商地址手册》德文 *Buchhändler adreßbuch*

《地址局手册》德文 *Feuille du bureau d'adresse*

《普鲁士法理学》德文 *Preußische Jurisprudenz*，英文 *Prussian Jurisprudence*

《关于布鲁特工人阶级的需要和福利协会义务的建议》英文 *Suggestions on the Needs of the Working Classes and on the Duties of the Associations for their Benefit*

《关于贸易自由和行业协会》英文 *Guilds, Freedom of Trade and Trade Associations*

---

① 附录中的图书、期刊名称，原著中有的给出了德文、英文名称，有的仅有德文，有的仅有英文或法文。本附录根据英文版进行了整理，如没有特别说明，均为英文版。——译者注

《穿越国境线》德文 *Hermetische Grenzsperre*

《德国审查制度的攻击》德文 *Der Eintritt der Zensur in Deutschland*

《德国的米歇尔》德文 *Der Deutsche Michel*

《米歇尔的觉醒》德文 *Michels Erwachen*

《国家》德文 *Der Staat*，英文 *The State: Monthly Journal for Public Life*

《柏林页码》德文 *Berliner Blätter*，英文 *Berlin Pages*

《普鲁士海洋商业管理局及其对国内贸易的影响》德文 *Das Preußische Seehandlungs institut und dessen Eingriffe in die bürgerlichen Gewerbe*

《柏林的人民战斗之三月事件：18 日至 19 日战斗中的详细报道》德文 *Berlin's Volks-Kampf: eine übersichtliche Darstellung der März-Ereignisse und treue Schilderung des Kampfes in der Nacht vom 18ten zum 19ten*

《对普鲁士宪法条款的制定和监督》德文 *Der Entwurf des Preußischen Verfassungs-Gesetzes : kritisch beleuchtet*

《对漫画"德国的米歇尔"和"呆头弗里茨"的反击》英文 *Counterpiece to the "Deutschen Michel" "Gullible Fritz"*

《普鲁士有选举权的公民的教义问答，及 1808 年 11 月 19 日城市条例的主旨和意义》德文 *Katechismus für wahlberechtigte Bürger Preußens*，*oder: Geist und Bedeutung der Städte-Ordnung vom 19.November 1808.*

《德国审查制度的出现》德文 *Der Eintritt der Zensur in Deutschland*

《民主君主政体之法律提议：1848 年 7 月 1 日的柏林国民议会》德文 *Die demokratische Monarchie. Ein Gesetz-Vorschlag, der National-Versammlung zu Berlin vorgelegt den 1. Juli 1848*

《大陪审团调查的法律草案和动议》德文 *Entwurf eines Gesetzes über das Verfahren in Untersuchungsfachen mit Geschwornen-Gerichten.Nebst den Motiven.*

《德国的政治文学》德文 *Die politische Literatur in Deutschalnd*

《欧美海军的现状简述及德国海军问题与舰队规划的意义》德文 *Kurzgefasste Darstellung des gegenwärtigen Standpunktes des Kriegsmarinewesens in Europa und Amerika. Zur Würdigung der deutschen Marinefrage und Flottenentwürfe*

《法国的第三次革命：对二月事件历史缘由的介绍》德文 *Frankreichs dritte Revolution. Eine übersichtliche Darstellung der Februar-Ereignisse in Frankreich nebst einer geschichtlichen Einleitung*

《国家公共生活月刊》德文 *Der Staat: Monatsschrift für öffentliches Leben*

《1842 年 10 月 15 日，威廉四世在柏林的弗里德里希·威廉皇帝大学的成立纪念日演讲，由路德维希·德里森从拉丁语翻译》德文 *Rede zur Feier des Allerhöchsten Geburtsfestes Seiner Majestät des Königs Friedrich*

Wilhelm des Vierten in der Friedrich Wilhelms-Universität zu Berlin am 15.Oktober 1842 gehalten. Aus dem Lateinischen und mit Vorw. von Ludwig Driesen

《德国民俗口语故事》德文 *Ansprache an das deutsche Volk*

《关于斯塔德城市的政治立场及郡议会与州议会的关系，1843 年 7 月 8 日滕普林区议会记录》德文 *Vortrag über die politische Stellung der Stände, ihr Verhältniß zu den Kreistags-Versammlungen und dieser zu den Provinzial-Landtagen, gehalten auf dem Kreistage zu Templin am 8. Juli 1843.*

《口号与行动：1848 年 11 月 9 日的柏林》德文 *Worte und Taten in Berlin seit dem 9. November 1848*

《1843 年 10 月 15 日威廉四世在柏林的弗里德里希·威廉皇帝大学的成立纪念演讲》德文 *Rede zur Feier des Allerhöchsten Geburtsfestes Seiner Majestät des Königs Friedrich Wilhelm des Vierten in der Friedrich-Wilhelms-Universität zu Berlin am 15. Oktober 1843 gehalten*

《对陷入困境工人阶级帮助倡议和互助协会的任务》德文 *Andeutungen über die Not der arbeitenden Klassen und über die Aufgabe der Vereine zum Wohl derselben*

《弗朗兹·冯·霍特泽多夫·维特曼斯多夫：关于施塔德城市的政治立场，及郡议会与州议会的关系，1843 年 7 月 8 日滕普林区议会记录》德文 *Franz von Holtzendorff-Vietmannsdorf : Vortrag über die politische Stellung der Stände, ihr Verhältnis zu den Kreistags-Versammlungen und dieser zu den Provinzial-Landtagen, gehalten auf dem Kreistage zu Templin 7 vom 8. Juli 1843*

《下级法院的独立性受到高等法院的威胁》德文 *Die Selbstständigkeit der unteren Instanzen gefährdet durch das Königliche Ober-Tribunal*

《从法律和宪法角度审判：国王与议会的斗争》德文 *Urteil in Sachen der Krone wider die National-Versammlung und der National-Versammlung wider die Krone.Vom Standpunkte des Gesetzes und der politischen Grundideen des Constitutionalismus*

《新反犹主义的潜在动机》德文 *Welche Motive können dem neuen Judengesetze zu Grunde liegen?*

《我们在革命中失去了什么？我们从革命中得到了什么？致普鲁士人民的一封信》德文 *Was haben wir durch die Revolution verloren? Was haben wir durch die Revolution gewonnen?-Eine Zuschrift an das preußische Volk*

《将屠宰和磨削税改为所得税是革命的一种手段》德文 *Umwandlung der Schlacht-und Mahlsteuer in eine Einkommenssteuer ist ein Beförderungsmittel* zur Revolution

《基于普鲁士现状，论人民主权与宪政国家宪法的基础》德文 *Über Volkssouveränität und die Grundlagen der konstitutionellen Staatsverfassung, mit besonderer Rücksicht auf Preußen*

《农民的镜子》德文 *Bauern-Spiegel*，英文 *Farmer's Mirror*

《特尔的男孩：青年人的故事》英文 *Tell Boy: A Story for Young People*

《尤里的农场》德文 *Uli der Knecht*，英文 *Uli, the Farm hand*

《一个学校教员的喜怒哀乐》德文 *Die Leiden und Freuden eines Schulmeisters*，英文 *Sorrows and Joys of a Schoolmaster*

《学徒工匠雅克布瑞士历险》德文 *Jacobs, des Handwerksgesellen, Wanderungen durch die Schweiz*，英文 *Apprentice Craftsman Jacob's Walks through Swizerland.*

《友邻》德文 *Hausfreund in Hütten und Palästen*，英文 *Family's Friend in Huts and Palaces*

《德国大众图书馆》德文 *Allgemeine Deutsche Volksbibliothek*，英文 *General German Peoples'Library*

《祖母凯西》德文 *Käthi, die Großmutter*，英文 *Kathie, the Grandmother*

《雅克布风暴》德文 *Jacob Sturm*

《论禁止出版》德文 *Über das Verbot ganzer Verlagsfirmen*，英文 *About the Banning of Entire Publishing Forms*

《汉斯·乔戈里》德文 *Hans Joggeli der Erbvetter*

《苦与乐》德文 *Leiden und Freuden*

《普鲁士和霍恩佐伦家族的政治》德文 *Preußen und Hohenzollern Politik*，英文 *Prussia and Hohenzollern Politics*

《与时间共舞的伯尔尼精神》英文 *Spirit of the Time and of Berne*

《边界新闻报》德文 *Die Grenzboten*，英文 *Border News*

《奇怪的女仆爱尔斯》德文 *Elsi die seltsame Magd*，英文 *Elsi, the Strange Maid*

《哥瑟夫全集》德文 *Gesammelte Werke Jeremias Gotthelfs*，英文 *Gotthelf's Collected Works*

《汤姆叔叔的小屋》德文 *Onkel Toms Hütte*，英文 *Uncle Tom's Cabin*

《疯子》德文 *Der Wahnsinnige*，英文 *The Madman.*

《火镜民俗日历》德文 *Brenngas'schen Volkskalender*，英文 *Burning Glass Folk Calendar*

《新家庭藏书》德文 *Neuer Haus- und Familienschatz*，英文 *New House and Family Treasures*

《东方报》德文 *Vossische Zeitung*

《旅游画册：寓教于乐——来自自然的人类生活》英文 *Travel Pictures: Sketches from Nature and Human Life. For Teaching and Entertainment*

《新旅游画册》德文 *Neue Reisebilder*，英文 *New Travel Pictures*

《化学笔记》德文 *Chemische Briefe*，英文 *Chemical Letters*

《教育晨报》德文 *Morgenblatt für gebildete Leser*，英文 *Morning Paper for Educated Readers*

《宇宙》德文 *Kosmos*，英文 *Cosmos*

《论法理作为科学的无效性》德文 *Die Wertlosigkeit der Jurisprudenz als Wissenschaft*，英文 *On the Worthlessness of Jurisprudence as a Science*

《意大利的回忆》德文 *Erinnerungen aus Italien*，英文 *Memories of Italy*

《新教教会在教学与规章制度方面的改革》德文 *Die Reform der evangelischen Kirche in Lehre und Verfassung*，英文 *The Reform of the Protestant Church in Teaching and Constitution*

《哲学知识》德文 *Die Philosophie des Wissens*，英文 *Philosophy of Knowledge*

《德国经典：人民图书馆》德文 *Volksbibliothek deutscher Klassik*，英文 *People's Library of German Classics*

《化学技术报告》德文 *Chemisch-technische Mitteilungen*，英文 *Chemical-Technical Reports*

《化学教材》德文 *Lehrbuch der Chemie*，英文 *Textbook of Chemistry*

《关于纸张生产尤其是由机器生产纸张过程中所产生的化学反应过程研究》德文 *Die Fabrikation des Papiers, in Sonderheit des auf der Maschine gefertigten, nebst gründlicher Auseinandersetzung der in ihr vorkommenden chemischen Prozesse*，英文 *The manufacture of paper, especially that made by machine, with thorough discussion of chemical processes occurring therein*

《普鲁士森林与狩猎年报》德文 *Forst- und Jagdkalender für Preußen*，英文 *Forestry and Hunting Calendar for Prussia*

《英国现行的宪法与行政法》德文 *Das heutige englische Verfassungs- und Verwaltungsrecht*，英文 *Current English constitutional and administrative law*

第二章

《从普鲁士的角度看未来的政治》德文 *Die Politik der Zukunft vom preußischen Standpunkte*，英文 *Politics of the Future from a Prussian viewpoint*

《写给未来政治家的信》德文 *Sendschreiben an den Politiker der Zukunft*，英文 *Epistle to the Politician of the Future*

《普鲁士与意大利问题》德文 *Preußen und die italienische Frage*，英文 *Prussia and the Italian Question*

《国家时报》德文 *National-Zeitung*，英文 *National Journal*

《由东普鲁士人们回答的四个问题》德文 *Vier Fragen, beantwortet von einem Ostpreußen*，英文 *Four Questions, answered by an East Prussian*

《海因里希·西蒙：献给德国同胞的纪念文集》德文 *Heinrich Simon: Ein Gedenkbuch für das deutsche Volk*，英文 *Heinrich Simon. A commemorative book for the German people*

《犹太社区的改革》德文 *Jüdische Reformgemeinde*，英文 *The Jewish Reform Community*

《普鲁士犯罪法》德文 *Der preußische Straf Prozess*，英文 *Prussian Criminal Law*

《英国现行的宪法：军队、法庭和教堂》德文 *Das heutige englische Verwaltungsrecht mit Einschluß des Heeres, der Gerichte und Kirche*，英文 *Current English Constitutional Law, including the Army, the Courts and the Church*

《英国的国家机关》德文 *Die Staatseinrichtungen Englands*，英文 *State Institutions in England*

《对军事问题的看法》德文 *Zur Militärfrage*，英文 *On the Military Question*

《新党派的必要性》德文 *Die Notwendigkeit einer neuen Parteibildung*，英文 *The Necessity for a New Party*

《论英格兰》德文 *Aus England*，英文 *On England*

《花呢衣服》德文 *Jenseit des Tweed*，英文 *Beyond the Tweed*

《苏格兰之旅》德文 *Schottische Reise*，英文 *Scottish Journey*

《漫游勃兰登堡》德文 *Wanderungen durch die Mark Brandenburg*，英文 *Walks through Mark Brandenburg*

《德国评论》德文 *Deutsche Rundschau*，英文 *German Review*

《伦敦每日生活》德文 *Alltagsleben in London*，英文 *Everyday Life in London*

《迷失小岛》德文 *Verschollene Inseln*，英文 *Lost Islands*

《生机勃勃的绍特小岛》德文 *Stillleben auf Sylt*，英文 *Still Life on Sylt*

《俄国乡村生活素描》德文 *Skizzen aus dem russischen Landleben*，英文 *Sketches of Russian Country Life*

《女孩成长故事》德文 *Erzählungen für die reifere weibliche Jugend*，英文 *Tales for the More Mature Girl*

《皮袜子故事集》德文 *Lederstrumpf*，英文 *Leatherstocking Tales*

《艾凡郝》德文 *Ivanhoe*

《修道院》德文 *Kloster und Abt*，英文 *Monastery and Abbot*

《昆汀·德沃德》德文 *Quentin Durward*

《普鲁士人民报》德文 *Preußische Volkszeitung*，英文 *Prussian People's Journal*

《进阶希腊语语法课》德文 *Griechische Formenlehre für die unteren und mittleren Gymnasial-Classenbearbeitet*，英文 *Greek Flexion for the Lower and Middle Gymnasium Classes*

《法语语法口袋书》德文 *Taschen-Grammatik der französischen Sprache*，英文 *Pocket Grammar of the French Language*

《高年级的统计与代数课程》德文 *Arithmetik und Algebra für Gymnasien und Realschulen*，英文 *Arithmetic and Algebra for Secondary Schools*

《施托尔策速记系统的理论实践指南》德文 *Theoretisch-praktischer Leitfaden der deutschen Stenographie oder Kurzschrift nach dem Stolze'schen System*，英文 *A Theoretical-Practical Guide to German Stenography or an Introduction to Stolze's System*

《古罗马文学: 高等教育版》德文 *Römische Literaturgeschichte und Altertümer, für höhere Lehranstalten bearbeitet*，英文 *History of Roman Literature and Antiquities, Arranged for Higher Teaching Institutions*

《小学音乐课教师指南》德文 *Winke für Gesanglehrer in Volksschulen*，英文 *Hints for Singing Teachers in Primary Schools*

《希腊语形态学》德文 *Griechische Formenlehre*，英文 *Greek theory of forms*

《高中教育系统学刊》德文 *Zeitschrift für das Realschulwesen*，英文 *Journal for the Secondary School System*

《家政和农业等经济指南》德文 *Ratgeber in den verschiedensten Angelegenheiten der Ökonomie, der Haus- und Landwirtschaft*，英文 *Guide to Various Aspects of Economics, Housekeeping and Agriculture*

《农业发展年度报告: 化学和植物学》德文 *Jahresbericht über die Fortschritte der Agrikulturchemie: mit besonderer Berücksichtigung der Pflanzenchemie und Pflanzenphysiologie*，英文 *Annual Reports on Advances in Agricultural Chemistry, especially Plant Chemistry and Plant Physiology*

《绵羊繁殖基本原理: 德国美利奴品种研究》德文 *Die Grundsätze der Schafzüchtung: Mit besonderer Berücksichtigung der deutschen Merino Zucht*，英文 *Fundamentals of Sheep Breeding. With special consideration of the German Merino breed*

《野外狩猎》德文 *Wild and Hund*

《林业研究》德文 *Forstliche Blätter*，英文 *Forestry Papers*

《林学与狩猎学学报》德文 *Allgemeine Forst- und Jagdzeitung*，英文 *Journal for Forestry and Hunting*

《普鲁士林业和狩猎法规与行政年鉴》德文 *Jahrbuch der Preußischen Forst-*

und Jagdgesetzgebung und Verwaltung，英文 *Yearbook of Prussian Forestry and Hunting Legislation and Administration*

《德国护林员会议年报》德文 *Bericht über die Versammlung deutscher Forstmänner*，英文 *Report of the Meeting of German Foresters*

《德国药学核心期刊》德文 *Pharmazeutische Zentralhalle für Deutschland*，英文 *Pharmaceutical Central Repository for Germany*

《帝国药理学年报》德文 *Pharmazeutischer Kalender für das Deutche Reich*，英文 *Pharmaceutical Calendar for the Germany Empire*

《德国北部药理学年报》德文 *Pharmazeutischer Kalender für Norddeutschland*，英文 *Pharmaceutical Calendar for North Germany*

《药理学药方年鉴》德文 *Pharmazeutisches Jahrbuch*，英文 *Pharmaceutical Yearbook*

《药理药方应用实践》德文 *Technik der Pharmazeutischen Rezeptur*，英文 *Practice of Pharmaceutical Prescriptions*

《显微镜和其应用：药剂师、医生、公共卫生的官员、商人、工程师、教师、肉类检查官等应用指南》德文 *Das Mikroskop und seine Anwendung. Ein Leitfaden bei mikroskopischen Untersuchungen für Apotheker*，*Ärzte*，*Medicinalbeamte*，*Kaufleute*，*Techniker*，*Schullehrer*，*Fleischbeschauer etc.*，英文 *The Microscope and its application. A guide to microscopical examination for pharmacists*，*doctors*，*public health officials*，*businessmen*，*engineers*，*schoolmasters*，*meat inspectors*，*etc.*

《药剂师初学者的 92 门课》德文 *Erster Unterricht des Pharmaceuten in 92 Lektionen*，英文 *First Instruction for the Pharmacist in 92 Lessons*

《药理化学基础》德文 *Grundzüge der pharmazeutischen Chemie*，英文 *Fundamentals of Pharmaceutical Chemistry*

《药理学实践通报》德文 *Handbuch der pharmazeutischen Praxis*，英文 *Handbook of Pharmaceutical Practice*

《德国药典评注》德文 *Commentar zur Pharmacopoea Germanica*，英文 *Commentary to the German Pharmacopoeia*

《德国图书贸易实用指南》德文 *Praktische Vorschule für den deutschen Buchhandel*，英文 *Practical Introductory Education for the German Book Trade*

《论图书贸易权：普鲁士禁书与书商及个人的关系》德文 *Preußens Bücherverbote in Betreff der Privatpersonen und Buchhändler*，英文 *Prussia's Book Bannings*，*in Relation to Book Traders and Private Persons*

《瑞克曼通用图书馆》德文 *Reclams Universal-Bibliothek*，英文 *Reclam's Universal Library*

第三章

《皇家最高法庭的解密档案》德文 *Königliche Geheime Ober-Hofbuchdruckerei*，英文 *Royal Secret Superior Court Book Printing Works: nowadays the Federal Printing Works*

《帝国铁路时刻表》德文 *Deutsche Reichsfahrbahn*，英文 *Imperial Railway Timetable*

《亨德谢尔电报》德文 *Hendschel's Telegraph*，英文 *Hendschel's Telegraph*

《柏林进出列车时刻表》德文 *Verzeichnis der in Berlin ankommenden und von Berlin abgehenden Eisenbahnzüge*，英文 *List of Train Arrivals and Departures in and from Berlin*

《论坛报》德文 *Tribüne*，英文 *Tribune*

《帝国邮政总局时间表》德文 *Kursbuch der Deutschen Reichs-Postverwaltung*，英文 *Timetable of the Imperial Postal Administration*

《柏林的照明、供水和管道系统》德文 *Beleuchtung, Wasserversorgung und Kanalisation der Stadt Berlin*

《柏林消防和电报管理报告：1880 年》德文 *Bericht über die Verwaltung der Feuerwehr und Telegraphen von Berlin für das Jahr* 1880

《柏林铁路：1846—1896》德文 *Berlin und Seine Eisenbahnen 1846–1896. Herausgegeben im Auftrag des Königlich. Preußischen Ministers der öffentlichen Arbeiten*

《柏林人口普查（1861 年 12 月 3 日）》德文 *Die Berliner Volkszählung vom 3.Dezember* 1861

《柏林人口普查（1864 年 12 月 3 日）》德文 *Die Berliner Volkszählung vom 3.Dezember* 1864

《柏林中央牲畜屠宰场：工厂结构和设备》德文 *Der Zentralvieh- und Schlachthof zu Berlin. Seine baulichen Anlagen und Betriebs- Einrichtungen*

《柏林建筑和艺术纪念碑》德文 *Die Bau- und Kunstdenkmäler von Berlin*

《柏林有轨电车线路发展及对交通行业的意义》德文 *Die Entwickelung der Großen Berliner Straßenbahn und ihre Bedeutung für die Verkehrsentwickelung Berlins*

《柏林的故事》德文 *Berliner Geschichten*

《柏林城内中央屠宰场指南》德文 *Führer durch den städtischen Zentral-Vieh- und Schlachthof von Berlin*

《柏林的历史与现在》德文 *Berlin in Geschichte und Gegenwart*

《1871—1902 年柏林的有轨电车全面投入使用纪念册》德文 *Die Große Berliner Straßenbahn* 1871-1902. *Denkschrift aus Anlass der vollständigen Durchführung des elektromotorischen Betriebes*

《柏林医疗指南》法文 *Guide médical de Berlin.*

《夏洛滕堡的历史》德文 *Geschichte der Stadt Charlottenburg*

《柏林万湖西南部的运河》德文 *Südwestkanal Berlin-Wannsee*

《柏林以及周边基础工程设施》德文 *Ingenieurwerke in und bei Berlin*

《柏林消防员指南》德文 *Instruktionsbuch für die Berliner Feuerwehr*

《1896 年以前的柏林电力工程》德文 *Die Berliner Elektrizitätswerke bis Ende 1896*

《柏林电力驱动与地下铁路运营》德文 *Zur Eröffnung der elektrischen Hoch- und Untergrundbahn in Berlin*

《柏林的"第九集市"：结构和设备》德文 *Die Markthallen Berlins. Ihre baulichen Anlagen und Betriebseinrichtungen*

《柏林的医生与学生指南：奖学金与资助机构建议》德文 *Wegweiser für Ärzte und Medizinstudierende in Berlin zur Benutzung von Unterstützungseinrichtungen, Stipendien, Wohlfahrtsanstalten usw.*

《柏林有轨电车与交通堵塞》德文 *Die Berliner Straßenbahnverkehrsnot*

《柏林医疗指南》英文 *Medical Guide through Berlin*

《柏林电车对电缆的持续供电要求：电力安全管理目标》德文 *Gutachten über die Frage: Entspricht der elektrische Betrieb auf den Linien der Großen Berliner Straßenbahn durchweg den Anforderungen, welche nach dem gegenwärtigen Stand der Elektrotechnik an eine ordnungsmäßige und sichere Betriebsführung gestellt werden können*

《柏林的消防部门》德文 *Das Feuerlöschwesen Berlins*

《柏林消防员训练指南》德文 *Instruktions-Buch und Exercier-Reglement für die Mannschaften der Feuerwehr von Berlin*

《柏林斯特拉劳和特雷普托之间的施普雷河隧道计划：1895—1899》德文 *Der Spreetunnel zwischen Stralau und Treptow bei Berlin. Ausgeführt in den Jahren 1895-1899*

《1808 年以来柏林的城市法规》德文 *Die Städteordnung von 1808 und die Stadt Berlin*

《1847—1897 柏林的煤气工厂》德文 *Die städtischen Gaswerke in Berlin. 1847—1897*

《柏林街道桥梁建设》德文 *Die Straßen-Brücken der Stadt Berlin*

《柏林旅游地图：从柏林到欧洲各国铁路路线图》*Reisetafel von Berlin.*

Eisenbahn-Zug-Verbindungen in Landkartenform von Berlin nach allen Ländern Europas

《柏林城市电话系统用户名单》德文 *Verzeichnis der Teilnehmer an der Stadtfernsprecheinrichtung in Berlin*

《柏林周边的福利机构》德文 *Die Wohlfahrtseinrichtungen Berlins und seiner Vororte*

《柏林城区的警察规章制度之汇编：施工脚手架与通往建筑工地道路建设》德文 *Zusammenstellung der polizeilichen Vorschriften für den Stadtkreis Berlin über die Errichtung von Baugerüsten, sowie Herstellung von Fahrbahnen an Baustellen usw.*

《论蒸汽机的控制》德文 *Die Steuerung der Dampfmaschinen*，英文 *The Control of Steam Engines*

《汽轮机》德文 *Die Dampfturbine*，英文 *The Steam Turbine*

《1893 年芝加哥机械工具展览会》德文 *Die Werkzeugmaschinen auf der Weltausstellung in Chicago 1893*，英文 *The Machine Tools at the 1893 Chicago World Fair*

《机床》德文 *Die Werkzeugmaschinen*

《鲁尔低地区和威斯特伐利亚地区煤矿开发情况》德文 *Die Entwicklung des Niederrheinisch Westfälischen Steinkohlen-Bergbaues*，英文 *The Development of Mineral Coal Mining in the Lower Rhine and Westphalia*

《德国工程学报》德文 *Zeitschrift des Vereines Deutscher Ingenieure*，英文 *Journal of the Society of German Engineers*

《普鲁士矿产开采》德文 *Der Steinkohlenbergbau des Preußischen Staates*，英文 *Mineral Coal Mining of the Prussian State*

《机械工程技术发展年报》德文 *Jahresbericht über die Fortschritte der mechanischen Technik und Technologie*，英文 *Annual on the Advances in Mechanical Engineering and Technology*

《德国理工学报》德文 *Allgemeine deutsche polytechnische Zeitung*，英文 *General German Polytechnic Newspaper*

《工具研究期刊》德文 *Zeitschrift für Instrumentenkunde*，英文 *Journal for the Study of Instruments*

《皇家技术研究所报告》德文 *Mitteilungen aus den Königlichen technischen Versuchsanstalten*，英文 *Reports from the Royal Technical Research Institutions*

《帝国标准委员会报告》德文 *Reports of the Imperial Normal Standards Commission*

《电气工程学报》德文 *Elektrotechnische Zeitschrift*，英文 *Electrical Engineering Journal*

《电信发展历史》德文 *Die Geschichte und Entwicklung des Elektrischen Fernsprechwesens*，英文 *History and Development of Electrical Telephony*

《帝国邮政与电话线安装》德文 *Die allgemeinen Fernsprecheinrichtungen der Deutschen Reichs-Post und Telegraphen-Verwaltung*，英文 *The General Telephone Installations of the Imperial Post and Telegraph Administration*

《工程学》德文 *Der Ingenieur*，英文 *The Engineer*

《电气学》德文 *Die Elektrotechnik* 英文 *The Electrician*

《电力传输》德文 *Elektrische Kraftübertragung*，英文 *Electrical Power Transmission*

《应用电学研究》德文 *Zeitschrift für angewandte Elektricitätslehre*，英文 *Journal for Applied Study of Electricity*

《电气工程核心期刊》德文 *Zentralblatt für Elektrotechnik*，英文 *Central Journal for Electrical Engineering*

《电气工程发展报告》英文 *Report on Advances in electrical engineering*

《论普鲁士地下电报系统》德文 *Kurze Darstellung der an den preußischen Telegraphen-Linien mit unterirdischen Leitungen bis jetzt gemachten Erfahrungen*，英文 *Short Description of the Experiences Gained So Far with the Underground Conduits of the Prussian Telegraph Lines*

《西门子文选》德文：*Siemens' Gesammelte Schriften*，英文 *Siemens' Collected Papers*

《论将机械能转化为"永磁性"电能》德文 *Über die Umwandlung von Arbeitskraft in elektrischen Strom, ohne permanente Magnete*，英文 *Transformation of Mechanical Power Into Electrical Current Without a Permanent Magnet*

《高效热电(动)机的理论与构造》德文 *Theorie und Konstruktion eines rationellen Wärmemotors*，英文 *Theory and Construction of an Efficient Heat Motor*

《柴油发动机的起源》德文 *Die Entstehung des Dieselmotors*，英文 *The Origin of the Diesel Engine*

《采矿业中的电力危害防御》德文 *Die Gefahren der Elektrizität im Bergwerksbetriebe*，英文 *The Dangers of Electricity in Mining*

《鼓风机》德文 *Die Gebläse*

《蒸汽发动机设计规范：学生版》德文 *Entwerfen und Berechnen von Dampfmaschinen*，英文 *Design and Calculation of Steam Engines. A textbook and handbook for students and future construction engineers*

《发动机制造通报》德文 *Taschenbuch für den Maschinenbau*，英文 *Manual for Engine Construction*

《化学工业》德文 *Die chemische Industrie*

《化学工业学报：调查研究方法》德文 *Zeitschrift für die chemische Industrie mit* besonderer Berücksichtigung der chemisch-technischen Untersuchungsverfahren，英文 Journal for the Chemical Industry，with special consideration of chemical-technical investigative methods

《化学应用学报》德文 Zeitschrift für angewandte Chemie，英文 Journal of Applied Chemistry

《化学年报》德文 Chemiker-Kalender

《化学产业中技术规模化应用调查方法》德文 Chemisch-technische Untersuchungsmethoden der Groß-Industrie，英文 Chemical-Technical Investigative Methods in Large-Scale Industry

《苯胺染料与相关工艺的生产》英文 Advances in the Manufacture of Aniline Dyes and Related Branches of Industry

《油脂化学》德文 Der Seifenfabrikant，英文 Soap Manufacturer）

《染料化学》德文 Färber-Zeitung，英文 Dyers' Paper

《无机化学教材》德文 Kurzes Lehrbuch der anorganischen Chemie，英文 Short Textbook of Inorganic Chemistry

《化学理论教材》德文 Lehrbuch der theoretischen Chemie，英文 Textbook of Theoretical Chemistry

《有机化学通报》德文 Handbuch der Organischen Chemie

《人类的食物造假和食品污染》德文 Die Nahrungsmittel des Menschen, ihre Verfälschungen und Verunreinigungen，英文 Human Foods, their Adulteration and Contamination

《人类食物中的化学》德文 Chemie der menschlichen Nahrungs- und Genußmittel，英文 Chemistry of Human Foods and Luxury Edibles

《化学在人类食品以及奢侈品中的应用季刊》德文 Vierteljahresschrift über die Fortschritte auf dem Gebiete der Chemie der Nahrungs- und Genußmittel, der Gebrauchsgegenstände sowie der hierzu gehörenden Industriezweige，英文 Quarterly on the Advances in the Field of Chemistry of Foods and Luxury Edibles

《食品造假者歌曲集》英文 Song-Book for Jolly Forgers. Edited by the Council and General Association for the Adulteration of Foods, Goods Etc.

《农业化学年报》德文 Jahresbericht für Agrikultur-Chemie，英文 Annual Reports on Agricultural Chemistry

《食品调查》德文 Zeitschrift für Untersuchung der Nahrungsmittel，英文 Journal for Food Investigation

《食品调查与研究》德文 Zeitschrift für Lebensmittel-Untersuchung und -forschung，英文 Journal for Food Investigation and Research

《食品造假：食物等消费品调查与再评估——"防止食品造假协会"实验报告》德文 *Untersuchungen von Lebensmitteln und Verbrauchsgegenständen, zugleich als Beitrag zur Frage der Lebensmittelverfälschungen, ausgeführt im Laboratorium des Vereins gegen Verfälschung der Lebensmittel*）

《造假者之歌：相关流行短语以及相关意义注释》德文 *Liederbuch für fröhliche Fälscher. Nebst etlichen weisen Sprüchen, Regeln und Glossen*

《多孢子铁细菌检测历年报告看柏林水污染的原因》德文 *Entwicklungsgeschichtliche Untersuchung über Crenohtrix Polyspora, die Ursache der Berliner Wassercalamität*

《餐饮中的化学：食品加工成分、掺假和识别判断》（第二卷）德文 *Chemie der menschlichen Nahrungs- und Genußmitte, Vol 2: Die menschlichen Nahrungs- und Genußmittel ihre Herstellung, Zusammensetzung und Beschaffenheit, ihre Verfälschungen und deren Nachweis*

《健康常识：关于光、热、空气、水、土地等对于健康的影响》德文 *Gesunde Wohnungen. Eine gemeinverständliche Darstellung der Einwirkungen des Lichtes, der Wärme, der Luft, des Wassers und des Untergrundes der Gebäude und ihrer Umgebung auf die Gesundheit der Bewohner.*

《土地与水资源的经济开发利用——关于森林保护的益处和通过促进水资源促进粮食生产均衡的国家经济研究》德文 *Die ökonomische Verteilung und Benutzung von Boden und Wasser, Eine nationalökonomische Studie im Interesse des Waldschutzes und einer verbesserten Ernährungsbilanz durch Förderung der Wasserwirtschaft*

《食品掺假分析报告》德文 *Die Analyse und Verfälschung der Nahrungsmittel*

《关于净化污水和污染水的原则与限度》德文 *Über die Principien und die Grenzen der Reinigung von fauligen und fäulnissfähigen Schmutzwassern*

《弗里德里希罗达的自然破坏情况报告急报——来自一位温泉老顾客的呼吁》德文 *Vandalismus an der Natur. Ein Notschrei aus Friedrichroda von einem alten Kurgast*

《柏林大学卫生研究所对于柏林自来水调查报告：1885 年 6 月至 1886 年 4 月》德文 *Bericht über die Untersuchung des Berliner Leitungswassers in der Zeit vom 1. Juni 1885 bis April 1886, ausgeführt im hygienischen Institut der Universität Berlin*

《水污染——有毒物的严重影响以及污水净化的意义》德文 *Die Verunreinigung der Gewässer, deren schädliche Folgen, nebst Mitteln zur Reinigung der Schmutzwässer*

《关于白兰地酒杂质的外观、质量检测和去除它们的方法》德文 *Über*

Branntwein, seine Darstellung und Beschaffenheit in Hinblick auf seinen Gehalt an Verunreinigungen, sowie über Methoden zu deren Erkennung, Bestimmung und Entfernung

《废水分析：水的使用、净化和评估》德文 *Das Wasser, seine Verwendung, Reinigung und Beurteilung mit besonderer Berücksichtigung der gewerblichen Abwässer*

《水的显微分析：针对饮用水污染的指南》德文 *Mikroskopische Wasseranalyse. Anleitung zur Untersuchung des Wassers mit besonderer Berücksichtigung von Trink- und Abwasser*

《硼酸作为防腐剂的危害以及为何在肉类中禁用硼酸的研究报告》德文 *Borsäure als Konservierungsmittel. Beiträge zur Beurteilung der Angriffe gegen das Verbot der Verwendung von Borsäure und deren Salzen bei der Zubereitung von Fleisch*

《德绍城市中心和居民区的供水质量报告》德文 *Untersuchung über die Beschaffenheit des zur Versorgung der Haupt- und Residenzstadt Dessau benutzten Wassers*

《帝国公共健康委员会报告 ——关于舒特河、奥克河与阿勒尔河的钾氯酸盐厂的废水排放的危害影响》德文 *Gutachten des Reichsgesundheitsrates über den Einfluß der Ableitung von Abwässern aus Chlorkaliumfabriken auf die Schunter, Oker und Aller Berichterstatter*

《帝国公共健康委员会报告——奥拉河与奥特绍河的废水排放问题》德文 *Gutachten des Reichs Gesundheitsrates, betreffend die Verunreinigung der Orla und Kötschau durch gewerbliche Abwässer.Berichterstatter*

《对水和废水的分析评价：水实验室的实践与使用指南》德文 *Die Untersuchung und Beurteilung des Wassers und des Abwassers. Ein Leitfaden für die Praxis und zum Gebrauch im Laboratorium*

《污水处理新实践：1910 年 9 月 15 日埃伯菲尔德组举办的"德国公共健康协会"会议论文集》德文 *Neuere Erfahrungen über die Behandlung und Beseitigung der gewerblichen Abwässer. Vortrag gehalten in der Sitzung des Deutschen Vereins für öffentliche Gesundheitspflege am 15. September 1910 in Elberfeld*

《帝国公共健康委员会报告——氯化钾厂导致的维珀河与温斯特鲁特河的水质盐化问题》德文 *Gutachten des Reichs Gesundheitsrats, betreffend die Versalzung des Wassers von Wipper und Unstrut durch Endlaugen aus Chlorkaliumfabriken.Berichterstatter*

《对奥特区和斯特尔区的水质调查报告》德文 *Untersuchung des Wassers und*

Ort und Stelle

《药学核心期刊》德文 Pharmazeutische Zentralhalle，英文 Central Pharmaceutical Journal

《药学报》德文 Pharmazeutische Zeitung

《药理学参考书》德文 Handbuch der gesamten Arzneimittellehre，英文 Reference Book of Pharmacology

《药剂师应用参考书》德文 Handbuch der Drogisten-Praxis，英文 Practical Reference Book for Druggists

《药学院杂志》德文 Schule der Pharmazie，英文 School of Pharmacy

《药学评论》德文 Pharmazeutische Rundschau，英文 Pharmaceutical Review

《帝国公共健康周刊》德文 Veröffentlichungen des Kaiserlichen Gesundheitsamtes，英文 Publications of the Imperial Public Health Office

《帝国公共健康办公室文集》德文 Arbeiten aus dem Kaiserlichen Gesundheitsamte，英文 Works from the Imperial Public Health Office

《治疗月刊》德文 Therapeutische Monatshefte，英文 Therapeutic Monthly

《柏林临床周刊》德文 Berliner klinische Wochenschrift

《临床周刊》德文 Klinische Wochenschrift

《德国医学杂志》德文 Deutsche Medizinische Wochenschrift

《公共健康通报》德文 Gesundheitsbüchlein，英文 Health Booklets

《卫生学流行通报》英文 A Popular Manual of Hygiene

《内科和儿科医学研究成果》德文 Ergebnisse der Inneren Medizin und der Kinderheilkunde，英文 Results in Internal Medicine and Pediatrics

《生平记事》德文 Lebenschronik

《产科学教材》德文 Lehrbuch der Geburtshilfe

《妇科医学教材》德文 Lehrbuch der Gynäkologie

《助产士教材》德文 Hebammen-Lehrbuch，英文 Textbook for Midwives

《呼吸道疾病》德文 Krankheiten der oberen Luftwege，英文 Diseases of the Upper Airways

《临床医学诊断》德文 Medizinisch klinische Diagnostik

《无痛手术》德文 Schmerzlose Operationen，英文 Painless Operation (Painless Operations: local anesthesia with neutral fluids. Psychophysics of natural and artificial sleep)

《美好的过去》德文 Besonnte Vergangenheit，英文 Sunny Past

《慕尼黑医学周报》德文 Münchener Medizinische Wochenschrift，英文 Munich Medical Weekly

《数学著作选集》德文 Gesammelte mathematische Abhandlungen，英文 Collected

Mathematical Writings

《电力实验研究》英文 *Experimental Researches in Electricity*

《电力与磁学》英文 *Electricity and Magnetism*

《电力与磁学论文集》德文 *Gesammelte Abhandlungen zur Lehre von der Elektrizität und des Magnetismus*

《韦伯作品选集》德文 *Werke*

《物理化学前沿》德文 *Physikalisch chemische Tabellen*

《仪器仪表学报》德文 *Zeitschrift für Instrumentenkunde*，英文 *Journal for Instrument Research: Organ for communications in the whole field of scientific technology*

《物理学年报》德文 *Annalen der Physik*

《物理化学教学》德文 *Zeitschrift für den physikalischen und chemischen Unterricht*，英文 *Journal for the Teaching of Physics and Chemistry*

《货币系统的改革》德文 *Reform des Geldwesens*，英文 *Reform of the Money System*

《普鲁士领导下的联邦国家——南北德国统一》德文 *Die bundesstaatliche Einigung Süd- und Norddeutschlands unter Preußens Führung*，英文 *Unification of South and North Germany into a Federal State under Prussia's Leadership*

《当代政治史》德文 *Politische Geschichte der Gegenwart*，英文 *Political History of the Present*

《普法战争史》德文 *Geschichte des deutsch-französischen Krieges*，英文 *History of the Franco-German War*

《关于铸币的货币问题》德文 *Münz- und Währungsfragen*，英文 *On Questions of Coinage and Currencies*

《银行系统改革》德文 *Reform des deutschen Bankwesens*，英文 *Reform of the Banking System*

《论社会问题》德文 *Die soziale Frage*，英文 *The Social Question*

《铁路政策的任务》德文 *Aufgaben der Eisenbahnpolitik*，英文 *Tasks of Railway Policy*

《关于世界邮政与空中交通》德文 *Weltpost und Luftverkehr*，英文 *World Post and Aerial Traffic*

《国家与教堂：文化冲突抑或和平》德文 *Kulturkampf oder Friede in Staat und Kirche*，英文 *Cultural Conflict or Peace in State and Church*

《社会民主党的承诺与目的》德文 *Die Sozialdemokraten, was sie den Wählern versprechen, und was sie wollen*，英文 *The Social Democrats, what they promise and what they want*

《帝国法令威胁民主》英文 *The Imperial Law Against the Dangerous Efforts of*

Social Democracy: Discussed in relation to constitutional law

《书店在教育中的社会帮助地位与作用》英文 *The Social Position and the Education of Shop Assistants*

《雇主的社会责任》英文 *The Social Obligations of Employers*

《英国现行的行政法》德文 *Das englische Verwaltungsrecht der Gegenwart*，英文 *Current English Administrative Law*

《普鲁士与德意志帝国的宪法和行政机关参考书》德文 *Handbuch der Verfassung und Verwaltung in Preußen und dem Deutschen Reiche*，英文 *Reference Book of the Constitution and Administration in Prussia and the German Empire*

《德意志帝国中的普鲁士法律制定参考书》德文 *Handbuch der Gesetzgebung in Preußen und im Deutschen Reich*，英文 *Reference Book of Legislation in Prussia and the German Empire*

《铁路系统档案》德文 *Archiv für Eisenbahnwesen*，英文 *Archive for the Railways System*

《论柏林的高架铁道与地下铁路》德文 *Zur Eröffnung der elektrischen Hoch- und Untergrundbahn in Berlin*，英文 *On the Opening of the Electric Elevated and Underground Railway in Berlin*

《节拍器》德文 *Metronomische Beiträge*，英文 *Metronomic Contributions*

《帝国规范委员会通讯》德文 *Wissenschaftliche Abhandlungen der Kaiserlichen Normal-Aichungs-Kommission*，英文 *Scientific Articles of the Imperial Normal Standards Commission*

《希腊语语法》英文 *Main Rules of Greek Syntax*

《英语语法问题摘要》英文 *English grammar*

《高等学校教材：法语初阶》德文 *Lehrbuch der französischen Sprache für die untere Stufe höherer Lehranstalten*，英文 *Textbook of the French Language for Lower Forms in Higher Learning Institutions*

《森林狩猎杂志》德文 *Zeitschrift für Forst- und Jagdwesen*，英文 *Journal for Forestry and Hunting*

《德国林学大会报告》英文 *Assembly of German Foresters*

《砖木建筑新形式》德文 *Neuere Bauformen des Ziegel- und Holzbaues*，英文 *New Forms of Construction of Brick and Wooden Buildings*

《柏林新国际象棋杂志》德文 *Neue Berliner Schachzeitung*，英文 *New Berlin Chess Journal*

《波罗的海国际象棋论文集（1889—1902）》德文 *Baltische Schachblätter (1889—1902)*，英文 *Baltic Chess Papers (1889—1902)*

《国际象棋理论实践手册》德文 *Theoretisch-praktisches Handbuch des*

Schachspiels，英文 *Theoretisch-praktisches Handbuch des Schachspiels*

《国际象棋的历史和文学》英文 *History and Literature of Chess*

《德国图书贸易与人文科学发展》英文 *The German Book Trade and the Science*

第四章

《一生的总结报告》英文 *Report of My Life*

《学术评论核心期刊》英文 *Central Abstract Review Journals*

"研究成果系列" 德文 *Ergebnisse*

《生物化学通报》德文 *Biochemische Zeitschrift*

《自然科学》德文 *Naturwissenschaften*，*Berichte für die gesamte Physiologie*

《化学生理学和病理学集刊》德文 *Beiträge zur chemischen Physiologie und Pathologie*

《内科与儿科发展概况》德文 *Ergebnisse der inneren Medizin und Kinderheilkunde*，英文 *Results in Internal Medicine and Pediatrics*

《解剖学和其历史发展概况》德文 *Ergebnisse der Anatomie und Entwicklungsgeschichte*，英文 *Results in Anatomy and Developmental History*

《传染病通报》德文 *Handbuch der Infektionskrankheiten*，英文 *Handbook of Infectious Diseases*

《过敏症》德文 *Allergie*，英文 *Allergy*

《儿童健康杂志》德文 *Zeitschrift für Kinderheilkunde*，英文 *Journal of Child Health*

《手术和整形医学的研究成果》德文 *Ergebnisse der Chirurgie und Orthopädie*，英文 *Results of surgery and orthopaedics*

《论手术压力差的状态》德文 *Über den Stand des Druckdifferenzverfahrens*，英文 *On the Present State of the Pressure Difference Procedure*

《神经疾病教材》德文 *Lehrbuch der Nervenkrankheiten*，英文 *Textbook of Nervous Diseases*

《神经医学和精神医学杂志》德文 *Zeitschrift für die gesamte Neurologie und Psychiatrie*

《神经医学和精神医学全领域专论》德文 *Monographien aus dem Gesamtgebiete der Neurologie und Psychiatrie*，英文 *Monographs from the Entire Field of Neurology and Psychiatry*

《神经医学通报》德文 *Handbuch für Neurologie*

《精神疾病通报》德文 *Handbuch für Geisteskrankheiten*，英文 *Mental Diseases*

《内科医学通报》德文 *Handbuch der Inneren Medizin*

《内科学核心期刊》德文 *Zentralblatt für innere Medizin*

《完整医学百科全书》德文 *Real-Encyclopädie der gesamten Heilkunde*，英文 *Encyclopedia of the Whole of Medicine*

《临床医学百科全书》德文 *Enzyklopädie der Klinischen Medizin*

《儿科与内科百科全书》德文 *Enzyklopädie der Inneren Medizin und Kinderheilkunde*

《内科学全领域核心期刊》德文 *Zentralblatt für die gesamte innere Medizin*，英文 *Central Journal for all of Internal Medicine—Central Congress Journal*

《外科学全领域核心期刊》德文 *Zentralblatt für die gesamte Chirurgie und ihre Grenzgebiete*，英文 *Central Journal for all of Surgery and its Allied Branches*

《外科手术核心期刊》德文 *Zentralblatt für Chirurgie*，英文 *Central Periodical for Surgery*

《妇产科核心期刊》德文 *Gynäkologie und Geburtshilfe sowie deren Grenzgebiete*

《眼科核心期刊》德文 *Zentralblatt für die gesamte Ophthalmologie und ihre Grenzgebiete*

《实验治疗通报》德文 *Handbuch der experimentellen Therapie*

《菲尔绍档案：病理学解剖学》德文 *Virchows Archiv für pathologische Anatomie*

《卡尔·魏格特论文集》德文 *Carl Weigert Gesammelte Abhandlung*，英文 *Carl Weigert's Collected Papers*

《梅毒的化学治疗实验》德文 *Die experimentelle ehemotherapis der Spirillosen*

《哈本》英文 *Harben Lecture*

《德国医学周刊》德文 *Deutsche Medizinische Wochenschrift*

《关于氨基酸、多肽和蛋白质的研究》英文 *Research on Amino Acids, Polypeptides and Proteins*

《生物化学词典》德文 *Biochemisches Handlexikon*

《嘌呤基团研究》德文 *Untersuchungen in der Puringruppe*，英文 *Studies in the Purine Group*

《犯罪心理学全领域论文集》（《海德堡论文集》）德文 *Abhandlungen aus dem Gesamtgebiet der Kriminalpsychologie*，英文 *Essays on the Whole Area of Criminal Psychology*

《普通精神病理学》德文 *Allgemeine Psychopathologie*，英文 *General Psychopathology*

《论大学》德文 *Idee der Universität*，英文 *The Idea of the University*

《神经学家》德文 *Der Nervenarzt*

《物理学初级》德文 *Lehrbuch der Elementarphysik*

《自然》英文 *Nature*

《自然科学评论》德文 *Naturwissenschaftliche Rundschau*，英文 *Review of Natural*

Sciences

《钢筋混凝土》德文 *Armierter Beton*，英文 *Reinforced Concrete*

《建筑师周刊》德文 *Wochenblatt für Baukunde*，英文 *Architects' Weekly*

《建筑研究周刊》英文 *Building Studies Weekly*

《建筑工业期刊》德文 *Zeitschrift für Bauwesen*，英文 *Journal for the Building Industry*

《建筑管理核心期刊》德文 *Zentralblatt der Bauverwaltung*，英文 *Central Journal for Building Management*

《施工现场》德文 *Die Hütte*

《混凝土和铁》德文 *Beton und Eisen*，英文 *Concrete and Iron*

《钢筋混凝土通报》德文 *Handbuch für Eisenbetonbau*，英文 *Handbook for Iron-Concrete Construction*

《混凝土时讯》德文 *Betonkalender*，英文 *Concrete Calendar*

《建筑工程师通报》德文 *Taschenbuch für Bauingenieur*，英文 *The Building Engineer*

《法兰克福汇报》德文 *Frankfurter Allgemeine Zeitung*

《工坊管理》德文 *Die Betriebsleitung*，英文 *Shop Management*

《工厂技术》英文 *Workshop Technology*

《机械》德文 *Werkstattstechnik*

《匠人期刊》德文 *Werkmeister Zeitung*

《机动飞艇研究学会年鉴》德文 *Jahrbuch der Motorluftschiff-Studiengesellschaft*，英文 *Yearbook of the Society for the Study of Motor Airships*

《飞行工程学会年鉴》德文 *Jahrbuch der wissenschaftlichen Gesellschaft für Flugtechnik*，英文 *Yearbook of the Scientific Society for Flight Engineering*

《飞艇工程学会年鉴》德文 *Zeitschrift für Flugtechnik und Motorluftschiffahrt*，英文 *Journal for Flight Technology and Motor Airships*

《飞行技术与飞艇杂志》德文 *Versuchsanstalt für Luftschiffahrt*，英文 *Experimental Institute for Air shipping*

《世界邮政和飞艇指南》德文 *Heinrich Stephan's prophetic talk*，英文 *World Post and Airship Navigation*

《制造飞艇的经验》英文 *Experiences in the Building of Airships*

《对于飞行问题的看法》*Heinrich Stephan's prophetic talk*

《飞行技术与飞艇杂志》德文 *Zeitschrift für Flugtechnik und Motorluftschiffahrt*，英文 *Experimental Institute for Air shipping*

《第一届法兰克福国际飞艇展会的报告》德文 *Erste internationale Luftschiffahrts-Ausstellung*

《螺旋桨的计算研究》英文 *Contribution to Calculating Airscrews*

《飞行研究》英文 *Study of Flight*

《用于自学和技术教学机构教学的教科书：汽车与液态燃料汽车发动机》德文 *Motorwagen und Fahrzeugmaschinen für flüssigen Brennstoff. Ein Lehrbuch für den Selbstunterricht und den Unterricht an technischen Lehranstalten*，英文 *Motor Cars and Vehicle Engines for Liquid Fuels. A Textbook for Self-Instruction and Instruction at Technical Teaching Establishments*

《发动机制造通报》英文 *Manual of Engine Construction*

《蒸汽机的设计与规范》德文 *Entwerfen und Berechnen von Dampfmaschinen*，英文 *Design and Specification of Steam Engines*

《动力引擎》德文 *Kraftmaschinen*，英文 *Power Engines*

《德国图书印刷商收费标准》英文 *German Book Printers Scale of Charges*

《普鲁士图书馆书目》德文 *Instruktionen für die alphabetischen Kataloge der preußischen Bibliotheken*，英文 *Instructions for the Alphabetical Catalogues of the Prussian Libraries*

《民族学》德文 *Zeitschrift für Ethnologie*

《民俗学协会期刊》德文 *Zeitschrift des Vereins für Volkskunde*，英文 *Journal of the Association for Folklore*

《帝国保险局官方新闻》德文 *Amtlichen Nachrichten des Reichsversicherungsamts*，英文 *Official News of the Imperial Insurance Office*

《劳工保险月报》德文 *Monatsblätter für Arbeiterversicherung*，英文 *Monthly Papers for Workers' Insurance*

《帝国保险月报》德文 *Entscheidungen und Mitteilungen des Reichsversicherungsamts*，英文 *Decisions and News of the Imperial Insurance Office*

《社会政策与法律年鉴》德文 *Annalen für soziale Politik und Gesetzgebung*，英文 *Annals for Social Policy and Legislation*

《劳工保险》德文 *Die Angestelltenversicherung*，英文 *Employee Insurance*

《劳工调解月报》德文 *Das Einigungsamt*，英文 *The Conciliation Office*

《工人与雇员保险月刊》德文 *Monatsschrift für Arbeiter- und Angestellten-Versicherung*，英文 *Monthly for Workers' and Employees' Insurance*

《社会科学书目》德文 *Bibliographie der Sozialwissenschaften*，英文 *Bibliography of the Social Sciences*

《植物和动物生理学完整领域的专著》德文 *Monographien aus dem Gesamtgebiet der Physiologie der Pflanzen und der Tiere*，英文 *Monographs in the Entire Area of Physiology of Plants and Animals*

《战争与妇女》英文 *The War and Women*

《我们的和平目标》英文 *Our Peace Aims*

《建筑工程师图书馆：学生与专业人员参考书》德文 *Handbibliothek für Bauingenieure，Ein Hand- und Nachschlagebuch für Studium und Praxis*，英文 *Reference Library for Construction Engineers: A Manual and Reference Book for Students and Practitioners*

《外科医生和技术人员指南》英文 *Guide for Surgeons and Technicians*

《德国在太阳下的位置》英文 *Germany's Place in the Sun*

《如何在战争中一直保持主动权》英文 *How Can We in Future Maintain the Elevating Powers of this War ?*

《英国世界政治》英文 *English World Politics*

《战后我们的金融情况》英文 *Our Finances after the War*

《阿尔萨斯–洛林地区可以成为独立的州吗？》*Can Elsaß-Lothringen be an Independent Federal State?*

《叶绿素研究》英文 *Studies on Chlorophyll*

《关于二氧化碳同化的研究》英文 *Studies on the Assimilation of Carbon Dioxide*

《任意活动的人造手》英文 *The Voluntarily Mobile Artificial Hand*

《妇科诊断入门》英文 *Introduction to Gynecological Diagnosis*

《数学杂志》德文 *Mathematische Zeitschrift*

《数学论文集》英文 *Mathematical Essays*

《函数理论的一些最新成果的描述和证明》德文 *Darstellung und Begründung einiger neueren Ergebnisse der Funktionentheorie*，英文 *Description and Proof of Some Recent Results of the Theory of Functions*

《数学年报》德文 *Mathematische Annalen*

《爱因斯坦相对论的物理基础》德文 *Die Relativitätstheorie Einsteins und ihre physikalischen Grundlagen*，英文 *Foundations of Einstein's Theory of Gravity*

《眼科学文献》德文 *Archiv für Ophthalmologie*，英文 *Archive of Ophthalmology*

《眼科学通报》德文 *Handbuch der Ophthalmologie*

《有机物的进化机制档案》德文 *Archiv für Entwicklungsmechanik der Organismen*，英文 *Archive for Developmental Mechanisms of Organisms*

《人类与动物生理学档案》德文 *Archiv für die gesamte Physiologie des Menschen und der Tiere*，英文 *Archive for the Entire Physiology of Humans and Animals*

《眼科和耳科文献丛刊》德文 *Archiv für Augenheilkunde*，英文 *Archive for Ophthalmology and Otology*

《眼科和耳科杂志》德文 *Zeitschrift für Ohrenheilkunde*

《生理和病理化学年刊》德文 *Jahresbericht für die Fortschritte der Tierchemie oder der physiologischen und pathologischen Chemie*，英文 *Annual for*

Progress in Animal Chemistry or Physiological and Pathological Chemistry

《铁路系统发展时报》德文 *Organ für die Fortschritte des Eisenbahnwesens*，英文 *Organ for Advances in the Railway System*

《医学临床诊断口袋书》德文 *Taschenbuch der medizinisch-klinischen Diagnostik*，英文 *Pocket-Book of Medical Clinical Diagnosis*

《神经与精神的边界问题》德文 *Grenzfrage des Nerven-und Seelenlebens*，英文 *Borderline Problem of the Life of Nerves and the Spirit*

《个人心理学》德文 *Die Technik der Individual-Psychologie*，英文 *Technique of Individual Psychology*

《医学临床诊断口袋书》德文 *Taschenbuch der medizinisch-klinischen Diagnostik*，英文 *Pocket-Book of Medical Clinical Diagnosis*

《精神分析核心期刊》德文 *Zentralblatt für Psychoanalyse*

"精神分析" 德文 *Grenzfragen*

《梦的解析》英文 *On Dream*

第五章

《精神疾病图说》德文 *Bildnerei der Geisteskranken*，英文 *Pictorial Creations by the Mentally Ilk A contribution to the psychology and psychopathology of artistic design*

《家畜解剖比较通报》德文 *Handbuch der vergleichenden Anatomie der Haustiere*，英文 *Handbook of Comparative Anatomy of Domestic Animals*

《生理与病理化学分析通报》德文 *Handbuch der Physiologisch- und Pathologisch-Chemischen Analyse*，英文 *Handbook of Physiological and Pathological-Chemical Analysis*

《德国–俄罗斯医学杂志》德文 *Deutsch-Russische Medizinische Zeitschrift*，英文 *German-Russian Medical Journal*

《赫什瓦尔德广告》德文 *Hirschwald Anzeiger*

《维也纳临床周刊》德文 *Wiener Klinische Wochenschrift*，英文 *Viennese Clinical Weekly*

《医学全领域论文集》德文 *Gesammelte Abhandlungen aus dem Gebiete der öffentlichen Medicin*，英文 *Treatises in the Entire Field of Medicine*

《医学实践》德文 *Ärztliche Praxis*，英文 *Medical Practice*

《奥地利植物学杂志》德文 *Österreichische Botanische Zeitschrift*，英文 *Austrian Botanical Journal*

《梅兰德纺织报》德文 *Melliands Textilberichte*，英文 *Melliand's Textile Reports*

《特殊病例解剖学和组织学通报》德文 *Handbuch der speziellen pathologischen Anatomie und Histologi*，英文 *Handbook of Special Pathological Anatomy and Histologie*

《普通病理学和病理解剖研究成果》英文 *Results of General Pathology and Pathological Anatomy*

《学者的多事之秋》英文 *A Scholar's Eventful Life*

《实验药理学通报》德文 *Handbuch der experimentellen Pharmakologie*，英文 *Handbook of Experimental Pharmacology*

《解剖学简报》德文 *Anatomische Hefte*

《眼科档案》德文 *Archiv für Augenheilkunde*

《生物发生机制档案》德文 *Archiv für Entwicklungsmechanik der Organismen*

《骨科和创伤外科》德文 *Archiv für orthopädische und Unfall-Chirurgie*

《德国牙科季刊》德文 *Deutsche Vierteljahresschrift für Zahnchirurgie*

《解剖学与发育史成果通报》德文 *Ergebnisse der Anatomie und Entwicklungsgeschichte*

《法兰克福病理学杂志》德文 *Frankfurter Zeitschrift für Pathologie*

《铁路发展期刊》德文 *Organ für die Fortschritte des Eisenbahnwesens*

《实用妇产科杂志》德文 *Praktische Ergebnisse der Geburtshilfe und Gynäkologie*

《姐妹》德文 *Die Schwester*

《口腔颌面外科杂志》德文 *Zeitschrift für Mund- und Kieferchirurgie*

《耳科和呼吸道疾病杂志》德文 *Zeitschrift für Ohrenheilkunde und für die Krankheiten der Luftwege*

《综合保健核心期刊》德文 *Zentralblatt für allgemeine Gesundheitspflege*

《X射线与镭：核心期刊》德文 *Zentralblatt für Röntgen strahlen，Radium und verwandte Gebiete*

《生物理化学免疫理论核心期刊》德文 *Zentralblatt für Biochemie und Biophysik mit Einschluß der theoretischen Immunitätsforschung*

《土木工程师》德文 *Der Bauingenieur*

《结核病临床研究》德文 *Beiträge zur Klinik der Tuberkulose und spezifischen Tuberkulose-Forschung*

《生理学前沿通报》德文 *Berichte über die gesamte Physiologie*

《农业技术》德文 *Technik in der Landwirtschaft*

《菲尔绍档案：病理解剖学、生理学和临床医学》德文 *Virchows Archiv für pathologische Anatomie und Physiologie und für klinische Medizin*

《造船和航运业》德文 *Werft und Reederei*

《卫生与传染病：传染病学、医学微生物学、免疫学和病毒学》德文 *Zeitschrift*

für Hygiene und
Infektionskrankheiten, medizinische Mikrobiologie, Immunologie und Virologie

《皮肤病与梅毒》德文 *Archiv für Dermatologie und Syphilis*

《内科与妇科文献》德文 *Archiv für Gynäkologie*

《临床外科文献》德文 *Archiv für klinische Chirurgie*

《喉科与鼻科文献》德文 *Archiv für Laryngologie und Rhinologie*

《精神病学和神经疾病》德文 *Archiv für Psychiatrie und Nervenkrankheiten*

《兽医科学与使用文献》德文 *Archiv für wissenschaftliche und praktische Tierheilkunde*

《卫生评论杂志》德文 *Hygienische Rundschau*

《国际喉科、鼻科及相关科学核心期刊》德文 *Internationales Centralblatt für Laryngologie, Rhinologie und verwandte Wissenschaften*

《神经学核心期刊》德文 *Neurologisches Zentralblatt*

《心理学研究》德文 *Psychologische Forschung*

《公共卫生医学季刊》德文 *Vierteljahrsschrift für gerichtliche Medizin und öffentliches Sanitätswesen*

《解剖学与发展史》德文 *Zeitschrift für Anatomie und Entwicklungsgeschichte*

《病理学实验与治疗杂志》德文 *Zeitschrift für experimentelle Pathologie und Therapie*

《临床医学杂志》德文 *Zeitschrift für klinische Medizin*

《癌症研究杂志》德文 *Zeitschrift für Krebsforschung*

《物理学报》德文 *Zeitschrift für Physik*

《结核病全域研究》德文 *Zentralblatt für die gesamte Tuberkuloseforschung*

《性病研究核心期刊》德文 *Zentralblatt für Haut- und Geschlechtskrankheiten*

《显微解剖学文献》德文 *Archiv für mikroskopische Anatomie*

《耳鼻喉医学杂志》德文 *Zeitschrift für Hals-, Nasen- und Ohrenheilkunde*

《妇科全域通报》德文 *Berichte über die gesamte Gynäkologie und Geburtshilfe sowie deren Grenzgebiete*

《乳业研究》德文 *Milchwirtschaftliche Forschungen*

《无线电爱好者》德文 *Der Radio-Amateur*

《宏观物理治疗杂志》德文 *Zeitschrift für die gesamte physikalische Therapie*

《儿科研究杂志》德文 *Zeitschrift für Kinderforschung*

《儿童解剖学通报》德文 *Handbuch der Anatomie des Kindes*

《人类显微解剖学通报》德文 *Handbuch der mikroskopischen Anatomie des Menschen*

《天体物理学通报》德文 *Handbuch der Astrophysik*

《土壤学通报》德文 *Handbuch der Bodenlehre*

《钢铁铸造通报》德文 *Handbuch der Eisen- und Stahlgießerei.*

《钢铁工业通报》德文 *Handbuch des Eisenhüttenwesens.*

《农场动物的营养与代谢通报》德文 *Handbuch der Ernährung und des Stoffwechsels der landwirtschaftlichen Nutztiere.*

《产科学通报》德文 *Handbuch der Geburtshilfe*

《妇科医学通报》德文 *Handbuch der Gynäkologie*

《耳鼻喉科通报前沿通报》德文 *Handbuch der Hals-, Nasen-, Ohrenheilkunde mit Einschluß der Grenzgebiete*

《皮肤病和性病通报》德文 *Handbuch der Haut- und Geschlechtskrankheiten*

《儿科学通报》德文 *Handbuch der Kinderheilkunde*

《建筑机械工程通报——施工作业》德文 *Handbuch des Maschinenwesens beim Baubetrieb.*

《奶制品产业通报》德文 *Handbuch der Milchwirtschaft.*

《神经学通报》德文 *Handbuch der Neurologie*

《眼科简明手册》德文 *Kurzes Handbuch der Ophthalmologie*

《拜尔施泰因有机化学通报》德文 *Beilsteins Handbuch der Organischen Chemie.*

《植物分析通报》德文 *Handbuch der Pflanzenanalyse*

《植物营养和化肥通报》德文 *Handbuch der Pflanzenernährung und Düngerlehre*

《科学与应用摄影通报》德文 *Handbuch der wissenschaftlichen und angewandten Photographie*

《物理学通报》德文 *Handbuch der Physik*

《正常和病态生理学通报》德文 *Handbuch der normalen und pathologischen Physiologie*

《生物、病理以及放射治疗学通报》德文 *Handbuch der gesamten Strahlenheilkunde, Biologie, Pathologie und Therapie.*

《泌尿学通报》德文 *Handbuch der Urologie*

《牙科医学通报》德文 *Handbuch der Zahnheilkunde*

《医学写作的艺术与实践》英文 *The Art and Practice of Medical Writing*

《科学著作指南》英文 *Guide for Authors of Scientific Writings*

《数学科学基本原理》德文 *Grundlehren der mathematischen Wissenschaft*，英文 *Basic Teachings of the Mathematical Sciences*

《微积分和爱因斯坦相对论的基础》德文 *Vorlesungen über Differentialgeometrie und geometrische Grundlagen von Einsteins Relativitätstheorie*，英文 *Lectures on differential geometry and geometric foundations of Einstein's relativity theory*。

《物理数学档案》德文 *Archiv für physikalische Mathematik*，英文 *Archive for physical mathematics*

《时空和时间》德文 *Raum und Zeit*，英文 *Space and Time*

《相对论的初步介绍》德文 *Relativitätstheorie in elementarer Darstellung*，英文 *Elementary Presentation of Relativity Theory*

《物质的结构》德文 *Aufbau der Materie*，英文 *Structure of Matter*

《认识论原理》德文 *Allgemeine Erkenntnislehre*，英文 *General Epistemology*

《高级数学研究》德文 *Untersuchungen über höhere Arithmetik*，英文 *Studies on Higher Arithmetic*

《高斯数学论文集》*Gauß's collected works*，

《物质结构论文集》德文 *Struktur der Materie Struktur der Materie in Einzeldarstellungen*，英文 *Collected Papers on the Structure of Matter*

《分子光谱》德文 *Molecule Spectra*

《现代物理学通报》英文 *Handbook of Modern Physics*

《物理学杂志》德文 *Zeitschrift für Physik*

《物理学通报》德文 *Handbuch der Physik*

《电子原子分子》德文 *Elektronen; Atome; Moleküle*，英文 *Electrons; Atoms; Molecule*

《量子》德文 *Quanta*

《正负射线及关联物质》德文 *Negative und Positive Strahlen; zusammenhängende Materie*，英文 *Negative and Positive Rays; Connected Matter*

《波动力学的四堂课》英文 *Four Lectures on Wave Mechanics*

《X射线诊断》德文 *Röntgendiagnostik*

《泌尿科》德文 *Urologie*

《血液和造血器官疾病》德文 *Handbuch der Krankheiten des Blutes und der blutbildenden Organe*，英文 *Diseases of the Blood and the Blood forming Organs*

《医生教学用书》英文 *Teaching Books for Medical Practitioners*

《医生实用神经医学》德文 *Praktische Neurologie für Ärzte*

《维也纳医学院国际研究生课程》德文 *Aus den internationalen Fortbildungskursen der Wiener Medizinischen Fakultät*，英文 *From the International Postgraduate Courses of the Medical Faculty in Vienna*

《医生教科书》德文 *Bücher der ärztlichen Praxis*，英文 *Books for Medical Practitioners*

《眼科学基础》德文 *Grundriß der Augenheilkunde*，英文 *Fundamentals of Ophthalmology*

《内科医学基础》德文 *Grundriß der inneren Medizin*，英文 *Fundamentals of Internal Medicine*

《产科学通报》英文 *Textbook of Midwifery*

《神经医学教科书》英文 *Textbooks of Neurology*

《儿童健康》德文 *Zeitschrift für Kinderheilkunde*，英文 *Journal for Child Health*

《治疗半月刊》德文 *Therapeutische Halbmonatshefte*，英文 *Bimonthly Therapeutic*

Booklets

《心脏医学》德文 Die Kardiologie

《热电疗法》德文 Die Diathermie，英文 Diathermy

《精神医学通报》Lehrbuch der Psychiatrie

《生理学通报》Lehrbuch der Physiologie

《精神疾病学》德文 Psychische Krankheiten，英文 Mental Diseases

《产科学》英文 Obstetrics

《解剖学》德文 Anatomie

《病理学》德文 Pathologische Anatomie

《传染病学》德文 Lehrbuch der Infektionskrankheiten，英文 Infectious Diseases

《人体解剖学》德文 Anatomie des Menschen，英文 Human Anatomy

《外科和矫形外科成果》德文 Ergebnisse der Chirurgie und Orthopädie，英文 Results in Surgery and Orthopedics

《外科进展年报》德文 Jahresbericht über die Fortschritte auf dem Gebiete der Chirurgie，英文 Annual Report of Advances in Surgery

《德国外科学会论文集》德文 Verhandlungen der Deutschen Gesellschaft für Chirurgie，英文 Proceedings of the German Society for Surgery

《临床手术文献》德文 Archiv für klinische Chirurgie

《专业外科手术教科书》德文 Allgemeine und spezielle chirurgische Operationslehre，英文 Textbook of General and Special Surgical Operations

《外科手术教科书》德文 Chirurgische Operationslehre，英文 Textbook of Surgical Operations

《外科手术通报》德文 Lehrbuch der Chirurgie

《临床周刊》德文 Klinische Wochenschrift，英文 Clinical Weekly

《慕尼黑医学报》德文 Münchner Medizinische Wochenschrift，英文 Munich Medical Weekly

《临床医学》德文 Medizinische Klinik

《外科医生》德文 Der Chirurg

《胸腔器官外科技术》德文 Technik der Thoraxchirurgie

《德国外科杂志》德文 Deutsche Zeitschrift für Chirurgie，英文 German Journal for Surgery

《植物生理学通报》德文 Lehrbuch der Pflanzenphysiologie

《胸腔器官外科技术》德文 Chirurgie der Brustorgane，英文 Surgery of the Thoracic Organs

《动植物学生理学专著》德文 Monographien aus dem Gesamtgebiet der Physiologie der Pflanzen und der Tiere，英文 Monographs from the Entire Field of Physiology of Plants and Animals

《氢离子浓度》德文 Die Wasserstoffionenkonzentration，英文 Hydrogen Ion Concentration

《麻醉：生理学意义分析》德文 Die Narkose in ihrer Bedeutung für die Physiologie，英文 Anesthesia: Its Significance for Physiology

《米克罗奇米卡学报》德文 Mikrochimica Acta

《飞行中的人体生理学》德文 Physiologie des Menschen im Flugzeug，英文 Physiology of Man in an Aeroplane

《生物学成果通报》德文 Ergebnisse der Biologie，英文 Results in Biology

《科学植物学文献》德文 Archiv für Wissenschaftliche Botanik，英文 Archive for Scientific Botany

《植物学进展》德文 Fortschritte der Botanik，英文 Advances in Botany

《遗传生理学》德文 Physiologische Theorie der Vererbung

《生物体发育力学研究（演讲和论文）》德文 Vorträge und Aufsätze über die Entwicklungsmechanik der Organismen，英文 Lectures and Essays on the Developmental Mechanics of Organisms

《植物》德文 Planta

《科学生物学年报》德文 Jahresbericht über die Wissenschaftliche Biologie，英文 Annual Report on Scientific Biology

《形态学杂志》德文 Zeitschrift für Morphologie

《园艺科学》德文 Gartenbauwissenschaft，英文 Science of Horticulture

《理论和应用遗传学杂志》德文 Der Züchter, Zeitschrift für theoretische und angewandte Genetik，英文 Journal for Theoretical and Applied Genetics

《你和生命》德文 Du und das Leben，英文 You and Life

《新日本》英文 New Japan

《物种遗传形成的定量基础》德文 Die quantitative Grundlage von Vererbung und Artbildung，英文 The Quantitative Basis of Inheritance and Speciation

《蜜蜂的生活》德文 Aus dem Leben der Bienen，英文 From the Life of the Bees

《生物细胞研究》德文 Zeitschrift für Zellforschung，英文 Journal for Celt Research

《生物学成果通报》德文 Ergebnisse der Biologie，英文 Results in Biology

《自然和精神世界》德文 Natur und Geisteswelt

《生命科学导论》德文 Einführung in die Wissenschaft vom Leben oder Ascaris，英文 Introduction to the Science of Life, or Ascaris

《遗传的学习》德文 Die Lehre der Vererbung

《科学学习的介绍》德文 Einführung in die Wissenschaft vom Leben

《化石的生活》德文 Das fossile Lebewesen，英文 The Life of Fossils

《天气与天气发展》德文 *Wetter und Wetterentwicklung*，英文 *Weather and Weather Development*

《机械参考丛书》德文 *Maschinenbauer in den USA*，英文 *Machinery's Reference Series*

《车间手册》德文 *Werkstatthilfsbücher*，英文 *Manuals for the Workshop*

《机械手册》英文 *Machinery Handbook*

《工作坊图书》德文 *Betriebsbücher*，英文 *Workshop Books*

《新焊接办法》德文 *Die neueren Schweißverfahren*，英文 *New Welding Methods*

《建筑工程师通报》德文 *Taschenbuch für Bauingenieure*，英文 *Manual for Building Engineers*

《建筑工程师图书馆：学生与专业人员参考书》德文 *Handbibliothek für Bauingenieure, Ein Hand- und Nachschlagebuch für Studium und Praxis*，英文 *Reference Library for Construction Engineers: A Manual and Reference Book for Students and Practitioners*

《无线电爱好者》德文 *Der Radio-Amateur*

"无线电爱好者图书馆" *Bibliothek des Radio-Amateurs*，英文 *Library of the Radio Amateur*

《无线电报和电话通报》德文 *Handbuch der Drahtlosen Telegraphie und Telephonie*，英文 *Handbook of Wireless Telegraphy and Telephony*

《测量技术》德文 *Messtechniken*，英文 *Measuring Techniques*

《论法学作为科学的无用》德文 *Von der Werthlosigkeit der Jurisprudenz als Wissenschaft*，英文 *The Worthlessness of Jurisprudence as a Science*

《普鲁士和德意志帝国的法律通报》德文 *Handbuch der Gesetzgebung in Preußen und dem deutschen Reich*，英文 *Handbook of Laws in Prussia and the German Reich*

《有效公法和市民法通报》德文 *Handbuch des geltenden Öffentlichen und Bürgerlichen Rechts*，英文 *Handbook of Valid Public and Civic Laws*

《社会政策与立法年鉴》德文 *Annalen für soziale Politik und Gesetzgebung*，英文 *Annals of Social Policies and Legislation*

《工人和雇员保险月刊》德文 *Monatsschrift für Arbeiter- und Angestellten-Versicherung*，英文 *Monthly [Journal] for Worker- and Salaried Employee Insurance*

《国际法》德文 *Das Völkerrecht*，英文 *International Law*

《法理学百科全书》德文 *Enzyklopädie der Rechts- und Staatswissenschaften*，英文 *Encyclopaedia of Jurisprudence*

《宪法体系概说》德文 *Das Völkerrecht: Systematisch dargestellt*，英文 *Constitutional*

Law: systematically presented

《法律哲学》德文 *Rechtsphilosophie*，英文 *Legal Philosophy*

《财产法》德文 *Sachenrecht*，英文 *Property Law*

《政治科学》德文 *Staatslehre*，英文 *Political Science*

《劳动法》德文 *Arbeitsrecht*，英文 *Labour Law*

《罗马民法》德文 *Römisches Privatrecht*，英文 *Roman Civil Law*

《管理法》德文 *Verwaltungsrecht*，英文 *Administrative Law*

《民事诉讼法》德文 *Zivilprozessrecht*，英文 *Law of Civil Suits*

《国际法》德文 *Völkerrecht*，英文 *International Law*

《版权、电影和戏剧法档案》德文 *Archiv für Urheber-, Film- und Theaterrecht*，英文 *Archive for Copyright, Film and Theatre Law*

《社会立法杂志》德文 *Zeitschrift für soziales Recht*，英文 *Journal for Social Legislation*

《国家经济》德文 *Zeitschrift für Nationalökonomie*，英文 *Journal of Economics*

《法律论文》德文 *Juristische Blätter*，英文 *Legal Papers*

《税收与经济》德文 *Steuer und Wirtschaft*，英文 *Tax and Economy*

《美国游记》德文 *Reisen durch die USA*，英文 *Travels in the USA*

《荷兰革命历史》德文 *Geschichte des Abfalls der Niederlande*，英文 *History of the Revolt of the Netherlands*

《历史上的奇异革命和阴谋论》德文 *Geschichte der merkwürdigsten Rebellionen und Verschwörungen*，英文 *History of the Most Peculiar Rebellions and Conspiracies*

《旧约希伯来语和亚拉姆语词典》德文 *Hebräisches und Aramäisches Handwöterbuch über das Alte Testament*，英文 *Hebrew and Aramaic Dictionary on the Old Testament*

《德国神经疾病研究》德文 *Deutsche Zeitschrift für Nervenheilkunde*，英文 *German Journal for the Study of Nervous Diseases*

《德国神经学》德文 *Zeitschrift für Neurologie*

《瑙宁-施米德贝格档案：实验病理和药理学文献》德文 *Naunyn-Schmiedeberg's Archiv für experimentelle Pathologie und Pharmakologie*，英文 *Naunyn-Schmiedeberg's Archiv for Experimental Pathology and Pharmacology*

《数学、自然科学和工程历史文献》德文 *Archiv für Geschichte der Mathematik, der Naturwissenschaften und der Technik*，英文 *Archive for the History of Mathematics, the Natural Sciences and Engineering*

《犯罪学文献》德文 *Archiv für Kriminologie*，英文 *Archive for Criminology*

《耳科学、鼻科学与喉科学文献》德文 *Archiv für Ohren-, Nasen- und Kehlkopfheilkunde*，英文 *Archive for Oto-Rhino-Laryngology*

《德国临床医学文献》德文 *Deutsches Archiv für klinische Medizin*，英文 *German Journal for Clinical Medicine*

《中毒医案合集》德文 *Führer-Wielands Sammlung von Vergiftungsfällen*，英文 *Collection of Poison Cases*

《儿童健康月刊》德文 *Monatsschrift für Kinderheilkunde*，英文 *Monthly Journal for Child Health*

《医学事故月刊》德文 *Monatsschrift für Unfallheilkunde*，英文 *Monthly Journal for Accident Medicine*

第六章

《帝国法律公报》德文 *Reichsgesetzblatt*，英文 *Reich Law Gazette*

《流离失所的德国学者名单》德文 *Die „List of Discplaced German Scholars"*，英文 *List of Displaced German Scholars*

《每日新闻》德文 *Tagesgeschichte*，英文 *News of the Day*

《德国法医学全刊》德文 *Deutsche Zeitschrift für die gesamte gerichtliche Medizin*，英文 *German Journal for the Whole of Forensic Medicine*

《数学核心通报》德文 *Zentralblatt für Mathematik*

《机械核心通报》德文 *Zentralblatt für Mechanik*

《实验病理学和药理学档案》德文 *Archiv für experimentelle Pathologie und Pharmakologie*

《帝国物理技术研究所科学报告》德文 *Wissenschaftliche Abhandlungen der Physikalisch- Technischen Reichsanstalt*，英文 *Scientific Reports of the Physical-Technical Institute of the Reich*

《晶格动力学：建筑工程师教学论文集》德文 *Dynamik der Stabwerke: Eine Schwingungslehre für Bauingenieure* 英文 *Dynamics of Rod Lattices: An Instructional Treatise On Oscillations for Construction Engineers*

《心理学基础：关于感官的意义》德文 *Vom Sinn der Sinne: Ein Beitrag zur Grundlegung der Psychologie*，英文 *About the Meaning of the Senses: A Contribution to the Foundation of Psychology*

《应力光学》德文 *Spannungsoptik*

《人类生理学教材》德文 *Lehrbuch der Physiologie des Menschen*，英文 *Textbook of Human Physiology*

《原子核的结构》德文 *Der Aufbau der Atomkerne Atomkerne*，英文 *Structure of the Atomic Nuclei*

《萨克逊医生》德文 *Sächsische Ärzteblatt*，英文 *Saxon Doctors' Journal*

《内部员工图书馆》德文 *Betriebsbücherei*，英文 *Firm's Library*

《公共管理实践》德文 *Praxis der öffentlichen Verwaltung*，英文 *The Practice of Public Administration*

《世界报》德文 *Die Weltbühne*

《遗传学的新观点》德文 *Neue Gesichtspunkte in der Vererbung*，英文 *New Viewpoints in Heredity*

《数学物理学方法》德文 *Methoden der mathematischen Physik*

《机床的基础、计算和构造》德文 *Die Werkzeugmaschinen: Grundlagen, Berechnung und Konstruktion*，英文 *Machine Tools: Fundamentals, Calculations and Construction*

《明斯特尔协定》德文 *Abkommen von Münster*，英文 *Agreement of Münster*

《观察员报》德文 *Völkischer Beobachter*

《法兰克福病理学时报》德文 *Frankfurter Zeitschrift für Pathologie*

《帝国公共卫生部报告（1933—1939）：六年间的国家社会主义领导经验》德文 *Das Reichsgesundheitsamt, 1933-1939: sechs Jahre nationalsozialistische Führung*，英文 *Six years of national socialist leadership*

《人类遗传学通报》德文 *Handbuch der Erbbiologie des Menschen*，英文 *Handbook of Human Genetics*

《遗传科学》德文 *Lehre von der Vererbung*，英文 *Science of Inheritance*

《遗传的定量基础和分类》德文 *Die quantitative Grundlage von Vererbung und der Artbildung*，英文 *The Quantitative Basis of Inheritance and Speciation*

《还原与遗传》德文 *Restitution und Vererbung*，英文 *Restitution and Inheritance*

《细菌研究通报》德文 *Handbuch der Virusforschung*，英文 *Handbook of Virus Research*

《实用解剖学》德文 *Praktische Anatomie*

《镁及其合金》德文 *Magnesium und seine Legierungen*，英文 *Magnesium and its Alloys*

《空气动力学原理》德文 *Aerodynamische Grundlagen*，英文 *Aerodynamic Theory*

《金属材料分析》德文 *Analyse der Metalle*

《电子超级显微镜》德文 *Elektronen-Übermikroskopie*

《爆炸物和点火装置：聚焦地下爆破》德文 *Sprengstoffe und Zündmittel mit besonderer Berücksichtigung der Sprengarbeit unter Tage*

《工业中的热冷绝缘》德文 *Der Wärme- und Kälteschutz in der Industrie*

《德国电视技术的新发展》德文 *Die neuere Entwicklung insbesondere der deutschen Fernsehtechnik*

《钢结构领域研究论文集》德文 *Forschungshefte aus dem Gebiete des Stahlbaues*

《照明技术通报》德文 *Handbuch der Lichttechnik*

《材料测试通报》德文 *Handbuch der Werkstoffprüfung*

《双层合金的构造：重点评论》德文 *Der Aufbau der Zweistofflegierungen. Eine kritische Zusammenfassung*

《电气接触的物理工程技术》德文 *Die technische Physik der elektrischen Kontakte, Ragnar Holm*

《飞机的机械构造》德文 *Mechanik des Flugzeugs*

《特殊钢材使用通报》德文 *Handbuch der Sonderstahlkunde*

《滚动轴承》德文 *Die Wälzlager*

《木材使用技术》德文 *Technologie des Holzes*

《施工标准》德文 *Konstruktionsbücher*

《无线通信工程学习手册》德文 *Lehrbuch der drahtlosen Nachrichtentechnik*

《煤炭的行业组织》德文 *Kohlenwirtschaftsorganisationen*

《冶金学的基础》德文 *Grundlagen der Metallkunde*

《煤和钢铁公司研究论文集》德文 *Mitteilungen der Kohle- und Eisenforschung G.m.b.h*

《应力集中理论：精确应力计算的基础》德文 *Kerbspannungslehre*

《电子绝缘材料的检测和评估》德文 *Prüfung und Bewertung elektronischer Isolierstoffe*

《电机的检验》德文 *Die Prüfung elektrischer Maschinen*

《高纯度铸铁特性及实验物理冶金学》德文 *Hochwertiges Gußeisen, seine Eigenschaften und die physikalische Metallurgie seiner Herstellung*

《不锈钢材》德文 *Die Edelstähle*

《纯金属与应用金属学专集》德文 *Reine und angewandte Metallkunde in Einzeldarstellungen*

《气体动力学的理论介绍》德文 *Theoretische Einführung in die Gasdynamik*

《技术表面学：技术物体边界表面的形状与特性》德文 *Technische Oberflächenkunde. Feingestaltung und Eigenschaften von Grenzflächen technischer Körper, insbesondere der Maschinenteile*

《铁和非铁金属的腐蚀》德文 *Korrosionen an Eisen und Nichteisenmetallen.*

《物理机械的材料测试》德文 *Physik der mechanischen Werkstoffprüfung*

《现代短波接收技术》德文 *Moderne Kurzwellen-Empfangstechnik*

《现代多极晶体管》德文 *Moderne Mehrgitter-Elektronenröhren*

《技术物理学专题》德文 *Technische Physik in Einzeldarstellungen*

《引入弱电流技术理论》德文 *Einführung in die Theorie der Schwachstromtechnik*

《金属材料的纹理》德文 *Texturen metallischer Werkstoffe*

《螺旋桨的空气动力学》德文 Aerodynamik der Luftschraube

《德国军医》德文 Der Deutsche Militärarzt，英文 The German Medical Officer in the Armed Forces

《航空旅行医学》德文 Luftfahrtmedizin，英文 Air Travel Medicine

《木材科学和应用技术》德文 Holz als Roh- und Werkstoff，英文 Wood as Raw and Manufacturing Material

《电子技术报告》德文 Elektrotechnische Berichte，英文 Reports in Electrical Engineering

《光谱学期刊》德文 Spectrochimica Acta

《塑料技术与应用》德文 Kunststoff-Technik und Kunststoff-Anwendung，英文 Synthetic Materials Technique and Application

《显微化学期刊》Microchimica Acta

《放大器测量技术》德文 Verstärker Meßtechnik，英文 Amplifier Measurement Techniques

《卵巢的荷尔蒙和垂体前叶》德文 Hormone des Ovariums

《普通放射学》德文 Allgemeine Röntgenkunde，英文 Glasscheib General Radiology

《法律与政治科学百科全书》德文 Enzyklopädie der Rechts- und Staatswissenschaften，英文 Encyclopedia of Legal and Political Sciences

《科学发现的逻辑》德文 Logik der Forschung，英文 Logic of Scientific Discovery

《极权主义国家》德文 Der totalitäre Staat，英文 The Totalitarian State

《经济学教学》德文 Die Lehre von der Wirtschaft，英文 The Teachings of Economics

《战争损失图书赔偿准则》德文 Richtlinien zur Geltendmachung von Kriegssachschäden im Bereich des Buchhandels，英文 Guidelines on Claiming for War Damage in the Area of the Book Trade

《物理化学元素表》德文 Physikalisch-chemische Tabellen

《生理学实践》德文 Praktische Übungen der Physiologie，英文 Practical Exercises in Physiology

《生理学研究成果通报》德文 Ergebnisse der Physiologie，英文 Results in Physiology

《人与动物生理学全集》德文 Monographien dem Gesamtgebiet der Physiologie der Pflanzen und der Tiere，英文 Monographs in the Entire Area of Plant and Animal Physiology

《实用生理学》德文 Praktische Physiologie，英文 Practical Physiology

《人类生理学导论》德文 Einführung in die Physiologie des Menschen，英文 Introduction to Human Physiology

《书商》英文 The Bookseller

《军医》德文 Der Militärarzt

代译后记

知识生产的组织与传播
——施普林格百年历史的成功密码

直到在《施普林格出版史：诞生、逆境与成熟（1842—1945）》快要全部翻译完的时候，笔者长期思考的问题，即到底是什么才是出版机构的存在价值与意义，才有了一个豁然开朗的答案。而此时是2022年底，恰逢ChatGPT横空出世，好像两个时代的序幕交替，一个是工业文明时代即将落幕，一个是数字文明时代的大幕徐徐展开。

本书从1842年施普林格出版社的诞生讲起，一直到1945年二战后的重生，这100多年的历史，恰恰是西方工业文明爆炸式向全世界扩张的时期。施普林格从最初的探索到走上专业化出版之路，期间颇多曲折、颇多历险。通过出版者的视角我们了解了百年间一个个鲜活的出版案例，施普林格组织生产有益于人类社会福祉的知识，将专业化知识进行大众化、社会化，是其成功发展的密码。施普林格正是牢牢把握了这个核心，即便是一战、二战的炮火仍没有阻挡其快速发展的步伐。这也是当下即将到来的数字文明时代，出版机构存在的意义与价值。

如何进行知识生产？

施普林格是如何进行知识生产的呢？其实与许多出版机构一样，它从最初的杂乱、无头绪逐渐探索出一条成功之路。最初员工仅有四个人：一个贸易助手，一个兼做收发工作的会计，一个实习生和包装工。每年大约出版 37 种书和 3 种期刊，创始人尤利乌斯·施普林格[①]一人身兼数职，审阅稿子、对外联络、采购纸张、安排印刷，甚至木板雕刻插图、装帧等工作都亲自过目。施普林格出版的图书内容既有文学作品，也有旅行记录，还有受托出版的经济学、政治学、法学、农学等图书。直到 20 多年后，出版社才逐步走上知识生产的专业化之路。具体说来，有如下两点。

以学者为中心的知识生产

以学者为中心的知识生产服务，在药理学领域获得了成功，为施普林格赚来了第一桶金。1859 年 6 月 1 日，在出版界已经积累了一定声望的施普林格，与药物学家兼著名作家赫尔曼·哈格尔达成了一项合作协议，哈格尔自己承担印制生产成本，施普林格则负责销售和广告业务，双方合作出版了德国第一份药学期刊《药学报》。这是施普林格走向专业出版——知识生产专业化的开始。

通过哈格尔的努力，《药学报》成为德国药剂师协会的机关刊物。施普林格作为该刊物的广告商和发行商，当年就为之散发了 2000 多份宣传广告。该刊的真正利润并不是来自卖报纸，而是来自药物的广告。三个月后该杂志的订阅客户达到有 300 多份。1861 年，施普林格与哈格尔又合作创办了《德国北部药理学年报》（1872 年更名为《帝国药理学年报》）。直到五六年后，施普林格才开始在图书销售中获利。1866 年施普林格出版了哈格尔撰写的《显微镜和其应用：药剂师、医生、公共卫生的官员、商人、工程师、教师、肉类检查官等应用指

[①] 尤利乌斯·施普林格（Julius Springer，1817 年 5 月 10 日—1877 年 4 月 17 日），1842 年 5 月 10 日创立施普林格书店，先是经销图书，不久卖掉书店专心从事出版业务，奠定了施普林格出版社后来发展的基础，一直到 1877 年去世，公司由其长子费迪南德（Ferdinand Springer）接管。

南》一书。从该书冗长的副标题所列出的职业群体，可知该书主要是面向一些专业人群。该书从1866年出版之后就不断再版，一直持续到二战后，时间长达70年之久。

1868年，哈格尔又撰写了《药剂师初学者的92门课》一书，这部500页的巨著有176幅木刻画，并在之后反复修订不断再版。1872年至1874年，哈格尔秉着巨大精力，不懈地撰写了《德国药典评注》，总共1700页（分为21卷）。哈格尔的巨作《药理学实践通报》在1874年开始分卷出版，直到老施普林格去世一年后，即1878年，该书最后一部分出版了，也有22卷，2600页。该书是老施普林格一生中最为成功的典范，该书制作最为精良、销售量最大，但是生产成本也最高。1876年，《药理学实践通报》第一卷印刷了3000册，之后马上重印1000册。接着出版的第二卷则印刷了4000册，不久又销售一空。而该书生产成本高达6万马克。因为很多花费是用在木制雕刻插图的制作上，其制作需要具有高超水平的制图师来完成，甚至连哈格尔本人也参与了草稿绘图制作。

施普林格出版的哈格尔的《药理学实践通报》，最初是两卷本，但是到最后也出版了22卷。销售一空后，1882年、1883年再版重印。而本书的附录就有1300多页，并分12部分陆续出版，最终于1883年全部出版完毕。

与中国习惯于结集成套出版有所不同的是，一部大型科技著作的出版，由于经济以及印刷技术的原因，在当时都是分期出版的，即完成一卷就出版一卷，然后累计成册，甚至一些重要的学术文章也是如此。原因在于资本的投入和印刷技术的限制。在1904年之前，德国的印刷都是手工排版。尤其是一些具有特殊字符的科学著作往往有很多章节，印刷公司通常只是以12个印张、192页为基本单元。对于出版商而言，他们可以根据订单进行融资，分期分批投入，而对于书店和读者而言，他们也喜欢分期付款购买这类出版物，因为期间往往会降价促销。施普林格出版社的大部分科技出版物都是这样分期分批出版发行的。

哈格尔的《药理学实践通报》系列图书定价高达44马克，这在

19世纪末至20世纪初的德国，购买一公斤牛肉需要1.30—2马克的时代[1]，绝对是一件昂贵的奢侈品，但是由于市场需求巨大，该系列图书销售额依旧达到了13万马克，此为当时非常了不起的成就！药理学系列图书也成了施普林格销售量也最多的产品。而哈格尔的版税也达到了2.5万马克（当时是按定价的14.2%来计算版税的）。

为何该系列如此成功？与德国考试制度的改变有关，相关制度之前规定药剂师需当三年学徒，再经历三年的实践后才可获得执照。获得执照的关键是要经过检查委员会的审核。委员会则由一位化学家，一位植物学家，一位物理学家和两位药剂师（也可是一位药剂师与药剂学专业的教师）组成。因此哈格尔的图书出版恰逢其时。《药理学实践通报》从1874首版至1893年，全书共出版了9版。直到1897年哈格尔去世后，仍旧有八位编辑继续负责修订。

而此时的欧洲，即普法战争结束的1871年到1914年一战爆发前，欧洲大陆上依然存在着各个强权的摩擦，但依旧有43年的和平发展时期。德国作为工业革命的核心地区，凭借着强大工业力量在全球疯狂地扩张版图，同时也把相关工业化时代的知识与技术传播到全世界。药物学就是其中的一个重要组成部分。比如俄罗斯市场对赫尔曼·哈格尔所写的两卷本《药理学实践通报》抱有强烈兴趣。圣彼得堡的出版商卡尔·里克成为该图书的代理，他给每一位已知的俄国境内的药理师都邮寄了广告和样章。在维也纳，威廉·弗里克·考特书店与施普林格出版社签署了独家推广协议，相关宣传资料只由这一家对外发放。威廉·弗里克·考特书店向当地的药理师和相关机构发送了2000多本样章，获得了很好的宣传效果。

专业知识的社会化评价

组织专业人士进行相关领域发明、技术与创新的知识评估、评价，满足社会化需求，出版了系统科学通报，确立了施普林格专业化

---

[1] 周建明，"第一次世界大战前后德国生活水平探析（1880—1939年）"，《武汉大学学报》，2014年11月，第6期。

知识出版的权威地位。以《神经医学通报》为例，在当时的德国，神经学尚没有单独成为一个学科，该领域的研究成果仍散见于精神医学、解剖学和普通医学的出版物中。施普林格认识到了这一领域的机遇，并迅速抓住了它。1909 年，施普林格出版社的第三代掌门人小费迪南德①购买了由汉斯·柯施曼创办，由 17 位作者撰稿的《神经疾病教材》。从 1910 年起，出版社还出版了《神经医学和精神医学杂志》，神经领域的内容编辑是马克斯·莱万多夫斯基，精神医学的编辑则是阿洛伊斯·阿尔茨海默②。

施普林格在 1914 年组织编辑出版《神经医学通报》第一卷时，已经拥有了众多久经考验、实践经验丰富的作者队伍。这是第一本以学科通报形式介绍整个神经学领域发展出版物。编辑莱万多夫斯基在很短的时间内成功地汇集了 47 位知名作者，其中包括法国、荷兰、俄罗斯和瑞典的撰稿人。1914 年，总页数达 6778 页六卷本的"通报"系列出版了。其中有 1200 多幅插图，有些还是彩色的。通报的一些撰稿人，例如著名的神经学专家奥斯瓦尔德·布姆克和卡尔·维尔曼斯等人，很快签约成为施普林格编辑系列丛书的作者或主编。布姆克等专家编辑了通报的第二版和第三版，并在 1929 年至 1939 年共同主编了新的《精神疾病通报》。

再如花费巨额投入编辑出版《内科医学通报》也是如此。随着内科学各种疾病的发现，各种繁杂多样治疗方法需要进行行业内评估。施普林格出版社邀请内科学专家利奥·莫尔教授和鲁道夫·施特赫林教授在 1908 年 7 月创办了《内科医学通报》。两位专家在给德国年轻学者写的邀请函中，指出了通报是建立在疾病生理学基础上的，与仅重视疾病解剖学通报系列存在着根本区别。通报以病理生理学为基础，首次尝试系统性展现现代内科医学发展现状，并突出临床应用案例等服务社会化实践。

---

① 小费迪南德·施普林格（Ferdinand Spinger，1881 年 8 月 29 日—1965 年 4 月 12 日），施普林格出版社第三代掌门人，组织出版了大量科学通报，经历了二战的炮火以及德国纳粹的高压，是施普林格发展历史中最为关键的人物。
② 阿洛伊斯·阿尔茨海默（Alois Alzheimer，1864 年 6 月 14 日—1915 年 12 月 19 日），德国精神科医师及神经病理学家。他首先发表了"老年痴呆症"的病例，后来该病以他的名字命名为阿尔茨海默病（Alzheimer's disease，AD）。

1910 年 6 月初，第一卷的大部分内容终于完成，但很快就被发现并不完整。又过了几个月，第一卷存在一些插图不适合印刷复制，或印刷不清楚的问题。一位作者的书稿大大超出了规定的页数，但坚决拒绝缩短他的文本。幸好他的文章没有被编入第一卷。1910 年 5 月，黑森州和莱茵地区暴发了小儿麻痹症疫情。小儿麻痹症流行，一些医生作家要求推迟截稿日期，因为他们的医院工作已经不堪重负。

此时施普林格出版社的第三代掌门人小费迪南德发挥了关键作用。在亲自敦促、沟通下，第一卷书稿终于收齐了。而到最后关头，又发现一位作者在没有编辑允许的情况下，私下找来了一位合著者。为避免内容重复，仅合著这一部分内容就由另外六位作者重新阅读审校。整个编辑工作都压在了出版商身上，小费迪南德不得不多次写信给主编莫尔教授，委婉地请求他不要对主编工作掉以轻心。

1911 年 7 月，第一卷页码校样终于出来了，编制索引的工作也可以开始了。根据合同约定，这些工作都是主编和编辑们的任务，但由于时间拖延了，施普林格出版社不得不额外聘用一位当地医生维克托·扎勒作为因病退出的恩斯特·冯·莱登主编继任者，参加该项目。好在这位扎勒医生发现了许多错误，并指出了"不同的手写体和不精确的拼写"错误。在手工印刷时代，对于不同的笔迹和对作者姓名不准确的修改都非常麻烦。扎勒对内科医学的了解和他的辛勤工作保证了《内科医学通报》的质量。此后施普林格邀请他加入公司，成为一名全职的科研人员。第一项任务就是担任《内科医学通报》的编辑，并从 1920 年起正式成为该杂志的主编之一。

第一册《内科医学通报》终于 1911 年 10 月出版面世，销售预期比之前的预估要好，第二年春季就开始再版重印了。同时，该通报系列里的另外两卷也相继面世。1914 年和 1918 年出版了两卷，直到 1919 年出版最后一卷。最终《内科医学通报》总页数 5600 多页，印刷量为 2500 册。

在第一次世界大战后的各种难以想象的艰难环境下，施普林格出版社独自组织业内专业人士，进行如此大规模的出版项目，已经承担起了相关科学行业协会的重要职责。小费迪南德聘请了一些医学顾问，让其推荐一些合适的编辑或作者，但各种项目的实现，都取决于组织者的决定与推动。除了书稿的制作、设计、加工等问题之外，小费迪南德甚至成为了这些个性极强的专家型编辑、作者的总协调人。编辑不够积极，作者无理拖延，或者稿件的约定长度或插图数量不足，稿件篇幅或插图数量超出约定，甚至某个主题过于宽泛，无法满足读者需求，必须更改条目等等，小费迪南德都及时介入进行协调。总之，这种知识生产的组织工作，投入的不仅仅是资本，还有出版者的精力和耐心。

伴随着工业文明的爆炸式发展，人类对于疾病的认知、治疗都出现了前所未有的发展进步。大量新药品、新疗法的出现，一些制药厂到处宣扬"新药的神奇疗效"，导致很多医生难以从眼花缭乱的广告宣传中获得有价值的判断。从堆积如山的医学期刊中筛选对疾病治疗有价值的信息，已经成为一项紧迫需求。施普林格在此时出版的大量医学类通报，就带有对于一些新发现、新发明评估性质的出版物，满足了人们对于健康、疾病的迫切需求。除了上文所介绍的《神经医学通报》《内科医学通报》之外，1906 年施普林格出版了由保罗·埃尔利希担任主编的《生物化学通报》[①]，1913 年创办了《外科学全领域核心期刊》，1913 年出版了《妇产科核心期刊》，1914 年出版了《眼科核心期刊》等。

施普林格科学通报系列项目，获得了巨大成功。这种成功在于满足了工业化时代各种发明、技术以及创新的评价，满足工业文明时代对于专业化知识的社会化需求，一些相关学科的科学通报出版，确立施普林格专业化知识生产的权威地位。当然市场效益也是巨大的。从品种上，1924 年有 8 种通报出版，1925 年有 16 种，1926 年有 25 种，1927 年有 35 种，1928 年有 47 种，1929 年有 39 种，1930 年有 48 种，1931 年有 44 种，1932 年有 31 种，1933 年有 19 种。比如一个图书馆、大学和相关机构购买 1928 年出版的 47 种全部通报，则必须花费 3650

[①] 埃尔利希是著名的免疫学家，研究包括血液学、免疫学与化学治疗，第一个发现了人类自体免疫的存在，发明治疗梅毒的有效药 606（砷凡纳明），因此获得了 1908 年的诺贝尔奖。——笔者注

马克，支付方式也可以分期付款。

总之，由于科学通报系列项目主要服务于专业、行业的业内人员，内容方面无疑是无法替代的，因此德国以及欧洲各国图书馆、大学等专业机构都以购买施普林格科学通报系列为标志。当然，施普林格出版社出版质量的精益求精，比如被评价为"在插图复制、纸张和印刷方面都是无与伦比的"，因此即便在席卷西方世界通货膨胀的 20世纪 30 年代，科学通报成为施普林格出版社一个稳定的收入来源。

生产什么样的知识？

与上一个如何进行知识生产的问题密切相关，那就是出版机构需要生产什么样的知识？研究施普林格诞生、发展的百年历史发现，满足工业文明爆发式扩张的时代大众对于专业化知识理解、接受与便捷获取，把专业知识进行社会化、大众化，这是施普林格出版社百年历史发展屹立不败一个核心因素。

专业知识的普及与推广

众所周知，不断涌现的新技术、新发明促使一些新的专业、行业不断涌现，而西方工业文明的一个重要推动力是对资本利润的无限追逐，因此大量的形形色色的冠以"科学发现"之名的新技术、新发明，无不带有强烈的牟利动机。这就形成了大大小小的知识壁垒。

例如，产生的马力值表明了发展的规模，1875 年为 9.47 亿匹，1895 年为 33.5 亿匹，1907 年上升到 79.98 亿匹。数值同样增长的还有金属业，1889 年的产值是 1878 年的两倍，1904 年是 1889 年的两倍，而 1913 年的产值又比 1904 年高了四倍。但与时代的爆发性发展不相称的是，相关发动机制造等机器工程领域的实用出版物却不多，出现这种极为不相称现象有多重原因。首先是工程师不愿意撰写图书出版，因为这些工程师更乐意在专利获批后再写书进行传播。其次，一些工厂和企业担心他们的工程师撰写图书，会将本企业在行业里的成功经验泄露出去，市场竞争优势消失，因此许多公司、工厂甚至禁止员工撰写专著或编辑相关期刊。最后，一些机械工程师通常都不擅长写作，加上对版税的过高要求，往往远远超出当时出版界惯常的接受方式。这就造成蓬勃发展的工业化时代，机器工程领域一些新技术、新发明等实用出版物不多的现象。

施普林格出版社敏锐地注意到了这种现象。在反复游说、动员不果的情况下，1911年就首先引进美国专家亚历山大·卢卡斯撰写的《机械手册》，从英文翻译成德文出版。该系列所涉及的主题包括车削、冲压、压制、螺纹切割、钻孔、粉碎、磨削等多个环节。由于该书十分实用，出版后受到德国市场的欢迎，施普林格以此为基础动员德国的工程师加入撰写队伍，出版了一个系列，两年间该系列就达到了60种。

工业文明的爆发式扩展，使各种行业细分的工业品生产机构、贸易机构、研发机构、工厂、公司、商店等规模性社会组织雨后春笋般出现。特别是大量工厂的出现，催生了一个庞大的工人阶级群体。这个群体要满足工业化生产的需要，必须掌握最为基本的机械知识。面向德国日益增长的庞大的"工人师傅"群体，1921年施普林格出版了"工作坊图书"系列，每一本仅为40至50页，每册定价仅为1马克，直到1922年的通货膨胀时期依旧没有改变。施普林格的"工作坊图书"是专门邀请一线工程师撰写的，作者通常不拘一格，每单册包含100多幅专门制作的技术插图。主编一职最初是一位博士担任，但在战争中阵亡，只好由青年工程师欧根·西蒙接任。该系列图书的封面也是由欧根·西蒙的妻子设计的，与施普林格出版的图书一贯风格相差很多，但是读者群体很满意。第一册《新焊接办法》印数为5000册，出版后获得热烈欢迎，此后该系列一直出版到1973年，累计出版了125种，时间长达62年。

除了普及机械知识之外，施普林格做得最多的是药理学、疾病治疗等领域的知识普及。比如，随着第一次世界大战的爆发，大量野战医院建立，而在战争期间的医生需要外科工作知识，参与战争医疗的医生希望在战后成为一名独立执业的外科医生，因此一战时的德国与欧洲对于外科知识存在大量需求。施普林格出版社 1928 年创办了《外科医生》杂志，并组建了包含德国各大医院、各地的著名医生参加的编辑专家委员会，主编为著名外科专家马丁·基施纳和奥托·克莱因施密特，以及威斯巴登外科诊所所长奥托·诺德曼等人。施普林格向德国和国外的外科医生寄出了 32000 份免费的《外科医生》创刊号。在一战期间创刊的《外科医生》杂志，有 3500 份付费订阅用户，一直出版到 1943 年。

而德国工业化爆发式发展所造成的水、空气污染日益严重，特别是当时德国食品造假以及有害防腐剂添加入食品达到骇人听闻的程度。这种现象日益引起社会不满和当时政府部门的高度关注。对水、空气污染以及食品造假等社会现象的批判与揭露等图书也开始出现在施普林格的书目之中。

施普林格最早出版揭露食品造假的图书，是 1875 年出版的由沃尔奇纳撰写的《人类的食物造假和食品污染》，此后便出版了一个系列。如 1878 年出版的"食品化学之父"约瑟夫·科宁的两卷本《人类食物中的化学》，指出了食物添加剂的危害，同一年出版的《食品造假：食物等消费品调查与再评估——"防止食品造假协会"实验报告》以及《造假者之歌：相关流行短语以及相关意义注释》等都对当时德国的食品造假与造假手法给予揭露和批判。1879 年 5 月 14 日约瑟夫·科宁促成了德国首部食品法的制定与出台，施普林格出版社 1880 年出版了约瑟夫·科宁的《餐饮中的化学：食品加工成分、掺假和识别判断》（第二卷）。此后从食品造假一直拓展到水污染、空气污染等多个领域，例如《弗里德里希罗达的自然破坏情况报告急报——来自一位温泉老顾客的呼吁》《1885 年 6 月至 1886 年 4 月：柏林大学卫生研究所对于柏林自来水调查报告》等，截至 1920 年，施普林格出版社已出版了相关领域的图书达 20 多种。

促进人类福祉的知识

与医学领域一样，凡是促进人类福祉的知识生产与传播，施普林格出版社都会去探索。第一次世界大战使无线电通信技术的民用化。无线电通信技术使美国的广播业快速发展，德国战后已经有了大量的无线电爱好者和无线电发射机，但这项技术却仍然被德国当局所垄断，在包含施普林格等大众出版传媒机构的努力下，1923年德国无线电通信技术全面开放。

施普林格推动无线电通信技术的开放起因是，1915年青年无线电工程师欧根·内斯珀给施普林格出版社提交了一本关于无线电通信的书稿，名为《无线电报和电话》。不同于其他媒体对于这一技术的冗长介绍，内斯珀的书稿极为简单、实用、操作性强，而且文笔轻松、简单明了。但1915的德国处于战争期间，施普林格没有考虑这本书的出版。1918年11月8日，内斯珀再次来到施普林格出版社介绍他的书稿，他的书稿扩充了很多内容，插图有一千多幅，手稿装在一个重达35公斤的箱子里通过外交途径邮寄到柏林，以防战后混乱的邮递丢失。手稿初步估计至少有1800页，如果印数为1000册，每一本售价约为1500马克才能回收成本。一战后德国经济处于恢复时期，施普林格对于该项目出版稍有犹豫，但最终在1920年1月20日，施普林格与内斯珀签订了出版合同，不仅决定印刷2000册，而且还使用了最高质量的书布装订和铜版纸印刷。1921年6月该书出版面世，在德国国内的销售异常火爆，18个月内销售一空，而且出口市场也很好。很快，新的修订版也在筹备之中。

恰在此时德国无线电技术开放，内斯珀又撰写了《无线电爱好者》，这本书的出版开创了图书与广告结合的案例。1923年2月5日，内斯珀建议施普林格出版社，"与你们通常的习惯相反，将无线电公司的广告（设备和配件）放在书的后边"，并提供了相关公司的名称和地址。通过刊登广告，大幅降低了书价。这在施普林格出版的历史上是没有先例的。《无线电爱好者》一书于1923年8月10日出版，不到20天时间就已售出近1600册，第二次印刷的图书于12月发行，并于一个月内售罄。第三次印刷5000册，三周即发售完，第四次印刷10000册，半年后的1924年5月全部售罄。施普林格出版社从未经历过这样的事情，连掌门人弗里茨也感到非常惊讶。因为该书 40%—50% 的生产成本都是由广告收入支付的。

这本书出版问世的时机恰到好处。1923 年 10 月 29 日，柏林广播电台刚刚在波茨坦大街的"沃克斯演播室"宣传广播业务。《无线电爱好者》一书出版几个月后，施普林格出版社又创办了同名杂志，主编都是内斯珀。该杂志从 1923 年 10 月到 1924 年 1 月，订阅人数已达 10000 人！"无线电爱好者图书馆"系列也出版了 32 种。

施普林格的出版社成功引发了德国出版市场的激烈竞争。此后德国的乌尔施泰因出版社、舍尔出版社、弗兰克书店和"德国出版协会"都迅速推出了有关无线电的书，每本都在内容或价格上都企图超越对方。到了 1924 年 5 月，《无线电爱好者》一书的销售已经放缓，第五版的价格从 8 马克降至 6 马克。此时，该书已几乎无利可图。不到三年，与《无线电爱好者》类似的期刊达到 25 种，这还不包括印刷广播节目的期刊。施普林格最后决定将这套书卖给魏德曼书店。总而言之，施普林格在业余无线电领域的探索，仅是昙花一现，但却大大推进了无线电通信技术的社会化、普及化。

出版与德国知识中心地位

从医学、药理、机械到无线电通信等等相关自然科学领域的知识生产组织与传播的案例可知，正是因为有了一大批以施普林格出版社为代表的出版机构的蓬勃发展，才形成了德国在相关学科、领域的知识中心地位。正如彼得·伯克（Peter Burke）在《知识社会史》一书中所说的，"1840 年至 1914 年，知识的霸权属于德国人"。其中有两个十分重要的标志就是德语作为学术界通用语的流行，斯堪的纳维亚的国家、俄罗斯和日本的学者们都用德语写作，希望以此扩大自己学术研究成果的传播范围。另一个重要的标志是大量留学生纷纷到德国留学，其中很多人成为自己所在国家的杰出学者。一个明显的例子是美国，正是在这一时期，研究型大学在美国纷纷建立。仅在 1895—1896 年，就有 500 名美国学生被德国大学录取，美国的哲学家、社会学家、化学家、地理学家、生理学家、心理学家、天文学家等都有德国留学经历。美国的霍普金斯大学就是仿照德国建立起来的一所研究型大学，被戏称为"巴尔的摩的哥廷根"。该大学的首任校长丹尼尔·C. 吉尔曼（Daniel C. Gilman）从德国成功地引进了讲师制度和德国博士学位制度。其他欧洲国家虽然没有美国到德国留学的人数多，但是也有相当一部分从德国学成归来。比如法国的著名哲学家埃米尔·涂尔干（Émile Durkheim，1858—1917）、比利时历史学家亨利·皮雷纳（Henri Pirenne，1862—1935）、瑞士语言学家费迪南德·索绪尔（Ferdinand de Saussure，1857—1913）、俄罗斯地理学家彼得·谢苗诺夫（Pyotr Semenov，1827—1914）等都有德国留学的经历。英国生物化学家彼得·查莫斯·米切尔（Peter Mitchell，1920—1992）更是宣称："阅读德语文献，了解德国研究成果，是动物学教学与科研的必需工作。"[1]

那么，德国知识中心的地位是如何丧失的？迄今为止，学术界从出版视角出发的研究成果还不多。《施普林格出版史：诞生、逆境与成熟（1842—1945）》完整地展现了一个知识生产与传播的组织机构，是如何在纳粹反犹的"文化清洗运动"时代背景下，逐渐失去了优秀学者的艰难过程，以及上文彼得·伯克所说的，德国作为当时世界学术中心——作为学术界通用语的德语，逐步被英语取代的历史。

优秀学者的流失

纳粹政府反犹的"文化清洗运动"，本身就是资本主义经济危机的背景下，资产阶级与大量失业人群体的矛盾激化中，宗教传统偏见以及种族主义思潮等多种因素诱发的，但它却使德国从此丧失了世界知识中心地位，这一权威地位丧失的痛苦历程，从出版机构的知识生产过程可以得到清晰的体现。

1933 年 4 月 7 日，希特勒就任德国总理十周后，颁布了《恢复常设公务员制度法》，其中规定解聘"非雅利安血统的公务员……"

---

[1] 转引自：彼得·伯克（英）著，汪一帆、赵博囡译，《知识社会史》（下），浙江大学出版社，2016 年版，第 224 至 225 页。

在 1933 年 4 月 11 日的第一执行令中有了更详细的定义："非雅利安人，特别是犹太父母或祖父母的后裔，被视为非雅利安人……"，不久解释又进一步补充了为"只要父母或祖父母中有一方是非雅利安人……"1933 年 5 月初，《恢复常设公务员制度法》的实施，就使大学和科研机构中的 300 余名教授和研究所所长（他们在法律上是公务员）遭到解雇，不仅失去了教学权，不久后还失去了编辑、著作等公民资格。1935 年 9 月 15 日纳粹颁布《纽伦堡法》后，具有犹太血统的学者被彻底剥夺了公民权。而此时被解雇的德国大学教师已经上升到 1700 人。被解雇学者在纳粹德国的处境极度恶化，以至于大批学者不得不流亡海外。1936 年秋天在伦敦发布的"流离失所的德国学者名单"中，有 58.4% 的人属于自然科学领域（理论和应用自然科学领域影响最多），包括医学界的 470 人，化学的 185 人，物理学的 124 人。法律和政治科学领域占 16.5%，技术领域的占 3.9%。1937 年，该名单中又增加了 150 人，受影响最严重的是理论和应用自然科学（三分之二的人在这些领域工作）。失去职位和流亡海外的科学家和学者给科学和文化发展带来了巨大的打击。而根据战后的调查显示，实际上的名单大约为 2400 人。在某些学科中均受到严重影响，例如政治学家、社会学家、皮肤病学家、免疫学家、心理学家以及艺术史学家。此外，还有犹太讲师、助理、考生和学生。他们因德国大学和研究院实行的歧视政策而决定被迫移居国外。

犹太学者担任丛书、期刊的主编，在施普林格出版的丛书、通报和期刊的编辑队伍中占据很高的比例，尤其是一些自然科学领域，如生物化学、免疫学、皮肤病学、性病学、精神医学、神经学、心理学、理论物理学等。由于施普林格出版社的科学通报系列等正好在集中在这些领域，所以对施普林格出版经营造成了很大的影响。比如柏林技术大学担任教授的犹太学者阿诺尔德·贝利纳在 1913 年创办了《自然科学》杂志并一直担任主编，但是反对贝利纳担任主编的声音始于 1934 年。柏林技术学院的一名为乌贝洛德的教授在 1935 年 1 月 14 日提出抗议，指责贝利纳"为犹太学者的成果进行极端的宣传活动"，并批评爱因斯坦在《自然科学》上发表生日论文"可以被视为犹太学者之间相互赞美的证据"。直到 1935 年 7 月，贝利纳最终被解职。1935 年 9 月 19 日，贝利纳和他的朋友乘坐"汉堡—美国航运公司"的"柏林号"去往美国，不久贝利纳重返德国，1937 年又去美国。而施普林格出版社一直每月支付贝利纳 900 马克，直到他 1942 年自杀。直到二战结束后第一期《自然科学》杂志上（1946 年 11 月 15 日）刊登了由马克斯·冯·劳厄[①]撰写的缅怀贝利纳的文章中写道："贝利纳最终无法克服他对施普林格出版社的爱和感激之情。但他的工作被强行终止了。尽管如此，他还是又活了七年。由于纳粹对于犹太人的迫害，他的所有活动都受到限制。最后，他像隐士一样遁入了他所在基尔干大街的家中……希望看到转机。他最终没能活着看到转机。当他要被赶出他的公寓——他最后的避难所时，他完成了最后的决定，于 1942 年 3 月 22 日自杀身亡。"

不仅犹太学者如此，就是犹太血统的企业，也受到了"文化清洗运动"的影响。施普林格的第三代掌门人小尤利乌斯·斯施普林格为"国家公民"，而非更高等级的"帝国公民"。因为他有三个犹太祖父母，所以是犹太人。1935 年 9 月 20 日，纳粹德国的"帝国文学委员会"要求施普林格出版社立即解除小尤利乌斯的公司合伙人身份以及相关权利，不然施普林格出版社就会被当局强制执行。不得已，施普林格出版社迅速接受这一安排。因为如果由当局来执行，那么另外一个第三代掌门人小费迪南德的地位就会受到进一步的影响，使整个公司面临更大的危险。在小尤利乌斯·施普林格被迫离开公司管理层时，大部分在施普林格工作了 20 年或 10 年以上的所有员工都意识到，他们所工作的企业，其地位正受到当权者的怀疑。尽管他们非常赞赏企业主负责任的社会态度，尤其是波及世界的经济危机期间，安全的工作场所和良好的工作氛围使员工避免了动荡和危机。

1942 年，纳粹德国仍旧计划以"犹太血统"为名义强制解散施普林格出版社，并计划将施普林格的医学出版物将移交给德国公共卫生方面的出版公司，机械、工程领域的出版物则转交给德国劳工

[①] 马克斯·冯·劳厄出生于德国柯布伦茨附近，哥廷根大学名誉教授、物理学家，1914 年诺贝尔物理学奖获得者，普鲁士科学院院士，美国国家科学院国际院士。

阵线的出版办公室。为了避免这种危险局面的出现，施普林格出版社在这一关键时期，将管理权转交给长期在公司服务的妥耶斯·朗格和奥托·朗格。妥耶斯·朗格曾长期担任施普林格出版社的经理，先后主管市场、生产和整个公司的经营，奥托·朗格是施普林格维也纳出版分社的总经理。当 1942 年 9 月，纳粹德国的帝国文学协会下令小费迪南德·施普林格"必须尽快，并最迟在 1943 年 4 月 1 日前"离开他的公司时，施普林格于 1942 年 11 月 12 日通知了帝国文学协会，告知从今天起离开施普林格，现在施普林格唯一的共同所有人是妥耶斯·朗格与奥托·朗格，法律协议已经签署完，并向德国贸易登记处做了变更。而忠诚的伦格兄弟则始终认为自己是小费迪南德·施普林格的受托人，事实上也确实如此。

从出版视角来看，纳粹德国的"文化清洗运动"，不仅导致德国丧失了一大批优秀的科学家，还导致了一大批充满活力的知识生产机构——出版社关闭、消亡。施普林格在纳粹德国期间的艰难历程，完整地展现了德国失去了世界知识中心地位的历程。这不仅是德国人的悲哀，也是人类文明的倒退。

美国在二战期间的盗版

战争无疑是人类社会的巨大灾难，对于施普林格出版社也是如此。二战爆发初期，施普林格出版社有 260 个雇员，其中有一半是女性雇员。随着战争的进行[1]，到了 1942 年有 49 名被充军。调度部门原有 21 名员工，损失了 11 名；广告部原有 12 人，损失了 5 人；书籍制作人员从 24 人减少到 15 人，期刊部减少了 5 人。到了 1945 年 3 月，施普林格雇员数量下降到了 133 人，其中三分之二是女性。战争期间施普林格试图出版尽可能多的期刊，因为 50 页到 80 页的期刊更容易制作，这样做的好处是将战争影响造成损失减少到最小。

---

[1] 除了由于技术人员和原材料的减少而增加的压力外，随着空袭的增多运输也举步维艰：有时排字资料和完成印刷的书也会丢失，为此相关报告需要填写。最后雇员由于生命安全的担心而换地方工作。

1943 年 11 月，施普林格房舍首次遭到破坏，原因是一枚空投地雷落在了附近。1944 年 1 月开始逐步分散到劳西茨、西里西亚和奥地利等地继续运营。包装室于 1944 年 2 月 12 日被一枚炸弹炸毁，剩下的房间有一半以上暂时无法使用。供暖设备也在被彻底摧毁。战争给施普林格带来的损失，1944 年的统计如下：

图书库存	1916083.71 马克
正在出版中的书稿	443726.38 马克
纸张库存	111773.16 马克
其他库存	66412.90 马克
办公室设备和包装材料	11541.80 马克
总计	2549537.95 马克

与物质损失相比，更为让人愤怒的是美国、英国借战争之名对于德国施普林格等出版的科学出版物的公开盗版。1942 年秋季，人们注意到来自瑞士等中立国的自然科学图书、期刊订单明显增加。位于瑞典哥德堡的冈伯特书店和斯德哥尔摩的弗里策书店是德国自然科学图书的代销商。1944 年 6 月 29 日英国《书商》杂志上的一则广告显示，英国 H. K. 路易斯出版社堂而皇之地刊登了"德国科技图书"书目，其中就有大量施普林格的图书。而该出版社正好为美国爱德华出版社的英国供货商，当然还负责重版盗版印刷工作。

美国对德国的自然科学研究文献有着浓厚的兴趣，但不希望向施普林格购买。他们向中立国的不同书商订购了每种重要的书和期刊，然后这些出版物空运到美国，制作成缩微胶卷，一般还用胶版印刷数百份。位于密歇根州安·阿伯的 J. W. 爱德华出版社就用此法复制了 874 本书，其中 390 种来自施普林格出版社，比例为 48.6%。施普林格 32 种期刊也被堂而皇之地盗版、复制，美其名曰"战时卷"。

表1：美国二战期间公开盗版德国出版物统计（单位：美元）

出版社	种数	册数	标价总额	占比/%
施普林格出版社	238	390	4357.35	48.6
学术出版社	48	89	949.85	10.6
化学出版社	10	45	482.95	5.4
德古意特出版社	12	36	421.95	4.7
格奥尔格·蒂姆出版社	9	18	316.05	3.5
特奥多尔·施泰因科普夫出版社	48	47	287.75	3.2
乌尔班·施瓦岑贝格出版社	2	13	249.00	2.8
费迪南德·恩克出版社	32	33	240.70	2.7
约翰·安布罗修斯·巴尔特出版社	29	31	204.90	2.3
格布吕德·博恩特雷格尔出版社	14	15	198.85	2.2
希策尔出版社	23	25	180.05	2.0
弗里德里希·菲韦格佐恩出版社	10	10	108.35	1.2
其他44家出版社	114	122	968.90	10.8
总计	589	874	8966.65	100.0

美国、英国等借战争之名公开盗版施普林格的出版物固然令人不齿，但从另一个侧面，也反映了施普林格出版社知识生产与知识传播所带来的巨大价值。

对于中国出版的启示与借鉴

施普林格百年发展历程，对于中国出版的启示与借鉴是多方面的。在笔者看来，其中最为重要的有以下两点。

一，知识生产与文化传承是出版机构存在的意义与价值，只有彰显出了这个文化价值，出版机构才能够具有抵御任何冲击的能力。施普林格出版社在德国纳粹统治下生存了13年，不仅经受住了纳粹政府计划解体施普林格和被迫的"雅利安化"，而且二战的炮火中仍然没有阻挡其发展的步伐。原因就在于施普林格出版社坚持知识生产的组织与传播，适应了工业文明爆发式扩张时代的社会化需求，彰显出了顽强的生命力。

有一个十分典型的例子就是第三代掌门人小费迪南德·施普林格，因为犹太人的血统，在纳粹政府的高压下不得不离开施普林格管理岗位，在 1945 年 2 月 23 日，离开柏林的一段经历。

小费迪南德·施普林格被迫离开施普林格出版社的管理岗位后，住在柏林西郊的房子被炮火摧毁，柏林没有什么可留恋的了。于是，他和妻子在位于德国和波兰北部的一个历史名城波美拉尼亚的朋友家里，找到了一处栖身之所。小费迪南德·施普林格与一名俄军少校之间的对话如下：

问"你是做什么的？"
答"我是科学出版商。"
问"你出版什么？"
答"许多科学杂志。"
问"请坐下，写下它们的名称。"

小费迪南德·施普林格坐下后，认真地一一写下自己出版过的期刊、图书名称，还没来得及写完，少校就喊道，"够了，我在这本期刊和那本期刊上都发表过自己的文章，我自己"。原来，这位少校曾是西伯利亚一所大学的遗传学教授。

小费迪南德·施普林格在他的日记中最后写道："从那天起我一直被当作朋友对待。"

在苏联红军少校的保护下，小费迪南德·施普林格于 1945 年 5 月 2 返回柏林。而柏林战斗仍在激烈进行着。小费迪南德·施普林格于 5 月 12 日获得自由，这是施普林格出版社再次重生的时刻。

二，是当下正处于中华民族伟大复兴的前夜，中国出版的迫切任务是，加快构建中国特色的哲学社会科学学科体系、学术体系、话语体系，将新中国以来至今政治、经济、文化领域所取得的伟大实践，基于中华文化立场阐释好、传播好。要完成这一不可推卸的历史责任，没有脚踏实地知识创新是不行的。仅以自然学科体系的建设为例，迄今为止，中国高校在理学、医学、工学等学科、专业的设置都是依据西方高校进行设置的，这一学科体系尽管经过多次调整，但是仍然存在着学科过细而造成的大大小小的专业壁垒等问题。与施普林格等德国出版机构相比，中国出版在知识生产与传播的作用发挥还很不够、很不充分。如何进一步借鉴西方知识生产的成功经验，组织中国高校相关领域的学者进行知识生产与传播，而不是过度地依赖知识界研究什么、生产什么就出版什么的习惯，要充分发挥知识生产的组织、核心作用等等。在这一点上，施普林格百年发展历程的成功经验无疑具有重要的参考价值。

译者

2024 年 1 月 27 日

图书在版编目（CIP）数据

施普林格出版史：诞生、逆境与成熟：1842—1945 /
（德）海因茨·萨尔科夫斯基著；何明星，何抒扬译.
杭州：浙江大学出版社，2024. 10. -- ISBN 978-7-308
-25130-3

Ⅰ. G239.516.9

中国国家版本馆CIP数据核字第2024J1U845号

中华译学馆 莫言题

施普林格出版史：诞生、逆境与成熟（1842—1945）

（德）海因茨·萨尔科夫斯基　著

何明星　何抒扬　译

策划编辑	包灵灵
责任编辑	包灵灵
责任校对	田　慧　张闻嘉
封面设计	杭州林智广告有限公司
出版发行	浙江大学出版社
	（杭州市天目山路148号　　邮政编码 310007）
	（网址：http://www.zjupress.com）
排　　版	杭州林智广告有限公司
印　　刷	杭州宏雅印刷有限公司
开　　本	880mm×1230mm　1/32
印　　张	14.75
字　　数	425千
版 印 次	2024年10月第1版　2024年10月第1次印刷
书　　号	ISBN 978-7-308-25130-3
定　　价	98.00元

First published in English under the title
Springer-Verlag: History of a Scientific Publishing House; Part 1: 1842-1945
Foundation Maturation Adversity
by Heinz Sarkowski, edition: 1
Copyright © Springer-Verlag Berlin Heidelberg, 1996
This edition has been translated and published under licence from Springer-Verlag
GmbH, DE, part of Springer Nature.
Springer-Verlag GmbH, DE, part of Springer Nature takes no responsibility and
shall not be made liable for the accuracy of the translation.

浙江省版权局著作权合同登记图字：11-2024-251 号